MARIA

DIE GOTTESMUTTER
IN GLAUBEN, BRAUCHTUM UND KUNST

HERBERT HAAG
JOE H. KIRCHBERGER
DOROTHEE SÖLLE
CAROLINE H. EBERTSHÄUSER

MARIA

DIE GOTTESMUTTER
IN GLAUBEN, BRAUCHTUM UND KUNST

HERDER

FREIBURG · BASEL · WIEN

Eine Produktion von
EMB-Service für Verleger
Adligenswil/Luzern
Sonderausgabe 2004

© 1997/2004 by EMB-Service für
Verleger

© der deutschsprachigen Ausgabe
Verlag Herder,
Freiburg - Basel - Wien 1997/2004

ISBN 3-451-28417-0

Legendenautorin:
Caroline H. Ebertshäuser

Gestaltung und Konzeption:
Franz Gisler

Umschlaggestaltung:
Finken + Bumiller, Stuttgart
Satz: CS Publishing, Freiburg i. Br.
Photolithos: AD. VER. srl, Bergamo
Druck und Einband: Süddeutsche
Verlagsgesellschaft, Ulm

Printed in Germany

Umschlagmotiv: Raffael (1483–1520),
„Madonna Tempi" (1507/08).
Bayerische Staatsgemäldesammlung,
München.

Seite 2: Emil Nolde (1867–1956),
„Madonna und Georginen", 1920. Zu
den zahlreichen religiösen Themen in
Noldes Werk zählt das Stilleben von
1920, das eine Madonnenfigur neben
Blumen zeigt. Das Mariensymbol des
Einhorns (Reinheit) ist in das Orna-
ment der Tischdecke eingewoben.

Rechts: Carlos Schwabe, „Die Madonna mit den Lilien", 1899, Van Gogh
Museum, Amsterdam. Das Aquarell
zeigt den Weg Mariens in symbolisti-
scher Weise als Weg der Lilien, die in
der Marienikonographie die Verkündi-
gungsblume und Reinheitssymbol ist.

Seite 6: Aus der Pfarrkirche St. Nikolaus in Markdorf, Baden-Württemberg,
stammt diese Schutzmantelmadonna
von Johannes Rueland (1474). Maria
als die schützende Fürbittende hat in
der Darstellung der Schutzmantelmadonna den schönsten Ausdruck gefunden. Das Motiv des Schutzmantels,
mit dem sie die Gläubigen umfängt,
kommt schon in byzantinischer Zeit
vor, ist aber in der Gotik eines der
häufigsten und beliebtesten Themen
in der Mariendarstellung.

INHALT

Die große Helfende bei
Geburt und Tod breitet schützend ihren Mantel
gegen Angst und Not.

6

DAS BILD DER MARIA

Herbert Haag

Gerne schicke ich diesem Buch ein Wort voraus. Denn es ist geeignet, das christliche Marienbild zu bereichern, es aber auch in entscheidenden Punkten zu korrigieren. Maria hat von Anfang an in der Theologie und in der Volksfrömmigkeit eine große Rolle gespielt. Aber jede Zeit machte sich ihr eigenes Bild von ihr, so daß man sagen kann, im jeweiligen Marienbild spiegele sich die Gläubigkeit der einzelnen Epochen.

Allerdings hatte sich bereits in den ältesten Vorstellungen die Legende der Gestalt Marias bemächtigt. Eine Frau, die so stark in die Erlösungsgeschichte eingebunden war, mußte von Anfang an etwas Besonderes gewesen sein. Bereits in drei von vier Evangelien sind deshalb Spuren des Legendären auszumachen. Während der älteste Evangelist, Markus, nur vom späteren öffentlichen Wirken Jesu zu berichten weiß, enthalten die um zehn Jahre jüngeren Evangelien des Matthäus und des Lukas eine Kindheitsgeschichte Jesu, in der Maria einen breiten Raum einnimmt. Johannes wiederum ist weniger um ihre Geschichte als um deren theologische Deutung bemüht.

Die erste Erwähnung der Mutter Jesu steht freilich nicht in den Evangelien. Vielmehr schreibt der Apostel Paulus um das Jahr 55 in seinem Brief an die Galater: „Als die Fülle der Zeit kam, sandte Gott seinen Sohn, geworden aus der Frau, gestellt unter das Gesetz, damit er die, welche unter dem Gesetz stehen, freikaufte, damit wir die Sohnschaft empfingen" (4,4f). Paulus, der in Galatien (Kleinasien) das Evangelium verkündet hat, warnt später die Gemeinden vor einem Rückfall zu Beschneidung und Gesetzlichkeit. Er verweist darauf, daß Gott seinen Sohn in die Welt geschickt hat, um sich den Menschen in neuer Weise zuzuwenden und ihnen eine Freiheit zu schenken, die sie bisher nicht kannten. Dies war ein geschichtliches Ereignis, aber ohne eine Frau nicht möglich. Ihr Name wird nicht genannt. Mit größerer Nüchternheit könnte die Bedeutung Marias nicht ausgesagt werden: daß sie das Tor war, durch das Jesus als unser Bruder in diese Welt eintrat.

Die vier Kapitel Matthäus 1–2 und Lukas 1–2, die die Geburts- und Kindheitsgeschichte Jesu beinhalten, sind keine ursprünglichen Bestandteile der beiden Evangelien. Sie gehen auf eigenständige palästinische Überlieferungen zurück, wurden von den beiden Evangelisten vorgefunden und von ihnen, nach ihrer je eigenen Tendenz bearbeitet, als eine Art Prolog ihrem Evangelium vorangestellt. Ihr Thema ist nicht Maria, sondern Jesus. Maria aber nimmt darin einen herausragenden Platz ein.

Im Altertum war es üblich, bei den Großen der Geschichte (z.B. bei Buddha oder Kyros von Persien) die Umstände ihrer Geburt legendär auszumalen. So liegt uns auch die Kindheitsgeschichte Jesu in Form einer theologischen Legende vor. Diese beginnt mit der Ankündigung seiner Geburt durch den Engel Gabriel – eine Szene, die ihre Vorbilder im Alten Testament hat, nämlich in der Ankündigung der Geburt Simsons (Ri 13) und Samuels (1 Sam 1). Trotz ihrer legendarischen Form aber besticht die Erzählung durch ihren Duktus. Bei Maria wird ihre Erwählung hervorgehoben („Gruß dir, Begnadete, der Herr ist mit dir", „du hast bei Gott Gnade gefunden" (Lk 1,28.30), ihre Klugheit und Überlegung (V.29), ihre Gesprächsfähigkeit (sie bringt Einwände vor und läßt sich überzeugen, V.34f) und vor allem ihr Glaube („Mir geschehe nach deinem Wort", V.36). Diesen Glauben bringt sie auf, weil sie sich als „Magd des Herrn" versteht: für ihn vorbehaltlos offen und bereit – eine Lebenshaltung, die die evangelische Überlieferung im Begriff „Jungfrau" einzufangen versucht hat.

Merkwürdigerweise erfahren wir in den Evangelien nichts von der äußeren Gestalt Marias. In unseren Kirchenliedern wird sie mit Vorliebe als die „Schönste der Frauen" gepriesen, und was spricht dagegen, daß sie eine schöne junge Frau war? Dennoch: Im Alten Testament wird von mindestens einem Duzend Frauen ausdrücklich gesagt, sie seien schön, ja sehr schön gewesen (etwa Sara, Rebekka, Rahel, Abigajil, Ester), und im Hohenlied wird die Schönheit der Geliebten in allen Einzelheiten beschrieben. Im Neuen Testament hingegen hören wir von keiner Frau, sie sei schön gewesen, auch nicht von Maria. Erst die spätere Kunst hat versucht, aus ihr die schönste Frau zu machen.

Wird in der Verkündigungsszene vor allem der Glaube Marias hervorgehoben, so zeigt sie im darauffolgenden Gang zu Elisabet in das judäische Bergland Mut und Entschlossenheit (Lk 1,39–56). Gewiß machte eine junge Frau eine solche dreitägige Reise nicht allein, sie schloß sich einer Karawane an. Dennoch hat Maria es „eilig", obwohl Karawanen in der Regel nicht unter Zeitdruck stehen. Der Erzähler will zeigen, wieviel ihr daran liegt, das ihr anvertraute Heil Israels gleichsam vor der ersten Stunde an weiterzugeben. So sieht es Elisabet: „Selig ist die, die geglaubt hat, daß sich erfüllt, was der Herr ihr sagen ließ" (V.45). Und nun legt der Evangelist Maria einen aus zahlreichen biblischen Zitaten gewobenen Psalm in den Mund, nach seinem lateinischen Anfangswort „Magnificat" genannt. Maria besingt darin nicht nur ihre eigene Erwählung („Von nun an preisen mich selig alle Geschlechter", V.48), sondern – mit auffälligem Geschichtsbewußtsein – die des alten und des neuen Volkes Gottes. Freilich spricht in Wirklichkeit nicht Maria. Vielmehr singt bereits die junge Kirche das Marienlob.

Noch einmal wird Marias Glaube hervorgehoben in der Erzählung von der Geburt Jesu in Betlehem (Lk 2,1–20). Diese Darstellung mit der historischen Wirklichkeit in Einklang zu bringen, will nicht gelingen. Von ihrer – vom späteren Christenvolk ins Unerträgliche gesteigerten – Romantisierung heben sich die schlichten Worte ab, die sich auf die Geburt selbst beziehen: „Sie gebar ihren ersten Sohn, wickelte ihn und legte ihn in einen Futtertrog" (V.6). Maria erscheint als eine Frau wie jede andere, und doch wieder nicht. Es ist dem Erzähler wichtig, daß die Geburt ihres Kindes für die Welt „die große Freude" ist (V.10). Und wenn es schon für jede Frau unmöglich ist, nach der Geburt das Geschehene zu begreifen, wie soll nicht Maria Mühe gehabt haben, „alles, was geschehen war, zu bewahren und in ihrem Herzen zu bewegen" (V.19)? Es gab da einen Bereich, den sie sich nur im zustimmenden Nachdenken zueigen machen konnte.

Dieses Nicht-Begreifen wird sich durch alles weitere Verhalten Marias zu ihrem Sohn ziehen. Mitten im Jubel des greisen Simeon und der Hanna bei der Darbringung Jesu im Tempel ist von einem Schwert die Rede, das durch Marias Seele dringen wird (V.35). Und als der Zwölfjährige ohne Wissen seiner Eltern im Tempel zurückbleibt und seiner Mutter auf ihre vorwurfsvolle Frage „Kind, wie konntest du uns das antun?" kühl antwortet: „Warum habt ihr mich gesucht?", muß sie erfahren, daß Jesus sich in anderer Weise von ihr löst, als sonst ein heranwachsender Sohn sich von seiner Mutter trennt. Jesus begründet sein Verhalten mit dem Hinweis: „Wußtet ihr nicht, daß ich in dem sein muß, was meinem Vater gehört?" (V.49). Daß Jesus sich nicht seinen leiblichen Eltern zugehörig weiß, sondern einem anderen Vater, muß die beiden zutiefst beunruhigen und betroffen machen, auch wenn Jesus jetzt mit ihnen nach Nazaret zurückkehrt und ihnen „gehorsam" ist (V.50). So vermerkt dann der Evangelist ein zweites Mal und mit neuem Nachdruck, Maria habe alles, was geschehen war, „in ihrem Herzen bewahrt" (V.51). Im Grunde war Jesus ungezogen gewesen, als er seine Eltern ziehen ließ, ohne sich mit ihnen zu verständigen. Darin den Willen Gottes zu sehen, muß Maria nicht weniger schwergefallen sein als uns. Aber auch hier verfolgt der Evangelist ein theologisches Anliegen. Die Entfremdung zwischen Jesus und seinen nächsten Angehörigen, besonders Maria, die sich bereits in dieser Szene anbahnt, wird sich während seines „öffentlichen" Wirkens vertiefen. Die Familie Jesu sonnt sich keineswegs im Glanz seines Zulaufs und seiner Wundertaten. Im Gegenteil: Jesus bringt seine Familie in Peinlichkeiten und in üblen Ruf. In Nazaret scheint ihr Ansehen ohnehin nicht das beste gewesen zu sein. Wenn sie Jesus bei seinem Auftreten in der Dorfsynagoge entgegenhalten: „Ist das nicht der Zimmermann, der Sohn der Maria und der Bruder von Jakobus, Joses, Judas und Simon? Leben nicht seine Schwestern unter uns?" (Mk 6,3), so können wir den Unterton der Skepsis, der Ablehnung, ja des Spottes nicht überhören.

Was Jesus sich aber nun in aller Öffentlichkeit „leistete", wie er sich als gottgesandter Prophet ausgab, überstieg für seine Familie vollends das Maß des Erträglichen. Das ging so weit, daß einige ihn für „von Sinnen" hielten und versuchten, sich seiner „zu bemächtigen", das heißt: ihn von der Bildfläche verschwinden zu lassen und ihn wieder in den festen Raum der Sippe einzubinden. Daß auch seine Mutter sich an diesem versuchten Handstreich beteiligte, bestätigt zwar ihre Kühnheit, zeigt aber auch, welche Ausmaße die Entfremdung zwischen ihr und ihrem Sohn angenommen hatte.

„Und es kamen seine Mutter und seine Brüder", wird berichtet. Da Jesus vom Volk umringt ist, können sie nicht zu ihm vordringen, und überdies wollen sie das Aufsehen vermeiden. Deshalb lassen sie Jesus herausrufen. Es wird ihm gesagt: „Deine Mutter und deine Brüder und deine Schwestern draußen suchen dich." Jesus aber läßt sich nicht darauf ein. „Er blickte auf die Menschen, die im Kreis um ihn herum saßen, und sagte: ‚Das hier sind meine Mutter und meine Brüder. Wer den Willen Gottes tut, der ist für mich Bruder und Schwester und Mutter" (Mk 3,31–35). Jesus hat sich von seiner leiblichen Familie längst verabschiedet und sich für eine neue Familie entschieden, die keine Grenzen der Sippe, der Sprache und des Volkes kennt. So war es für die frühe Christenheit selbstverständlich, sich als Brüder und Schwestern anzureden.

Diese Begebenheit ist die einzige, in der Maria den älteren Evangelien zufolge im öffentlichen Wirken Jesu auftritt. Hingegen steht sie bei Johannes, der keine Kindheitsgeschichte kennt, als deutendes Zeichen am Anfang und am Ende allen Tuns Jesu. Da ist zunächst das Weinwunder bei der Hochzeit zu Kana (Joh 2,1–11). Dem vierten Evangelium ist es wichtig, den Gottesdienst, wie er um das Jahr 100 von der christlichen Gemeinde gefeiert wurde, vom Leben Jesu her zu begründen. Dabei stehen Taufe und Eucharistie in der Mitte. So hat der Evangelist im Wein, den Jesus den Hochzeitsgästen reicht, die Eucharistie im Auge, in der Jesus als Gastgeber seinen Jüngern und Jüngerinnen den Wein zum heiligen Mahl bereitet.

Es ist Maria, die mit ihrer Bemerkung „Sie haben keinen Wein" das Wunder provoziert. Die Antwort Jesu ist befremdlich kühl und entspricht wieder der uns be-

kannten Distanz zwischen ihm und seiner Mutter: „Frau, was gehst du mich an?" Wir würden heute wohl sagen: „Was geht das dich an?" Es ist eine Absage, freilich in einer Zweideutigkeit, die Raum läßt für Erwartung. Deshalb weist Maria die Diener an: „Was er euch sagt, das tut." Nach dem Wunder vermerkt der Evangelist: „Seine Jünger glaubten an ihn." Maria hat schon vor dem Wunder geglaubt. Die kirchliche Verehrung Marias als Mittlerin zwischen Jesus und seinen Jüngern und Jüngerinnen findet hier ihre biblische Stütze.

Ein letztes Mal finden wir im Johannesevangelium Maria unter dem Kreuz. „Beim Kreuz Jesu standen seine Mutter und die Schwester seiner Mutter... und Maria Magdalena" (19,25). Wir tun uns mit dieser Aussage deshalb schwer, weil in den älteren Evangelien mehrere Frauen genannt sind, die der Kreuzigung Jesu „von ferne zusahen". Unter ihnen wird jedoch die Mutter Jesu nicht genannt (vgl. Mk 15,40; Mt 27,56). Bei Johannes dagegen richtet sich das ganze Interesse auf die Mutter Jesu und den „Jünger, den Jesus lieb hatte" neben ihr (19,26f). In der Gemeinde, in der das vierte Evangelium entstand, müssen beide sich einer großen Beliebtheit erfreut haben, und es lag nahe, ihre Bedeutung für die Gemeinde als ein von Jesus gewolltes Miteinander zu verstehen. So ist die Darstellung von einem tiefen symbolischen Gehalt. Der Jünger, „den Jesus lieb hatte", vertritt die Kirche, die es aber nicht geben kann ohne Gemeinschaft mit Maria.

Das gleiche Bild vermittelt uns die letzte Erwähnung Marias im Neuen Testament. Jesus ist ihr nach seiner Auferstehung nicht erschienen, wie es vor allem von Maria Magdalena berichtet wird (Mt 18,1.9f; Joh 20,14–18). Als aber nach der Himmelfahrt Jesu die Elf, die Frauen und die „Brüder Jesu" sich versammeln, da ist Maria, die Mutter Jesu, mitten unter ihnen (Apg 1,13f). Sie ist außer den Elf die einzige, die mit Namen genannt ist. Die hier versammelte Gemeinde ist die erste Kirche, die nun ihren Weg in die Welt antrat. Sie kann es nur tun mit Maria in ihrer Mitte. So sieht es der Verfasser der Apostelgeschichte. Es ist der gleiche Lukas, dem wir die Weihnachtsgeschichte verdanken. Ist dort die jugendliche Mutter die kindlich Glaubende, so ist es hier die reife und wegweisende Frau.

Als Maria geboren wurde, hatte ihr Land, Israel, schon eine lange und abwechslungsreiche Geschichte hinter sich.

Eine Großmacht war Israel nur einmal gewesen, vor fast tausend Jahren, unter seinen Königen David und Salomo. Aber diese Glanzzeit war nur von kurzer Dauer: Nach Salomos Tod wurde das Reich geteilt, und beide Teile, das größere Israel

eine Neubegründung des religiösen Lebens nach dem Gesetz des Mose. Damals wurde der von den Babyloniern zerstörte große Tempel in Jerusalem wieder aufgebaut. Die Stelle der alten israelitischen Propheten nahmen nun die Schriftgelehrten ein, die zusammen mit den Jahwepriestern einen immer größeren Einfluß auf das Volk gewannen.

Marias Leben

Unten: „Joachim und Anna: Die Unbefleckte Empfängnis", eine Miniatur aus dem Stundenbuch der Katharina von Kleve (um 1440). New York, Pierpont Morgan Library. Dieses Werk zählt zu den großen holländischen Meisterwerken der Miniaturmalerei.

Joe H. Kirchberger

im Norden und das kleinere Juda im Süden, wurden bald abhängig von den Großmächten Vorderasiens, die sie umgaben: Assyrien und Babylonien im Norden, Ägypten im Süden.

Das Nordreich wurde von den Assyrern unterworfen, die viele der Bewohner nach Mesopotamien verschleppten, während der zurückbleibende Teil der Bevölkerung sich mit den umliegenden heidnischen Stämmen vermischte. Es entstand das Mischvolk der Samariter, das den echten Israeliten als unrein und abtrünnig galt.

Das kleine Juda hielt sich fast 150 Jahre länger, wenn auch nur in völliger Abhängigkeit, erst von den Assyrern, dann von den Babyloniern. Als dann der babylonische König Nebukadnezar Jerusalem eroberte und zerstörte, nahm er einen großen Teil der Bevölkerung mit sich. Zwar dauerte diese sogenannte Babylonische Gefangenschaft Israels nur ein paar Jahrzehnte – der Perserkönig Kyros eroberte Babylon im Jahre 538 und gestattete einem Teil des verschleppten Volkes die Rückkehr nach Jerusalem –, aber die kleine zurückgeführte Gemeinde blieb abhängig von Babylon. Zu den bedeutendsten Führern des Volkes wurden Esra, ein Priester und Schriftgelehrter, und Nehemia, der vorher ein hoher Beamter am persischen Hof gewesen war. Ihnen ging es weniger um die Bildung eines politischen Staates als vielmehr um

Als um 330 v. Chr. Alexander der Große das Perserreich eroberte, kam auch Israel mit dem gesamten Nahen Osten unter griechische Herrschaft, die auch unter Alexanders Nachfolgern – erst den ägyptischen Ptolemäern, dann den in Syrien regierenden Seleukiden – anhielt.

In dieser Zeit lebten die Juden bereits über den ganzen Vorderen Orient verstreut und gerieten unter immer größeren Einfluß der hellenistischen Kultur. Das Alte Testament wurde ins Griechische übersetzt, und außerhalb des Landes Israel, in der sogenannten Diaspora, wurde der Gottesdienst vielfach in griechischer Sprache abgehalten. Selbst in Jerusalem gab es eine griechenfreundliche Partei.

Aber der Rückschlag blieb nicht aus. Als der Seleukidenkönig Antiochus IV. versuchte, die Juden von ihrem alten Glauben abzubringen, indem er in das Allerheiligste des Tempels eindrang, die Mauern Jerusalems schleifen, die Gesetzesbrecher verbrennen und eine Zwingburg in Jerusalem errichten ließ, da fügten sich zwar der Hohepriester und viele Juden anfangs und opferten auf den überall neu errichteten heidnischen Altären. Aber dann brach ein Aufstand der altgläubigen Landbevölkerung aus, der sich nicht nur gegen die Fremdherrschaft, sondern auch gegen das hellenisierte Bürgertum der Städte richtete. Unter Führung des Oberpriesters Mattatias und sei-

ner Söhne Judas, genannt Makkabi („der Hammer"), Simeon und Jonatan wurden die Seleukiden geschlagen, der Jahwekult im ganzen Land wiederhergestellt, und unter dem Hause der Hasmonäer (Makkabäer) wurde Israel noch einmal zu einem selbständigen Staat, dessen Grenzen sich denen des alten Davidsreiches annäherten. Das neue Königtum mißfiel jedoch den wahrhaft Frommen im Land. Zwei Parteien bildeten sich: die der Pharisäer – die eine reine Priesterherrschaft anstrebte, nur bedacht, die religiösen Ordnungen und Interessen wahrzunehmen – und die der Sadduzäer – die dem Staat Israel wieder politische Macht verschaffen wollte.

Die große Masse unterstützte die Pharisäer, die Vornehmen und die halb-hellenisierte Intelligenz unterstützte hingegen die Sadduzäer. Diese blieben zunächst erfolgreich: Unter den späteren Hasmonäern, besonders unter Alexander Jannäus, wurden Teile des Ostjordanlandes und mehrere Küstenstädte erworben.

Aber dann griffen die Römer ein, die sich bereits in Syrien festgesetzt hatten. Bei einem Thronstreit im Makkabäerhause wurden die Römer als Schiedsrichter angerufen, und ihr Feldherr Pompeius erstürmte im Jahre 63 v. Chr. den Tempel von Jerusalem. Nach dem Zusammenbruch des Seleukidenreiches nahm er eine Neuordnung Vorderasiens vor: Der jüdische Priesterkönig Hyrkanus wurde aller weltlichen Machtbefugnisse beraubt, und die meisten Eroberungen der Hasmonäer gingen den Juden wieder verloren. Die Theokratie, ein „Gottesstaat" ohne äußere Macht, ward wiederhergestellt – aber wiederum nicht für lange Zeit. Denn der für Hyrkanus regierende Minister Antipatros unterstützte die Römer bei ihren vorderasiatischen Unternehmungen und half Cäsar, der nach seinem Sieg über Pompeius in Ägypten in eine gefährliche Lage geraten war. Aus Dankbarkeit ließ Cäsar dem Judenstaat eine weitgehende Restauration zukommen. Antipatros war Idumäer, stammte also aus Edom südlich des Roten Meeres, dessen Bevölkerung sich von Jakobs Zwillingsbruder Esau herleitete und von den orthodoxen Juden ebenso verachtet wurde wie die Samariter. Die

religiösen Fanatiker und der Priesterrat in Jerusalem bekämpften daher die eigene Regierung nicht weniger als die Römer und deren Günstlinge. Schließlich zwangen sie den schwachen Hyrkanus, Herodes, den Sohn des Antipatros, in die Verbannung zu schicken.

Herodes aber war ein noch geschickterer Diplomat als sein Vater. Er trat in das römische Heer ein und wußte sich erst mit Cäsar, nach dessen Ermordung mit den Republikanern Brutus und Cassius, dann mit Antonius, der die Cäsarmörder besiegt hatte, und schließlich mit Octavian/Augustus nach dessen Sieg über Antonius gut zu stellen – aber auch mit Hyrkanus, dessen Enkelin Mariamne er heiratete. So wurde er erst zum Prokurator, dann zum König von Judäa ernannt. Den streng Religiösen im Lande blieb er stets der Außenseiter, obwohl er alles tat, um Israels Stellung in der Welt zu fördern. Zwischen orthodoxem Judentum einerseits und Griechen und Römern andererseits hielt er die Waage: Er war engagierter Jude, hielt sich an die religiösen Vorschriften und ließ dem Tempel in Jerusalem große Summen zuwenden, ließ aber andererseits seine Söhne in Rom erziehen. Bei alledem war er ein völlig rücksichtsloser Autokrat und Despot, der seine Nebenbuhler, auch aus der eigenen Familie, skrupellos hinrichten ließ, und so auch Mariamne. Da er sich zehnmal verheiratete, war er von zahlreichen Söhnen und Töchtern umgeben, und die Intrigen bei Hofe nahmen nie ein Ende. Das Geschlecht der Hasmonäer, das sich in Rom durch seine Verbindung mit den Parthern unbeliebt gemacht hatte, welche mehrfach in das römische Gebiet eingefallen waren, wurde von Herodes mit römischer Erlaubnis ausgerottet.

Als Herodes, genannt „der Große", im Jahre 4 v. Chr. starb, hatte er selbst schon sein Reich in drei Teile geteilt, die von seinen Söhnen regiert wurden. Galiläa und das transjordanische Gebiet erhielt Herodes Antipas, das Gebiet südlich von Damaskus erhielt Philippos. Die beiden führten den Titel eines Tetrarchen. Ihre Fürstentümer wurden später vereinigt und bestanden in dieser Form bis zum Ende des Jahrhunderts. Die südlichen Gebiete Juda, Samaria und Idumäa erhielt mit dem Königstitel sein Sohn Ar-

chelaos. Dieser aber machte sich bei seinem Volk so unbeliebt, daß Kaiser Augustus ihn schon im Jahre 6 n. Chr. absetzte. Sein Land wurde direkt römischer Verwaltung unterstellt und blieb von nun an römische Provinz.

Während dieser Zeit war der Hohe Rat, Synedrium genannt, die oberste jüdische geistliche und weltliche Behörde, zugleich auch der oberste Gerichtshof. Er unterstand dem Hohenpriester, und die Römer ließen ihm weitgehende Freiheiten. Seine Todesurteile mußten allerdings vom römischen Prokurator bestätigt werden.

Die Sprache des Landes war schon lange nicht mehr Hebräisch, sondern Aramäisch, eine dem Hebräischen verwandte semitische Sprache, die in Syrien gesprochen wurde und von den aus Babylon zurückkehrenden Israeliten allmählich übernommen worden war. Aramäisch blieb die allgemeine Umgangssprache Vorderasiens, weitgehend – neben dem Griechischen – auch noch während der hellenistischen Zeit, bis es später durch das Arabische verdrängt wurde.

Trotz der inneren Spaltung des Judentums in die sadduzäische und die pharisäische Richtung, trotz des massiven Eindringens der hellenistischen Welt, trotz des langen Regimes des Außenseiters Herodes blieb die Gesamtheit der Juden durch das ihnen innewohnende Gefühl der nationalen und religiösen Zusammengehörigkeit im wesentlichen intakt. Ob sie den Seleukiden, den Römern, den Parthern oder dem Herodes gehorchten, ob ihre obersten Kreise Griechisch, Lateinisch oder Aramäisch sprachen, ob ihre oberste Behörde von den eigentlichen Machthabern mehr oder weniger Handlungsfreiheit empfing, bedeutete den meisten Juden Palästinas wenig. Die Tempelbeiträge, die sie jährlich zu entrichten hatten, gingen regelmäßiger ein als die Staatssteuern, und selbst die jüdischen Intellektuellen, die sich, wie etwa der Philosoph Philon von Alexandrien, von ihrer Religion längst gelöst zu haben glaubten, kamen im Grunde vom alten Jahwe-Glauben nicht los. Allem Druck von außen widerstand das jüdische Volk mit unglaublicher Zähigkeit. Die Herrscher in Rom, besonders Augustus, haben dem im allgemeinen auch Rechnung getragen und zumindest im Osten, wenn auch nicht in der italischen Diaspora, den Juden viele Privilegien, etwa die Befrei-

Links: Die Zeit um Christi Geburt war geprägt von Kaiser Augustus (31 v. Chr. – 14 n. Chr.), dessen Herrschaft zum Sinnbild republikanisch-römischen Geistes wurde. Die abgebildete Münze, ein Aureus aus Lugdunum (dem heutigen Lyon) aus der Zeit zwischen 2 v. Chr. und 11 n. Chr., zeigt diesen strengen und gesetzestreuen Herrscher.

Rechts: Die Karte vom Palästina der Zeit um Christi Geburt zeigt, daß die Siedlungsschwerpunkte damals anders verteilt waren als heute.

MITTELMEER

• Tyrus

PHÖNIZIEN

• Cäsarea Philippi

SYR

Hule-See

• Ptolemais

GALILÄA

• Chorazin
Kafarnaum• •Betsaida

See Gennesaret

BATANÄA

Magdala•
Sepphoris• •Kana •Tiberias
Nazaret•
Nain• •Gadara •Abila

Berg Karmel

Berg Tabor

Skythopolis (Bet-Schean)

•Arbel

• Cäsarea

Jesreel-Ebene

•Pella

Jordan

Scharon-Ebene

Sebaste•

SAMARIA

Gerasa•

Jabbok

Berg Garizim

• Joppe

•Arimathäa

Efraim•

PERÄA

AMMON

•Philadelphia

•Gazara
•Emmaus

•Jericho

JERUSALEM•
•Betanien
Betlehem• •Qumran

•Betanien

JUDÄA

Judäische Wüste

Judäische Wüste

• Aschkelon

•Hebron

•Macharäus

Gaza

En-Gedi•

TOTES MEER

Arnon

•Masada

MOAB

•Beerscheba

IDUMÄA

Wüste Negev

14

Aber als Herodes gestorben war, siehe, da erschien dem Josef in Ägypten ein Engel des Herrn im Traum und sprach: „Steh auf, nimm das Kind und seine Mutter und ziehe in das Land Israel, denn die dem Kinde nach dem Leben strebten, sind gestorben." Da stand er auf, nahm das Kind und seine Mutter und zog in das Land Israel.

Matthäus-Evangelium 2, 19–21.

ung vom Kriegsdienst, zugestanden. Dennoch blieb der große Konflikt zwischen Rom und Juda nicht aus, wenn er auch erst geraume Zeit nach dem Tod Jesu und Marias, im Jahre 66, ausbrach.

Maria wurde also unter Herodes dem Großen geboren. Später war dessen Sohn Herodes Antipas ihr Landesherr. Dieser machte sich beim Volke durch seine Heirat mit seiner Schwägerin und Nichte Herodias unbeliebt. Gegen ihn predigte auch Johannes der Täufer, den er dann einkerkern und auf Betreiben der Herodias hinrichten ließ. Er gründete eine neue Hauptstadt, die nach dem neuen Kaiser in Rom Tiberias genannt wurde. Der Ehrgeiz der Herodias wurde schließlich sein Verderben: Anstatt ihn zum König zu machen, verbannte Kaiser Caligula ihn und seine Gattin nach Lugdunum in Gallien, das heutige Lyon.

Was wissen wir über Nazaret, den Ort, in dem Maria geboren wurde und den größten Teil ihres Lebens verbrachte? Zu ihrer Zeit war Nazaret ein kleines Dorf; es wird weder im Alten Testament noch von dem jüdischen Historiker Flavius Josephus noch im Talmud, der immerhin 63 Ortschaften Israels aufzählt, erwähnt. Im Gegensatz etwa zu Betlehem, das

schon im 14. Jahrhundert v. Chr. erwähnt wird, war es wahrscheinlich keine sehr alte Siedlung. Seine Lage ist schwer zu bestimmen, da das moderne Nazaret, En-Nasira, das über 3200 Einwohner hat, Ausgrabungen schwierig macht. Der Ort lag jedenfalls in einem Talkessel, etwa 20 Kilometer nordöstlich vom See Gennesaret, etwa 400–500 Meter über dem Meeresspiegel. Der Talkessel war nur nach Südosten hin offen und garantierte ein mildes Klima. Aber es gab nur eine Quelle, die jetzt Ain Maryam, Marias Quelle, genannt wird. Keine Handelsstraße führte durch den Ort, aber mehrere gingen durch die unter dem Talkessel liegende Ebene Jesreel. Die gesamte Gegend muß damals viel bewaldeter und fruchtbarer gewesen sein als heute. Nazarets Bewohner ernährten sich von Ackerbau und wohl auch einige vom Handel. Sein Ruf im Lande Israel war nicht eindrucksvoll – „Was kann aus Nazaret Gutes kommen?", heißt es im Neuen Testament. Im Mittelalter litt es sehr unter der muslimischen Herrschaft, die alle christlichen Reliquien verkommen ließ oder vernichtete. Erst im 18. Jahrhundert begann der Ort wieder aufzuleben.

Links: Die bewegte, linienbetonte Bildsprache der romanischen Kathedralplastik unterstreicht die seelische Bewegung, die das Thema „Herodes Antipas und Salome" auszeichnet. Ornamental reich verziert ist in wenigen Gesten die Beziehung zwischen den Dargestellten versinnbildlicht. Salome wird sich als Belohnung für ihren Tanz auf Rat ihrer Mutter das Haupt des Johannes wünschen. Ihre Geschichte hat die abendländische Kunst über viele Jahrhunderte fasziniert. Das Relief befindet sich in Sens, Frankreich.

Rechts: Der „Betlehemitische Kindermord" des Ingeborg-Psalters, entstanden um 1200 in Frankreich, zeigt in der Mitte den thronenden Herodes, auf dessen Befehl der Kindermord geschieht. Bemerkenswert ist der verzweifelte Gesichtsausdruck des Soldaten rechts wegen der Grausamkeit des Befehls, den er ausführen muß. Hier zeigen sich frühgotische Stilelemente. Der Psalter ist benannt nach der französischen Königin Ingeborg, die als seine Erstbesitzerin gilt; er gehört zu den wichtigsten frühen Dokumenten der Darstellung des Marienlebens.

MARIAS LEBEN: DIE QUELLEN

Die ältesten und wichtigsten Quellen für die Geschichte Marias finden sich im Neuen Testament. Maria wird von allen vier Evangelien erwähnt, ebenso in der Apostelgeschichte des Lukas, ferner in Paulus' Brief an die Galater und, andeutungsweise, in seinem Brief an die Römer. Einige dieser Hinweise sind sehr kurz, keiner ist besonders ausführlich.

Über das Verhältnis der Evangelisten zueinander gehen auch heute noch die Meinungen der Experten auseinander. Was die chronologische Reihenfolge der Evangelien angeht, so wäre zu sagen: Die Kirche hat lange Zeit gelehrt, daß die biblische Reihenfolge auch die chronologisch korrekte sei, daß also Matthäus der älteste Evangelist sei, gefolgt von Markus, Lukas und Johannes. Man ist sich aber jetzt so gut wie einig darüber, daß Markus der erste Evangelist war, von dem sowohl Matthäus wie auch Lukas viel übernommen haben. Manche Forscher fügen allerdings hinzu, daß Matthäus seinen Bericht ursprünglich nicht auf Griechisch, sondern in der Landessprache Palästinas, auf Aramäisch geschrieben habe, und zwar *vor* Markus, und daß nur die griechische Übersetzung seines Evangeliums erst nach dem des Markus zustande kam. Die meisten Ausleger des Neuen Testaments sind sich auch darüber einig, daß sowohl Matthäus wie auch Lukas, die am meisten über Maria mitzuteilen haben, die Kapitel über Jesu Kindheit, in denen Maria vorwiegend auftritt, nachträglich hinzufügten – wohl, um durch die Berichte über Jesu wunderbare Geburt den Glauben an die Gottessohnschaft zu untermauern.

Über die Entstehungsdaten der biblischen Quellen ist man sich im großen und ganzen einig: Das Markus-Evangelium soll um 70 n. Chr., also etwa zur Zeit der Zerstörung Jerusalems durch den späteren Kaiser Titus, entstanden sein, das Matthäus-Evangelium um 75–80 (nach anderen um 80–85), das des Lukas etwas nach diesem, und das des Johannes etwa um 100.

Die Apostelgeschichte des Lukas muß gleich nach seinem Evangelium, als dessen Fortsetzung, geschrieben worden sein. Die frühesten Quellen sind indessen nicht die Evangelien, sondern die Briefe des Apostels Paulus, die etwa zwischen 48 und 58 n. Chr. geschrieben sein müssen. Somit sind alle biblischen Quellen erst Jahrzehnte nach den in ihnen beschriebenen Ereignissen aufgezeichnet worden, denn Jesu Tod muß zwischen 30 und 35 erfolgt sein.

Was wissen wir nun über die biblischen Berichterstatter? Über Markus, den Verfasser des ältesten und kürzesten Evangeliums, ist nicht viel Gewisses bekannt. Er mag mit dem Johannes Markus identisch sein, der in der Apostelgeschichte als Begleiter des Paulus erwähnt wird. Er soll viele Informationen von Petrus selbst erhalten haben, soll auch der Gründer der Kirche in Alexandria gewesen und dort als Märtyrer gestorben sein. Man vermutet auch, daß er der junge Mann war, der bei der Gefangennahme Jesu bei ihm blieb, dann aber angegriffen wurde und nackt fliehen mußte – ein Detail, das nur in seinem Evangelium erwähnt wird. Von Jesu Abstammung, Geburt und Kindheit berichtet er nichts, sondern beginnt mit dem Wirken Johannes des Täufers. Er liefert keine Biographie Jesu, sondern zeigt ihn als den Sohn Gottes, als machtvollen Redner, Propheten und Wundertäter.

Matthäus' Name kommt in dem ihm zugeschriebenen Evangelium nicht vor, sondern wird erst im 2. Jahrhundert n. Chr. erwähnt. Daß der Verfasser dieses Evangeliums mit dem Jünger Jesu gleichen Namens identisch ist, gilt als recht unwahrscheinlich. Sein Bericht ist jedenfalls für Judenchristen geschrieben. Es enthält mehr Anspielungen auf das Alte Testament als die anderen Evangelien und bemüht sich, zu beweisen, daß Jesus der im Alten Testament angekündigte Messias ist. Besonders interessant ist seine Anspielung auf Jesaja 7,14: „Eine Jungfrau wird ein Kind gebären" (vgl. Mt 1,23) – wobei zu bemerken ist, daß das Jesaja-Wort „almah" mit „Jungfrau" ungenau übersetzt ist, tatsächlich aber „junge Frau" bedeutet.

Matthäus' erste beiden, später hinzugefügten Kapitel enthalten genaue Berichte über Jesu Stammbaum, der von Abraham über David bis auf Josef, den Mann Marias, durchgeführt wird. Nach Berichten aus dem 2. Jahrhundert soll Matthäus unter Kaiser Nero den Märtyrertod erlitten haben.

Unten: Das abgebildete Antependium (Altarkleid) stammt aus dem 12. Jahrhundert und befindet sich in Siena. Christus, thronend als Logos, ist als kosmische Wesenheit aufgefaßt. Die Mandorla, die ihn umgibt, ist ein Sternenkranz, der auch die Engel mit einschließt. In den Ecken wird Christus von den vier Evangelisten flankiert, die hier aber nur in Gestalt ihrer Symbole wiedergegeben sind: Mensch (für Matthäus), Stier (für Lukas), Löwe (für Markus)

und Adler (für Johannes). Hinter diesen Darstellungen für die Evangelisten wie auch in ihrer Vierzahl verbirgt sich eine archetypische Symbolsprache („Die vier Weltgegenden sind wie die vier Winde... und die Kirche über die ganze Erde verbreitet. Die Kirche ruht auf den vier Säulen der vier Evangelien, die von dem einen Geist zusammengehalten werden." Irenäus von Lyon, 2. Jahrhundert).

Seite 16: Jacob Jordaens, 1593–1673 in Antwerpen, arbeitete in der großen Werkstatt Peter Paul Rubens' als einer von dessen wichtigsten Schülern. Das eigenständige Werk „Die vier Evangelisten", entstanden 1625–30, befindet sich im Louvre. Jordaens faßt das Thema in bewegter barocker Formensprache als eigenwillige Gruppenkomposition auf. Sind in früheren Jahrhunderten die vier Apostel durch ihre Attribute und ihre kompositorische Anordnung im Bild deutlich voneinander unterschieden, so werden in diesem Bild die Unterschiede nur durch die Charakterköpfe ausgedrückt; vorrangig ist aber das Verbindende der gemeinsamen Arbeit. Ihre Einmütigkeit zeigt sich in der engen Anordnung der Gruppe – voller irdischer Präsenz.

Lukas, dem das dritte Evangelium sowie die Apostelgeschichte zugeschrieben werden, war wohl kein Jude und schrieb für Heiden (d. h. Nichtjuden) oder ehemalige Heiden. Paulus nennt ihn den „geliebten Arzt", doch die Tradition will wissen, er sei auch Maler gewesen und habe Maria des öfteren porträtiert. Auch er benutzte Markus' Evangelium, wenn auch

in geringerem Maß als Matthäus. Das Alte Testament zitiert er nicht direkt, spielt aber oft darauf an. Er gilt als der stilistisch eleganteste Evangelist. Seine Apostelgeschichte erzählt, daß er Paulus auf dessen zweiter Missionsreise begleitet habe und mit ihm nach Rom gereist sei. Er stammte offenbar aus Antiochia. Nach der Tradition hat auch er in hohem Alter den Märtyrertod erlitten.

Johannes, der vierte Evangelist, kann weder mit dem Lieblingsjünger Jesu identisch sein, wie lange Zeit angenommen wurde – da ja sein Evangelium erst um 100 n. Chr. geschrieben wurde –, noch auch mit dem Johannes der Offenbarung, des letzten Buches des Neuen Testaments. Er unterscheidet sich erheblich von den anderen drei Evangelisten, den sogenannten Synoptikern, wenngleich er diese wahrscheinlich gekannt

hat. Er setzt Jesus in Beziehung zu Gottes Plan, wie er schon vor der Schöpfung bestand, und verbindet philosophische Ideen des Griechen- und Judentums viel weitgehender als die Synoptiker. Nur bei ihm finden sich Belege dafür, daß sich Jesus selbst als göttlich auffaßte. Schon der berühmte Anfang seines Evangeliums: „Im Anfang war das Wort, und das Wort war bei Gott, und das Wort war Gott" deutet seine völlig andere philosophische Einstellung an. Man könnte sagen, daß sein Evangelium weniger ein Niederschlag mündlicher Tradition über Jesus als vielmehr eine religiöse Lehrschrift ist.

Die vier Evangelisten geben uns einige wesentliche Hinweise über das irdische Leben der Maria. Aber es ist bemerkenswert, was sie alles *nicht* sagen:

Die Evangelien sind um das Jahr 70 und in den folgenden Jahrzehnten geschrieben, aber es finden sich in ihnen keine Andeutungen über eine der größten Katastrophen, die das Judentum je heimgesucht haben: den großen Aufstand gegen die römische Herrschaft, der im Jahre 66 begann und zur Eroberung Jerusalems und der Zerstörung des Tempels führte.

Was Maria selbst angeht, so ist von ihrer Herkunft, Familie, Geburt oder Kindheit nirgends die Rede, noch davon, wie sie mit Josef zusammenkam. Über ihr Leben während der Jahre von Jesu Wirken ist nur ihre Teilnahme an der Hochzeit von Kana überliefert, und Jesu mehrfache unfreundliche Antworten, wenn sie ihn rufen ließ. Selbst in Zusammenhang mit Jesu Tod und Begräbnis ist sie nur kurz bei Johannes erwähnt. Nichts ist gesagt über ihr weiteres Leben, ihren Tod oder ihre Himmelfahrt, außer daß sie mit Jesu Brüdern und den Aposteln nach seiner Himmelfahrt beisammen ist, und daß Johannes, der Lieblingsjünger Jesu, sie dann zu sich nahm. Jesus ist seiner Mutter nach seinem Tod, anders als vielen anderen, nicht erschienen.

Nirgends findet sich in der Bibel eine Andeutung, daß Maria mehr als ein irdisches Wesen gewesen ist – außer in dem einen, entscheidenden Punkt: daß sie ein Kind gebar, ohne einen Mann „erkannt" zu haben. Nichts über ihr Verhältnis zu Josef: War er viel älter als sie? Von ihm ist nach den Jahren von Jesu Kindheit nicht mehr die Rede. Lebte er noch zur Zeit der Hochzeit von Kana?

Von diesen und anderen Lücken abgesehen, ergeben sich aus den biblischen Texten viele Fragen und Probleme:

Marias ausführlichste Äußerung, das Magnificat (Lk 1,46–55), ist voller Anspielungen auf das Alte Testament. Konnte sie, ein einfaches jüdisches Mädchen, so vertraut mit den alten Schriften sein? Sowohl Matthäus im ersten Kapitel wie Lukas in seinem dritten sind bemüht, Josefs direkte Abkunft von Abraham, bei Lukas sogar von Adam, zu belegen. Aber Josef war doch gar nicht Jesu leiblicher Vater?

Eine weitere Schwierigkeit ergibt sich daraus, daß Jesus vier Brüder mehrfach erwähnt, die bei Markus sogar mit Namen genannt werden; Letzterer spricht auch von Schwestern Jesu. Wie verträgt sich das mit Marias Jungfräulichkeit? Von den verschiedenen Versuchen, dieses Problem zu lösen, wird noch die Rede sein.

War Maria, als sie mit Josef verlobt wurde, erst 15 oder 16 Jahre alt, wie es damals in Palästina Sitte war? Und fand die Verkündigung durch den Engel statt

während des einen Jahres, das nach damaliger Sitte zwischen Verlobung und Hochzeit verstreichen mußte, und während dessen der Mann bereits alle Rechte eines Ehemannes hatte außer dem, die Verlobte körperlich zu berühren? Die Bibel läßt das offen.

Schließlich ist da das Rätsel des betlehemitischen Kindermordes, wie ihn Matthäus (2,16), und nur er, berichtet, vielleicht in Anspielung auf Jeremia 31,15 („Rahel beweint ihre Kinder"). Man sollte denken, daß ein Ereignis wie die Ermordung von Dutzenden, vielleicht Hunderten unschuldiger Kinder denkwürdig genug war, um auch von den anderen Evangelisten berichtet zu werden. Das ist aber nicht der Fall. Der Bericht scheint auch deshalb fragwürdig, weil hier Herodes eigenmächtig über viele Menschenleben verfügt, während sein Nachfolger bei

Jesu Prozeß die Einwilligung des römischen Landpflegers Pilatus benötigt, um nur einen Menschen zum Tode zu verurteilen. Vor allem aber: Wenn ein solcher Kindermord stattgefunden hat, wie haben ihn dann der junge Johannes, der spätere Täufer, wie auch Jesu Brüder und Schwestern überstanden? Denn nur Jesus hat Maria und Josef auf der Flucht nach Ägypten begleitet.

Es ist klar, daß die christlichen Interpreten der nachbiblischen Zeit bemüht waren, die hier angedeuteten Lücken auszufüllen und die in den biblischen Berichten enthaltenen Probleme zu lösen.

Dies geschah dann in den sogenannten Apokryphen, deren Berichte denn auch für die späteren literarischen und künstlerischen Darstellungen der Maria eine viel breitere Grundlage abgaben als die biblischen Andeutungen, und die den

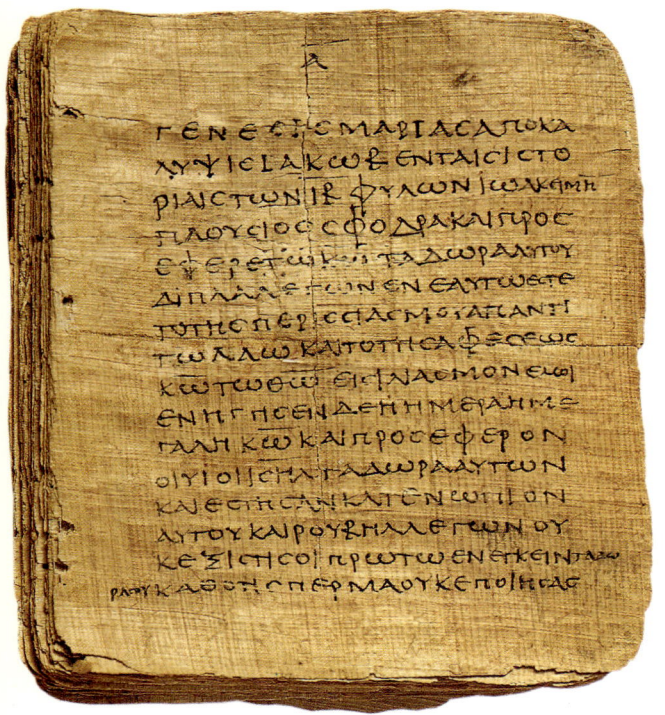

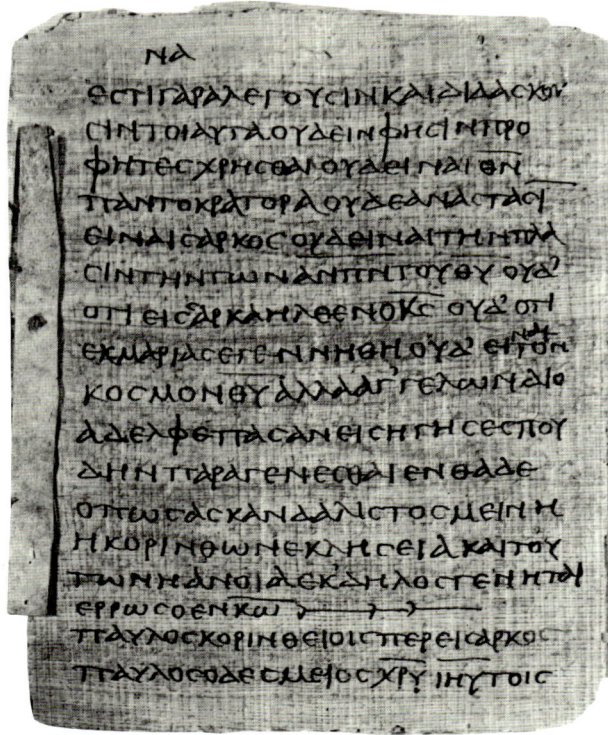

Links: Auf diesen Seiten aus dem „Protevangelium des Jacobus" ist die Geburt Mariens beschrieben. Das auf Papyrus geschriebene Dokument wird ins 2. Jahrhundert datiert. „Protevangelium" bedeutet Erstevangelium, weil es Geschichten enthält, die denen, die in den vier Evangelien berichtet werden, vorausliegen. Im Protevangelium wird auch die Vorgeschichte Marias bis zu ihrem Jugendalter geschildert. Das Original befindet sich in der Bibliotheca Bodmeriana in Cologny bei Genf.

Rechts: Ebenfalls dort aufbewahrt ist der Papyrus (Bodmer X), der einen apokryphen Briefwechsel zwischen dem Apostel Paulus und den Korinthern enthält, welcher das Thema der Gottesmutterschaft Mariens behandelt.

Weg für Marias immer größerer Bedeutung im Volksbewußtsein wie auch in der offiziellen Kirchenlehre bereiteten.

„Apokryph" bedeutet „verborgen, heimlich", aber das trifft auf die hier gemeinten Bücher und Schriften nicht zu. Gemeinsam ist ihnen, daß sie sich in irgendeiner Weise auf die Bibel beziehen, aber in den offiziellen biblischen Kanon, in unserem Fall das Neue Testament, nicht aufgenommen wurden. Sie sind alle in den ersten Jahrhunderten nach Christi Geburt entstanden und wurden in griechischer, lateinischer, aramäischer, armenischer oder arabischer Sprache verfaßt. Sie alle wollen die Evangelien in irgendeiner Weise ergänzen, ausschmücken oder neu interpretieren. Einige der wichtigsten fallen in die Rubrik der Pseudepigraphen, was bedeutet, daß sie fälschlich einer der biblischen Persönlichkeiten zugeschrieben werden. Ihre Zahl ist fast unbegrenzt; einige sind erst in neuerer und neuester Zeit aufgefunden worden. Viele von ihnen stehen in Widerspruch zu den Lehren der Bibel. Vor allem haben die Ideen des Gnostizismus viele von ihnen stark beeinflußt. Die Gnostik war eine sehr verbreitete religiös-philosophische Bewegung des 2. und 3. Jahrhunderts, die versuchte, das Christentum in den großen Prozeß der Religionsmi-

schung hineinzuziehen und zu einer Mysterienreligion umzubilden. Sie trennte den Schöpfergott, den Demiurgen, vom Erlösergott, der ihnen zufolge zum ersten Mal von Christus verkündigt wird. Das Alte Testament wird verworfen und Jesus als scheinleiblich angesehen. Mit ihren mystischen Spekulationen über Gott und die Materie, ihrer Aufnahme von altorientalischen Ideen und ihrer strikten Reduzierung der Welt auf ein gutes und ein böses Prinzip haben sich die gnostischen Denker recht weit vom christlichen Glauben des Neuen Testaments entfernt.

Die Grenze zwischen den offiziell anerkannten und den apokryphen Schriften ist indessen lange Zeit fließend gewesen. Das Johannes-Evangelium war eine Zeitlang in Gefahr, in den Kanon nicht aufgenommen zu werden. Andererseits haben Kirchenväter noch des 3. und 4. Jahrhunderts sich auf die Autorität von Schriften berufen, die später aus dem Kanon ausgeschlossen wurden. Die endgültige Festsetzung des neutestamentlichen Kanons fand erst im Jahre 691 statt. Man hatte sich aber schon im frühen 4. Jahrhundert über die Hauptkriterien der Auswahl geeinigt. Früher wurde die offizielle Festlegung der neutestamentlichen Bücher dem Papst Gelasius (492–496) zugeschrieben, aber es scheint, daß sie erst

etwa 100 Jahre später durch einen untergeordneten Kleriker erfolgte.

Die apokryphen Bücher sind im Laufe der Geschichte sehr unterschiedlich bewertet worden. Voltaire behauptete, daß die Apokryphen der alten Tradition näher stünden als die kanonischen Schriften. Der heilige Hieronymus dagegen spricht von „deliramenta apocryphiana", von „apokryphen Albernheiten". Sicher ist, daß einige von ihnen für die Entwicklung des Marienkultes und -bildes maßgeblich geworden sind.

Von den apokryphen Büchern, die sich speziell mit der Person und dem Leben Marias befassen, sind wohl das „Protevangelium des Jacobus" und die Erzählung des Pseudo-Melito die einflußreichsten. Das erste handelt von der Geburt, das zweite vom Tode Marias.

Das „Protevangelium Jacobi" wurde vielfach, besonders im Osten, als authentisch angesehen, und der Kirchenvater Origenes (185–254) zitierte es als Beweis für die jungfräuliche Geburt Marias. Dennoch zeigen die vielen Anspielungen auf das Alte Testament, daß es sich hier nicht um einen Augenzeugenbericht, sondern um eine spätere Konstruktion handelt. „Protevangelium" heißt „Erstevangelium", weil es Geschichten erzählt, die den Berichten der anerkannten Evan-

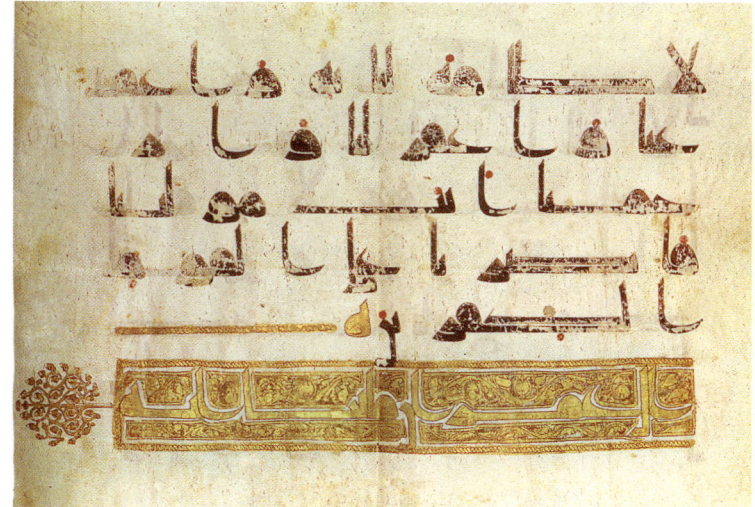

gelisten vorausgehen. Hier wird zum ersten Mal die Vorgeschichte, Geburt und Erziehung Marias geschildert. Der Erzähler nennt sich Jacobus und möchte wohl als der bei Markus (6,3) erwähnte Bruder Jesu angesehen werden. Das ist aber schon zeitlich unmöglich, denn die Schrift ist etwa um 150 n. Chr. entstanden, also mindestens 160 Jahre nach der Geburt der Maria. Sie enthält die Anfänge der Marienverehrung und hat viele spätere Schriften in verschiedenen orientalischen Sprachen zu weiteren Ausschmückungen angeregt. Ursprünglich ist das „Protevangelium des Jacobus" wohl auf Griechisch abgefaßt worden, enthält aber viele Andeutungen hebräischer Ausdrücke und bezieht sich vielfach auf Episoden des Alten Testaments. Schon die Geschichte der Eltern Marias, die trotz hohen Alters noch ein Kind zur Welt bringen, erinnert an die Geschichte von Abraham und Sara, und an Hanna, die Mutter Samuels, des letzten Richters in Israel.

Im 5. Jahrhundert, nachdem Maria auf dem Konzil von Ephesus den Titel „Gottesmutter" erhalten hatte, entstanden auch die Legenden über ihr Hinscheiden und ihre Himmelfahrt. Sie tauchen in verschiedenen Sprachen und mit großen Varianten auf. Fast immer wird Marias Begräbnis ausführlich geschildert; aber sie bleibt nicht im Grab, sondern wird mit Leib und Seele in die himmlische Herrlichkeit entrückt. Die wohl bekannteste Darstellung ihrer Entschlafung und Himmelfahrt – auf Griechisch „Koimesis" und „Metastasis", auf Lateinisch „Dormitio" oder „Transitus" genannt – ist wohl das „Evangelium vom Heimgang der seligen Maria", etwa um 500 entstanden. Es ist die lateinische Version einer griechischen Schrift, die auch unter dem Namen des „Pseudo-Melito" bekannt ist, denn der Verfasser stellt sich vor als Melito, Bischof von Sardes (der tatsächlich jedoch im 2. Jahrhundert gelebt hat). Sicherlich wollte der Verfasser damit seinem Werk größere Legitimität verleihen, denn Melito soll angeblich den Apostel Johannes noch persönlich gekannt haben. Jedenfalls ist seine Darstellung die klarste und gedrängteste, die auf uns gekommen ist.

Als Quelle für Marias Leben kann in gewissem Sinne auch der Koran angesehen werden, das heilige Buch der Muslims, das aus Offenbarungen Gottes (Allahs) an den Propheten Mohammed durch den Engel Gabriel besteht, so wie sie von Mohammeds Schreiber aufgezeichnet und von Kalif Othman um 651–653 gesammelt wurden. In den 114 Kapiteln (Suren) des Korans handelt die 19. von Maria. Sie erzählt zunächst von der Geburt des Johannes und erwähnt dann Maria, die sich von ihrer Familie an einen östlichen Ort entfernte und dort von einem Geiste Gottes, dem Gesandten des Allbarmherzigen, besucht wurde, der ihr einen reinen Knaben geben sollte. Als ihr unter dem Stamm einer Palme die Wehen kamen, entsprang für sie ein Bächlein, und die Palme ließ frische Datteln fallen. – Danach aber wird sie als Schwester Aarons bezeichnet, offenbar eine Verwechslung mit der Miriam des Exodus.

Es handelt sich im Koran kaum um neue, originelle Mitteilungen über Maria, da offenbar alle Informationen der Bibel, den Apokryphen oder mündlicher Überlieferung entnommen sind. Dennoch sind diese Mitteilungen von großer Bedeutung, da der Koran, nach der Bibel, zweifellos das verbreitetste Buch der Weltgeschichte ist und daher den Namen Marias weithin bekannt gemacht hat.

Was nun teilen uns die biblischen und die apokryphen Quellen über das irdische Leben der Jungfrau Maria im einzelnen mit?

MARIAS ELTERN UND DIE VERKÜNDIGUNG AN ANNA

Links: Das Bild zeigt die innige Begrüßung Joachims und Annas an der Goldenen Pforte. Es ist zwischen 1460 und 1465 entstanden und befindet sich heute in der Alten Pinakothek in München. Der Maler des Bildes, der sog. Meister des Marienlebens, erhielt seinen Notnamen nach acht Tafeln mit Szenen aus dem Marienleben, einem Zyklus, der sich in der St. Ursula-Kirche in Köln befindet. Die Architektur im Hintergrund ist reich ausgeschmückt im Geist der Spätgotik.

Rechts oben: Die Verkündigung durch den Engel, daß Anna ein Kind, nämlich Maria, die Mutter Gottes, gebären wird, ist hier in einem „Speculum humanae salvationis" von 1340 in frühgotischer zarter Manier dargestellt. Es befindet sich im Stift Kremsmünster in Österreich.

Rechts unten: Die Begegnung Joachims und Annas an der Goldenen Pforte als Motiv eines Glasfensters der Kathedrale von Chartres. Hier spielen die reich gestalteten Fenster erstmals eine wichtige Rolle im Gesamtkunstwerk der Kathedrale. Besonders die bildliche Darstellung des Marienlebens zeichnet die Chartreser Kirchenfenster aus.

Da uns die Bibel nichts über Marias Familie, Geburt und Kindheit mitteilt, sind wir auf das „Protevangelium Jacobi" angewiesen. Da heißt es:

(1,1–2.4:) Joachim war *ein sehr reicher Mann, und er brachte alle seine Opfergaben für den Herrn doppelt; denn er sagte sich: „Was ich zuviel darbringe, soll für das ganze Volk sein, und was ich zur Vergebung meiner Sünden darbringe, soll für den Herrn sein, mir zur Versöhnung." Nun war der große Tag des Herrn herangekommen, und die Kinder Israels brachten ihre Opfergaben dar. Da traten sie vor ihn, auch Ruben, der sagte: „Es ziemt dir nicht, deine Opfergaben als erster darzubringen, denn du hast in Israel keine Nachkommen erzeugt."... Und Joachim war sehr traurig, und er zeigte sich seiner Frau nicht, sondern er begab sich in die Wüste; dort schlug er sein Zelt auf und fastete vierzig Tage und vierzig Nächte; und er sagte bei sich: „Ich werde nicht hinuntergehen, weder um Speise noch um Trank, bis Gott, mein Herr, mich heimgesucht hat; das Gebet soll mir Speise und Trank sein."*

(2,1–4:) *Anna, seine Frau, stimmte indessen ein zweifaches Klagelied an und erhob ein zweifaches Jammern: „Meine Witwenschaft will ich bejammern, bejammern meine Kinderlosigkeit dazu." Nun kam der große Tag des Herrn heran, und Judith, ihre Magd,* sprach zu ihr: „*Wie lange beugst du deine Seele, da doch der große Tag des Herrn nahe ist, und da darfst du nicht trauern... Was brauche ich dir noch Böses zu wünschen dafür, daß du nicht auf mich gehört hast? Gott, der Herr, hat ja schon deinen Mutterleib verschlossen, um dir keine Leibesfrucht in Israel zu geben." Und Anna wurde sehr traurig; aber sie legte ihre Trauerkleider ab, wusch sich das Haupt, zog ihre Brautkleider an und ging um die neunte Stunde in ihrem Garten spazieren.*

(3,1–2:) *Und Anna seufzte zum Himmel empor, und sie sah ein Sperlingsnest im Lorbeerbaum, und alsbald erhob sie für sich eine Klage: „Wehe mir, wer hat gezeugt mich, was für ein Mutterleib mich hervorgebracht? Denn zum Fluche bin ich geboren vor ihnen allen und vor Israels Söhnen, und ich werde geschmäht, und sie verspotteten und vertrieben mich aus dem Tempel des Herrn. Weh mir, wem ward ich gleich? Nicht ward ich gleich den vernunftlosen Wesen: denn auch die vernunftlosen Wesen sind fruchtbar vor dir, Herr!"*

Es folgt die Verkündigung an Anna:

(4,1–2:) *Und siehe, ein Engel des Herrn trat zu ihr und sprach: „Anna, Anna, der Herr hat deine Bitten erhört. Du wirst empfangen und gebären, und deine Nachkommenschaft wird in der ganzen Welt genannt werden." Da* sprach Anna: „*So wahr der Herr, mein Gott lebt, wenn ich gebären werde, sei es ein Knabe oder ein Mädchen, so will ich es dem Herrn, meinem Gott, als Opfergabe darbringen, und es soll ihm Dienste verrichten alle Tage seines Lebens." Und siehe, da kamen zwei Boten und sprachen zu ihr: „Siehe, Joachim, dein Mann, kommt mit seinen Herden; denn ein Engel des Herrn ist zu ihm herabgestiegen und hat ihm gesagt: ‚Joachim, Joachim, Gott der Herr hat deine Bitte erhört. Ziehe hinab! Siehe, Anna, dein Weib, hat in ihrem Leib empfangen.'"*

(4,4:) *Und siehe, da kam Joachim mit seinen Herden, und Anna stand unter der Türe, und sie sah Joachim kommen und lief alsbald herbei, fiel ihm um den Hals und sprach: „Jetzt weiß ich, daß Gott der Herr dich reich gesegnet hat; denn siehe, die Witwe ist nicht mehr Witwe, und ich, die Kinderlose, habe in meinem Leibe empfangen."*

Aus diesem Text scheint sich zu ergeben, daß bei Anna – anders als später bei Maria – an eine jungfräuliche Geburt nicht gedacht ist: Als der Engel dem Joachim die frohe Nachricht zukommen läßt, hat die Zeugung offenbar schon stattgefunden. Andererseits haben einige Interpreten, wie Origenes, gerade diesen Bericht auch als Beweis für die jungfräuliche Geburt der Maria angeführt.

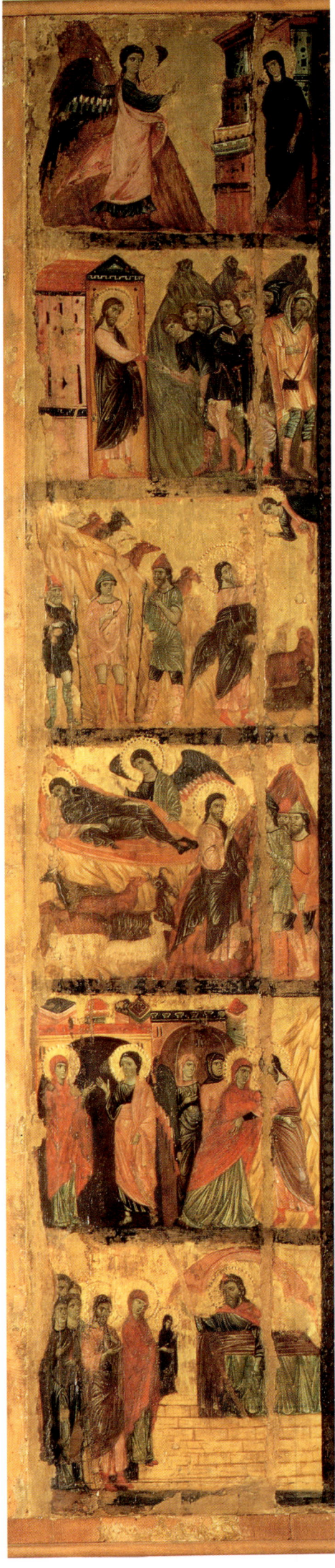

Links: Die Folgen des Marienlebens entstammen den Seitenbildern der „Thronenden Madonna aus San Martino" in Pisa (um 1280). Das Werk ist in der „maniera graeca" gemalt, das heißt noch ganz im Stile der byzantinischen Tradition. Die szenische Darstellung von oben links nach rechts: Mariä Verkündigung. / Joachims Opfer im Tempel wird zurückgewiesen. / Joachim verteilt Almosen. / Anna betet um ein Kind; der Engel erscheint ihr über dem Baum mit dem Vogelnest und verheißt ihr die Erhörung des Gebetes; Anna und ihre Magd. / Der Engel befiehlt Joachim, zu Anna zurückzukehren. / Auf Geheiß des Engels bringt Joachim dem Herrn ein Opfer dar. / Der Engel verkündigt Joachim im Traum, daß sein Gebet erhört wird; Joachim erzählt dies den Hirten. / Joachim zieht zurück nach Jerusalem. / Der Engel fordert Anna auf, Joachim entgegenzugehen; die Begegnung an der Goldenen Pforte. / Geburt Mariens. / Mariä Tempelgang. / Petrus, Paulus, Jakobus und Johannes der Täufer; unter dem Thron der hl. Martin.

Rechts: Die Begegnung an der Goldenen Pforte ist das Thema auch dieser russischen Ikone aus dem 16. Jahrhundert, die sich in Recklinghausen befindet.

Wiederum ist unsere Quelle das „Protevangelium Jacobi":

(5,2:) *Es erfüllten sich aber ihre sechs Monate, so wie der Engel gesagt hatte: im siebenten Monat gebar Anna. Und sie sprach zu der Hebamme: „Was habe ich geboren?" Und sie sprach: „Ein Mädchen." Da sprach Anna: „Erhoben ist meine Seele an diesem Tag." Und sie legte es nieder. Als aber die Tage erfüllt waren, da reinigte sich Anna von ihrem Wochenbett und gab dem Kinde die Brust, und sie verlieh ihm den Namen Maria.*

Herkunft und Bedeutung des Namens Maria sind ungeklärt. In den biblischen Texten heißt sie zwölfmal „Mariam" und siebenmal „Maria". „Mariam" ist identisch mit dem hebräischen Miriam; so hieß z. B. die Schwester von Mose. Man hat das Wort abgeleitet von dem hebräischen Wort für Myrrhe, und von dem für Lichtträger. Der heilige Hieronymus deutete Maria als „stilla maris", ein Tropfen im Meere, woraus dann „stella maris", Stern des Meeres, wurde. Man hat den Namen auch in Verbindung gebracht mit „Mara", dem Ort, wo Exodus 15,23 zufolge das Volk Israel bitteres Wasser vorfand, das es nicht trinken konnte. Andere Etymologen glauben, daß das Wort „hartnäckig" oder gar „wohlbeleibt" bedeutet. Jeden-

Ganz oben: Das Mosaik in der Klosterkirche in Daphne bei Athen, um 1100 entstanden, zeigt die „Geburt der Gottesmutter". Die hl. Anna lagert auf einem reich ausgestatteten Bett. Der antikische Einfluß in der Gestaltung der Gewänder ist deutlich sichtbar.

Oben: Die „Geburt Mariä", wie sie Domenico Ghirlandaio (1449–1494) im Fresko der Kirche Santa Maria Novella in Florenz zeigt, ist Ausdruck seiner monumentalen Erzählkunst und figurenreichen Schilderung.

Rechts: Die Darstellung der Mariengeburt von Wolf Huber (1485–1553) auf dem St. Annen-Altar in Feldkirch bei Bregenz zeigt das Geschehen im Geiste der nordischen Renaissance mit tiefem perspektivischem Raum und dramatischer Bewegung.

falls ist der Name im Neuen Testament sehr häufig vertreten, so häufig, daß es in vielen Fällen schwierig wird, zwischen den verschiedenen Marias zu unterscheiden.

Von Marias Kindheit und Darstellung berichtet das „Protevangelium Jacobi" folgendes:

(6,1–3:) *Das Kind wurde nun von Tag zu Tag kräftiger; als es sechsmonatig war, stellte es seine Mutter zu Boden, um in Erfahrung zu bringen, ob es schon stehen könne. Und es machte sieben Schritte und gelangte an ihren Schoß... Am ersten Geburtstag des Kindes veranstaltete Joachim ein großes Festmahl*

„Lob will ich singen dem Herrn, meinem Gott, denn heimgesucht hat er mich und von mir genommen die Schmähung durch meine Feinde. Und es gab mir der Herr die Frucht der Gerechtigkeit, die einzigartige und überreiche vor ihm. Wer meldet's den Söhnen Rubens, daß Anna säugt? Höret, höret, ihr zwölf Stämme Israels: Anna säugt!"

(8,1–3:) *Maria aber wurde im Tempel wie eine Taube gehegt und empfing Nahrung aus der Hand eines Engels. Als sie zwölf Jahre alt war, fand eine Beratung der Priester statt, die sprachen: „Siehe, Maria ist im Tempel des Herrn zwölf Jahre alt geworden; was sollen wir nun mit ihr tun, damit sie nicht den*

Ganz oben: Zum Themenkreis von Mariens Kindheit gehört vor allem die „Unterweisung Mariens", auch Erziehung Mariens genannt, wie sie auf dem Ölbild in der Pfarrkirche Sankt Martin in Tannau zu sehen ist.

Oben: „Joachim und Anna liebkosen ihr Kind Maria" – ein weiteres Thema aus Mariens Kindheit, wie es im Mosaik der Chora-Kirche (Kariye Camii) in Istanbul (um 1315/20) gezeigt wird.

Rechts: „Mariä Tempelgang", Steinrelief aus der Chorumrandung der gotischen Kathedrale von Chartres, Frankreich.

und lud dazu die Hohenpriester, die Priester und die Schriftgelehrten, die Ältesten und das ganze Volk Israel ein. Und Joachim brachte das Kind vor die Priester, und sie segneten es mit den Worten: „Gott unserer Väter, segne dieses Kind und verleihe ihm einen unter allen Geschlechtern ewig gerühmten Namen!" Und das ganze Volk sprach: „So sei es. Amen!" Und sie brachten es vor die Hohenpriester, und sie segneten es mit den Worten: „Gott der Himmelshöhen, blicke auf dieses Kind herab und segne es mit dem höchsten, unüberbietbaren Segen!"... Und Anna stimmte Gott dem Herrn folgendes Loblied an:

Tempel des Herrn beflecke?" Und der Hohepriester nahm das Amulett mit den zwölf Glöckchen und begab sich ins Allerheiligste und betete ihretwegen. Und siehe da, ein Engel des Herrn stand plötzlich vor ihm und sprach zu ihm: „Zacharias, Zacharias, gehe hinaus und versammle die Witwer des Volkes, die sollen jeder einen Stab tragen, und welchem der Herr ein Wunderzeichen geben wird, dessen Weib soll sie sein."

Annas Lobgesang (6,3) erinnert, ebenso wie später Marias Lobgesang, an den Lobgesang Hannas im Alten Testament (1 Samuel 2).

DIE VERLOBUNG MIT JOSEF

Darüber lesen wir im „Protevangelium" (9,1–3): *Josef aber warf die Axt weg und ging seinerseits hinaus, um ihnen zu begegnen. Und als sie versammelt waren, nahmen sie die Stäbe und gingen zum Hohenpriester... Den letzten Stab bekam Josef, und siehe, eine Taube kam aus dem Stab hervor und flog auf das Haupt Josefs. Da sprach der Hohepriester zu Josef: „Josef, du hast durchs Los die Jungfrau des Herrn zugeteilt bekommen; nimm sie in deine Obhut!" Josef aber entgegnete ihm: „Ich habe schon Söhne und bin alt, sie aber ist ein junges Mädchen. Ich fürchte, ich werde zum Gelächter für die Söhne Israels!" Da sprach der* Priester zu Josef: „Fürchte den Herrn, deinen Gott..." Und Josef fürchtete sich und nahm sie in seine Obhut. Und Josef sprach zu ihr: „Maria, ich habe dich aus dem Tempel des Herrn empfangen und lasse dich nun in meinem Hause und gehe fort, um meine Bauten zu errichten; danach werde ich wieder zu dir kommen; der Herr wird dich bewahren!"*

Über die Herkunft des Josef, der hier ganz unspektakulär eingeführt wird, sagt das „Protevangelium" nichts. Wohl aber die Bibel: Matthäus beginnt seinen Bericht mit dem ausführlichen Stammbaum Josefs, der von Abraham über Isai, David und Salomo bis auf Jakob, den Vater Josefs, durchgeführt wird. Dann heißt es nur: „Jakob zeugte Josef, den Mann Marias, von welcher Jesus geboren ist, der Christus genannt wird."

Während hier also von einer direkten Abstammung Jesu von Abraham und David nicht die Rede ist – da ja Josef nicht sein leiblicher Vater ist –, sagt die älteste biblische Quelle, etwa 15 Jahre vor dem ältesten Evangelium geschrieben, etwas anderes: Im Brief an die Römer (1,1–4), etwa um 55 n. Chr. entstanden, schreibt Paulus:

Links: Das Thema der Marienvermählung wird in den Jahrhunderten unterschiedlich interpretiert. So ist zum Beispiel „Mariä Vermählung" eines unbekannten Meisters (München, Pinakothek) in einem Kirchenraum spätgotischer Prägung in Szene gesetzt.

Rechts oben: Diese Szene der „Erwählung Josefs" entstammt dem Stundenbuch der Katharina von Kleve (um 1440).

Rechts unten: Das Bildnis Raffaels von 1504 in der Brera (Mailand) verbindet die Marienvermählung mit einem Idealbauwerk der Renaissance, dem Rundtempel, und ist so Sinnbild der Verbindung von christlichem Glauben, antikischer Idealarchitektur und perspektivischer Raumgestaltung.

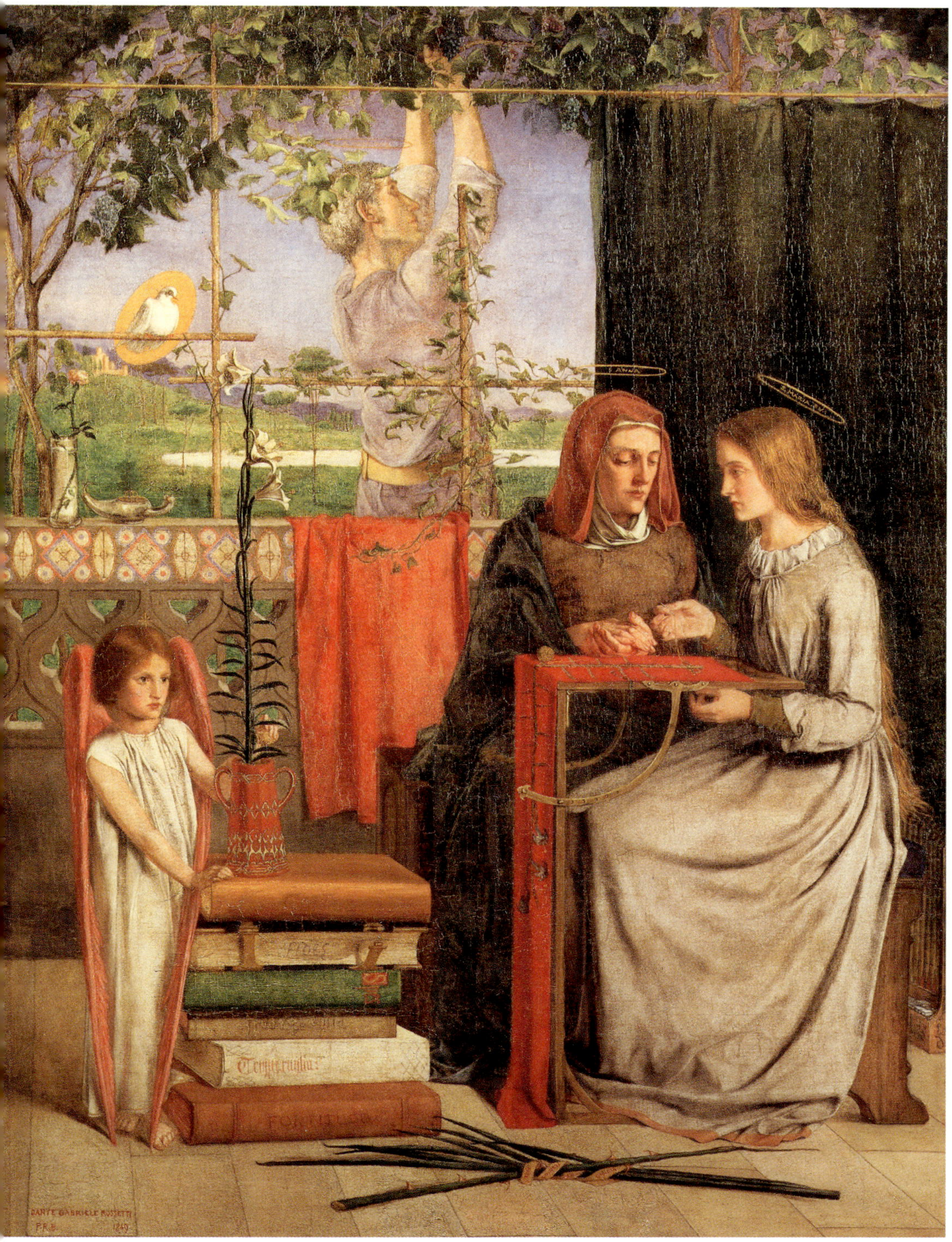

Links: Die „Kindheit der Maria“ von Dante Gabriele Rosetti (1828–1882, London), gemalt 1849, befindet sich in der Tate Gallery in London. Rosetti gehört zur englischen Gruppe der Präraffaeliten, die sich um eine Wiederbelebung der Religion in der Kunst bemühten. Die Darstellung der Marienszene bildet hier eine Verknüpfung von renaissancehafter Strenge und bürgerlichem Genre des 19. Jahrhunderts.

Rechts: Die Miniatur aus dem Stundenbuch der Katharina von Kleve (um 1440) bildet den „Baum Jesse (Isai)“ ab. Dieser ist in der Gotik ein beliebtes Thema, um Maria im Stammbaum Jesu zu zeigen. Das Stundenbuch befindet sich in der Pierpont Morgan Library, New York.

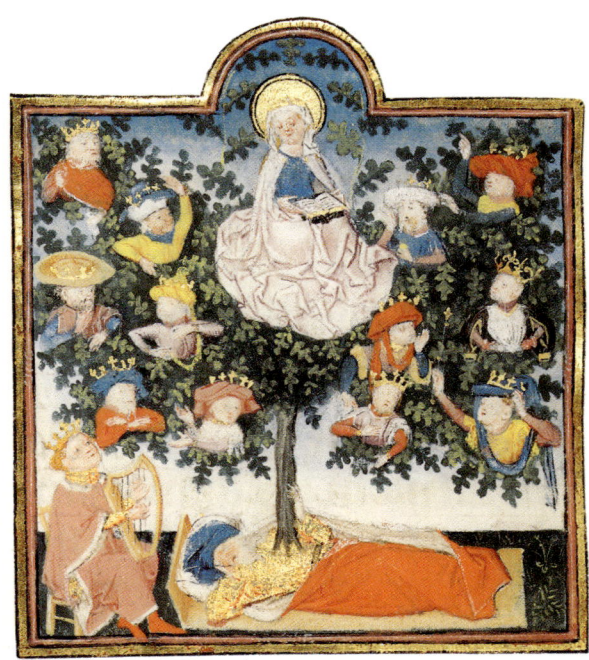

Paulus, Diener Christi Jesu, berufener Apostel, ausgesondert für die Frohbotschaft Gottes, die Er im voraus durch seine Propheten in heiligen Schriften angekündigt hat, von seinem Sohn, der nach dem Fleisch aus dem Geschlecht Davids hervorgegangen, machtvoll nach dem Geist der Heiligkeit auf Grund der Auferstehung von den Toten als Gottessohn eingesetzt ist ...

Eine weitere Episode aus der Zeit, da Maria schon in Josefs Haus lebt, berichtet das „Protevangelium“, und hier wird Maria als aus dem Hause Davids stammend bezeichnet:

(10,1–2:) *Es fand aber eine Beratung der Priester statt, die beschlossen: „Wir wollen einen Vorhang für den Tempel des Herrn anfertigen lassen.“ Und der Priester sprach: „Rufet mir unbefleckte Jungfrauen vom Stamme Davids!“ Und die Diener gingen fort und suchten und fanden sieben solcher Jungfrauen. Und der Priester erinnerte sich an das Mädchen Maria, daß sie aus dem Stamme Davids und unbefleckt war. Und die Diener gingen hin und holten sie. Dann führten sie sie in den Tempel des Herrn, und der Priester sprach: „Werft mir das Los, wer das Gold, den Amiant, die Baumwolle, die Seide, das Hyazinthenblau, den Scharlach und den echten Purpur verweben soll.“ Und auf Maria fiel das Los „echter Purpur“ und „Scharlach“. Und sie nahm es und verfertigte es in ihrem Haus.*

Es ist klar, daß Maria um diese Zeit bereits als die Verlobte Josefs angesehen wird, und daß er sie nicht berührt hat.

VERKÜNDIGUNG UND HEIMSUCHUNG

Am ausführlichsten berichtet darüber das Evangelium des Lukas (1,26–45):

Im sechsten Monat aber wurde der Engel Gabriel von Gott in eine Stadt in Galiläa namens Nazaret gesandt zu einer Jungfrau, die verlobt war mit einem Manne namens Josef aus dem Hause Davids; und der Name der Jungfrau war Maria. Und er trat zu ihr ein und sprach: „Sei gegrüßt, du Begnadete; der Herr ist mit dir." Sie aber erschrak über das Wort und sann nach, was dieser Gruß bedeuten solle. Der Engel sprach zu ihr: „Fürchte dich nicht, Maria, denn du hast Gnade gefunden bei Gott. Siehe, du wirst empfangen und einen Sohn gebären und sollst ihm den Namen Jesus geben. Dieser wird groß sein und Sohn des Höchsten genannt werden. Und Gott der Herr wird ihm den Thron seines Vaters David geben; herrschen wird er über das Haus Jakob in Ewigkeit, und seiner Herrschaft wird kein Ende sein." Maria aber sprach zu dem Engel: „Wie wird dies geschehen, da ich keinen Mann erkenne?" Der Engel antwortete ihr: „Heiliger Geist wird über dich kommen, und Kraft des Höchsten wird dich überschatten; darum wird auch das, was geboren wird, heilig genannt werden, Sohn Gottes. Siehe, Elisabet, deine Verwandte, auch sie hat einen Sohn empfangen in ihrem Alter, und dies ist der sechste Monat für sie, die als unfruchtbar gilt, denn bei Gott ist kein Ding unmöglich." Maria aber sprach: „Siehe, die Magd des Herrn, mir geschehe nach deinem Wort." Und der Engel schied von ihr.

Maria aber machte sich in diesen Tagen auf und ging eilends in das Gebirge in eine Stadt Judas. Sie trat in das Haus des Zacharias und begrüßte Elisabet. Und es geschah, als Elisabet den Gruß Marias hörte, hüpfte das Kind in ihrem Schoße, und Elisabet ward erfüllt mit heiligem Geiste und rief mit lauter Stimme: „Du bist gebenedeit unter den Frauen, und gebenedeit ist die Frucht deines Leibes! Woher kommt mir dies, daß die Mutter meines Herrn zu mir kommt? Denn siehe, als der Klang deines Grußes in mein Ohr drang, hüpfte das Kind vor Freude in meinem Schoße. Selig, die geglaubt hat, daß Erfüllung finden wird, was ihr vom Herrn gesagt wurde."

Links: Die „Verkündigung Mariens" des italienischen Plastikers Benedetto da Maiano (1442–1497) ist das Mittelstück eines Marmoraltars der St. Anna-Kirche in Neapel. Benedetto da Maiano gehört zu den wichtigsten Künstlern der florentiner Frührenaissance und hat vor allem Marmoraltäre ausgeführt.

Mitte: Eine Variante der Verkündigungsdarstellung zeigt den Engel und Maria mit dem Wasserkrug. Der Krug steht hier als Symbol für das Wasser des Lebens. Das Bild stammt aus einem armenischen Manuskript des 17. Jahrhunderts (British Library in London).

Rechts oben: Auch auf Schmuckdeckeln und Kameen werden christliche Szenen wie die Verkündigung dargestellt. Das abgebildete Beispiel ist ein Sardonyx-Kameo aus dem 10. Jahrhundert (Nationalbibliothek Paris).

Rechts: Aus Metall, Steinen und Perlen ist die Verkündigungsszene eines venezianischen Dyotichons gearbeitet, welches aus dem 13. Jahrhundert stammt und sich im Kloster Chilandar befindet.

Rechts unten: Die „Verkündigung" von Ann Raymo, einer zeitgenössischen amerikanischen Künstlerin, zentriert die Begegnung zwischen Maria und dem als Taube symbolisierten Heiligen Geist im Blickkontakt zwischen beiden.

Und nun (Lk 1,46–55) folgt Marias Lobgesang, das berühmte „Magnificat", das Hannas Lobgesang im Alten Testament (1 Samuel 2) nachgebildet ist:

Maria sprach: „Hochpreist meine Seele den Herrn, und mein Geist frohlockt in Gott, meinem Heilande. Denn er hat niedergeschaut auf die Niedrigkeit seiner Magd. Denn siehe, von nun an werden mich selig preisen alle Geschlechter. Denn Großes hat an mir getan der Mächtige, und heilig ist sein Name. Seine Barmherzigkeit währet von Geschlecht zu Geschlecht denen, die ihn fürchten. Er hat Macht geübt mit seinem Arme, zerstreut die Hochmütigen in ihres Herzens Sinne. Gewaltige hat er vom Thron gestürzt und Nied-

Links: Die „Verkündigung" des Jan van Eyck (1390–1441) in der National Gallery of Art, Washington DC, zählt nicht nur zu den bedeutendsten Werken der Spätgotik, sondern enthält auch wie in einer Art Zusammenfassung die wesentlichsten ikonographischen Inhalte um Maria. Maria befindet sich in einem Kirchenraum, der auf ihre spätere Rolle als Ecclesia hindeutet. Die Reinheitslilie in der Vase und die Butzenscheiben erinnern an die Wohnstuben, in denen Maria zu dieser Zeit oft gezeigt wird. Der Verkündigungsengel trägt einen seidig glänzenden Mantel, perlenbestickt, dessen Schönheit als Ausdruck göttlicher Harmonie empfunden wurde.

Die „Heimsuchung" (Visitatio), über die Lukas berichtet, beschreibt den Besuch Marias bei Elisabet. Beide sind schwanger. Elisabet wird kurz darauf Johannes den Täufer gebären. Die Szene wird dargestellt als Umarmung der beiden Frauen; sie ist eines der eindrucksvollsten und zartesten Themen der ganzen christlichen Kunst bis zur Gegenwart. *Links:* Maria und Elisabet auf einer Elfenbeinplatte des 15. Jahrhunderts im Münchner Nationalmuseum. *Rechts:* Bei Raffael (1483–1520) ist die innige Szene in freier, weiter Landschaft gezeigt. Maria, hochschwanger, schaut nachdenklich sinnend, während ihr die ältere Elisabet, wie am künftigen Schicksal anteilnehmend, entgegeneilt (Madrid, Prado).

rige erhöht. Hungrige hat er erfüllt mit Gütern und Reiche leer davongeschickt. Angenommen hat er sich Israels, seines Knechtes, eingedenk seiner Barmherzigkeit, wie er gesprochen hat zu unseren Vätern, Abraham und seinen Nachkommen in Ewigkeit." Maria aber blieb ungefähr drei Monate bei ihr und kehrte dann in ihr Haus zurück.

In der sehr kurzen Darstellung des „Protevangeliums", die sich auf Lukas stützt, heißt es nur:
(11,1–2:) *Und sie nahm den Krug und ging hinaus, um Wasser zu schöpfen, und siehe, eine Stimme sprach: „Sei gegrüßt, du Begnadete, der Herr sei mit dir, du Gesegnete unter den Weibern" [Lk 1,28]. Und sie schaute nach rechts und links, woher die Stimme komme. Und sie erbebte, ging in ihr Haus, stellte den Krug ab, nahm den Purpur, setzte sich [damit]*

auf ihren Stuhl und spann den Purpur. Und siehe, ein Engel des Herrn stand plötzlich vor ihr und sprach: „Fürchte dich nicht, Maria; denn du hast Gnade gefunden vor dem Allmächtigen und wirst aus seinem Wort empfangen" [Lk 1,30f].

Es gibt einige apokryphe Varianten. So heißt es in einem armenischen Text:
Zur Zeit, als die heilige Jungfrau so [zu dem Engel] sprach, drang das Wort Gottes in sie durch ihr Ohr, und die Beschaffenheit ihres Leibes wurde geheiligt und alle ihre Sinne gereinigt wie Gold im Feuer. Sie wurde zum Tempel der Heiligkeit, fleckenlos, und Aufenthalt des göttlichen Wortes. Um diese Zeit wurde sie schwanger. Der Engel aber brachte die frohe Nachricht zu Maria am 15. Nisan, das ist der 6. April, zur dritten Stunde des Tages.

In einem arabischen Text wird die jungfräuliche Geburt sogar schon zu Moses Zeit vorausgesagt:
Zur Zeit des Propheten Mose lebte ein Mann namens Zaradyst [Zoroaster], der Begründer einer Geheimlehre. Eines Tages, als er, an einer Quelle sitzend, seine Schüler über die Geheimlehre unterrichtete, unterbrach er sich und sagte ihnen: „Siehe, eine Jungfrau wird empfangen, ohne einen Mann zu kennen. Sie wird ein Kind gebären, und dennoch wird das Siegel ihrer Jungfräulichkeit intakt bleiben, und die frohe Nachricht soll in den sieben Regionen der Erde bekannt werden. Die Juden werden dieses Kind kreuzigen in der heiligen Stadt, die von Melchisedek gegründet wurde."

JOSEFS ZWEIFEL

Rechts: Das Thema, der Zweifel Josefs und Maria mit dem Spinnfaden, erscheint auf dem Elfenbeintriptychon Maximians als die „Prüfung des bitteren Wassers" (Erzbischöfliches Museum in Ravenna).

Darüber sagt das „Protevangelium": (13,1–3:) *Als sie aber im sechsten Monat war, siehe, da kam Josef von seinen Bauten, und da er in sein Haus eintrat, fand er sie schwanger. Und er schlug sein Angesicht, warf sich nieder auf den Sack, weinte bitter und sprach: „Mit welchem Angesicht soll ich zu dem Herrn, meinem Gott, aufblicken? Was soll ich beten wegen dieses Mädchens? Denn als Jungfrau habe ich sie aus dem Tempel des Herrn, meines Gottes, empfangen, und habe sie nicht behütet. Wer hat mich hintergangen?..."* Und Josef stand auf von dem Sack und rief Maria und sprach zu ihr: „Du von Gott Umsorgte, warum hast du das getan und hast des Herrn, deines

erscheint ihm im Traum und spricht: „Fürchte dich nicht wegen dieses Mädchens. Denn das, was in ihr ist, entstammt dem Heiligen Geist. Sie wird einen Sohn gebären, und seinen Namen sollst du Jesus heißen..."

(15,2:) Und der Hohepriester sprach zu Josef: „Warum hast du das getan?" Und Josef sprach: „So wahr der Herr, mein Gott, lebt, ich bin unschuldig an ihr." Und der Hohepriester sprach: „Lege kein falsches Zeugnis ab, sondern sprich die Wahrheit! Du hast ihr Beilager gestohlen und es den Söhnen Israels nicht kundgetan und hast dein Haupt nicht unter die starke Hand Gottes gebeugt..."

(16,1–2:) Und Josef weinte sehr. Und der

sich so: *Als seine Mutter Maria mit Josef verlobt war, fand es sich, ehe sie miteinander lebten, daß sie empfangen hatte vom Heiligen Geiste. Da aber Josef, ihr Mann, gerecht war und sie nicht bloßstellen wollte, gedachte er, sie im stillen zu entlassen. Während er das überlegte, da erschien ihm ein Engel des Herrn im Traume und sprach zu ihm: „Josef, Sohn Davids, scheue dich nicht, Maria, deine Frau, zu dir zu nehmen, denn was in ihr gezeugt ist, ist vom Heiligen Geist. Sie wird einen Sohn gebären, und du sollst ihm den Namen Jesus geben, denn er wird sein Volk von seinen Sünden erlösen." ... Als nun Josef vom Schlafe erwachte, tat er, wie der Engel*

Gottes, vergessen?..." Sie aber weinte bitterlich und sprach: „Rein bin ich, und von einem Manne weiß ich nicht" [Lk 1,34]. Und Josef sprach zu ihr: „Woher ist nun das in deinem Leib?" Sie aber sprach: „So wahr der Herr, mein Gott, lebt, ich weiß nicht, woher mir das kommt."

(14,1–2:) Und Josef fürchtete sich sehr und entfernte sich von ihr und überlegte, was er mit ihr tun sollte. Und Josef sprach: „Verberge ich ihre Sünde, so werde ich als einer erfunden, der gegen das Gesetz des Herrn streitet. Stelle ich sie bloß vor den Söhnen Israels, so fürchte ich, das, was in ihr ist, könnte von den Engeln stammen, und ich könnte so als einer erfunden werden, der unschuldiges Blut dem Todesgericht ausliefert... Ich will sie heimlich von mir entlassen" [Mt 1,19]. Darüber überraschte ihn die Nacht. Und siehe, ein Engel des Herrn

Hohepriester sprach: „Ich werde euch das Prüfungswasser des Herrn zu trinken geben, und es wird eure Sünden vor euren Augen offenbar machen." Und der Hohepriester nahm es und gab es dem Josef zu trinken und schickte ihn in die Wüste, und er kam wohlbehalten zurück. Er ließ auch Maria trinken und schickte sie in die Wüste, und auch sie kam wohlbehalten zurück. Und das ganze Volk wunderte sich, daß das Wasser keine Sünde an ihnen offenbart hatte. Und der Hohepriester sprach: „Wenn Gott, der Herr, eure Sünden nicht offenbar gemacht hat, so richte auch ich euch nicht." Und er entließ sie. Und Josef nahm Maria zu sich...

Bei Matthäus dagegen erscheint der Engel nicht der Maria, sondern dem Josef (Mt 1,18–21; 24–25:)
Mit der Geburt Jesu Christi aber verhielt es

des Herrn ihn geheißen, und nahm seine Frau zu sich, erkannte sie aber nicht, bis sie einen Sohn geboren hatte; und er gab ihm den Namen Jesus.

Links: Die Darstellung „Josefs Traum" zeigt den an Maria zweifelnden Josef, vom Engel belehrt, daß Maria – vom Heiligen Geist überschattet – den Sohn Gottes gebären wird. Der Maler Daniele Crespi (1575–1633) zeigt in seinem Mailänder Bild von 1630 den schlafenden Josef am Arbeitstisch.

Mitte: Diese *Maria Platytera* eines oberdeutschen Tafelbildchens um 1400 (Holz; Berlin, Dahlem-Museum) ist Beispiel des weichen Stils der Hochgotik. In der Hand trägt sie eine Spindel mit dem roten Purpurfaden für den Tempelvorhang in Jerusalem. Dem zweifelnden Josef am Fenster wird hier die wunderbare Menschwerdung Gottes in Maria offenbart.

DIE GEBURT JESU

Unten: Das Detail vom Elfenbeinthron Maximians faßt Josefs Traum und den Weg nach Betlehem in einer Tafel zusammen (Erzbischöfliches Museum in Ravenna).

*I*m zweiten Kapitel des Lukas-Evangeliums wird die Geburt Jesu und der Besuch der Hirten an der Krippe erzählt (Lk 2,1.4–7.16–19):
Es begab sich aber, in jenen Tagen erging ein Erlaß des Kaisers Augustus, den ganzen Erdkreis aufzeichnen zu lassen... Auch Josef zog von Galiläa aus der Stadt Nazaret hinauf nach Judäa in die Stadt Davids, die Betlehem heißt, weil er aus dem Hause und Geschlecht Davids war, um sich mit Maria, seiner Verlobten, die schwanger war, eintragen zu las-

[Lk 2,1]. *Und Josef sprach: „Ich werde meine Söhne aufschreiben lassen – aber was soll ich mit diesem Mädchen tun? Wie soll ich sie aufschreiben lassen? Als meine Frau? Da schäme ich mich..." Und er sattelte seine Eselin und setzte sie darauf; sein Sohn zog, und Josef folgte. Und sie näherten sich auf drei Meilen. Da wandte Josef sich um und sah sie traurig und er sprach bei sich selbst: „Vielleicht bedrängt sie das, was in ihr ist." Und wiederum wandte Josef sich um und sah sie lachen. Und er sprach zu ihr: „Maria, was ist*

sen. Während sie dort waren, begab es sich aber, daß sich die Tage vollendeten, da sie gebären sollte. Und sie gebar ihren Sohn, den Erstgeborenen, wickelte ihn in Windeln und legte ihn in eine Krippe, weil für sie kein Platz in der Herberge war...

[Die Hirten...] kamen eilends hin und fanden Maria und Josef und das Kind, das in einer Krippe lag. Als sie es aber sahen, berichteten sie von dem Wort, das ihnen über dieses Kind gesagt worden war. Und alle, die es hörten, wunderten sich über das, was ihnen von den Hirten erzählt wurde. Maria aber bewahrte alle diese Worte und erwog sie in ihrem Herzen.

Im „Protevangelium" wird Jesus nicht in einer Herberge, sondern in einer Höhle geboren:
(17,1–2:) *Es wurde aber vom König Augustus ein Befehl ausgegeben, alle Einwohner Betlehems in Judäa sollten sich aufschreiben lassen*

mit dir, daß ich dein Antlitz bald lachend, bald traurig sehe?" Und sie sprach zu ihm: „Josef, ich sehe zwei Völker mit meinen Augen, ein weinendes und klagendes und ein fröhliches und jauchzendes." (Mit den zwei Völkern sind offenbar diejenigen gemeint, die den Erlöser ablehnen oder annehmen werden.)

(18,1; 19,2–3:) *Und er fand dort eine Höhle und führte sie hinein und ließ seine Söhne bei ihr stehen und ging hinaus, um eine hebräische Hebamme in der Gegend von Betlehem zu suchen... Und die Hebamme ging mit ihm. Und er trat an den Ort der Höhle, und siehe, eine lichte Wolke überschattete die Höhle. Und die Hebamme sprach: „Erhoben ist heute meine Seele, denn meine Augen haben Wunderbares gesehen; denn Israel ist das Heil geboren." Und sogleich verschwand die Wolke aus der Höhle, und ein großes Licht erschien, so daß die Augen es nicht ertragen*

Unten: In dieser Buchminiatur des frühen 14. Jahrhunderts vom Bodensee ist die Geburt Jesu gezeigt.

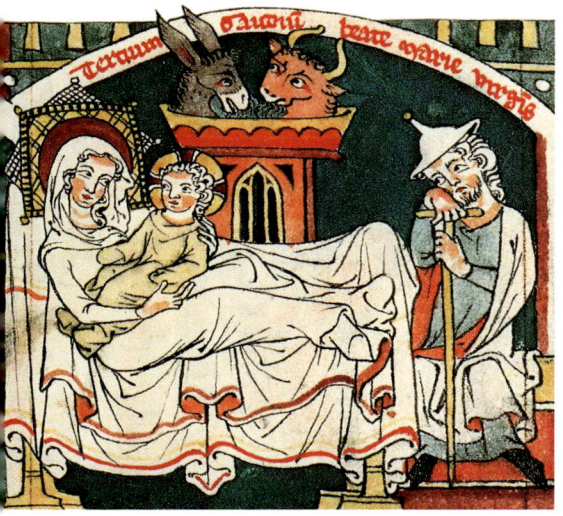

konnten... Und die Hebamme kam aus der Höhle heraus, und es begegnete ihr Salome. Und sie sprach zu ihr: „Salome, Salome, ich habe dir ein nie gewesenes Schauspiel zu erzählen: Eine Jungfrau hat geboren, was doch die Natur nicht zuläßt." Und Salome sprach: „So wahr der Herr, mein Gott, lebt, wenn ich nicht meinen Finger hinlege und ihren Zustand untersuche, so werde ich nicht glauben, daß eine Jungfrau geboren hat."

(20,1.3:) Und die Hebamme ging hinein und sprach zu Maria: „Lege dich bereit, denn ein nicht geringer Streit besteht um dich." Und Salome legte ihren Finger hin zur Untersuchung ihres Zustandes. Und sie erhob ein

was ich ursprünglich war. Nun fühlt sich meine Seele stark."... Und da sie gesprochen hatte, sah Eva, unsere Stammutter, eine Wolke, die sich über der Grotte zum Himmel erhob. Und von der anderen Seite erschien ein helles Licht, das über der Krippe stehen blieb. Und das Kind suchte nach seiner Mutter Brust und ihrer Milch; und danach ging er auf seinen Platz zurück und blieb dort... Und die Mutter der Menschheit kam in die Grotte und nahm das Kind in ihre Arme und begann es zu liebkosen und zu umarmen mit aller Zärtlichkeit... legte es zurück in die Krippe... und verließ die Höhle. Und sah plötzlich eine Frau mit Namen Salome, die von der Stadt

Oben: In volkstümlicher Art gibt das Dekkenbild der Stabkirche von Al im Hallingdal (Norwegen) die Christusgeburt und die Anbetung der Könige, beide Szenen von Rundbögen umschlossen, wieder.

Rechts: Die moderne Künstlerin Maja Refsum faßt die Anbetung durch die Hirten streng und einfach auf.

Seite 32, links: Das Mosaik in der Chora-Kirche (Kariye Camii, Istanbul, frühes 14. Jahrhundert) zeigt die Szene, in der der heilige Josef mit seinen Söhnen auch Maria in Betlehem registrieren läßt.

Seite 32, rechts unten: Jan Massys (1509–1575) schildert in seinem Gemälde von 1558 die Herbergssuche von Maria und Josef. Gezeigt ist die Szene, in der die beiden abgewiesen werden (Antwerpener Museum der Schönen Künste).

Wehgeschrei und sprach: „Wehe über meinen Frevel und meinen Unglauben; denn ich habe den lebendigen Gott versucht, und siehe, meine Hand fällt vom Feuer verzehrt von mir ab!"... Und siehe, da stand ein Engel des Herrn vor Salome und sprach zu ihr: „Gott der Herr hat dein Gebet erhört. Tritt herzu, faß das Kind an, so wird dir Heilung geschehen." Und Salome tat so... Und Salome wurde geheilt, wie sie es erbeten hatte.

Die Szene der Geburt Jesu in der Höhle wird im armenischen „Buch der Kindheit" (Jesu) etwas anders, nämlich unter Einbeziehung der Eva, dargestellt:
Josef und die Mutter unseres Geschlechts [Eva]... fielen nieder, dankten Gott mit lauter Stimme, priesen ihn und sagten: „Gesegnet seist du, Gott unserer Väter, Gott Israels; denn an diesem Tage hast du, indem du erschienst, den Menschen erlöst. Du hast mich erneuert und erhöht und wieder aufgerichtet zu dem,

Jerusalem gekommen war. Und Mutter Eva ging zu ihr und sprach: „Ich bringe dir frohe Nachricht: Ein junges Mädchen, das nie einen Mann gekannt hat, hat in dieser Höhle ein Kind zur Welt gebracht."

Wiederum anders wird die Geschichte der Geburt Jesu in der Schrift „vom Martyrium und der Himmelfahrt des Jesaja" erzählt, die eine Kombination von alttestamentlichen und neutestamentlichen Apokryphen darstellt. Sie ist wahrscheinlich zur Zeit der Christenverfolgungen, vielleicht schon im 2., nach einigen Autoren sogar schon im 1. Jahrhundert n. Chr. entstanden, und ist sicher bezeugt im 4. Jahrhundert. Sie beschreibt das Martyrium des großen jüdischen Propheten Jesaja unter den Königen Hiskija und Manasse. Vor seinem Tod und seiner Entrückung hat Jesaja Visionen, deren eine lautet:

Vergleicht man die beiden Christgeburtsszenen im Stall zu Betlehem, das von Hans Memling (1433–1494) aus dem Wallraf-Richartz-Museum in Köln (*rechts*) mit dem von Federico Barocchi (1528–1615) in Mailand (*links*), so wird der Weg von Memlings streng goti-

scher Auffassung und frommer Andacht hin zu einer freieren, persönlicheren und realistischeren Gestaltung des 100 Jahre später entstandenen Bildes Barocchis besonders deutlich. Bei Memling nehmen die Personen keinen Bezug aufeinander, sondern verharren – im Gebet versunken – in sich geschlossen. Bei Barocchi ist es jedoch gerade die freie Gebärdensprache, die den Bildinhalt ausdrückt.

Und ich sah aus dem Geschlechte Davids, des Propheten, ein Weib mit Namen Maria, die war eine Jungfrau und einem Manne mit Namen Josef verlobt, einem Zimmermann, und auch er war aus dem Samen und Geschlechte des gerechten David aus Betlehem in Juda... Und als sie verlobt war, fand es sich, daß sie schwanger war, und Josef, der Zimmermann, wollte sie verlassen. Aber der Engel des Geistes erschien in dieser Welt, und danach verließ Josef Maria nicht, sondern bewahrte sie; er offenbarte aber niemand diese Angelegenheit. Und er nahte sich nicht Maria, sondern bewahrte sie wie eine heilige, wenn auch schwangere Jungfrau. Und er wohnte noch nicht zwei Monate mit ihr. Und nach zwei Monaten, als Josef in seinem Hause war und

Maria sah, sein Weib, jedoch beide allein, da geschah es, während sie allein waren, daß Maria alsbald mit ihren Augen hinschaute und ein kleines Kind sah, und sie war bestürzt. Und als die Bestürzung gewichen war, wurde ihr Mutterleib wie zuvor befunden, ehe sie schwanger war. Und als ihr Mann Josef zu ihr sagte: „Was macht dich bestürzt?", wurden seine Augen geöffnet, und er sah das Kind und pries Gott, daß der Herr zu seinem Anteil gekommen sei. Und eine Stimme kam zu ihnen: „Erzählt dieses Gesicht niemand." Aber das Gerücht über das Kind verbreitete sich in Betlehem. Einige sagten: „Die Jungfrau Maria hat geboren, bevor sie zwei Monate verheiratet war", und viele sagten: „Sie hat nicht geboren, und die Wehmutter ist nicht zu ihr hinaufgegangen, und wir haben keinen Schmerzensschrei gehört." Und sie waren alle im Dunkel über ihn, alle wußten von ihm, aber keiner wußte, woher er war.

Eine sehr phantastische Beschreibung der jungfräulichen Geburt findet sich in den sogenannten Christlichen Sibyllinen. In der römischen Mythologie enthielten die sibyllinischen Bücher geheimnisvolle

Sprüche und Prophezeiungen. Neun solcher Bücher bot eine alte Frau, die Sibylle von Cumae, dem (sagenhaften) römischen König Tarquinius für einen sehr hohen Preis an; als dieser ablehnte, verbrannte sie drei der Bücher und bot ihm den Rest zum selben Preis an. Er lehnte wieder ab, aber als sie weitere drei Bücher verbrannte, wurde er anderen Sinnes und kaufte die übrigen drei Bücher, die dann im Kapitolinischen Tempel aufbewahrt wurden, bis sie 83 v. Chr. einem Brand zum Opfer fielen. Es entstanden indessen viele „sibyllinische" Schriften, den alten Büchern nachgebildet, zuerst in der römischen, dann aber auch in der jüdischen Literatur und wurden von da übernommen in die christliche. In einer von ihnen heißt es (VIII, 456–479):
In den letzten Zeiten aber ging er [der Engel Gabriel] hinab auf die Erde und erschien klein und ging hervor aus dem Schoße der Jungfrau Maria als neues Licht, und vom Himmel kommend nahm er menschliche Gestalt an. Zuerst nun zeigte Gabriel seine gewaltige heilige Gestalt, dann redete der Erz-

Links: Salvador Dali (1904–1989) hat in diesem zarten Aquarell die Geburtsszene in eine Komposition aus Farben aufgelöst. Hinter Maria steht Josef und blickt wie sie auf das eben geborene Christuskind. Nicht nur die Heilsbotschaft, wie sie aus den meisten Weihnachtsbildern spricht, sondern auch die Dunkelheit des bevorstehenden Leidensweges Christi ist in dieses Bild mit einbezogen.

Rechts: Um die jungfräuliche Geburt und deren Vorhersage kreisen auch die Darstellungen der Sibyllen in der Sixtinischen Kapelle im Vatikan. Michelangelo (1475–1564) hat sie 1509 gemalt. Die hier abgebildete Sibylle von Cumae soll in vorchristlicher Zeit die Jungfrauengeburt und die Menschwerdung Christi prophezeit haben.

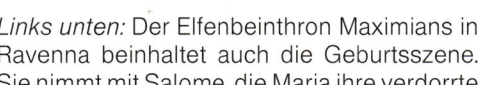

Links unten: Der Elfenbeinthron Maximians in Ravenna beinhaltet auch die Geburtsszene. Sie nimmt mit Salome, die Maria ihre verdorrte Hand zeigt, Motive aus apokryphen Schriften auf.

engel die Jungfrau mit dem Worte an: „Nimm Gott in deinem makellosen Schoße auf, Jungfrau!" So sprechend, hauchte der Gott Gnade dem zarten Mägdlein ein. Sie aber ergriff Verwirrung und Staunen zugleich, da sie es vernahm, und zitternd stand sie da; ihr Sinn war ihr betäubt, das Herz bebte bei der unerhörten Kunde. Bald aber freute sie sich, und ihr Herz ward warm bei der Stimme, und bräutlich lächelte sie, rot ward ihre Wange, Freude ergötzte sie, Scham bezauberte ihr den Sinn, und der Mut kehrte ihr zurück. Das Wort aber flog ihr in den Leib, ward Fleisch mit der Zeit, und im Mutterleibe Leben gewinnend, bildete es sich zur menschlichen Gestalt, und so ward ein Knabe durch jungfräuliche Geburt; ja, wohl ist das den Menschen ein großes Wunder, aber nichts ist ein großes Wunder für Gott den Vater und Gott den Sohn. Dem Kinde aber, als es geboren, streckte sich die Erde freudig entgegen, der himmlische Thron lachte, und es freute sich die Welt. Der neuerschienene Stern aber, der göttliche, ward von den Magiern verehrt, das Kind in Windeln ward in der Krippe den gottgläubigen Ochsenhirten und Ziegenhütern und den Hirten der Lämmer gezeigt, und Betlehem ward als gottgewählte Heimat des Logos genannt. (Die letzten Worte spielen auf den Anfang des Johannesevangliums an: „Im Anfang war das Wort...").

In nicht-christlichen Kreisen wurde Jesu Herkunft auch ganz anders erklärt: Der Kirchenvater Origenes wendet sich gegen ein Gerücht unter Juden und Heiden, daß Jesus der Sohn eines römischen Centurios namens Pantherus gewesen sei. In Alexandria wurde sogar behauptet, Maria habe eine inzestuöse Beziehung zu ihrem eigenen Bruder gehabt! Von christlicher Seite wurde das Pantherus-Gerücht mit dem Argument bekämpft, daß Pandera – so heißt er im Talmud – gar kein Eigenname, sondern die Bezeichnung für einen Zuhälter gewesen sei. Diese Begründung ist allerdings nicht stichhaltig, denn Pandaros kommt als Eigenname eines Kriegers bei Homer wie auch bei Vergil vor und ist erst durch Boccaccio und dann durch Shakespeare („Troilus und Cressida") zum Begriff für den Kuppler geworden.

BESUCH DER WEISEN AUS DEM MORGENLAND

In der Bibel berichtet nur Matthäus über diese Episode. Er erwähnt nicht, daß es drei gewesen seien, und nennt sie „Magoi", Weise.

(Mt 2,11:) *Sie traten in das Haus ein und schauten das Kind mit seiner Mutter Maria, fielen nieder und huldigten ihm. Dann öffneten sie ihre Schätze und brachten ihm Geschenke dar, Gold, Weihrauch und Myrrhe.*

Im „Protevangelium" wird die Geschichte ähnlich wie bei Matthäus erzählt. Aber in einer armenischen Apokryphe finden wir die Dreizahl, sogar ihre Namen, und nun sind sie Könige geworden:

Und der Engel des Herrn kam in großer Eile in das Land Persien, um die Magierkönige zu leiten, die sich aufgemacht hatten, das neugeborene Kind anzubeten. Und da der Stern sie

Sie traten in die Höhle und fanden Maria, Josef und das Kind... Sie beteten es an und gaben ihm ihre Geschenke... Und Josef und Maria waren erstaunt, die drei Söhne von Königen zu sehen, die ihre Kronen trugen und in Anbetung niederknieten, schon ehe sie gefragt hatten, wer das neugeborene Kind war. Daher fragten Josef und Maria sie: „Wo kommt ihr her?" Und sie antworteten: „Wir kommen von Persien." Josef und Maria sagten: „Wann habt ihr Persien verlassen?" Die Könige antworteten: „Gestern abend feierten wir ein Fest. Und nach dem Fest sprach einer unserer Götter zu uns: ‚Erhebt euch und geht mit Geschenken zu dem König, der in Juda geboren wurde'.

Und Maria nahm eins der Tücher, in das Jesus gewickelt war, und gab es ihnen. Und sie nahmen es aus ihren Händen als eine sehr wertvolle Gabe...

Oben: Der Ratschis-Altar aus dem 8. Jahrhundert in Cividali del Friuli, Italien, faßt das Thema „Anbetung der Könige" im ornamental-heraldischen Sinne ganz in der Fläche auf und strahlt die naive Innigkeit der Frühzeit aus.

neun Monate geführt hatte, kam ihre Reise zu ihrem Ende, gerade als die Jungfrau Mutter geworden war. Damals herrschte das Königreich Persien über alle Könige des Orients. Die Magier-Könige waren drei Brüder: Der erste war Melkon [Melchior], der über die Persier herrschte; der zweite, Balthasar, regierte die Indier, und der dritte, Caspar, war Herr der Araber... sie kamen an, gerade als die Jungfrau Mutter wurde...

In einem syrischen Manuskript dagegen heißt es:

Ganz Persien war froh über ihre Rückkehr... und dann zeigten sie ihnen die Wikkeln, die Maria ihnen gegeben hatte. Nach Weise der Magier begannen sie ein großes Fest und fachten ein großes Feuer an... Dann warfen sie das Tuch mitten in das Feuer und beteten es an... Dann ging das Feuer aus, und sie zogen das Tuch heraus, weißer als Schnee und fester als zuvor. Und da sie es herausgezogen hatten, küßten sie es...

Mitte links: Edward Burne-Jones (1833–1898) und William Morris (1834–1896) haben die „Anbetung der Heiligen Drei Könige" in einem Wandteppich gestaltet. Gewoben wurden mehrere Exemplare des Teppichs. Der hier abgebildete befindet sich im Exiter College in Oxford.

Mitte rechts: Albrecht Dürer (1471–1528), „Anbetung der Könige", 1504, Öl/Holz (Uffizien, Florenz). Die berühmte Mitteltafel des Jabachsen-Altars ist unter dem Eindruck Italiens entstanden. Die Freude an den reichen Details jedoch zeigt Dürers Wurzeln im Norden.

FLUCHT NACH ÄGYPTEN

Rechts: Grund für die Flucht nach Ägypten war der „Betlehemitische Kindermord", wie er im Bild des Meisters von Schloß Lichtenstein (tätig 1525–1533) aus der Münchner Pinakothek dargestellt ist.

Bei Matthäus haben die Magier dem Herodes von dem neugeborenen König der Juden erzählt; Herodes fürchtet sich und plant, alle Neugeborenen töten zu lassen (2,13–14.19–21):

Nachdem sie [die Magier] aufgebrochen waren, siehe, da erschien ein Engel des Herrn dem Josef im Traume und sprach: „Steh auf, nimm das Kind und seine Mutter und flieh nach Ägypten und bleibe dort, bis ich es dir sage, denn Herodes will nach dem Kind suchen, um es zu töten." Da stand er auf, nahm des Nachts das Kind und seine Mutter und floh nach Ägypten... Als aber Herodes gestorben war, siehe, da erschien dem Josef in Ägypten ein Engel des Herrn im Traum und sprach: „Steh auf, nimm das Kind und seine Mutter und ziehe in das Land Israel, denn die dem Kinde nach dem Leben strebten, sind gestorben." Da stand er auf, nahm das Kind und seine Mutter und zog in das Land Israel.

Im „Protevangelium" heißt es nur (22,2): *Als Maria hörte, daß die Kinder getötet wurden, fürchtete sie sich und nahm das Kind, wickelte es in Windeln und legte es in eine Ochsenkrippe.*

In einem weiteren Abschnitt (22,3) versucht das „Protevangelium" eine Erklärung für das Überleben Johannes des Täufers:

Als seine Mutter Elisabet die Gefahr von Seiten des Herodes erkennt, in der sie und das Kind sich befinden, flieht sie in das Gebirge und bittet einen Berg, sich aufzutun. Der Berg spaltet sich und empfängt sie, und ein Engel des Herrn behütet sie.

Den ausführlichsten Bericht über die ägyptische Episode liefert uns eine latei-nische Apokryphe, das sogenannte Pseudo-Matthäus-Evangelium, das in seiner uns überlieferten Form aus dem 8. oder 9. Jahrhundert stammt. Es vereinigt die Darstellungen des „Protevangeliums" und des Thomas-Evangeliums und fügt dann Legenden über die Flucht der heiligen Familie hinzu, die im Mittelalter sehr populär waren und z. B. Hroswith von Gandersheim als Quelle gedient haben. Der Titel des angeblich von Matthäus verfaßten Werkes lautet „Über die Geburt der seligen Maria und die Kindheit des Erlösers".

(18:) *Da sie zu einer Höhle kamen und in ihr rasten wollten, stieg die selige Maria von ihrem Lasttier, setzte sich nieder und hielt das Jesuskind in ihrem Schoß. Mit Josef waren zugleich drei Knaben und mit Maria ein*

Links: Das Relief „Flucht nach Ägypten", um 1130, stammt vom Dom zu Autun und zählt zu den bedeutendsten Kunstwerken der romanischen Zeit. Der Sinn für dekorative Wirkung im einzelnen zeigt sich im feinen Ornament der Bordüren und des Faltenwurfs. Gleichzeitig strahlt die einfache, auf das Wesentliche reduzierte Darstellung das tiefe religiöse Empfinden der Zeit aus.

Links: Bei der Darstellung der Flucht nach Ägypten wird häufig das Wunder mit dem Feigenbaum gezeigt, der seine Zweige auf Bitten des Jesukindes („Bieg deine Zweige herab und labe meine Mutter mit deinen Früchten") so weit herabbog, daß alle durch

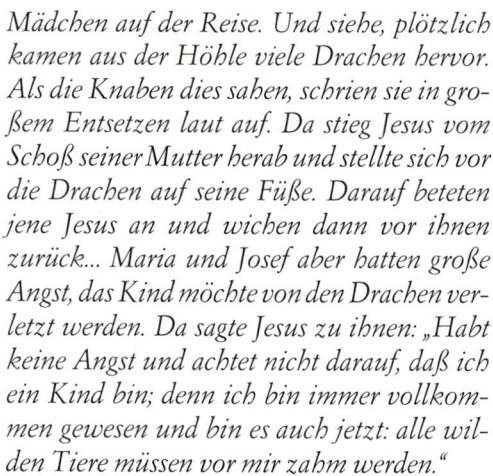

die Früchte gesättigt werden konnten. Die Miniatur stammt aus den „Très Riches Heures du Jean Duc de Berry" im Musée Condé, Chantilly, und ist in Deckfarbe auf Pergament gemalt.

Rechts oben und Mitte: Eine weitere Legende von der Flucht nach Ägypten erzählt vom „Sturz der heidnischen Götzenbilder", als Maria mit dem Jesukind einen Tempel betritt. Das obere Bild zeigt jene Szene in einem Relief in der Kirche Saint Pierre in Moissac. Das Bild darunter entstammt dem Stundenbuch des Herzogs von Bedford (Österreichische Nationalbibliothek, Wien).

Mädchen auf der Reise. Und siehe, plötzlich kamen aus der Höhle viele Drachen hervor. Als die Knaben dies sahen, schrien sie in großem Entsetzen laut auf. Da stieg Jesus vom Schoß seiner Mutter herab und stellte sich vor die Drachen auf seine Füße. Darauf beteten jene Jesus an und wichen dann vor ihnen zurück... Maria und Josef aber hatten große Angst, das Kind möchte von den Drachen verletzt werden. Da sagte Jesus zu ihnen: „Habt keine Angst und achtet nicht darauf, daß ich ein Kind bin; denn ich bin immer vollkommen gewesen und bin es auch jetzt: alle wilden Tiere müssen vor mir zahm werden."

(19:) Gleichermaßen beteten Löwen und Leoparden ihn an und begleiteten sie in der Wüste. Wohin auch Josef und die selige Maria gingen, schritten sie ihnen voran, indem sie ihnen den Weg zeigten und ihre Köpfe senkten; mit ihren Schwänzen wedelnd, taten sie ihre Dienstfertigkeit kund und verehrten ihn mit großer Ehrfurcht. Aber als Maria die Lö-

wen und die Leoparden und allerhand Arten von wilden Tieren um sie herumlaufen sah, wurde sie zuerst von heftigem Schrecken erfaßt... Die Löwen aber gingen mit ihnen zusammen einher, mit den Ochsen und Eseln und mit den Packtieren, die ihnen das Notwendige trugen, und sie fügten keinem ein Leid zu, obgleich sie mit ihnen zusammenblieben.

(20:) Am dritten Tage ihrer Reise, während sie weiterzogen, traf es sich, daß die selige Maria von der allzu großen Sonnenhitze in der Wüste müde wurde, und als sie einen Palmenbaum sah, sagte sie zu Josef: „Ich möchte im Schatten dieses Baumes ein wenig ausruhen." So führte Josef sie dann eilends zu der Palme und ließ sie vom Lasttier herabsteigen.

Als die selige Maria sich niedergelassen hatte, schaute sie zur Palmkrone hinauf und sah, daß sie voller Früchte hing. Da sagte sie zu Josef: „Ich wünschte, man könnte von diesen Früchten der Palme holen." Josef aber sprach zu ihr: „Es wundert mich, daß du dies sagst; denn du siehst doch, wie hoch die Palme ist... Ich für mein Teil denke eher an den Mangel an Wasser, das uns in den Schläuchen bereits ausgeht, und wir haben nichts, womit wir uns und die Lasttiere erfrischen können." Da sprach das Jesuskind, das mit fröhlicher Miene in seiner Mutter Schoß saß, zur Palme: „Neige, Baum, deine Äste, und mit deiner Frucht erfrische meine Mutter." Und alsbald senkte die Palme auf diesen Anruf hin ihre Spitze bis zu den Füßen der seligen Maria, und sie sammelten von ihr Früchte, an denen sie sich alle labten. Nachdem sie alle ihre Früchte gesammelt hatten, verblieb sie aber in gesenkter Stellung und wartete darauf, sich auf Befehl dessen wieder aufzurichten, auf

Adam Elsheimer (1578–1610), Die Flucht nach Ägypten, 1609, Öl/Kupfer, Alte Pinakothek München. Dieses Bild begründete den Ruhm Elsheimers. Hatten die früheren Darstellungen der Flucht nach Ägypten die Gruppe um Maria im Mittelpunkt gezeigt, so faßt Elsheimer, indem er die Flüchtenden in eine weite nächtliche Landschaft setzt, das Geschehen in einem großen kosmischen Zusammenhang auf. Die Nacht birgt schützend die Flüchtenden, und der helle Mond spiegelt sich im Wasser als Sinnbild der wechselseitigen Bezogenheit von göttlicher und irdischer Welt. Daß göttliches Licht und Dunkelheit auftreten, spielt auf das Licht an, das Christus in die dunkle Welt tragen wird. In diesem Bild verbindet Elsheimer die Tradition der reinen Landschaftsmalerei mit religiösen Motiven.

dessen Befehl sie sich gesenkt hatte. Da sprach Jesus zu ihr: „Richte dich auf, Palme, werde stark und geselle dich zu meinen Bäumen, die im Paradies meines Vaters sind. Und erschließe unter deinen Wurzeln eine Wasserader, die in der Erde verborgen ist, und die Wasser mögen fließen, damit wir aus ihr unseren Durst stillen." Da richtete sie sich sofort auf, und eine ganz klare, frische und völlig helle Wasserquelle begann an ihrer Wurzel zu sprudeln.

(22,2:) Und freudig und jubelnd kamen sie im Gebiet von Hermopolis an und zogen in eine ägyptische Stadt ein, die Sotinen heißt. Und da sich in ihr kein Bekannter fand, den sie um Gastfreundschaft hätten bitten können, traten sie in einen Tempel ein, der „Kapitol Ägyptens" genannt wurde. In diesem Tempel waren dreihundertfünfundsechzig Götzenbilder aufgestellt, denen an bestimmten Tagen göttliche Ehre in götzendienerischen Weihen erwiesen wurde...

(23:) Es traf sich aber, als die seligste Maria mit dem Kinde in den Tempel eintrat, da fielen sämtliche Götzenbilder auf den Boden, so daß sie alle gänzlich umgestürzt und zerbrochen auf ihrem Angesicht dalagen.

Eine andere Episode aus der Flucht nach Ägypten erzählt eine arabische Apokryphe:
[Sie kamen] ...in eine Wüste, und da sie hörten, daß diese voller Räuber war, gedachten sie, bei der Nacht hindurchzuziehen. Aber da sie dahergingen, sahen sie, daß zwei Räuber auf sie warteten, und mit ihnen war eine Reihe anderer Räuber, die schliefen. Die zwei Räuber, die auf sie warteten, waren Titus und Dumachus. Und Titus sprach zu Dumachus: „Ich bitte dich, laß diese Leute vorbeiziehen, so daß unsere Kameraden sie nicht bemerken." Als Dumachus sich weigerte, sagte Titus: „Nimm von mir vierzig Drachmen und versprich mir." Und hielt seinen Gürtel gegen ihn, so daß er nicht seinen Mund öffnen konnte. Und als unsere Herrin Maria sah, daß der Räuber ihnen freundlich gesinnt war, sprach sie zu ihm: „Gott der Herr wird dich stützen mit seiner Rechten und dir Vergebung für deine Sünden zuteil werden lassen." Und Jesus, der Herr, sprach zu seiner Mutter: „Nach dreißig Jahren, o meine Mutter, werden die Juden mich in Jerusalem kreuzigen, und die beiden Räuber werden mit mir am Kreuz aufgerichtet werden, Titus zu meiner Rechten und Dumachus zu meiner Linken, und an diesem Tage wird Titus vor mir ins Paradies eintreten." Und sie sprach: „Möge Gott dir dies ersparen, mein Sohn."

Diese Episode ist gewissermaßen eine nachträgliche Ausschmückung einer Stelle des Lukas-Evangeliums (23,39–43). Einer der beiden (dort namenlosen) Schächer, die mit Jesus gekreuzigt werden, erkennt, daß Jesus unschuldig ist, und bittet ihn, seiner im Reich Gottes zu gedenken. Jesus verspricht es ihm.

Sprich, Simeon,
wen trägst du auf Armen im Tempel,
über wen freust du dich?
Zu wem erhebst du die Stimme
und rufst: Nun bin ich frei geworden,
denn ich sah meinen Erlöser?
Dieser ist es:
Der aus der Jungfrau Geborene.

Aus den Hymnen des 2. Februar

Lukas beschreibt die Darstellung Jesu: *Und als die Tage ihrer Reinigung nach dem Gesetz des Mose vollendet waren, brachten sie ihn hinauf nach Jerusalem, um ihn dem Herrn darzustellen... Und siehe, es war in Jerusalem ein Mann namens Simeon; er war gerecht und gottesfürchtig und wartete auf den Trost Israels, und heiliger Geist war über ihm... Er kam im Geiste in den Tempel, und als die Eltern das Kind Jesus hereinbrachten, um nach dem Brauch des Gesetzes an ihm zu tun, nahm er es in seine Arme, lobte Gott und* sprach: *„Nun entlässest du deinen Diener, Herr, nach deinem Worte in Frieden, denn meine Augen haben dein Heil geschaut...“* Und sein Vater und seine Mutter wunderten sich über das, was von ihm gesagt wurde. Und Simeon segnete sie und sprach zu Maria, seiner Mutter: *„Siehe, dieser ist gesetzt zum Falle und zum Aufstehen vieler in Israel, und zu einem Zeichen, dem widersprochen wird; aber auch deine eigene Seele wird ein Schwert durchdringen, auf daß die Gedanken aus vielen Herzen offenbar werden.“* (Lk 2,22–35)

Die Darstellung Jesu (oder auch „Darbringung im Tempel") wird im Laufe der Jahrhunderte immer reicher und großartiger ausgestaltet. Maria reicht das Kind dem Hohenpriester Simeon, der in die Worte ausbricht: „Nun entlässest du deinen Diener, Herr, nach deinem Worte in Frieden; denn meine Augen haben dein Heil geschaut..." (Lukas 2, 29–32). Hinter ihm erscheint die Prophetin Hanna.

Links: Ein Kupferstich von C. Galle aus dem 18. Jahrhundert zeigt die Szene im Tempel mit Maria, in deren Brust das Schwert der Schmerzensreichen Mutter steckt, welches bereits auf das künftige Leiden verweist.

Rechts: Hans Memling (1433–1494), „Darstellung im Tempel", um 1470, Öl/Holz, Seitenflügel des Triptychons mit der „Anbetung der Könige" (Madrid, Prado).

Lukas berichtet auch die Episode vom zwölfjährigen Jesus im Tempel (Lk 2,41—51):

Und seine Eltern zogen jedes Jahr am Osterfeste nach Jerusalem. Und als er zwölf Jahre alt war, gingen sie der Festsitte gemäß hinauf. Als die Tage vorüber waren und sie wieder heimkehrten, blieb der Knabe Jesus in Jerusalem, und seine Eltern wußten es nicht. In der Meinung, er sei bei der Reisegesellschaft, gingen sie eine Tagreise weit und suchten ihn unter den Verwandten und Bekannten; da sie

Links: Eine Ikone aus Pskov, 17. Jahrhundert, zeigt den mit den Schriftgelehrten diskutierenden Christus.

nach Nazaret und war ihnen untertan. Seine Mutter bewahrte alle diese Worte in ihrem Herzen.

Die nächste Periode im Leben der Maria ist im Kindheitsevangelium des Thomas behandelt, das von dem fünf- bis zwölfjährigen Jesus handelt. Es ist stark vom Gnostizismus beeinflußt, indem es Jesus als ein übernatürliches Wesen darstellt. Der Knabe Jesus erscheint hier oft in einem recht ungünstigen Licht, indem er seine Umgebung terrorisiert und sich

ihn nicht fanden, kehrten sie nach Jerusalem zurück und suchten ihn. Und es begab sich, nach drei Tagen fanden sie ihn im Tempel, wie er mitten unter den Lehrern saß, ihnen zuhörte und sie fragte. Es staunten alle, die ihn hörten, über seine Einsicht und seine Antworten. Und als sie ihn erblickten, waren sie fassungslos, und seine Mutter sagte zu ihm: „Kind, warum hast du das getan? Siehe, dein Vater und ich suchen dich mit Schmerzen." Und er sprach zu ihnen: „Warum habt ihr mich gesucht? Wußtet ihr nicht, daß ich in dem sein muß, was meines Vaters ist?" Und sie verstanden das Wort nicht, das er zu ihnen sprach. Und er ging mit ihnen hinab und kam

Die letzten Bilder, die sich auf das Jugendleben Christi beziehen, zeigen den zwölfjährigen Jesus im Tempel. Meist sitzt Jesus auf einem thronähnlichen Rednerstuhl in der Mitte, um ihn herum aufgeschlagene Bücher und Priester mit betroffenen Gebärden. Am Rande des Bildes sieht man die das Kind suchenden Eltern, Maria und Josef.

Links: Simone Martinis (1284—1344) „Zwölfjähriger Jesus im Tempel" von 1342 (Tempera/Holz) hängt heute in der Walker Art Gallery in Liverpool. Die Szene fängt jenen Moment ein, in dem Christus auf die Vorwürfe der Eltern antwortet: „Wußtet ihr nicht, daß ich in dem sein muß, was meines Vaters ist?"

Rechts: Die klassische Form der „Christus im Tempel"-Darstellung ist im Mosaner Psalter-Fragment aus dem 12. Jahrhundert eindrucksvoll zu sehen (Berlin, Kupferstichkabinett).

dann auf die von seinem himmlischen Vater verliehene Vollmacht beruft. Das Evangelium ist an Jesu Eltern wenig interessiert. Es weist aber interessante Parallelen zu anderen Religionen auf: Von Buddha und Krishna in Indien und von Osiris und Harpokrates in Ägypten werden einige ähnliche Geschichten erzählt. (11:) *Als er sechs Jahre alt war, gab seine Mutter ihm einen Krug und schickte ihn, Wasser zu schöpfen und nach Hause zu bringen. Im Gedränge aber stieß er an, und der Krug zerbrach. Jesus aber breitete das Oberkleid, das er anhatte, aus, füllte es mit Wasser und brachte es seiner Mutter. Als nun seine Mutter das*

Wunder sah, küßte sie ihn und behielt bei sich die geheimnisvollen Dinge, die sie ihn hatte tun sehen.

Im 19. Kapitel wird die Geschichte des zwölfjährigen Jesus im Tempel (Lk 2,41–52) nacherzählt und dann hinzugefügt:

Die Schriftgelehrten und Pharisäer aber sagten: „Bist du die Mutter dieses Knaben?" Sie sagte: „Ja, ich bin's." Da sprachen sie zu ihr: „Selig bist du unter den Weibern, denn der Herr hat die Frucht deines Leibes gesegnet. Denn solche Herrlichkeit, solches Vergnügen und solche Weisheit haben wir niemals gesehen noch gehört."

Ein arabisches Kindheits-Evangelium berichtet folgendes Heilungswunder des Knaben Jesus:

Eine andere Frau hatte zwei Söhne, die erkrankten; und einer von ihnen starb, der andere war noch am Leben. Da nahm ihn seine Mutter und brachte ihn weinend zu unserer Herrin Maria... und sagte: „Herr... du gabst mir zwei Söhne, aber da du einen von mir genommen hast, so laß mir wenigstens diesen." Darauf sagte Maria: „...Lege deinen Sohn in meines Sohnes Bett und bedecke ihn mit dessen Kleidern." Und da sie ihn in das Bett gelegt hatte, wo Christus lag, war er schon tot und hatte seine Augen geschlossen; doch als

Links: Zu den Legenden, die Christi Kindheit umranken, gehört die aus dem apokryphen arabischen Kindheitsevangelium stammende Sage von der „Belebung der tönernen Vögel". Hier ist sie wiedergegeben an einer Holzdecke der frühromanischen Kirche Sankt Martin in Zillis. Jesus läßt die tönernen Vögel der Kinder lebendig davonfliegen.

Rechts: Das Ende der Kindheit Christi zeigt Wolf Huber (1485–1553) in seinem Bild „Christus verläßt seine Mutter" von 1519 (Kunsthistorisches Museum in Wien). In der weiten Landschaft der Donauschule, deren Hauptvertreter Huber ist, sieht man die vom Abschiedsschmerz gebeugte Maria, von Frauen umgeben und den vor ihr stehenden Christus anblickend.

der Duft der Kleider unseres Herrn Jesus Christus ihn erreichte, öffnete er seine Augen, rief mit lauter Stimme nach seiner Mutter und verlangte Brot, das er sofort verzehrte. Darauf sagte seine Mutter: „Oh Herrin Maria, jetzt weiß ich, daß Gottes Macht in dir ruht"... Der Sohn, der so geheilt wurde, ist der, welcher im Evangelium Bartholomäus genannt wird.

Maria als besorgte Mutter wird in einem armenischen Kindheits-Evangelium vorgestellt:
(Maria sprach zu Jesus:) ...*„Ich bin so mit bösen Vorahnungen befallen, daß ich nicht weiß, was ich tun soll." Jesus fragte: „Was planst du denn für mich?" Maria antwortete:*

„Wir haben versucht, dich während deiner Kindheit viele Dinge zu lehren, und du hast unsere Anleitungen ignoriert... Und nun, da du älter wurdest, was wirst du tun? Wie wirst du leben können?" Als Jesus diese Worte hörte, wurde er ärgerlich und sprach zu seiner Mutter: „Du sprichst gedankenlos. Verstehst du nicht die Zeichen und Wunder, die ich vor euch vollbracht habe?... Denk an alles, was ich getan habe, und sei noch eine Weile geduldig. Du wirst sehen, wie mein Werk sich vollendet; aber meine Zeit ist noch nicht gekommen. Du aber vertraue mir nur weiter." Als er dies gesagt hatte, verließ Jesus das Haus in Eile.

Eine ägyptische Geschichte über Josef berichtet seinen Tod folgendermaßen (wiederum spricht Jesus):
„...jedoch der Tod selbst konnte den Leib meines lieben Vaters Josef nicht packen, um ihn von seiner Seele zu trennen, da der Todesengel, der in das Zimmer schaute, mich am Ende des Bettes sitzen sah, da ich seine Stirn streichelte... Ich durchschritt das Zimmer und sah den Tod draußen warten, voller Furcht. Ich sagte ihm: ,...Komm schnell herein, und tu nach dem Willen meines Vaters. Aber hüte Josef wie deine eigenen Augen, denn er ist mein Vater im Fleisch... und ist mein Lehrer gewesen...' Von allen, die ihm nahe waren,

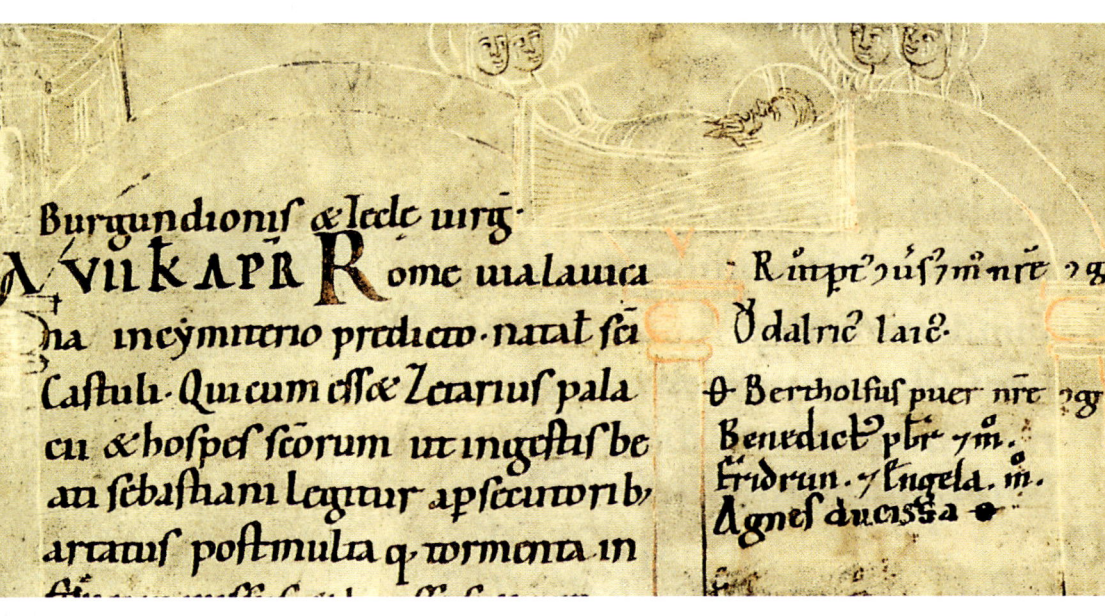

Josefs Tod

Einige Zeit danach muß Josef gestorben sein. Eine arabische Geschichte Josefs des Zimmermanns erzählt:
(Jesus spricht:) *„Meine Mutter, die unbefleckte Jungfrau, erhob sich, kam zu mir und sprach: ,Oh mein geliebter Sohn, Josef, der fromme alte Mann, liegt im Sterben.' Und ich erwiderte: ,...Auch du, meine jungfräuliche Mutter, mußt das Ende deines Lebens erwarten wie alle anderen Sterblichen. Indessen, dein Tod, wie auch dieses frommen Mannes, ist kein Tod, sondern ewiges Leben. Aber meine Pflicht ist es, zu sterben, wie es dem Körper zukommt, den ich von dir empfangen habe.'"* (Darauf betet Jesus zu seinem Vater und bittet ihn, die Erzengel Gabriel und Michael zu senden, die dann die Seele Josefs einwickeln und sie vor den Dämonen der Finsternis bewahren.)

wußte niemand, daß er tot war. Selbst Maria, meine Mutter, wußte nicht mehr als die anderen. Ich befahl Michael und Gabriel, den Leichnam meines lieben Vaters Josef zu bewachen, denn draußen gab es Räuber."

Johannes erwähnt Maria erstmals in der Episode der Hochzeit zu Kana, wo Jesus Wasser in Wein verwandelt (Joh 2,1–5.12):
Und am dritten Tag fand eine Hochzeit statt zu Kana in Galiläa, und die Mutter Jesu war auch dort. Auch Jesus und seine Jünger waren zur Hochzeit eingeladen. Als nun der Wein ausging, sagte die Mutter Jesu zu ihm: „Wir haben keinen Wein mehr." Jesus sagt zu ihr:

„Was willst du von mir, Frau? Meine Stunde ist noch nicht gekommen." Da sagt seine Mutter zu den Dienern: „Alles, was er euch sagt, das tut."... Hierauf zog er nach Kafarnaum hinab, er und seine Mutter, seine Brüder und seine Jünger. Sie blieben aber dort nur wenige Tage.

Auf die Periode von Jesu Predigtzeit beziehen sich die beiden einzigen Stellen, in denen Markus Maria erwähnt:

(Mk 3,31–35; Jesus hat gerade die Schmähungen der Pharisäer beantwortet.) *Und seine Mutter und seine Brüder kamen, blieben draußen stehen und schickten zu ihm, ihn zu rufen. Um ihn her saß das Volk, als man ihm sagte: „Siehe, deine Mutter und deine Brüder und deine Schwestern sind draußen und suchen dich." Da antwortete er ihnen: „Wer ist meine Mutter und wer sind meine Brüder?" Und indem er auf die rings um ihn Sitzenden*

Links: Aus der Vorauer Volksbibel (Süddeutschland, 1467) stammt dieses Bild. Die großen Weinkrüge im Vordergrund verdeutlichen das Wunder zu Kana.

blickte, sprach er: „Siehe, das sind meine Mutter und meine Brüder. Wer den Willen Gottes tut, der ist mir Bruder und Schwester und Mutter.“

Und weiter heißt es, als Jesus in seiner Vaterstadt predigte, daß die Leute unter sich sprachen (Mk 6,3–4): *„Ist das nicht der Zimmermann, der Sohn der Maria und ein Bruder des Jakobus, Joses, Judas und Simon? Und sind nicht seine Schwestern hier bei uns?“*

mein Jünger sein. Denn meine Mutter gab mir Falsches, meine wahre Mutter aber gab mir Leben.

(114:) Petrus sagte: „Maria sollte uns verlassen! Weiber verdienen nicht, das (höhere) Leben zu leben.“ Jesus antwortete: „Ich will sie leiten, so daß sie männlich wird... Denn jedes Weib, das sich zum Manne macht, wird in das Himmelreich eingehen.“

Und sie nahmen Anstoß an ihm. Und Jesus sprach zu ihnen: „Nirgends gilt ein Prophet weniger als in seiner Vaterstadt, bei seinen Verwandten und in seinem Hause.“

Schließlich berichtet Matthäus (Mt 12,46–50) noch von einer Szene, in der Jesus nach einer Predigt hört, daß seine Mutter und Brüder mit ihm sprechen wollen. Er weist sie ab. Die Szene ist fast wörtlich dem zitierten 3. Kapitel des Markus entnommen.

Auch Lukas (Lk 8,19–21) erwähnt Jesu Mutter und Brüder noch einmal kurz, da er sie nach einer Predigt abweist, ähnlich wie schon bei Markus und Matthäus.

Vor nicht allzu langer Zeit ist bei Nag Hammadi in Oberägypten eine Sammlung von Aussprüchen Jesu aufgefunden worden, die als „Zweites Thomas-Evangelium“ bekannt geworden ist. Sie ist auf Koptisch erhalten, war ursprünglich auf Griechisch abgefaßt, geht wahrscheinlich auf das 2. Jahrhundert n. Chr. zurück und ist wiederum stark gnostisch gefärbt. Die Form der lose aneinandergereihten Sprüche und Anekdoten ist das erste histo-

risch nachweisbare Beispiel einer Gattung, die den Verfassern des Matthäus- und Lukas-Evangeliums als Hintergrund für deren Rede- und Gleichnispartien gedient haben mag. Manche der Aussprüche Jesu mögen hier in ursprünglicherer Form erhalten sein als in den Evangelien; andere wirken äußerst befremdlich, da sie von einem ausgesprochen frauenverachtenden Geist zeugen und in krassem Widerspruch zu den biblischen Quellen stehen. Das gilt besonders von den wenigen Sprüchen, die von Maria handeln. Jesus sagt:

(15:) *Wenn ihr einen seht, der nicht vom Weibe geboren ist, dann fallt auf euer Antlitz und betet ihn an. Denn dieser ist euer Vater.*

(55:) *Wer nicht seinen Vater und seine Mutter haßt, kann nicht mein Jünger werden.*

(79:) *...der Tag, an dem ihr sagen werdet: „Gesegnet der Schoß, der nicht empfangen hat, und die Brüste, die keine Milch geben.“*

(101:) *Wer nicht seinen Vater und seine Mutter haßt, wie ich es tue, kann nicht mein Jünger sein. Und wer nicht seinen Vater und seine Mutter liebt, wie ich es tue, kann nicht*

Die „Hochzeit zu Kana“ zählt zu den beliebtesten Themen der Maler der Renaissance und des Barock, bietet das Thema doch viele Möglichkeiten zur Ausschmückung und für dekorative Genredetails.

Mitte links: In einem halbkreisförmigen Gemälde ist die „Hochzeit zu Kana“ von Gerard David (Brügge, 1460–1523) erfaßt. Die ruhige Haltung der Personen des Hintergrundes kontrastiert mit der lebhaften Gestik der Diener, die die Gefäße füllen.

Mitte rechts: Diese Illustration einer Lutherbibel betont den Moment, in dem Christus, vor den Krügen stehend, das Wasser in Wein verwandelt.

Seite 46: Das Bild von Gictto (1266–1337) ist Teil eines 1303–1310 gemalten Freskenzyklus' in der Cappella degli Scrovegni, der sog. Arenakapelle in Padua.

Seite 48 links: Die „Kreuzabnahme“ und die „Beweinung Christi“ entstammen einem Tetraptychon (einem aus vier Bildern zusammengesetzten Gemälde), Tempera/Holz, Konstantinopel, zweite Hälfte des 14. Jahrhunderts. Johannes und Maria als Hauptfiguren betrauern den Tod Christi.

BEI DER KREUZIGUNG UND
AUFERSTEHUNG IHRES SOHNES

Das letzte Mal, wo Johannes von Maria spricht, ist in der Kreuzigungsszene (Joh 19,25–27):

Es standen aber bei dem Kreuze Jesu seine Mutter und die Schwester seiner Mutter, Maria (die Frau) des Klopas und Maria von Magdala. Als Jesus die Mutter und den Jünger, den er liebte, dastehen sah, sagt er zur Mutter: „Frau, da ist dein Sohn." Dann sagt er zu dem Jünger: „Da ist deine Mutter." Und von jener Stunde an nahm der Jünger sie zu sich.

In der Apostelgeschichte des Lukas wird sie nur kurz, gleich nach der Himmelfahrt Christi, erwähnt (Apg 1,12–14):

Da kehrten sie nach Jerusalem zurück von dem Berge, der Ölberg heißt und nahe bei Jerusalem liegt, einen Sabbatweg entfernt. Und als sie hinkamen, stiegen sie in das Obergemach hinauf, wo sie sich ständig aufhielten: Petrus und Johannes, Jakobus und Andreas, Philippus und Thomas, Bartholomäus und Matthäus, Jakobus, der Sohn des Alphaeus, Simon der Eiferer und Judas, der (Sohn) des Jakobus. Diese alle verharrten einmütig im Gebet mit den Frauen und Maria, der Mutter Jesu, und mit seinen Brüdern.

Eine Rede Marias, an den Auferstandenen gerichtet, wird in der „Pistis Sophia", einem gnostischen Mysterienbuch des 3. Jahrhunderts, berichtet. Sie sucht die

Gleichheit Christi mit dem Heiligen Geiste auszudrücken:

„Da du klein warst, bevor der Geist über dich gekommen war, während du dich mit Josef im Weingarten befandest, kam der Geist aus der Höhe und kam zu mir in mein Haus, dir gleichend, und nicht hatte ich ihn erkannt und dachte, daß du es wärest. Und es sprach zu mir der Geist: ‚Wo ist Jesus, mein Bruder, daß ich ihm begegne?' Und als er mir dieses sagte, geriet ich in Verlegenheit und dachte, es wäre ein Gespenst, um mich zu versuchen. Ich nahm ihn aber und band ihn an den Fuß des Bettes, das in meinem Hause, bis daß ich zu euch, zu dir und Josef, auf das Feld hinausginge und euch im Weinberge auffände, wo Josef den Weinberg bepfählte. Es geschah aber, als du noch das Wort an Josef sprechen hörtest, begriffest du das Wort, freutest du dich und sprachst: ‚Wo ist er, auf daß ich ihn sehe, sonst warte ich auf ihn an diesem Orte.' Es geschah aber, daß Josef dich diese Worte sagen hörte, da wurde er bestürzt, und wir gingen zusammen hinauf und gingen in das Haus hinein und fanden den Geist an das Bett gebunden. Und wir schauten dich und ihn an und fanden dich ihm gleichend; und es wurde der an das Bett Gebundene befreit, und er umarmte und küßte dich, und auch du küßtest ihn und ihr wurdet eins."

Rechts oben: Im Stundenbuch „Très riches heures du Duc de Berry" (Musée Condé, Chantilly) ist in weiter Landschaft die Verabschiedung einzelner Apostelgruppen von Maria gezeigt.

Rechts unten: Die Erscheinung des Auferstandenen vor Maria ist dargestellt auf einem Seitenflügel eines Marienaltars von Rogier van der Weyden (1400–1464), Tempera/Holz, Metropolitan Museum of Art, New York. Die an Portalarchitektur erinnernde Nische, in der Christus und Maria sich befinden, ist eine Anspielung auf Maria als Bild der Ecclesia, der Kirche.

Isenheimer Altar von Matthias Grünewald (1470/80–1528), 1512–1516 (Colmar). Die abgebildeten Tafeln zeigen den Altar geschlossen. Weiß, die Farbe der Unschuld und des Leichentuches Christi, umhüllt die schmerzgebeugte Maria, erscheint wieder im „Lamm Gottes" und in den Buchseiten des Johannes. Das leuchtende Blutrot der Gewänder der beiden Johannesfiguren steht für das Leiden Christi. In der unter dem Kreuz knienden Maria Magdalena verschmelzen das Weiß der himmlischen Unschuld und das Rot des irdischen Leidens.

ALTERSJAHRE UND HÖLLENFAHRT

Über die Zeit nach Jesu Himmelfahrt wird über Maria in syrischen Apokryphen erzählt, daß sie täglich an seinem Grabe betete und darum bat, sterben zu dürfen, um mit ihm wieder vereinigt zu sein. Die Juden aber, die alle Anhänger Jesu verfolgten, planten, Maria zu steinigen, und Sabinus, der Gouverneur von Jerusalem, gab ihnen dazu seine Erlaubnis. Indessen umgab der Heilige Geist Maria mit einer wunderbaren Wolke der Unsichtbarkeit, sie entkam und kehrte zurück in ihr Haus in Betlehem, wo sie dann mit drei Jungfrauen lebte.

Über Marias weiteres Leben hat man sich in den ersten Jahrhunderten nach Jesu Tod offenbar wenige Gedanken gemacht. Wohl aber tauchte die Frage nach ihrem Tod und ihrer Grabstätte auf. Daß Jesu Lieblingsjünger Johannes Maria in seine Obhut genommen hatte, stand schon im Johannes-Evangelium. Die Frage kam aber auf, ob sie in oder bei Jerusalem oder in Ephesus gestorben und begraben worden war. Von Marias Himmelfahrt ist in den ersten drei Jahrhunderten gar nicht die Rede.

Im 2. Jahrhundert war das Interesse an Märtyrer-Reliquien erwacht, aber man war sich darüber einig, daß es keine Gebeine der Jungfrau gab. Schon im 4. Jahrhundert bestreitet der heilige Epiphani-

Links: Die „Fürbitterin für die armen Seelen im Fegefeuer" nach einem Stich von J. C. Gutwein (Regensburg, um 1700). Maria bewegt auch jene Seelen, die nicht zur Anschauung Gottes gelangt sind und die erst durch die Gebete Mariens Erlösung finden.

Ganz oben: Der Holzschnitt aus Thomas Murners Hetztraktat „Entehrung Mariä durch die Juden" stammt von Matthias Hupfuff (1515).

Rechts: Der spanische Künstler Bartolomé Estaban Murillo (1618–1682) zeigt Maria ganz dem Ruf ihres nahen Todes hingegeben.

TODESVERKÜNDIGUNG, TOD, BEGRÄBNIS, HIMMELFAHRT UND KRÖNUNG

us (315–403), ein großer Förderer des Mönchtums, die Möglichkeit eines Begräbnisses und der Verwesung des Körpers der heiligen Jungfrau:

Die Heilige Schrift schweigt darüber vollständig, weil es ein großes Wunder ist, und um die Gemüter der Menschen nicht unnötig zu erregen. Was mich angeht, ich wage nicht, über (das Wunder) zu sprechen und werde meine Gedanken für mich behalten... Möglicherweise haben wir genug über die heilige und gesegnete Frau herausgefunden, um sagen zu können, daß es unmöglich ist zu wissen, ob sie gestorben ist... Die Heilige Schrift läßt die Frage offen aus Ehrfurcht vor der unvergleichlichen Jungfrau, und um allen unwürdigen und irdischen Gedanken zu diesem Thema ein Ende zu machen... Es ist möglich, daß sie noch am Leben ist; denn vor Gott ist kein Ding unmöglich.

Noch von einer weiteren Episode in Marias Leben erzählen einige der östlichen Apokryphen: von ihrem Abstieg in die Hölle. Dies Ereignis gehört wohl noch zu ihrem irdischen Leben, denn in den meisten dieser Erzählungen betet Maria vor ihrem Tode in Golgota. Da erscheint der Erzengel Michael und trägt sie in die Hölle, wo sie die schrecklichen Qualen und Foltern der Mörder, Ehebrecher, Wucherer und anderer Sünder mit ansehen muß, so wie sie Dante später im ersten Teil seiner „Göttlichen Komödie" beschreibt. Maria ist entsetzt und bittet Jesus um Gnade für die Gepeinigten. Dieser weist zuerst ärgerlich auf seine eigenen Wundmale hin, die ihm die sündige Menschheit zugefügt hat, läßt sich später aber doch erweichen und gestattet den armen Seelen eine Ruhepause während der Pfingstzeit.

Diese Legende findet sich in mehreren griechischen Manuskripten, von denen keines älter als aus dem 9. Jahrhundert ist. Etwas älter ist aber wahrscheinlich das Manuskript einer irischen Legende über Sankt Brendan, der dem Judas begegnet, der sich auf einem Felsen mitten im Atlantischen Ozean die Füße in den Wellen kühlt. Er erklärt dem Heiligen, daß er von seinen Foltern in der Hölle an Wochenenden befreit ist, ebenso in der Zeit zwischen Weihnachten und Epiphanie, zwischen Ostern und Pfingsten und an zwei der heiligen Jungfrau geweihten Festtagen.

*D*er folgende Bericht des Pseudo-Melito knüpft unmittelbar an das Johannes-Evangelium (19,27) an:

(2:) *...Von dieser Stunde an blieb die hochselige Mutter Gottes, solange sie lebte, der besonderen Obhut des Johannes anvertraut. Und als die Apostel das Los gezogen hatten, in welche Gegenden sie ziehen sollten, um die Lehre zu verkünden, blieb sie im Hause seiner Eltern nahe dem Ölberge.*

(3:) *Im zweiundzwanzigsten Jahr, nachdem Jesus den Tod besiegt hatte und gen Himmel gefahren war, weilte Maria eines Tages, von dem Wunsch entflammt, den Erlöser wiederzusehen, an einem entlegenen Ort ihres Hauses und weinte; siehe, da erschien ihr*

ein Engel in strahlendem Licht, begrüßte sie und sprach: „Ich grüße dich, vom Herrn Gebenedeite; empfange den Gruß dessen, der Jakob seinen Gruß durch die Propheten entbot; siehe, ich bringe dir einen Palmenzweig aus Gottes Paradies; lasse ihn vor deinem Sarge hertragen, wenn du in drei Tagen in deinem Leibe in den Himmel entrückt sein wirst. Denn dein Sohn erwartet dich mit den Thronen und mit den Engeln und mit allen Mächten des Himmels." Da sprach Maria zum Engel: „Ich bitte dich, daß sich alle Apostel meines Herrn Jesus Christus um mich

versammeln." Der Engel antwortete ihr: „Alle Apostel werden durch die Macht Jesu Christi heute hierhergebracht werden." Da tat Maria neue Kleider an, ergriff den Palmenzweig, den sie aus der Hand des Engels empfangen hatte; dann begab sie sich zum Ölberg, um dort zu beten...*

(4:) *Als nun der hochselige Johannes am Tage des Herrn in Ephesus predigte, siehe, da geschah ein großes Erdbeben, und eine Wolke entführte ihn vor aller Augen; die trug ihn vor die Tür des Hauses, in dem sich die Jungfrau Maria, die Mutter Gottes, befand. Da öffnete er die Tür und trat sogleich ein. Als ihn die hochselige Jungfrau erblickte, sprach sie voller Freude: „...In drei Tagen soll ich diesen*

Duccio di Buoninsegna (1255–1319), „Ein Engel kündigt Maria den Tod an", Tempera/Holz, Dommuseum Siena. Wie bei der Verkündigung, sitzt Maria vor einem Buch und erfährt eine Botschaft von einem Engel. Doch während sie sich bei der Verkündigung erschrocken von ihrer bevorstehenden Aufgabe von dem Engel abgewandt hatte, empfängt sie auf den Bildern der Todesankündigung den Engel gelassen und mit offenen Armen.

Leib verlassen, und ich vernahm, wie die Juden Rat hielten und sagten: ‚Warten wir auf den Tag, an dem das Weib, das jenen Betrüger im Schoße trug, sterben wird; dann wollen wir ihren Leib verbrennen!...'"

(5:) Da wurden auf einmal auf Gottes Geheiß alle Apostel durch eine Wolke von den Orten fortgetragen, wo sie das Wort Gottes verkündeten, und vor der Tür des Hauses niedergesetzt, wo Maria, die Mutter des Erlösers, wohnte; voller Verwunderung grüßten sie sich und sprachen: „Warum hat uns der Herr denn alle an diesem Ort versammelt?"

Auch Paulus war gekommen, den der Herr unter den Juden erwählt hatte, damit er das

sie... Sie sprach: „Der Herr hat euch hierhergeführt, um mich in den Ängsten zu trösten, die mich treffen sollen. Ich bitte euch alle, unablässig mit mir zu wachen bis zu der Stunde, wo der Herr erscheint und ich diesen Leib verlassen werde."

(7:) Sie setzten sich und trösteten sie und verbrachten drei Tage mit dem Lobpreis Gottes; am dritten Tag aber kam der Schlaf über alle im Hause, und keiner vermochte, wach zu bleiben, außer den Aposteln und drei Jungfrauen, den Gefährtinnen der hochheiligen Jungfrau. Und siehe, auf einmal erschien der Herr Jesus mit einer großen Schar von Engeln in strahlendem Glanze, und die Engel sangen

Evangelium den Heiden verkündete. Und während zwischen ihnen ein frommer Streit darüber entbrannte, wer von ihnen als erster zum Herrn beten sollte, damit ihnen die Ursache dieses Geschehens offenbart würde, und Petrus den Paulus bat, als erster zu beten, erwiderte Paulus: „Gebührt nicht dir diese Pflicht, da du ja von Gott auserwählt wurdest, um die Säule der Kirche zu sein, und du allen anderen Aposteln vorstehst? Ich bin nur der Geringste unter euch, und ich kann nicht beanspruchen, euch gleich zu sein; doch durch Gottes Gnade bin ich, was ich bin."

(6:) Sie betraten das Haus, wo sich Maria, die Mutter unseres Herrn, befand, grüßten

Lobgesänge und priesen den Herrn. Und der Herr sprach: „Komme, du Auserwählte, kostbarste Perle, tritt ein in die Wohnung des ewigen Lebens."

(8:) Da warf sich Maria zu Boden und betete zum Herrn... „Empfange deine Magd, o Herr, und erlöse mich von der Macht der Finsternis, damit Satan mich nicht angreift und ich nicht die furchtbaren Geister um mich sehe!" Der Heiland erwiderte: „Als ich von meinem Vater zur Erlösung der Welt entsandt wurde und am Kreuze hing, kam der Fürst der Finsternis auf mich zu; aber da er an mir keine Spur seines Werkes entdecken konnte, zog er sich überwunden und verach-

Links: Am Westportal der Kathedrale Notre Dame von Senlis (um 1170) wird der Tod Mariens und ihre Erhebung zum Himmel dargestellt. Engel beugen sich über Maria und tragen sie aus dem Grab in den Himmel.

Rechts: „Entschlafen der Gottesmutter", Ikonostasis-Vorhang, 1510, Kloster Putna, Moldau. Ein häufig wiederkehrendes Thema der byzantinischen Kunst ist die Darstellung, wie Christus, umringt von Engel und Aposteln, die Seele der verstorbenen Maria in Empfang nimmt. Oft trägt Christus Mariens Seele, dargestellt als kleines Kind, auf dem Arm – wie im hier abgebildeten Beispiel.

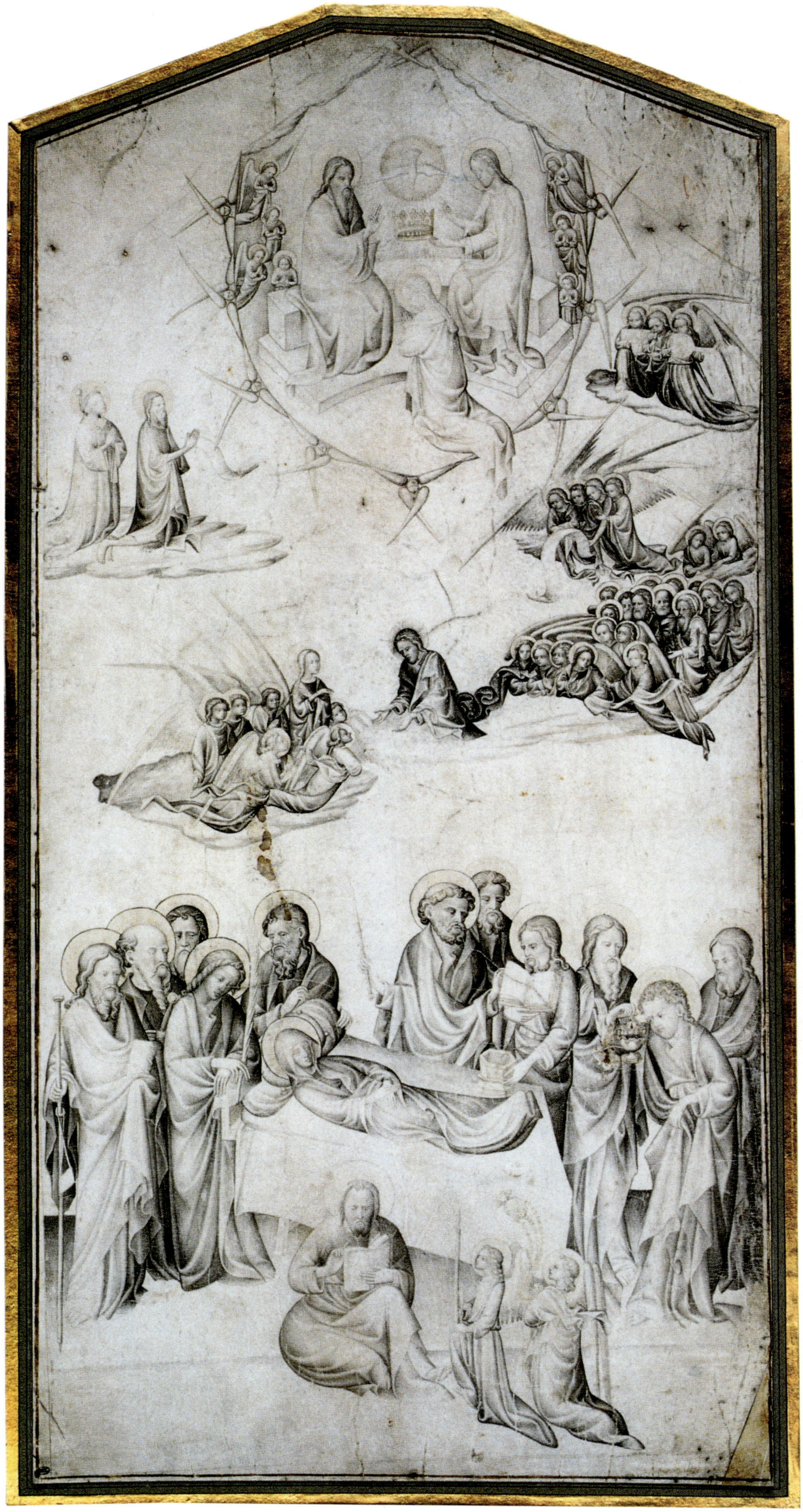

Links: Mehrere „Stationen" des Marientodes sind auf dem Bild von André Beauneveu (ca. 1330–1403/13) vereint. Das Werk befindet sich im Louvre in Paris. Im unteren Teil ruht Maria, umgeben von Aposteln, auf einer Bahre, im oberen Teil empfängt sie die Krönung von der Dreifaltigkeit.

Rechts: Andrea Mantegna (1430–1506) gestaltete das Thema „Tod der Madonna" (Madrid, Prado) in der strengen perspektivischen Raumgestaltung und irdischen Präsenz der Renaissance. Im Hintergrund öffnet sich der Blick in eine sehr weite Landschaft. Die würdevolle Architektur erinnert an einen Triumphbogen, wie er in der italienischen Malerei oft erscheint.

53

Ganz oben: In der Dorfkirche Ratzenried im Allgäu ist Maria auf dem Totenbett wie eine spätgotische Bürgerfrau in einem Baldachinbett, umgeben von den Aposteln, dargestellt.

Oben: Tod und Himmelfahrt Marias umfaßt diese Buchmalerei im Perikopenbuch Kaiser Heinrichs II. von 1010 (Reichenauschule; Bayerische Staatsbibliothek, München). Streng zentriert erscheint Christus in der Mandorla über dem Totenbett Mariens mit der auferweckten Maria, die von Engeln getragen wird.

Seite 55: Peter Paul Rubens (1577–1640), „Mariä Himmelfahrt" (Kunsthistorisches Museum Wien). Rubens hat die Himmelfahrt über zwölf Mal gemalt; zu den schönsten Variationen dieses Themas gehört sicherlich das Wiener Bild. Die Szene folgt der Legenda Aurea.

Dem barocken Pathos und der raumgreifenden Gestik der bewegten Figuren kommt das Thema der Himmelfahrt sehr entgegen: Der Tod ist überwunden, im Jubel der Engel wird Maria strahlend emporgetragen.

tet zurück. Ich habe ihn gesehen und du wirst ihn sehen, wie es das allgemeine Gesetz des Menschengeschlechtes verlangt, dem du dich im Sterben unterwirfst, aber er wird dir nicht schaden können... Komme daher in Frieden, denn die himmlischen Heerscharen erwarten dich, damit ich dich einführe in die Freuden des Paradieses."

Und als der Herr diese Worte gesprochen hatte, erhob sich die Jungfrau, streckte sich auf ihr Bett und gab ihren Geist auf, indem sie Gott Dank sagte. Da sahen die Apostel einen solchen Glanz, wie ihn keine menschliche Zunge zu schildern vermag, denn er übertraf die Weiße des Schnees und die Helle des Silbers.

Pseudo-Melito fährt fort:

(9:) *Und der Erlöser der Welt sprach: „Erhebe dich, Petrus, mit den anderen Aposteln, nehmt den Leib meiner vielgeliebten Maria und tragt ihn zur rechten Seite der Stadt gen Osten..." Als der Herr diese Worte gesprochen hatte, übergab er die Seele seiner hochheiligen Mutter Maria dem Erzengel Michael, der Hüter des Paradieses und Fürst des hebräischen Volkes ist, und zugleich mit ihm dem Erzengel Gabriel; dann kehrte der Herr mit den anderen Engeln in den Himmel zurück.*

(10:) *Die drei Jungfrauen, die sich dort befanden, nahmen den Leib Marias und wuschen ihn, wie das allgemeiner Brauch bei den Begräbnissen ist. Und als sie ihn entkleidet hatten, erstrahlte dieser heilige Leib in solchem Glanze, daß man ihn nur durch Gottes Güte berühren konnte; er war völlig rein und ganz ohne Makel...*

(11:) *Die Apostel legten den heiligen Leib in den Sarg und sprachen zueinander: „Wer soll denn den Palmenzweig dem Sarge vorantragen?" Da sagte Johannes zu Petrus: „Der du als Apostel über uns stehst, dir kommt es auch zu, diesen Palmenzweig zu tragen." Petrus erwiderte: „Du bist der einzige unter uns, der unberührt geblieben ist, und du hast solche Gnade beim Herrn gefunden, daß du an seiner Brust ruhtest. Überdies hat er dir, als er am Kreuze hing, seine Mutter anvertraut. So mußt du den Palmenzweig halten; ich aber werde den heiligen und ehrwürdigen Leib bis zum Grabe tragen." Und Paulus sprach: „Ich bin von euch allen der Jüngste, ich werde ihn mit dir tragen." Als sie sich derart einig waren, hob Petrus den Sarg auf und begann die Worte zu singen: „Als Israel auszog aus Ägypten", und Paulus half Petrus, den heiligen Leib zu tragen, und Johannes schritt voran mit dem*

leuchtenden Palmenzweig, und die anderen Apostel sangen mit sehr wohllautender Stimme.

(12:) *Und siehe, da geschah ein weiteres Wunder. Denn ein großer Wolkenkranz erschien über dem Sarge, dem großen Ringe gleich, der den Glanz des Mondes zu umgeben pflegt... Und das Volk, an die fünfzehntausend an der Zahl, kam aus der Stadt und sprach: „Was bedeuten diese Wohlklänge?"... Da geriet einer von ihnen, der der Hohepriester der Juden war, in Zorn und sprach: „Seht doch, welche Ehren der Mutter jenes Menschen zuteil werden, der in eurem Volke solche Unruhe angerichtet hat!" Und er trat an den Sarg heran und wollte ihn umstürzen. Aber alsbald vertrockneten seine Arme vom Ellbogen an und blieben am Sarge haften, während er schreckliche Schmerzen erlitt; derweil zogen die Apostel weiter und sangen. Die Engel aber in der Wolke schlugen das Volk mit Blindheit.*

(13:) *Und er schrie auf und sprach: „Ich flehe dich an, Petrus, dich, den Gott lieb hat, verlaß mich nicht in so großer Not, denn ich verspüre furchtbare Qualen. Gedenke daran, daß ich dich verteidigte und ein gutes Wort für dich einlegte, als die Magd dich im Gericht erkannte..."*

(14:) *Da ließ Petrus den Sarg anhalten; dann sprach er zum Priester: „Wenn du aus ganzem Herzen an den Herrn glaubst, so mögen deine Hände wieder frei werden." Und als der Priester „ich glaube" gesagt hatte, lösten sich alsbald seine Hände vom Sarge, aber seine Arme blieben gelähmt und seine Schmerzen hatten nicht nachgelassen. Und Petrus sprach zu ihm: „Tritt heran, küsse den Sarg und sprich: ,Ich glaube an Gott und an den Sohn Gottes, Jesus Christus, den Maria in ihrem Schoß getragen hat, und ich glaube an alles, was Petrus, der Apostel Gottes, mir gesagt hat.'" Da trat der Priester heran und küßte den Sarg; alsbald spürte er keine Schmerzen mehr, und seine Arme waren geheilt.*

(16:) *Die Apostel trugen den Leichnam Marias und kamen in das Tal Josaphat, das der Herr ihnen bezeichnet hatte. Und sie legten ihn in eine neue Grabstätte und verschlossen sie; dann setzten sie sich davor, wie Gott sie geheißen hatte.*

Und siehe, auf einmal erschien der Herr Jesus mit einem zahllosen Heere von Engeln; die leuchteten in großem Glanze. Er sprach zu den Aposteln: „...Meines Vaters Gebot hat Maria auserwählt unter den Stämmen Israels,

daß ich in ihr wohne; was wollt ihr also, daß mit ihr geschehen soll?" Und Petrus und die anderen Apostel sprachen: „...Deinen Dienern dünkt es gerecht, daß du, so wie du selbst nach Besiegung des Todes im Himmel herrschest, auch den Leib Marias auferweckst und sie, die Freudenvolle, in den Himmel führst."

(17:) Da sprach der Erlöser: „Es geschehe nach euren Worten." Und er gebot dem Erzengel Michael, die heilige Seele Marias zu

bringen. Und alsbald entfernte der Erzengel Gabriel den Stein, der das Grabmal verschloß, und der Herr sprach: „Erhebe dich, meine Freundin. Du hast nicht den Mann berührt und so die Verderbnis gekostet; daher wirst du auch nicht die Verwesung des Leibes im Grabe erleiden." Und alsbald erhob sich Maria und pries den Herrn; dann fiel sie ihm zu Füßen, betete ihn an und sprach: „Ich kann dir nicht so Dank sagen, o Herr, wie es die

Wohltaten verlangen würden, die du deiner Magd zu erweisen geruhst. Erlöser dieser Welt, Gott Israels, dein Name sei gepriesen in Ewigkeit."

(18:) Da küßte sie der Herr und übergab sie den Händen der Engel, damit sie Maria ins Paradies trügen... Nach diesen Worten fuhr der Herr in einer Wolke wieder gen Himmel; die Engel aber begleiteten ihn und trugen die hochselige Maria, die Mutter Gottes, in Gottes Paradies. Und die Apostel wurden durch Wolken zurückgebracht, ein jeder an den Ort, wo er das Evangelium gepredigt hatte...

Das arabische „Buch vom Sterben der gesegneten Jungfrau Maria" fügt noch folgende Episode hinzu:

Und die unbefleckte Jungfrau ward im Triumph emporgetragen in einem Lichtwagen. Dann bedeckte eine Wolke alle, die herumstanden. Nur die Apostel blieben, die drei Tage lang beteten. Und da sie noch beisammen waren, kam Thomas, der Zwölfen einer, auf einer Wolke... Und als er zu den anderen Aposteln kam, die noch beteten, fragte Petrus den Thomas: „Bruder, was hat dich aufgehalten, daß du abwesend warst beim Hinscheiden der Mutter unseres Herrn Jesus, und die großen Wunder nicht gesehen hast, die zu ihrer Ehre geschahen? Nun hast du ihren Segen nicht erhalten." Und Thomas antwortete: „Meine Pflichten im Dienste des Herrn machten es mir unmöglich... Ich habe in Indien gepredigt und den Neffen des Königs Golodius getauft. Nun sagt mir, wohin ihr den Leichnam unserer Herrin gebracht habt." Sie antworteten: „In diese Grabstätte." Und er sagte: „Ich wünsche, sie zu sehen und von ihr gesegnet zu werden. Dann kann ich bestätigt sehen, daß, was ihr mir gesagt habt, wahr ist." Da riefen die Apostel: „Immer mißtraust du dem, was wir dir sagen..." Worauf Thomas erwiderte: „Ihr wißt, daß ich Thomas bin. Ich werde nicht ruhen, bis ich das Grab, in dem Maria bestattet wurde, gesehen habe. Sonst werde ich nicht glauben."

Petrus erhob sich schnell und ärgerlich, und mit Hilfe der anderen schob er den Grabstein beiseite, und sie alle gingen hinein. Da fanden sie sie leer, erstaunten und riefen: „Da wir fort waren, sind die Juden gekommen und haben den Leichnam fortgenommen, um mit ihm zu verfahren, wie sie es wünschen."

Aber Thomas sprach: „Fürchtet euch nicht, meine Brüder; denn als ich von Indien in einer Wolke hergetragen wurde, sah ich den heiligen Leichnam umgeben von einer großen En-

gelschar. Sie ist im Triumph hoch emporgehoben worden. Ich bat sie laut, mich zu segnen, und sie gab mir diese Schärpe."

Dieselbe arabische Schrift hat noch Weiteres über Maria nach ihrer Aufnahme in den Himmel zu berichten:

Jetzt sprach Jesus zu der gesegneten Jungfrau: „Siehe nun die Glorie, zu der du erhoben worden bist." Sie schaute auf und schaute größere Glorie, als ein Menschenauge ertragen kann. Und siehe, Enoch, Elias, Moses und alle Propheten und Patriarchen und Auserwählten kamen und beteten den Herrn und die gesegnete Maria an. Und dann zogen sie sich zurück...

Und der Herr ließ die Sonne anhalten vor den Himmelstoren... Der Herr saß über der Sonne in einem Wagen von Licht. Und Maria sah das große Tor Jerusalems und freute sich, daß die Namen der Gerechten dort eingeschrieben waren, die Namen Abrahams, Isaaks, Jakobs, Davids und aller Propheten seit Adams Tagen... Und die heilige Maria hörte mit großer Freude, wie die Gerechten gepriesen wurden; aber als sie das Los der Sünder wahrnahm, ward sie von Trauer ergriffen. Und sie bat den Herrn, Mitleid mit den Sündern zu haben, freundlich zu ihnen zu sein, da der Mensch schwach ist. Und der Herr versprach ihr, so zu tun.

Und siehe, viele Briefe waren an die Apostel in Rom gesandt, ...die wissen wollten, was mit Maria geschehen war. Und darum wurden die Wunder, die Maria vollbracht hatte, bekanntgemacht:

Zweiundneunzig Schiffe waren auf dem Meere und von starken Winden und Wellen bedroht. Die Seeleute beteten zu Maria, und nachdem sie sich ihnen gezeigt hatte, war kein Schiff verloren...

Einige Reisende, die fürchteten, daß Räuber sie ausrauben wollten, riefen Maria an. Sie erschien und ließ die Räuber erblinden wie vom Blitze... Ein wildes Biest kam aus einer Höhle und bedrohte zwei Frauen, die sich auf einer Reise befanden. Es stürzte heran, sie zu verschlingen, aber sie riefen Maria an und schrien: „Rette uns!" Die heilige Jungfrau erschien sofort und schlug den Drachen auf seinen Rachen. Sein Kopf spaltete sich...

Ein Kaufmann hatte 1000 Gulden geborgt, um Ware einzukaufen, doch verlor er seine Börse auf der Reise. Er bemerkte es erst, als er schon weit entfernt war; er schlug sich ins Gesicht, raufte sein Haar und rief: „Heilige Jungfrau, hilf mir!" Sie erschien und sprach:

„Folge, und sorge dich nicht." Er folgte ihr, und sie führte ihn zu der Stelle, wo sich die Börse befand. Mit Freuden hob er sie auf...

Die Apostel... in Erinnerung an Maria begründeten ein Fest am zweiten Tag nach Weihnacht in der Absicht, daß alle in der Erde verborgenen Lokusts zerstört werden sollten, so daß die Ernten gut ausfielen, und daß die Herrscher Marias Schutz genössen und Frieden miteinander bewahren würden...

Seite 56: Nanni di Banco (1374–1421, Florenz), „Himmelfahrt und Gürtelspende Mariens", Giebelrelief an der Porta della Mandorla im Dom zu Florenz. Maria spendet dem ungläubigen Thomas zum Beweis ihrer Auferstehung den Gürtel. Nanni di Banco, Sohn des Bildhauers Antonio di Banco, gehörte zu den entschiedensten antikisierenden Bildhauern der Frührenaissance und beeinflußte damit

ASCENSIO SCE MARIE

Die Jahre, die die Jungfrau, die Mutter Gottes, auf Erden verbrachte, waren neunundfünfzig. Drei bis zu ihrem Eingang in den Tempel, wo sie elf Jahre und drei Monate verblieb. Sie trug den Herrn Jesus drei Monate in ihrem Schoß und verbrachte dreiunddreißig Jahre mit ihm, da er auf Erden weilte. Nach seiner Himmelfahrt lebte sie elf Jahre auf Erden.

* * *

Daß Maria in oder in der Nähe von Jerusalem, im Tal Joschafat, begraben wurde, wird von allen Apokryphen bestätigt. Um 450 bat die Kaiserin Pulcheria in Konstantinopel den Patriarchen von Jerusalem, Marias Leichnam nach Konstantinopel zu senden, damit er im Blachernen Palast verehrt werden könne. Der Patri-

die Entwicklung der Renaissanceplastik. Im hier abgebildeten Spätwerk griff er aber wieder auf gotische Stilelemente – wie die der Mandorla – zurück.

Oben: Der frühe Elfenbeineinband aus der Stiftsbibliothek St. Gallen, entstanden um 900, zeigt Marias Himmelfahrt und gibt sie als Auferweckte in der Adorantenhaltung wieder. Sie wird von den neben ihr stehenden Engeln emporgehoben.

arch erwiderte, das sei leider unmöglich, denn Marias Leib sei aus dem Grabe verschwunden – und sandte stattdessen Marias langen Schleier. Das leere Grab wurde noch im 6. und 7. Jahrhundert von Pilgern besucht. Auch nachdem Jerusalem im Jahre 638 an die Araber gefallen war und die Heiligenverehrung im allgemeinen durch die Bilderstürmer-Kaiser einen schweren Rückschlag erlitten hatte, wurde Marias Jerusalemer Grabstätte durch Kirchenväter des 8. Jahrhunderts – Germanus, Andreas von Kreta, Johannes Damascenus – immer wieder bestätigt. Dennoch war diese Ansicht niemals unumstritten. Eine alte Tradition besagte, daß Johannes, den Jesus mit der Behütung Marias beauftragt hatte, in Ephesus gelebt habe und dort gestorben sei. Also müsse auch Maria dort begraben sein. Diese Version fand eine erstaunliche Bestätigung im frühen 19. Jahrhundert durch die Visionen der Anna Katharina Emmerick.

Wenn wir versuchen, aus den hier in Auszügen gebrachten antiken Quellen ein zusammenhängendes Bild von Marias Leben zu rekonstruieren, so kann dabei unser Ziel keine historisch eindeutig belegte Biographie sein. Wir haben gesehen, daß die biblischen Angaben über Maria recht dürftig sind und frühestens 35 bis 40 Jahre nach Jesu Tod aufgezeichnet wurden. Die apokryphen Berichte sind noch später und von viel zweifelhafterer Autorität, verfolgen auch großteils ganz andere Ziele als das eines historisch korrekten Bildes von Marias Leben. Wir können über Marias irdisches Leben nur ein Bild zusammenstellen, wie es sich im allgemeinen Bewußtsein der Christenheit und auch der Kirche allmählich formte, und das dann die Grundlage für den Marien-Mythos und die ungeheure Fülle von Bildender Kunst, Literatur und auch theologischer Spekulation der folgenden Jahrhunderte bildete.

Dieses Bild sähe etwa folgendermaßen aus:

Joachim und Anna, ein reiches, frommes Ehepaar, bleibt kinderlos und wird deshalb von der Gemeinde verachtet. Er geht büßend in die Wüste, und sowohl ihm wie auch Anna erscheint ein Engel, der ihnen verkündet, Anna sei schwanger – wobei nicht ganz klar wird, ob hier von jungfräulicher Empfängnis, wie später bei Maria, die Rede ist, oder ob Joachim der leibliche Vater war.

Maria wird im siebten Monat geboren, der Hohepriester segnet sie und nimmt sie in den Tempel auf, wo sie von einem Engel ernährt wird. Als sie zwölf Jahre ist, gebietet ein Engel dem Hohepriester, die Witwer des Volkes zu versammeln. Unter ihnen wird Josef durch das Wunder der Taube und des Stabes als Gatte Marias auserwählt. Josefs Stammbaum wird bis auf Abraham zurückgeführt. Der Engel Gabriel kündigt Maria die Geburt Jesu an. Sie besucht ihre Verwandte Elisabet, die künftige Mutter Johannes des Täufers. In Marias Dankgebet (Magnificat) wird das Kind nicht erwähnt. Als Josef von einer Reise zurückkehrt und Maria vom heiligen Geiste schwanger vorfindet, steigen Zweifel in ihm auf, und er wird im Traum durch einen Engel darüber beruhigt. Maria beteuert ihre Unschuld, und die Zweifel des Hohenpriesters werden durch die Probe des „Prüfungswassers" behoben.

Maria und Josef begeben sich zur Volkszählung nach Betlehem; dort wird Jesus geboren, in einer Herberge – oder in einer Höhle. Die ungläubige Salome wird bestraft, dann geheilt. Auch Eva, die Stammutter der Menschheit, soll in der Höhle zugegen gewesen sein.

Hirten aus der Umgebung besuchen Maria und Josef und beten das Kind an, das in einer Krippe liegt. – Die Weisen aus dem Morgenland, später als die Heiligen Drei Könige bezeichnet, werden durch einen Stern nach Bethlehem gebracht. Durch sie erfährt König Herodes von dem heiligen Kind. Da das Jesuskind von Herodes bedroht ist, rät der Engel dem Josef, mit Maria und dem Kind nach Ägypten zu fliehen. Auf der Flucht vollbringt der kleine Knabe viele Wunder. Nach Herodes' Tod rät der Engel dem Josef, nach Israel zurückzukehren.

Jesus wird von seinen Eltern zur Beschneidung in den Tempel von Jerusalem gebracht und dort von Simeon als der Heiland erkannt. Der heranwachsende Knabe vollbringt mehrere Wunder. Auf einer Reise nach Jerusalem verlieren Maria und Josef den zwölfjährigen Knaben aus den Augen und finden ihn endlich im Tempel wieder, wo er seine Lehrer in Erstaunen versetzt. Als er herangewachsen ist, begleitet er seine Mutter nach Kana zu einer Hochzeit, wo er Wasser in Wein verwandelt. – Er beginnt zu predigen, und seine Mutter (und Brüder) lassen ihn rufen, wobei er sich ihnen gegenüber brüsk ablehnend verhält. – Nach Josefs Tod läßt er dessen Leichnam durch Engel beschützen.

Maria ist bei der Kreuzigung zugegen, und Jesus übergibt sie dem Schutz des Johannes, seines Lieblingsjüngers. Nach Jesu Himmelfahrt finden sich Maria, seine Brüder und die Apostel zusammen und beten. Maria erzählt den Jüngern von einer Vision, in der der Herr ihr mysteriöse Dinge mitgeteilt habe. Danach wird sie von Juden bedroht und vom Heiligen Geist beschützt. Sie lebt einigen Berichten zufolge noch 22 Jahre, anderen zufolge elf Jahre nach Jesu Himmelfahrt, nach den meisten Berichten in oder nahe bei Jerusalem, nach anderen in Ephesus unter dem Schutz von Johannes. Noch zu ihren Lebzeiten soll sie mit dem Erzengel Michael in die Hölle gefahren sein, wo sie die Qualen der Verdammten sah und Jesus um Linderung ihrer Strafen bat.

Dann erscheint ihr ein Engel, der ihren bevorstehenden Tod ankündigt. Sie bittet, daß sich alle Apostel um sie versammeln. Alle werden von den Orten, an denen sie predigen, auf Wolken zu Maria getragen. Nach drei Tagen erscheint Jesus mit vielen Engeln und tröstet Maria, als sie stirbt.

Als die Jünger ihren Sarg forttragen, versammelt sich viel Volk, und der Hohepriester der Juden versucht, den Sarg umzustürzen; aber seine Arme vertrocknen, und er bleibt am Sarge haften. Petrus bittet für ihn, er bekehrt sich und wird geheilt. Der ungläubige Thomas erscheint zu spät, verlangt Marias Leichnam zu sehen, aber das Grab ist leer. Er gesteht dann, Maria auf dem Wege zum Himmel, von Engeln getragen, erblickt zu haben.

Maria wird von den Aposteln im Tal Joschafat begraben. Dann erscheint der Erlöser noch einmal, erweckt Maria zum Leben und läßt sie durch die Engel ins Paradies tragen. Dort wird sie hoch geehrt.

SPÄTANTIKE UND FRÜHMITTELALTERLICHE LYRIK

MARIA IN DER LITERATUR

Joe H. Kirchberger

Erst mit dem Konzil von Ephesus (431), auf dem Maria offiziell als *Gottesmutter* (theotokos) tituliert wurde, nahm die Marienverehrung im Bewußtsein des christlichen Abendlandes und Vorderasiens ihren eigentlichen Aufschwung, der sich dann in der lateinischen, griechischen und orientalischen Literatur widerspiegelte. Aber es sind auch Hymnen und Gebete aus der Zeit vor dem Konzil überliefert. Sie enthalten Lobpreisungen,

Grüße und Bitten; einige betrachten auch das Mutter-Sohn-Verhältnis zwischen Maria und Jesus. Zuweilen lassen die Verfasser Maria selbst sprechen.

Als eines der ältesten lyrischen Zeugnisse dieser Art gilt ein *lateinisches Gebet*, dessen Kern auf einem Papyrus des 3. oder 4. Jahrhunderts erhalten ist und das im Mittelalter erweitert wurde. Die deutsche Fassung ist so überliefert:
*Unter deinen Schutz und Schirm
fliehen wir, o heilige Gottesgebärerin.
Verschmähe nicht unser Gebet in unseren
    Nöten, sondern erlöse uns jederzeit von
    allen Gefahren,
o du glorwürdige und gebenedeite Jungfrau,
unsere Frau, unsere Mittlerin, unsere
    Fürsprecherin.
Versöhne uns mit deinem Sohne,
empfiehl uns deinem Sohne,
stelle uns vor deinem Sohne.*

Der folgende griechische Hymnos kann kaum später entstanden sein. Sein Verfasser ist *Gregorius*, der wegen der Legenden, die sich später um ihn rankten, „der Wundertäter" („Thaumaturgos") genannt wird. Aus heidnischer Familie stammend, war er Schüler des Kirchenvaters Origenes und wurde Bischof von Neo-Caesarea. Er starb um 275.

*Du Abglanz des Lichtes
im hohen Reich des Geistes,
in dir wird der Vater verherrlicht,
der ohne Ursprung ist
und dessen Macht dich überschattet hat.
In dir wird der Sohn angebetet,
den du dem Fleisch nach im Schoß getragen
    hast.
In dir wird der Heilige Geist gefeiert,
der in deinem Leib
die Geburt des großen Königs gewirkt hat.
Durch dich, Begnadete,
konnte die heilige und wesensgleiche
    Dreifaltigkeit
in der Welt erkannt werden.*

Ein bedeutender und besonders beredter Lobsänger Marias war *Ephräm der Syrer*, dessen Hymnen auf Maria aus dem Syrischen übertragen und überall verbreitet wurden. Sein Todesjahr war 373. Er gilt als der Verfasser der ersten Marienklage. In seinen Hymnen „de Nativitate" berührt er auch das Mutter-Sohn-Problem. Er läßt Maria sagen:
*Mehr als alle, die er heilte, hat
er mich erfreut, denn ich gebar ihn.
In sein Lebensparadies will ich eingehen,
und dort, wo Eva unterlag, will ich ihn
    preisen,
denn er hatte Wohlgefallen an mir
vor allen erschaffenen Frauen,
daß ich ihm Mutter sei, weil er es wollte,
und er mir Kind, weil es ihm gefiel...
Der Tag, da eintrat Gabriel bei mir Armer,
hat mich im Nu gemacht
zur Herrin und zur Magd,
denn Magd bin ich deiner Gottheit,
doch auch Mutter
deiner Menschheit, o Herr und Sohn!...
Wie soll ich dir Nahrung geben,
dir, o Ernährer des Alls,
von deinem Tisch?
Wie soll ich nahen
deinen Windeln, Strahlenumhüllter?...*

Und so beschreibt Ephräm, wie Christus sich klein machte, um von Maria geboren zu werden:
*Damit er nicht durch seine Größe
die Schauenden verwirre,
faßte er sich selber zusammen,
aus dem All ins Land der Hebräer,
und aus diesem ganzen Land nach Judäa,
und von dort nach Bethlehem,
bis er nur den kleinen Schoß (Marias) füllte.
Und wie er das Senfkorn in unserem Garten
    geworden ist*

Mit Stern (∗) bezeichnete Literaturauszüge sind dem Haupttext auf separaten Spalten entweder voran- oder nachgestellt.

Weihnachtsbild aus einem Evangeliar aus Etschmiadzin, Armenien (6./7. Jahrhundert; heute in Eriwan). Die Madonna Platytera hält auf ihrem Schoß den Christusknaben in einer Mandorla – Sinnbild des Logos in der materiellen Welt.

Freue dich, du Begnadete,
der Herr ist mit dir.
Freue dich, du Begnadete,
du strahlender Himmel.
Freue dich, du Begnadete,
du tugendreiche Jungfrau,
du goldenes Gefäß
für das göttliche Manna.
Freue dich, du Begnadete,
du stillst jeden Durst
mit dem Wasser
einer unerschöpflichen Quelle.
Freue dich, unbefleckte Mutter,
du hast den geboren,
der vor dir war.

Freue dich, purpurnes Gewand,
du hast den König
des Himmels und der Erde
bekleidet.
Freue dich, geheimnisvolles Buch,
du gabst der Welt zu lesen
das göttliche Wort,
den Sohn des Vaters.

Epiphanius, Hymne an Maria

Oben: Devotionsampulle für Weihwasser oder Salböl. Sie diente Pilgern in der Zeit Papst Gregors d. Gr. (um 600). Dargestellt ist eine Madonna Platytera (Monza, Dommuseum).

und der kleine Strahl für unser Auge,
ging er auf, breitete sich aus
und erfüllte die Welt.

Etwas jünger ist die „Freue dich"-Hymne an Maria(∗). Sie wird dem *Epiphanius von Salamina* zugeschrieben, der, in Palästina geboren, lange als Mönch in Ägypten lebte, dann dreißig Jahre lang Vorsteher eines Klosters in Palästina und zuletzt Metropolit in Constantia (Salamis) auf Zypern war. Er war ein eifriger Förderer des Mönchswesens und ein fanatischer Bekämpfer aller Ketzereien. Er starb im Jahre 403.

Einer der hervorragendsten Dichter der altlateinischen Kirche ist Aurelius *Prudentius* Clemens, im Jahre 348 in Spanien geboren. Er bekleidete hohe Staatsämter am kaiserlichen Hofe, aber seine letzten Lebensjahre verbrachte er in asketischer Zurückgezogenheit. Er starb nach 405. Wir bringen hier einen Auszug aus seinem „Dittochäon" („zweifache Speisung"), das aus 48 Epigrammen besteht:

Als Gott bereit war, zu erscheinen, stieg Gabriel, der Bote, vom hohen Thron des Vaters und betrat plötzlich die jungfräuliche Wohnung...

Er sprach: „Der heilige Geist wird dich erfüllen, Maria, und du wirst Christus hervorbringen, heilige Jungfrau." Hier bringen die Weisen Gaben für das Christuskind an der Jungfrau Brust: Myrrhe, Weihrauch und Gold... Die Mutter erstaunt ob der großen Ehren... und daß sie Gott geboren hat, der Mensch ist und der höchste König...

Der nächste bedeutende Beitrag zur Marienliteratur stammt aus der Zeit des Konzils von Ephesus. *Cyrill*, Patriarch von Alexandria – offenbar ein großer Redner und ebenso ehrgeizig wie herrschsüchtig – setzte sich auf dem Konzil gegen Nestorius und dessen Anhänger in Konstantinopel und Antiochia durch, was schließlich zur Trennung der

Nestorianerkirche von der Reichskirche führte. Bei dieser Auseinandersetzung zeigte sich, daß die Bevölkerung bereits regen Anteil an Person und Stellung Marias nahm. In Ephesus kam es zu großen Demonstrationen, in denen Rufe wie „Heil der Gottes-Gebärerin (theotokos)" oder „Lang lebe Cyrill" ertönten. Cyrills Gebet am Schluß des Konzils wurde berühmt(∗).

Nach dem Konzil von Ephesus häufen sich die Hymnen und Gebete an Maria. Das gilt besonders für den christlichen Osten. Ein interessantes Beispiel ist ein äthiopisches Manuskript, genannt *„Weddase Maryam"* („Buch des Preises der Maria"), das zwischen den Konzilien von Ephesus (431) und Chalkedon (451) entstanden sein muß. Es besteht aus Gebeten, die an den 32 Feiertagen zu Ehren Marias an sie gerichtet wurden(∗).

Caelius Sedulius dichtete um 450 ein *„Paschale Carmen"* (Ostergedicht), in Hexametern abgefaßt. Wohl von ihm stammt die Formulierung „sie allein von allen Frauen", die später häufig verwendet wurde:

Gruß dir, heilige Mutter; du hast den König geboren, der Himmel und Erde erhält im Wandel der Zeiten, dessen Walten das All umfaßt, das Reich ohne Ende. Verbunden hat dein seliger Leib die Freuden der Mutter mit der makellosen Ehre der Jungfrau. Dir, der keine je glich, dir wird auch keine je folgen; denn als einzige hat erwählt dich der Herr von allen Frauen.

Einen weiteren lateinischen Hymnus des Sedulius auf Maria hat *Martin Luther* ins Deutsche übertragen:

Die göttlich Gnad vom Himmel groß sich in die keusche Mutter goß, ein Maidlein trug ein heimlich Pfand, das der Natur war unbekannt.

Das züchtig Haus des Herzen zart gar bald ein Tempel Gottes ward, die kein Mann rühret noch erkannt,

Devotionalien aus der frühesten Zeit der Marienhymnen und -gebete:

Links: Terracotta-Platte aus Karthago (5. Jahrhundert).

Mitte: Goldmedaillon mit einer Platytera-Theotokos (Konstantinopel, spätes 6. Jahrhundert), das von einem Bischof getragen wurde (Washington D.C., Dumbarton Oaks Collection).

Rechts: Eine vergoldete römische Glasschale aus dem 4. Jahrhundert zeigt Maria in der Adorantenhaltung der Antike und verbindet so die christliche und antike Gebetshaltung (Vatikanische Museen).

Sei uns gegrüßt, Maria, Mutter Gottes, du ehrwürdiger Schatz der ganzen Welt,
du unauslöschliche Lampe, Krone der Jungfernschaft,
Szepter der rechtgläubigen Lehre, immerwährender Tempel,
Aufenthalt dessen, den kein Aufenthaltsort in sich fassen kann!
Mutter und Jungfrau! Sei uns gegrüßt,
die du in deinem jungfräulichen Leibe das Unermeßliche
und Unbegreifliche eingeschlossen hast;
durch welche die heilige Dreieinigkeit verherrlicht und angebetet,
das kostbare Kreuz des Heilands erhöht und verehrt wurde;
durch die der Himmel triumphiert, die Engel und Erzengel sich freuen,
die Teufel vertrieben werden,
durch die der Versucher überwunden
und das gefallene Geschöpf bis in den Himmel erhoben worden ist.
Cyrills Gebet am Schluß des Konzils von Ephesus (431)

von Gotts Wort man sie schwanger fand.
Die edle Mutter hat geborn,
den Gabriel verhieß zuvorn,
den Sankt Johannes mit Springen zeigt,
da er noch lag in Mutter Leib.
Er lag im Heu mit Armut groß,
die Krippe hart ihn nicht verdroß,

es ward ein kleine Milch sein Speis,
der nie kein Vöglein hungern ließ.
Des Himmels Chör sich freuen drob
und die Engel singen Gott Lob,
den armen Hirten wird vermeldt
der Hirt und Schöpfer aller Welt.
Lob, Ehr und Dank sei dir gesagt,
Christ, geboren von der reinen Magd,
mit Vater und dem Heiligen Geist
von nun an bis in Ewigkeit.
Ein Zeitgenosse des Sedulius war *Petrus,* Bischof von Ravenna, der um 458 starb. Seiner Beredsamkeit wegen wurde er *Chrysologos,* „der goldene Redner", genannt. Von ihm sind eine ganze Reihe von Predigten erhalten. In einer von ihnen heißt es:
Maria ist größer als der Himmel, fester als die Erde und weiter als das Universum. Sie nahm

Du bist der goldene Leuchter, der die helle Lampe trug,
für alle Zeit das Licht der Welt...
Du bist die süß duftende Blume, die Isais Stamm entsprang,
bist Aarons Stab, der, ungepflanzt und ungewässert, Knospen trug,
bist die Leiter, die Jakob sah, die von der Erde zum Himmel stieg,
auf der Gottes Engel auf- und niedergingen, bist der Busch,
den Mose in der Flamme des Feuers sah, da er vom Feuer nicht verzehrt wurde,
bist der Acker, in den der Same nicht gesät ward,
und doch kam lebendige Frucht aus dir...
Wo ist die Zunge, die ausdrücken kann, was über dich gesagt werden sollte,
o jungfräuliche Mutter des Vater-Wortes?
Du bist zum Thron des Königs geworden, den die Cherubim tragen.
Gesegnete wollen wir dich nennen,
und deinen Namen allen Generationen verkünden...
Auszüge aus dem äthiopischen Manuskript Weddase Maryam
(„Buch des Preises der Maria") zwischen 431 und 451

Die „Epiphanie des Protogenes", die Erscheinung des Erstgeborenen der Schöpfung, stammt aus einer syrischen Buchmalerei des 6. Jahrhunderts. Das Titelbild der sog. „Peschitto" (einer Volksbibel in syrischer Sprache und Schrift) zeigt eine Maria Platytera zwischen dem Weisheitskönig Salomo und der „Ecclesia", der Kirche. Weisheit (Sophia) und Kirche, wichtige Assoziationen Marias, sind somit in dieser Schrift vereint (Paris, Bibliothèque Nationale).

in ihrem Leib auf, den die Welt nicht fassen kann. *Sie trug auf ihren Armen den, der die ganze Welt trägt. Sie wurde Mutter ihres Schöpfers und nährte ihn, der alle Lebewesen nährt.*

Ein lateinischer Dichter, von dem noch heute einige Hymnen im liturgischen Gebrauch sind, war *Venantius Fortunatus*, Bischof von Poitiers. Er muß kurz nach 600 gestorben sein. Er verfaßte eine Elegie auf den Untergang des Thüringer Reiches, sieben Heiligen-Viten und über 200 Gedichte, ebenso theologische Traktate. In einer ihm zugeschriebenen Hymne („*Mirentur ergo saecula*") lesen wir:
*Darum erstaunen die Jahrhunderte,
daß der Engel den Samen trug,
daß die Jungfrau durch ihr Ohr empfing,
und, im Herzen gläubig, Frucht trug.*

Die Vorstellung, daß Maria durch den Logos (das Wort) mit dem Ohr empfing, geht auf *Origenes* (gestorben um 254) zurück. Venantius' Latein weist schon einige Eigentümlichkeiten des Spätlateins auf, das dann im Mittelalter zu voller Geltung kam. Es ist zum Beispiel gekennzeichnet durch künstliche Wort-Neubildungen (Neologismen) und Anklänge an den griechischen Sprachstil (Gräzismen).

Inhaltlich erscheint im 6. Jahrhundert zum ersten Mal das Motiv der *Mater Dolorosa*, der leidenden Mutter Gottes unter dem Kreuz ihres Sohnes. Der syrische Dichter und Hymnenschreiber *Romanos Melodos*, ein getaufter Jude, schrieb für Justinian (seit 527 Kaiser von Byzanz) zum Karfreitagsfest eine Marienklage, in der er Maria ausrufen läßt:
*Überwältigt bin ich, o mein Sohn,
überwältigt von Liebe,
und kann nicht ertragen,
daß ich in der Kammer,
du aber am Holze des Kreuzes,
ich im Hause,
du aber dort im Grab.*

Romanos war der Erfinder des sogenannten *Kontakions*, einer Hymnusform, bei der sich der Vorbeter auf der Kanzel und die unten sitzende Gemeinde miteinander abwechselten; diese Form fand ab dem 9. oder 10. Jahrhundert immer häufiger Anwendung auch im Westen.

Romanos mag auch der Verfasser des leidenschaftlichen griechischen Lobgesangs „*Hymnos Akathistos*" sein, in dem Maria als das eine von allen Geschöpfen beschrieben wird, in dem sich die Gegensätze vereinigen. Sie wird als die Leiter zum Himmel bezeichnet, auf der Gott zur Erde stieg, als die Brücke für die Menschen, um zum Himmel hinaufzusteigen, als das Meer, das den Pharao und sein Heer vernichtete, als die Feuersäule, welche die im Dunkel Verlorenen zum Licht führt, und als das Gelobte Land, wo Milch und Honig fließen. Dann heißt es:
Sei gegrüßt, Raum Gottes, den der Raum nicht zu fassen vermag, Zugang zum unverfügbaren Geheimnis.

Sei gegrüßt, den Ungläubigen ein widersprüchliches Gerücht, den Gläubigen ein unwidersprochenes Rühmen.

Sei gegrüßt, Unversöhnliches hast du versöhnt, jungfräulich hast du geboren...

Im 7. Jahrhundert hielt sich die antike Kultur, die schon im allgemeinen Niedergang begriffen war, noch im Reich der Westgoten in Spanien. Dort hatte die rechtgläubige katholische Kirche den als irrgläubig verworfenen Arianismus der Germanen wieder verdrängt. Die Bischöfe hatten dort eine Art von Staatskirche etabliert und übten oft eine größere Macht aus als der König. Einer dieser Bischöfe war *Ildefons von Toledo*, von dem das folgende Gebet stammt:
Ich bitte dich, heilige Jungfrau, daß auch ich von jenem Geiste empfange, durch den du Jesus geboren hast. Durch diesen Geist komme Jesus auch zu mir. In diesem Geist, in dem du Jesus anbetest als den Herrn und als den Sohn, möchte auch ich Jesum lieben.

Im 8. Jahrhundert erlitt die Marienverehrung in Bild und Wort einen schweren Rückschlag durch die *Ikonoklasten*-Kaiser in Konstantinopel, die Gesetze gegen die Bilder- und Reliquienverehrung erließen. Damit sollte auch die Stellung Marias im Gottesdienst stark beschnitten werden. Kaiser Leo II., der Isaurier, sein Sohn Konstantin V. (von seinen Feinden „Kopronymos", der Schmutzmensch, genannt), und später Kaiser Leo V. suchten mit allen Mitteln, dem von den Mönchen des byzantinischen Reiches gepflegten Bilderkult – der bisweilen nahezu zu Aberglauben ausgeartet war – ein Ende zu bereiten. Aber sie stießen auf ebenso entschiedenen Widerstand – nicht nur bei den Mönchen, sondern auch bei den Frauen von Konstantinopel, die um 727 vor dem Kaiserpalast einen regelrechten Aufstand machten. Viele Anhänger der Bilderverehrung verließen das byzantinische Reich und gingen nach Italien, denn der Papst und die römische Kirche verurteilten die Bilderstürmer. Schon damals bereitete sich die Spaltung zwischen römisch- und griechisch-katholischer Kirche vor, obwohl es zum endgültigen Bruch erst im Jahre 1054 kam. Auffällig ist, daß der Bildersturm in Konstantinopel zweimal unterbrochen war, nämlich dann, wenn eine Frau regierte: unter Kaiserin Irene (780–815) und unter Kaiserin Theodora (842–856).

Aus dem frühen 8. Jahrhundert sind uns Schriften erhalten von *Germanos*, Patriarch von Konstantinopel, der noch im hohen Alter den Bildersturm des Kaisers Leo III. bekämpfte und sich für die Befreiung der Kirche von kaiserlichem Despotismus einsetzte. Hier sein Gebet an Maria:
*Maria, voll der Güte und Barmherzigkeit,
wer – außer deinem Sohn –
kümmert sich so sehr um die Menschen wie
du?
Wer beschützt uns ohne Unterlaß in unsern
Nöten?
Wer befreit uns von den Versuchungen?
Wer tritt wie du für uns Sünder ein?
Wer findet wie du Entscheidungen für uns,
wenn wir in Verzweiflung geraten?
Als Mutter hast du bei deinem Sohn
Freiheit und Einfluß;
du verwendest deine Fürbitte, um uns zu
retten.
Wer wäre niedergeschlagen,
und wendete sich nicht an dich?
Wer ist nicht erhört worden,
nachdem er deinen Beistand angerufen
hatte?*

Germanos starb um 733. Sein Nachfolger fügte sich dem kaiserlichen Willen. In diesem Jahrhundert hatte das Christentum des Ostens schwere Einbußen erlitten – nicht nur durch den Bildersturm, sondern vor allem durch das rapide Vordringen des Islam. Die Stätten des Heiligen Landes waren nicht mehr in den Händen der Kirche; Jerusalem war schon 638 an die Moslems gefallen. Aber unter deren Schutz verfaßte *Johannes von Damaskus* im Kloster des heiligen Sabas bei Jerusalem seine Schriften gegen die Bilderstürmer. Auch dieses Marienlob stammt von ihm:

66

Rechts: Gottesmutter Pokrov (Schutzmantel) und Romanos Melodos (russisch, 18. Jahrhundert, Privatbesitz). Der heilige Hymnendichter Romanos wurde nach der Legende im Traum von Maria angehalten, ein Notenblatt zu verzehren, worauf sich seine häßliche Stimme am Weihnachtstage in eine wohlklingende verwandelte.

Oben: Detail aus der unten beschriebenen Akathistos-Ikone.

Seite 66: Die „Erhöhung Mariens" in der Hymnos-Akathistos-Ikone von einem Balkanmeister aus dem 14. Jahrhundert zählt zu den wichtigsten Darstellungen der Marienlobhymnen des Romanos Melodos (6. Jahrhundert). Dieser war Diakon der Auferstehungskirche in Berytos (Beirut) und erhielt den Beinamen Melodos für sein umfangreiches Werk kirchlichen Liedguts. Der ihm zugeschriebene Hymnos Akathistos bildet den künstlerischen Höhepunkt der frühen griechischen Kirchendichtung. Dem griechischen Alphabet folgend, besteht er aus 24 Strophen. Er heißt Akathistos, weil er am Samstag vor dem Vierten Fastensonntag stehend („ungesessen") gesungen wird. Die 24 Bilder stehen für die 24 Strophen.

Gegrüßt, du in den unsagbaren Ratschluß Eingeweihte,
gegrüßt, du Vertraute mit Dingen, denen Verschwiegenheit gebührt.
Gegrüßt, du Vorspiel der Wunder Christi,
gegrüßt, du Inbegriff von allem, was über Ihn gelehrt.
Gegrüßt, du Brücke für die Irdischen zum Himmel,
gegrüßt, du unter den Engeln vielbesprochenes Wunder.
Gegrüßt, du für die Teufel tief schmerzende Wunde,
gegrüßt, die du das Licht auf unsagbare Weise geboren hast.

Romanos Melodos, aus dem Hymnos Akathistos

Maria, du lebendige Leiter,
du stehst auf der Erde und reichst bis zum
    Himmel,
darauf Gott kommt zu den Menschen.
Maria, du Tür,
durch die Gott aus- und eingeht.
Du Muschel, die eine kostbare Perle birgt:
    Christus.
Du Berg, höher als jeder Gipfel;
aus diesem Gestein ist Christus, der
    Eckstein,
der eint, was getrennt ist:
Gottheit und Menschheit,
Engel und Menschen, Heiden und Juden.
Du Berg, auf dem Gott sich niederließ.
Du Buch, das der Herr geschrieben hat
in der Sprache Gottes.
Du Baum, der sich nährt vom Wort Gottes
und Frucht bringt vom Heiligen Geist
zur rechten Zeit.
Du Tempel Gottes,

Eine anonyme Antiphon (Wechselgesang), wahrscheinlich ebenfalls aus dem 8. Jahrhundert, spielt mit dem Gleichklang von mare (Meer) und Maria, und mit der Umkehrung des Namens „Eva" – also derer, durch welche die Sünde in die Welt kam –, in „Ave", das Begrüßungswort des Erzengels Gabriel an Maria.

Ave, maris stella,
Dei mater alma,
Atque semper virgo,
Felix coeli porta.
Sumens illud Ave
Gabrielis ore.
Funda nos in pace,
Mutans Evae nomen.

Bemerkenswert an diesem schönen Gedicht ist zudem, daß die Bezeichnung Marias als „Stella maris" (Stern des Meeres) offenbar auf dem Fehler eines Abschreibers beruht: Denn der heilige Hie-

Lös der Sünde Bande,
Schick den Blinden Licht,
Wehre von uns das Schlechte,
Schenk uns alles Gute.

Gib uns reines Leben,
Ebne uns die Wege,
Daß wir gemeinsam uns freuen,
Wenn wir Jesus erblicken.

Aus der anonymen Antiphon *Stella maris*
(8. Jahrhundert)

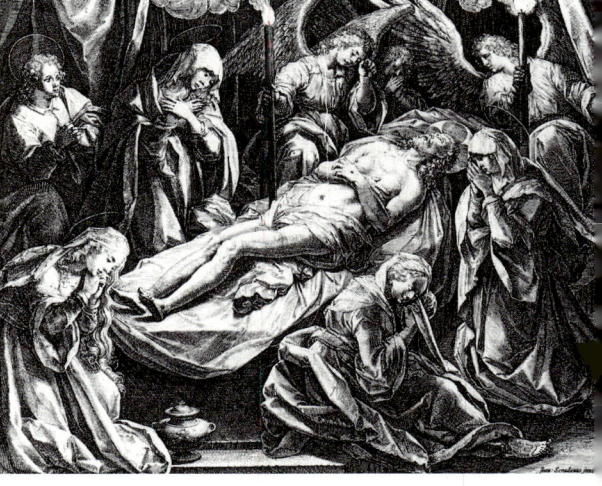

geschmückt nicht mit Gold oder
    Edelsteinen,
sondern mit dem Heiligen Geist
und der unschätzbaren Perle: Christus.

Als Johannes um 749 starb, hatte er ein ungewöhnliches Leben hinter sich: Am Hof des Kalifen von Damaskus erzogen, übernahm er von seinem Vater das Amt des Schatzmeisters der Kalifen, zog sich aber um 726 in ein Kloster zurück. Seine Schriften über den Glauben und gegen die Ketzer haben in der griechisch-orthodoxen Dogmatik noch heute Geltung.

ronymus, im Jahr 420 gestorben, hatte Maria einst „Stilla maris", einen Tropfen des Meeres genannt. Daraus war nun also „stella" geworden, und in dieser Form hatte der Hymnus viele Nachfolger:

Heil dir, Stern des Meeres,
hehre Gottesmutter,
Jungfrau jetzt und immer,
glückliche Himmelspforte.
    Du empfingst das Ave
Aus dem Munde Gabriels.
Schenke uns den Frieden,
indem du Evas Namen umkehrst...(*)

Die Marienklage war nicht nur ein zentrales Motiv in der Bildenden Kunst vor allem seit der Gotik, sondern auch in der Literatur. Die weit verbreitete und volkstümliche Marienlyrik kannte als Spielarten Mariengrußdichtungen und Marienklagen. Die Klagegesänge wurden dramatisiert, indem man sie um einen Dialog zwischen Maria und Jesus oder Johannes ergänzte. Diese dramatischen Formen, in den Kirchen in der Vorosterzeit aufgeführt, wurden zu den Vorläufern der Passionsspiele.

Links: Zu den Darstellungen der Marienklage zählt auch die „Beweinung Christi" (1164) aus dem Panteleimon-Kloster in Nerezi, Mazedonien.

Rechts: Das gleiche Thema behandelt der Stich von Raphael Sadeler nach J. Stradanus (um 1590) auf der Veste Coburg.

*Wehklage mir nicht, Mutter, die du im Grabe den Sohn schaust,
den du jungfräulich empfangen im Schoße.
Ich werde auferstehen und verherrlicht werden.
Und in Herrlichkeit ohne Ende werde als Gott ich jene erhöhen,
die im Glauben und in Liebe dich preisen.*

Aus den Osterhymnen des Kosmas

Links: „Mater Dolorosa", die Schmerzensmutter, Holzskulptur aus Norddeutschland (ca. 1230). Ebenfalls im 13. Jahrhundert entsteht in der Literatur die „Stabat Mater"-Dichtung (lat: „Es stand die Mutter tränenvoll"). Zu deren sehr frühen Verfassern zählt Jacopone da Todi (1240–1306).

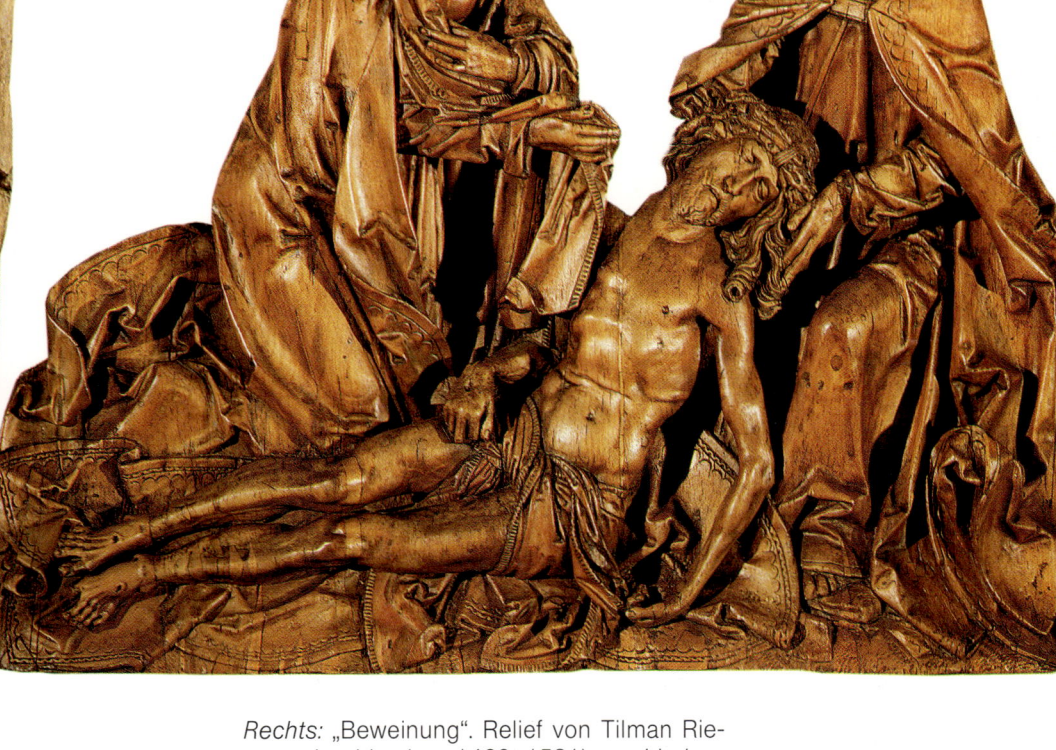

Rechts: „Beweinung". Relief von Tilman Riemenschneider (um 1460–1531) aus Lindenholz, um 1510 (Würzburg, Mainfränkisches Museum). Die Passionsszene drückt hier in der bewegten Gestik und dem lebhaften Faltenwurf die innere Bewegung der Marienklage aus. In dem fein differenzierten, lyrisch verhaltenen Ausdruck der Schnitzkunst Riemenschneiders findet der gotische Schnitzaltar Höhepunkt und Ende zugleich.

Der Reichtum der Mariendichtung und die Erzählfreudigkeit in der Legendenausschmückung zeigt sich auch in detailreichen wertvollen Bucheinbänden. Es ist die frühe Buchmalerei, die dem künstlerischen Ausdruck den größten Spielraum der damaligen Zeit gab.

Seite 70: Elfenbeinbuchdeckel mit zwei Szenen: oben die „Anbetung der Könige", unten die „Darstellung im Tempel". Die Schnitzerei entstammt dem frühen 10. Jahrhundert und befindet sich heute im Victoria und Albert-Museum in London.

Rechts: „Thronende Muttergottes" aus einem Pontificale aus St. Vaast in Arras. Die nordfranzösische Pergamenthandschrift, um 1050, enthält reichen Bilderschmuck und zwei ganzseitigen Miniaturen.

Links: Dieses griechische Psalterion von 1077 aus Konstantinopel zeigt Maria als Theotokos (Wien, Österreichische Nationalbibliothek).

Ganz oben: Die griechische Handschrift aus dem 10. Jahrhundert (Rom, Lateran-Bibliothek) zeigt in den Medaillons über den Hauptfiguren die Prophetin Hanna und den Hohenpriester Simeon. Die stehenden Figuren von rechts nach links: Jungfrau Maria, Christus, Johannes der Täufer, Zacharias und Elisabet.

MARIENVITEN UND -LEGENDEN

Ab dem 10. Jahrhundert entwickelt sich ein neuer Typ von Marienliteratur: die *Vita* (Lebensbeschreibung). Sie greift vielfach auf Berichte außerbiblischer Evangelien (Apokryphen) oder auf spätere Zusammenfassungen von diesen zurück; sie erzählt Marias Geschichte aufs neue, aber in poetischer Form und oft mit zahlreichen Ausschmückungen und Betrachtungen.

Die älteste Dichtung dieser Art ist die „Historia Nativitatis Dei Genitricis" der *Hroswith (Roswitha) von Gandersheim*, entstanden etwa in der Mitte des 10. Jahrhunderts. Hroswith war eine Benediktinernonne des Klosters Gandersheim, westlich des Harzes gelegen. Sie entstammte einer niedersächsischen Familie, war offenbar hochgebildet und wohlvertraut mit der klassischen römischen Literatur. Sie verfaßte unter anderem sechs dialogisierte lateinische Legenden – etwa im Stil des Terenz, aber mit christlicher Moral – , ein historisches Werk über die Taten Kaiser Ottos I. und eine Geschichte des Klosters Gandersheim. Sie blieb ohne Nachfolgerin und war bald nach ihrem Tode vergessen, wurde aber um 1500 von dem Humanisten Conrad Celtis wiederentdeckt. Ihre „Historia Nativitatis" ist in lateinischen Hexametern geschrieben und fußt auf Pseudo-Matthäus. Ihr Hauptthema ist Marias bewahrte Jungfräulichkeit; eine Szene, in der sie den Heiratsplänen eines Priesters ihren Willen zur Keuschheit entgegenstellt, bildet den Höhepunkt ihrer Darstellung.

Ebenfalls aus Pseudo-Matthäus schöpft über zweihundert Jahre später der Augsburger Priester *Wernher* in seinen „Drei Liedern von der Magd" („driu liet von der maget"). Sein Stil ist gewandt und anziehend und steht vermittelnd zwischen Hroswiths Dichtung und den späteren Marienleben; er vermeidet die langen, rahmensprengenden Mirakelschilderungen der Letzteren. Hier seine Schilderung der Verkündigung (in der metrischen Übersetzung ins Neuhochdeutsche von Hermann Degering):
Sie mühte sich, es zu verstehen,
wie dieses Wunder könnt geschehen,
und was der Gruß bedeuten solle.
Beklommen stand die Tugendvolle.
Der Engel sprach ihr tröstend zu:

„Laß fahren alle Sorgen du,
Gepriesenste vor jedem Weibe,
Gott selber hat in deinem Leibe
für sich erwählet einen Saal.
Du sollst den Menschen überall
den Heiland mit dem Sohn gebären,
der ihnen Gnade kann bescheren.
Er wird genannt Emanuel
und Retter sein von Israel."
Dies Wort der Magd die Furcht benahm,
so daß sie neuen Mut bekam.

Betrachtend ihrer Keuschheit Stand,
sprach zu dem Engel sie gewandt:
„Fürwahr, ich kann es nicht verstehen,
wie könnte solches wohl geschehen,
daß ich zu einem Kind soll kommen,
eh' mir das Magdtum ist benommen,
denn ich bin bis zu dieser Stund
all solcher Dinge noch unkund,
die Mannes Liebe anbelangen.
Ich hab mich des nie unterfangen
und werde des mich immer wehren.
Wie sollt' ich einen Sohn gebären?
Das müßte mich doch wundern sehr."
Drauf sagte ihr der Engel hehr:
„Du darfst daran nicht Zweifel hegen,
denn sieh, es wird des Himmels Segen
und des hochheil'gen Geistes Kraft
dem Kinde sein Urheberschaft...
Mit seines heil'gen Geistes Taue
wird er beschatten dich, o Fraue"...

Auf hob sie zu der hohen Lauben
des Himmels ihre Augen licht.
In fester Glaubenszuversicht
sprach sie mit Demut im Gemüte:
„Gott gebe mir nach seiner Güte.
Was ich dich, Herre, höre sagen,
das will ich gern und freudig tragen."...
Da sprach des Engels Stimme: „Amen".
Und siehe, von des Glaubens Samen
ward sie geschwängert allsogleich.
Es säumte Gott im Himmelreich
nicht länger mehr, denn er trug Eile
den armen Sündern zum Heile
menschliches Wesen anzunehmen.
Da mochte er sich wohl bequemen
zu einer Herberg also rein
wie diese Magd und Mutter sein.

Später beschreibt Wernher Marias Besuch bei Elisabet. Diese spricht:
Sie rief von ferne schon ihr zu:
„O, aller Frauen Krone du,
wie komme ich zu solcher Ehr?
Ich muß mich dessen wundern sehr,
daß ich des sollte würdig sein,
daß du mit dieser Bürde dein

zu meinem Haus gekommen bist.
Du trägst im Leib den gnäd'gen Christ,
du Jungfrau-Mutter unsres Herrn.
Was könnte ich nun noch entbehrn,
seit Einkehr du bei mir genommen,
denn sieh, von dir wird Freude kommen
wohl über Adams ganz Geschlecht.
Ich schulde also dir mit Recht,
daß ich zu dienen dir mich mühe,
was ich zu tun auch nicht verziehe."

Die Quelle für die meisten Marienleben ist die „*Vita beatae virginis Mariae et salvatoris rhythmica*", in der ersten Hälfte des 13. Jahrhunderts von einem deutschen Verfasser in lateinischen, jambischen Septenaren geschaffen. Die „Vita", über 8000 Zeilen lang, ist eine Art Sammelbecken apokrypher Quellen. Sie weist viele Wiederholungen und eine Fülle austauschbarer und belangloser Details auf, die aber immer wieder von späteren Autoren für Einzeldarstellungen benutzt worden sind.

Die „Vita" besteht aus vier Teilen: Das erste Buch behandelt Joachim und Anna und endet mit Marias Vermählung; das zweite beschreibt die Geburt Jesu, die Flucht nach Ägypten und Jesu Kindheit; das dritte führt die Handlung weiter bis zu Jesu Tod und Marias Klage; das vierte schließlich erzählt von Jesu Auferstehung und endet mit Marias Tod und Himmelfahrt.

Einer derjenigen, die sich von der „Vita" haben inspirieren lassen, war im frühen 14. Jahrhundert *Philipp der Karthäuser* aus Seitz in der Steiermark, dessen „Marienleben" noch länger ist: Am Ende seines Gedichtes – in Zeile 10122! – stellt er sich vor:
Bruoder Philipp bin ich genant,
Got ist mir leider unerkant.
In dem Orden von Chartus
geschriben han ich in dem hus
Ze Seitz ditz selbe Büechelin...
Der Anfang seines Gedichtes lautet folgendermaßen:
Maria, Mutter Kuneginne,
al der werlde loesarinne,
Verlieh mir, vrouwe, solhe sinne
daz ich diss püechelin beginne,
Daz ich dich müge loben inne
da ich von din genade gewinne,
Und Jesus, dines Kindes, minne,
des hilf mir, wisin meisterinne.

Philipps Bearbeitung ist wohl die

B rus philip bin ich benant
gvet ist nur laus vnbechät
von dem orden zecharius
geschriben haüinde haus
si v seit diez buchelin

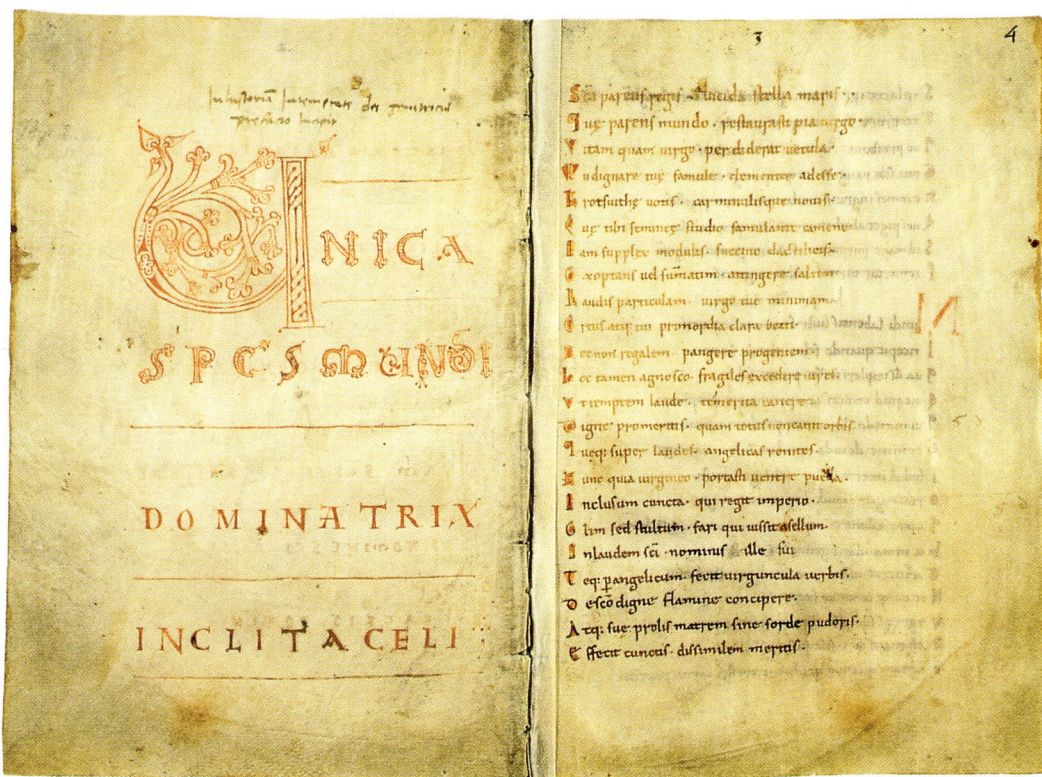

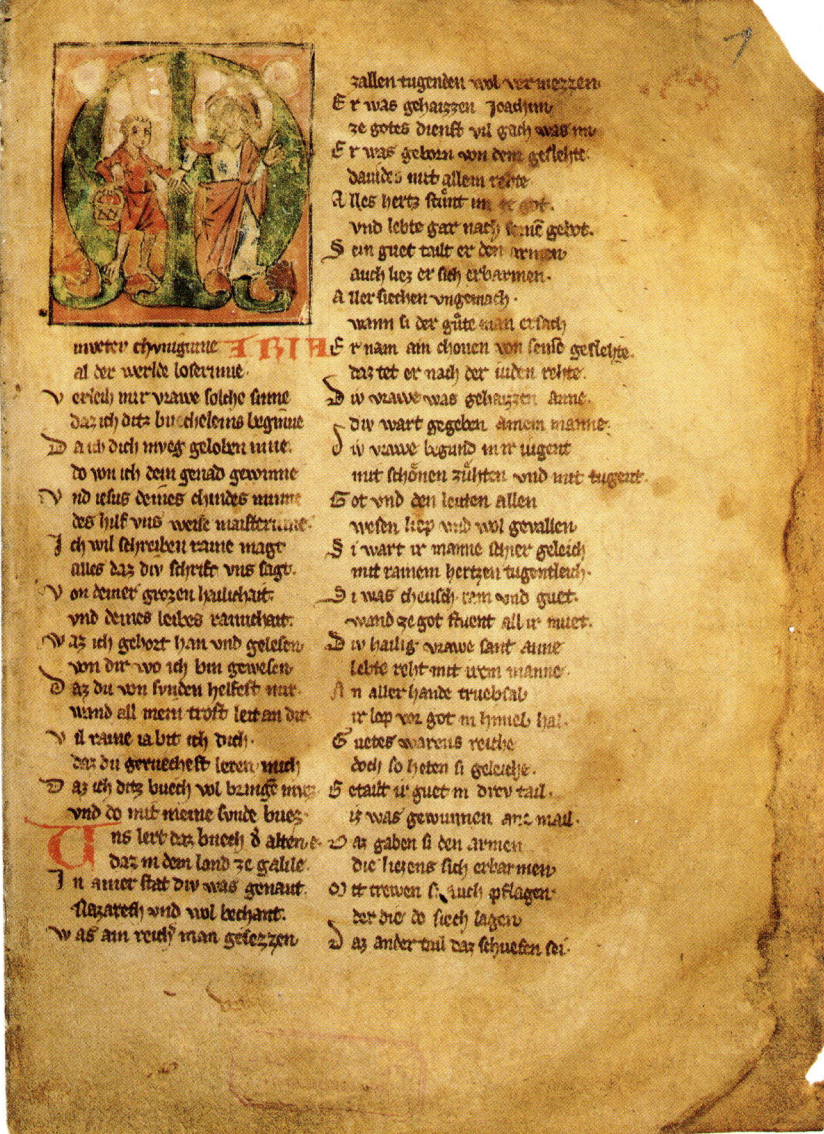

Links oben: Priester Wernher: „Driu liet von der maget" (Krakau, Bibliotheka Jagiellonska). Dieses bedeutende Beispiel der ausklingenden religiösen Dichtung des 12. Jahrhunderts zeigt den Stand der Marienlyrik und Marienepik der Zeit.

Rechts oben: Hroswith von Gandersheim: Historia nativitatis Dei genitricis, Handschrift aus dem 11. Jahrhundert (Bayerische Staatsbibliothek, München). Die große mittelalterliche Dichterin und Äbtissin Hroswith (Roswitha) hat mit ihren Dramen und christlichen Schauspielen einzigartige Werke geschaffen. Zahlreich sind auch ihre Gedichte und Heiligenlegenden.

Unten: Die Literatur der Gotik wendet sich dem Marienleben und seinen zahlreichen Legenden zu. Philipp der Kartäuser, der große Dichter des Einsiedlerordens, gehört zu den wichtigen Autoren des Marienlebens. Der hier abgebildete Codex befindet sich in der Österreichischen Nationalbibliothek in Wien. Aus dem gleichen Werk stammen die Zeilen des *ganz oben* abgebildeten Ausschnittes.

Links: Walther von Rheinau verfaßte um 1278 ein umfangreiches „Marienleben". Die abgebildete Handschrift befindet sich in der Landesbibliothek Stuttgart.

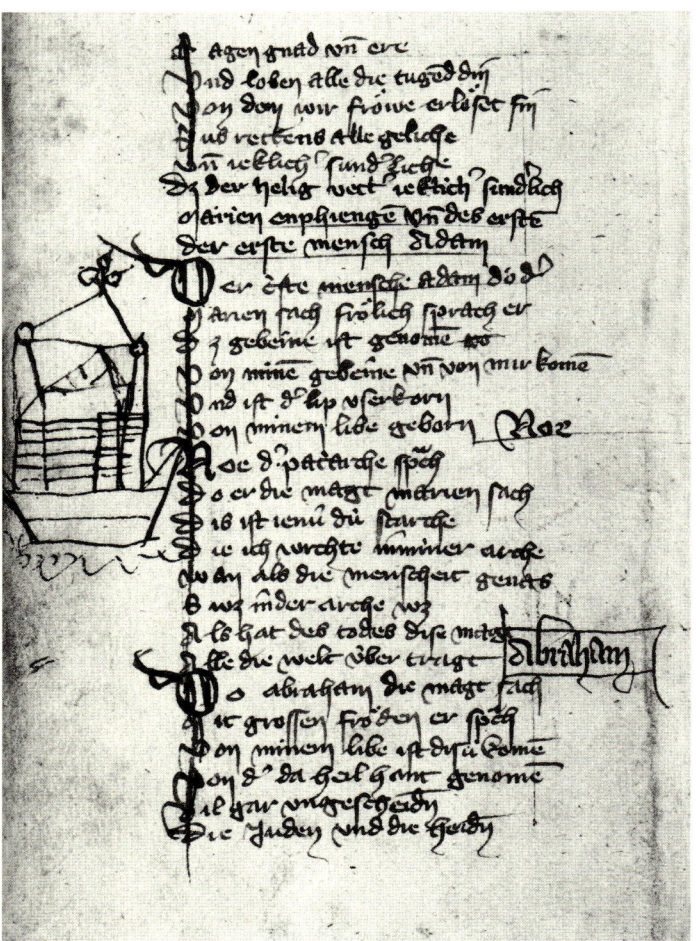

Rechts: Beginn der Marienvita „Kindheit Jesu" des Konrad von Fussesbrunnen, um 1200 (Wien, Österreichische Nationalbibliothek).

künstlerisch freieste unter den uns bekannten Marienleben. Etwas älter als das des Philipp ist das sogenannte *Grazer Marienleben* (um 1250), das uns nur in Fragmenten überliefert ist. Es basiert teilweise – in den ersten 400 Zeilen – auf Pseudo-Matthäus, der Rest wiederum auf der „Vita beatae virginis". Noch umfangreicher ist das Marienleben des *Walther von Rheinau*, um 1278 oder früher, das sich dem lateinischen Vorbild sehr eng anpaßt. Seine Abweichungen bestehen größtenteils aus theologischen Betrachtungen.

Völlig verlorengegangen ist uns die Vita eines Meisters *Heinrich*, auf die sich der Niederösterreicher *Konrad von Fussesbrunnen* in seinem Lied von der Kindheit Jesu beruft. Konrads Gedicht, um oder kurz nach 1200 entstanden, schlägt schon

einen legendenhaften Ton an, der sich dennoch grundsätzlich unterscheidet vom Märchenstil des zeitgenössischen höfischen Epos', der etwa die Artus-Legenden ausschmückt: Es bleibt wirklichkeitsnäher.

Das Marienleben des Bayern *Konrad von Heimesfurt*, „Von unserer Vrouwen hinfart", zeigt Einflüsse des Konrad von Fussesbrunnen, stützt sich aber im wesentlichen auf den alten „Transitus" des Pseudo-Melito. Dieser Erzähler zeigt ein ausgesprochenes Gespür für eindrucksvolle Szenen. Ihm folgt eine *rheinfränkische* Himmelfahrt (13. Jahrhundert), die schon Anklänge an das mittelalterliche Minnemotiv der weltlichen Literatur aufweist, ferner ein Marienleben aus dem kölnischen Raum, ebenfalls aus dem 13. Jahrhundert, das schon mehr in die

Legendendichtung der folgenden Zeit hineinspielt. Das letzte Marienleben stammt von dem Schweizer *Wernher* und ist wahrscheinlich kurz vor 1380 geschrieben worden. Ähnlich wie schon bei Philipp dem Karthäuser wird bei ihm die Himmelfahrt Mariä als eine Art Gegenszene zum Verkündigungsgeschehen gestaltet. – Die beliebteste Vita blieb diejenige des Philipp; sie diente später auch noch einem in Prosa abgefaßten Volksbuch als Grundlage.

Je weiter wir mit diesen und vielen anderen Marienleben in das hohe Mittelalter vorrücken, desto stärker wird in ihnen die Tendenz erkennbar, neue *Legenden* in die Erzählung hineinzuflechten, von denen die Apokryphen und die älteren Viten noch nichts wissen. Diese Legenden behandeln meist Wundertaten

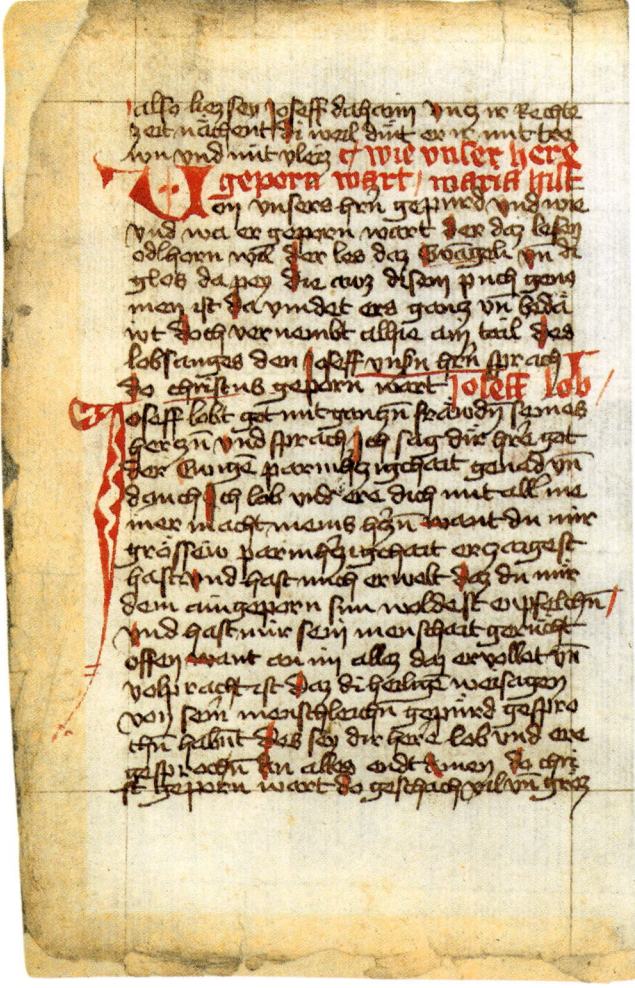

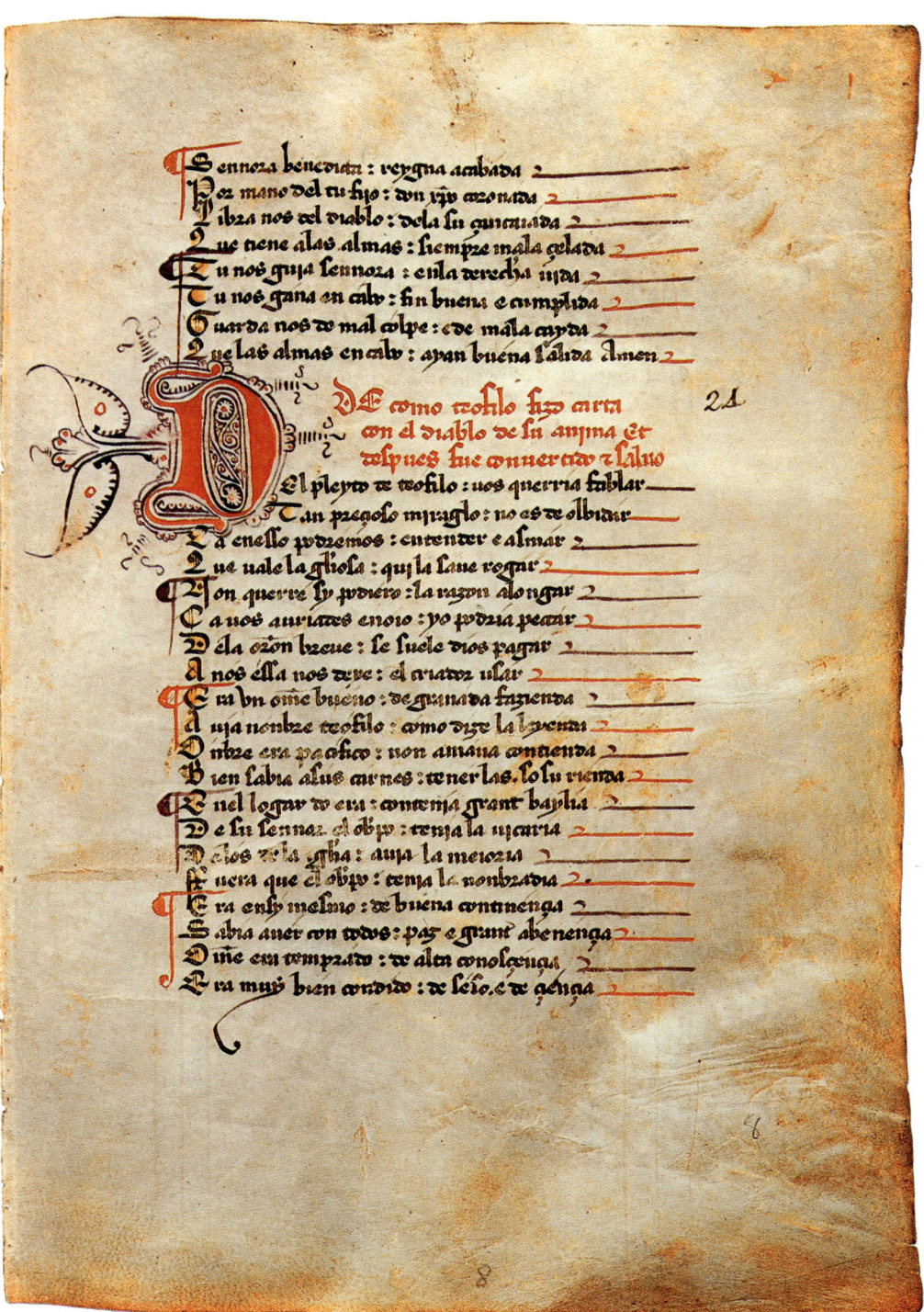

der Maria, sind häufig anderen Heiligenlegenden entnommen und meist lateinischen Ursprungs. Wahrscheinlich wurden viele von ihnen zuerst als Predigtmaterial verwendet. Schon bei Konrad von Fussesbrunnen findet sich eine ganze Reihe solcher neuer Marienlegenden.

Wohl die beliebteste mittelalterliche Marienlegende ist die vom Priester *Theophilus*, den man in gewisser Weise als Vorläufer des Faust betrachten kann. Aus seinem Amt verjagt, schließt er einen Pakt mit dem Teufel, damit er wieder in sein Recht eingesetzt wird. Später bereut er und erlangt Marias Fürbitte. Die ältesten, griechischen Fassungen der Legende sind uns erst in Handschriften des 10. Jahrhunderts überliefert, von denen eine in Form eines Berichtes von Theophilus' Diener abgefaßt ist. Älter ist aber die

lateinische Prosadarstellung des *Paulus Diaconus* aus Neapel, der einige Jahre am Hof Karls des Großen weilte, eine bedeutende Geschichte der Langobarden schrieb und im Jahre 795 starb. Paulus betont Theophilus' Frömmigkeit; er lehnt die ihm angebotene Bischofswürde aus Demut ab und wird bei dem an seiner Statt ernannten Bischof verleumdet. Nach seiner Entlassung vermittelt ein Jude den Pakt mit dem Teufel, in dem Theophilus Jesus und Maria verleugnen muß. Darauf wird er wieder in sein Amt eingesetzt, wird hochmütig, aber dann durch Gott zur Reue geführt. Maria sorgt dafür, daß ihm nach dreitägiger Buße verziehen wird, und er erhält sogar seinen Abschwörungsbrief zurück. Er bekennt dem Bischof seine Schuld, wird begnadigt, stirbt aber drei Tage darauf.

Spätere lateinische Versionen werden nicht mehr als Augenzeugenberichte gestaltet und gestatten deshalb auch die Darstellung von Himmels- und Höllenszenen. Auch *Hroswith* hat ein Epos „Lapsus et conversio Theophili vicedomini" verfaßt, das den Theophilus als frommen und zugleich hochgelehrten Mann beschreibt. In Frankreich entstand um 1100 ein Theophilus-Epos des *Marbode*, das weniger streng im Aufbau und lyrischer gestaltet ist. Der Darstellung des Paulus folgen auch spätere französische Fassungen von *Adgar* (Mitte des 12. Jahrhunderts) und des *Gautier de Coincy*, eines Benediktinermönches aus Soissons. Letztere ist die umfangreichste Darbietung des Stoffes und zeigt eine gewisse antiklerikale Tendenz. Des Theophilus Abschwörung findet hier vor einer großen

Oben: Diese Handschrift des Walther von Rheinau, entstanden in der zweiten Hälfte des 13. Jahrhunderts, bietet eine umfangreiche Darstellung des „Marienlebens" (Karlsruhe, Badische Landesbibliothek).

Unten: Eine Initiale aus dem oben erwähnten Codex.

Seite 77: Die Legenden, denen zufolge Maria reuige Sünder wieder auf den rechten Weg führt, werden auch im Werk des Gautier de Coincy – um 1222 – geschildert (Paris, Bibliothèque Nationale). Hier handelt es sich um eine Nonne, die nach vielen Jahren weltlichen Lebens ins Kloster zurückkehrt und von Maria ihren Schleier wiedererhält.

Prozession von Teufelsanbetern statt, und nach seiner Wiedereinsetzung ins Amt erhält Theophilus von dem Juden regelrechten Unterricht in der Teufelsanbetung. – Etwa zeitgleich mit Gautier schrieb *Radewin von Freising* eine Version der Legende, in der vor allem ihre philosophisch-theologischen Aspekte erörtert werden. – Etwa um 1200 entstand die spanische Version des *Gonzalo de Berceo*, der die allmähliche Wandlung des frommen in den sündigen Theophilus schildert. Seine Reue wird mit der Berührung der Lanze Christi in Verbindung gebracht.

Die deutschen Darstellungen der Legende aus dieser Zeit behandeln den Stoff freier. Beim *Armen Hartmann* (12. Jahrhundert) ist Theophilus kein Priester, sondern ein Herr; Maria spielt hier nur eine Nebenrolle. Bei *Brun von Schonebeck* (13. Jahrhundert) wird bei der Abschwörung mit Blut geschrieben, Marias Name aber ausdrücklich ausgelassen, womit ihre spätere Vermittlerrolle schon vorbereitet wird. Jesus verweigert dem Theophilus die Gnade, aber Maria steigt selbst hinab in die Hölle und erscheint dann mit dem Teufel vor Jesu Thron.

Der alten Darstellung des Paulus Diaconus näher steht die Theophilus-Fassung im sogenannten *Passional*, einer sehr umfangreichen Legendensammlung, um 1300 geschrieben. Doch wird hier Marias Eingreifen als Traumvorstellung erzählt. In einer *niederländischen* Version des 14. Jahrhunderts erscheint der Teufel, wie schon in der spanischen Fassung, am Kreuzweg. Theophilus' Reue wird zwar psychologisch motiviert, aber doch von Gott direkt veranlaßt. – Wieder anders wird die Reue in einer *englischen* Fassung des 13. Jahrhunderts begründet, nämlich als seine Reaktion auf die Hinrichtung des Juden. In einer späteren englischen, strophischen Version des ausgehenden 15. Jahrhunderts bringt eine Stimme vom Himmel den stolzen Theophilus zum Sinneswandel. Auch hier steigt Maria in die Hölle hinab, um die Abschwörungsurkunde zurückzuholen.

Im Drama „Le Miracle de Théophile" des französischen Dichters *Rutebeuf* (1255–1285) wird der Teufelspakt nicht durch einen Juden, sondern durch einen Sarazenen vermittelt. Theophilus empfin-

det Reue erst nach sieben Jahren, und wiederum muß Maria in die Hölle fahren, wobei sich der Dichter recht drastisch ausdrückt – Maria ruft dem Teufel zu: „Et je te foulerai la pance – Ich werde auf deinen Eingeweiden trampeln."

In den späteren deutschen Nacherzählungen, wie der von *Helmstedt*, beginnt die Handlung, wie schon bei Rutebeuf,

mit einem Monolog des bereits abgesetzten Priesters, aber es fehlt die Mittlerfigur. Dafür gibt es einen Dialog zwischen Maria und Jesus. In einer *schwedischen* Version des 15. Jahrhunderts wird wieder die Vorgeschichte der Absetzung erzählt, und diesmal ist der Vermittler ein Schwarzkünstler. Ein *Trierer* Text derselben Zeit bringt noch mehr Personen auf die Bühne: Der in seiner Ehre gekränkte Theophilus verhandelt zuerst mit einem Schwarzkünstler, dann mit einem Juden und endlich mit dem Teufel selbst. Die italienische *„Rapprasentazione di Teofilo"* aus demselben Jahrhundert macht den Verleumder des Theophilus zum Handlanger des Teufels. Zum Schluß entsagt Theophilus der Welt, versöhnt sich mit seinem Vikar, der ihn angeschwärzt hatte, und der Jude wird von Teufeln verprügelt.

Das Theophilus-Motiv verlor an Bedeutung, weil durch den Protestantismus ab dem 16. Jahrhundert die Marienfrömmigkeit zurückging. In der letzten, englischen Fassung der Legende, von *Guilelmus Forestus*, wird daher die Marienverehrung in ausführlicher Polemik verteidigt. Im Jesuitendrama des 17. Jahrhunderts wird das Thema zwar weiter behandelt, aber der Schwerpunkt liegt nun auf der allegorischen Bedeutung der Figuren. – In den folgenden Jahrhunderten wird der Theophilus-Stoff vom Teufelsbund-Motiv des Faust verdrängt.

Fast ebenso reichhaltig ist die *Beatrix*-Legende. Die beiden ältesten und bekanntesten Fassungen dieser Sage stammen von *Cäsarius von Heisterbach*, einem Zisterziensermönch, der später Prior seiner Abtei in Heisterbach bei Königswinter wurde. Er schrieb Homilien (Bibelauslegungen) und Predigten, einen Katalog der Erzbischöfe von Köln, vor allem aber Anekdoten- und Novellensammlungen. Die Geschichte der Beatrix berichtet er zweimal: zum einen in seinem „Dialogus magnus visionum atque miraculorum" (1219–23), zum anderen in seinen „Libri VIII miraculorum" (von diesen „acht Büchern der Wunder" wurden nur zwei vollendet). In der ersten Version erzählt er von einer Nonne, Pförtnerin ihres Konventes, die mit einem Geistlichen des Klosters entflieht, nachdem sie die Klosterschlüssel vor dem Bild der Maria niedergelegt hat. Ihr Verführer verläßt sie bald; sie wird zu einer Dirne, kommt aber zehn Jahre später zufällig wieder in die Gegend des Klosters und hört, daß die Nonne Beatrix noch lebe! Darauf betet sie vor dem Marienbild der Kirche, und im Traum erscheint ihr Maria, die sie anweist, ihren Platz im Kloster wieder einzunehmen;

Maria selbst hatte in der Zwischenzeit Beatrix' Stelle im Kloster versehen. – In der zweiten, ausführlicheren Version des Cäsarius ist der Verführer ein Jüngling, und die Nonne kehrt aus Reue zum Kloster zurück. Wahrscheinlich hat Cäsarius aus dem Gedächtnis eine ältere Quelle benutzt, was die Verschiedenheiten der beiden Lesarten erklären würde. Wo die Beatrix-Legende ursprünglich entstanden ist, ist nicht mehr festzustellen.

Spätere Erzählungen aus Nordfrankreich, den Niederlanden und vom Niederrhein, sowie drei lateinische Fassungen des 14. Jahrhunderts folgen Cäsarius' „Dialogus"; eine Version in lateinischen Hexametern und eine Darmstädter Fassung übernehmen das Reue-Motiv aus der „Libri"-Erzählung. – Es gibt aber auch eine *britische* Version, in der nicht Maria die Nonne vertritt, sondern sie durch eine andere Nonne vertreten läßt; nach einer weiteren, ebenfalls britischen Handschrift des frühen 14. Jahrhunderts übernimmt ein Engel die Stellvertretung, und Maria tritt der ruhig zurückkehrenden Beatrix entgegen.

In *Frankreich* wiederum kursiert schon im 13. Jahrhundert eine Nebenform, der zufolge die Nonne sich in einer Herberge nahe dem Kloster niederläßt und von dort Erkundigungen über das Kloster einzieht. Aus demselben Jahrhundert stammt eine Variante aus der *Picardie*, in der Beatrix schon nach zwei Jahren – der Verführer hat sie fortgejagt – Reue fühlt und dann auf Anraten eines Abtes ins Kloster zurückkehrt. In einer *normannischen* Version des 14. Jahrhunderts wird sie gar vom Teufel selbst verführt, kehrt dann reumütig zurück, hört durch eine Wäscherin von ihrer Stellvertretung, findet den Schlüssel vor dem Marienaltar und ihr Nonnenkleid in ihrer Zelle und ahnt, daß ein Wunder geschehen ist.

In den „Miracles de Nostre Dame", einer Prosaerzählung von *Jean Miélot* aus dem 15. Jahrhundert, vollbringt die stellvertretende Maria Wunder und Heilungen. Bei *Gautier de Coincy* (1222) ist die Nonne 30 Jahre lang mit ihrem Verführer verheiratet und hat mehrere Kinder mit ihm. Dann erscheint ihr Maria im Traum, sie kehrt zurück, und ihr Mann wird Mönch – in diesem Fall also keine Stell-

vertretung. In einer anderen französischen Erzählung desselben Jahrhunderts von der *„Trésorière (Schatzmeisterin) Margerie"* empfindet die Nonne nach fünf Jahren Reue, bittet den Geliebten um ihre Freiheit und gibt sich dann im Kloster als eine Pflegeschwester der Trésorière aus. Maria gibt ihr Schlüssel und Schleier zurück.

Die ausführlichste Darstellung der Legende findet sich in einem niederländischen Gedicht aus dem frühen 14. Jahrhundert, *„Beatrijs"*, in dem die Nonne einer wiedererwachten Jugendliebe wegen entflieht. Sie heiratet, hat aber nach sieben Jahren einen Streit mit ihrem Mann und verläßt ihn und ihre Kinder. Nach abermals sieben Jahren, in denen sie sich als Dienerin durchbringt, empfindet sie Reue, zieht zu einer Witwe, die in der Nähe des Klosters wohnt, und erfährt dann im Traum, daß Maria sie vertreten habe. Sie überläßt ihre Kinder der Witwe und kehrt ins Kloster zurück.

Bekanntermaßen standen die Reformatoren der Marien- wie aller Heiligenverehrung kritisch gegenüber. Dennoch konnte der protestantische Amberger Hofprediger *Hieronymus Rauscher* nicht umhin, Beatrix' Geschichte noch einmal zu berichten. Diesmal ist der Verführer ein „junger Pfaffe", der die Nonne nach wenigen Tagen davonjagt. Sie muß sich fünfzehn Jahre lang der Hurerei widmen, geht dann zum Kloster zurück und befragt den Pförtner nach der Beatrix. „Ja, die hat sich bis auf den heutigen Tag gottselig und fromm gehalten!" Beatrix ist entsetzt und will fortgehen, doch da erscheint ihr Maria und weist sie an, ins Kloster zu gehen und Buße zu tun. Dann allerdings fügt Rauscher hinzu:
Ach du reine keusche Junckfraw Maria, / die du keinen Mann nie erkannt hast / wie kommstu darzu / das du die Nonnen, so zu huren werden / und in die offentlichen husheuser lauffen, / vertreten musst / Haben dir die Papisten kein ander ampt in Nonnenklöstern geben können dann dises / so hetten si dich dises auch wol erlassen und dich uberheben können / Pfuy dich teufel, Pfuy dich du teufflisch Bappstumb [Papsttum] / kannst du die hochgelobten junckfrawen Maria nicht anderst sehen denn auff dise weise / Wenn die junckfraw Maria solchen grossen gewalt im himmel het / und bey ir stünde verdammen

und selig machen / so würde sie solche lügen-
hafftige Papistische Scribenten / in abgrund
der hellen stoßen.

Es ist interessant, daß gerade bei den
spanischen Versionen des Themas im
17. Jahrhundert das Motiv der Stellvertretung durch Maria fehlt. Bei *Calderon*
entführt ein Ritter die Nonne, ver-
schwendet sein Vermögen mit ihr und
will sie dann zu unzüchtigem Lebenswandel veranlassen. Sie weigert sich und
kehrt ins Kloster zurück. In *Lope de Vegas*
Dramatisierung („La encomienda bien
guardada", 1610) wird die Superiorin des
Klosters von ihrem Majordomus verführt
und mit der Hilfe des Sakristans entführt.
Sie bereut und begegnet einem Hirten,
der ein verlorenes Lamm sucht. Beide
Männer haben sie inzwischen verlassen,
aber alle drei können ins Kloster zurück-
kehren, da Maria sie durch drei Engel
vertreten ließ. Noch anders behandelt
der – nur unter seinem Pseudonym bekannte – Schriftsteller *Alonso Fernandez
Avellaneda*, berühmt durch seinen zweiten
Teil des Don Quijote, der vor dem
des Cervantes erschien, die Geschichte:
Er verknüpft Motive aus verschiedenen
früheren Fassungen miteinander – das
Motiv der Jugendliebe aus „Beatrijs", das
der Verarmung und der Zuhälterrolle
von Calderon –, und wie bei Lope de
Vega ist die Entführte die Oberin des
Klosters. Der Liebhaber spielt bei ihm
eine größere Rolle als bei den vorigen
Versionen. Hier übernimmt Maria wieder die Stellvertretung und stellt sogar
den geraubten Kirchenschatz und die ge-
plünderte Kasse der Eltern des Verfüh-
rers wieder her. – Auf moderne Varianten des Beatrix-Themas werden wir noch
zurückkommen.

Vielfach erzählt wurde auch die Legende vom *Jüdel*, zuerst erwähnt bei *Gregor
von Tours*, einem Bischof und Schriftsteller, bekannt durch seine Geschichte der
Franken. Eine Fassung aus dem 12. Jahrhundert von einem unbekannten Autor
berichtet ausführlicher: Ein Judenknabe
wird in einer großen Stadt, in der reiche
Juden wohnen, in eine christliche Schule
geschickt. Dort gefällt ihm ein Marienbild, und er reinigt es von Spinnweben.
Dann beobachtet er eine Kommunionfeier,
schleicht sich heran und ißt von dem
geweihten Brot. Daraufhin soll er getötet

„Beatrijs-Legende", erste Seite einer holländischen Fassung um 1374 (Den Haag, Königliche Bibliothek). Zahlreich sind die Legenden,
in denen Maria für vom rechten Weg abwei-
chende Nonnen im Kloster einspringt und sie
dort so lange vertritt, bis sie wieder zurückfinden. Die Legende von Beatrix gehört in diesen
Kontext. Die Nonne Beatrix entflieht dem
Kloster an der Seite ihrer Jugendliebe, heiratet, verläßt jedoch nach Jahren ihren Mann
und ihre Kinder, um ins Kloster zurückzukehren.

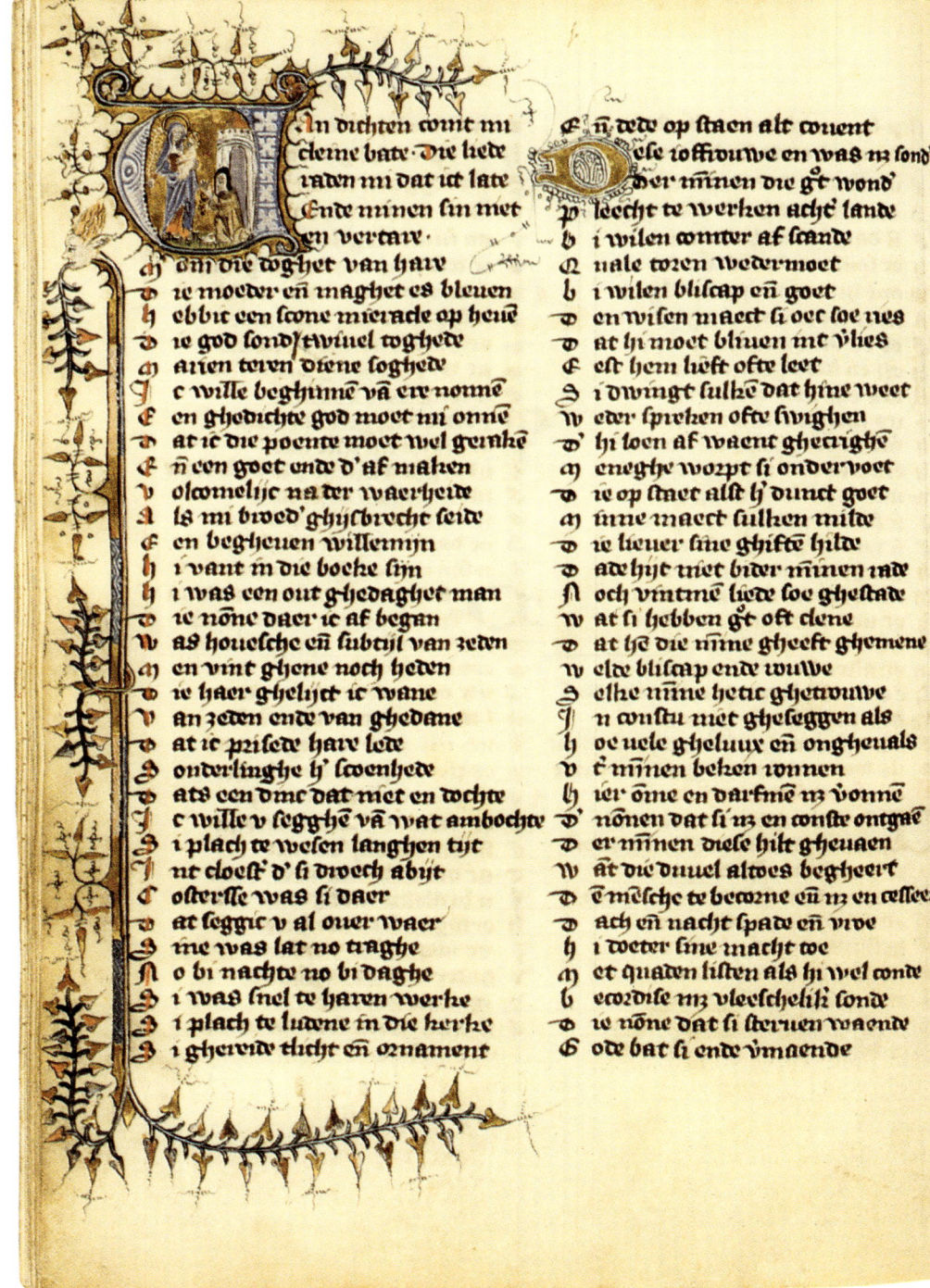

werden; er wird in einen Backofen geworfen, aber Maria erhält ihn unversehrt,
weil er ihr Bild gereinigt hat. Sie ermahnt
ihn: „Laß dich taufen und werde Gottes
Kind. Wenn dir dein Vater auch feind ist,
werde ich dir als Mutter treu sein." Das
Kind verlangt nach dem Bischof; der trägt
es fort, spricht ihm den Glauben vor und
tauft es. Die Erzählung schließt mit der
Ermahnung, Maria zu dienen, die einen
so geringen Dienst so hoch belohnt hat.

Auch die Legende vom *Bischof Bonus*
findet sich schon bei Gregor von Tours

in seiner „Gloria martyrum": Bischof Bonus von Clermont diente der Maria und
verrichtete in der Nacht des Festes ihrer
Himmelfahrt stets sein Gebet zu ihr. In
einer solchen Nacht sah er einmal in den
offenen Himmel und schaute die Heiligen, die Apostel und Maria, die zu ihm
herabstiegen. Er wollte sich verbergen,
wurde aber von Maria hervorgeholt, die
ihn am Altar die Messe lesen ließ und ihn
mit einem reichen, nahtlosen Meßge-
wand beschenkte. Nach Bonus' Tod versuchte sein Nachfolger ein ebensolches

Wunder zu schauen und ging nachts in die Kirche, fand sich aber – er wußte nicht, wie – am Morgen wieder in seinem Bett, und erkannte seine Überheblichkeit.

Schon im Mittelalter gab es eine ganze Anzahl von Legendensammlungen, deren berühmteste wohl die des *Jacobus de Voragine* (um 1230–1298) ist, eines Dominikanermönches, der Erzbischof von Genua wurde. Seine *Legenda Aurea* wurde nach der Erfindung der Buchdruckerkunst eines der verbreitetsten Bücher der abendländischen Welt. Es enthält auch die Geschichte des *erretteten Gehängten*: Ein Dieb, der Maria hoch verehrte, hing drei Tage am Galgen und ahnte, da er keinen Schmerz empfand, daß Maria ihn stützte. Als man ihn dann noch lebend fand, glaubte man, die Hinrichtung sei fehlerhaft vonstatten gegangen, und wollte ihn nun enthaupten; aber Maria wehrte die Hand des Scharfrichters ab. Da wurde er freigelassen.

Es gab aber auch eigene Sammlungen marianischer Legenden, wie die 25 Marienlegenden des *Gonzalo de Berceo* (um 1200), die 360 Legenden der „Cantigas de Santa Maria" (um 1250) des *Alfons des Weisen von Kastilien*, die „Miracles de Nostre Dame" des *Gautier de Coincy*, in Deutschland das schon erwähnte *Passional* und die Sammlung „der maget crone" aus dem 14. Jahrhundert.

In diesen Legenden tritt Maria zwar in Tausenden verschiedener Situationen und in immer neuen Abwandlungen, aber stets als die schon gekrönte Himmelskönigin und ebenso stets als die gütige, verzeihende Helferin der Armen, der Bedrängten, der Sünder auf, die immer wieder Gnade vor Recht ergehen läßt. Eine Kritik dieser Auffassung von Maria kommt erst mit dem Humanismus und der Reformation auf, wie das Beispiel des Hieronymus Rauscher zeigt.

Como un ho bispo d'aluerna dizia mussa á onrra d'sca maria.

C. o bispo d'mia n capela sf. q. lli preçeu cos sf. llr maou dis musta

Como sama maria deu á uestioura ao bispo có q' dissesse musta.

Como o bispo dizia musta á sama maria ᵓ sam p̃ trangia os sing.

T. sca. aj. béerzou ó bispo ᵓ lli disse que fosse sua á uestim enta.

T. o bispo mostrou áa ģte ᵓ don quelli tera S. ai. ᵃ mēe ģlli terra

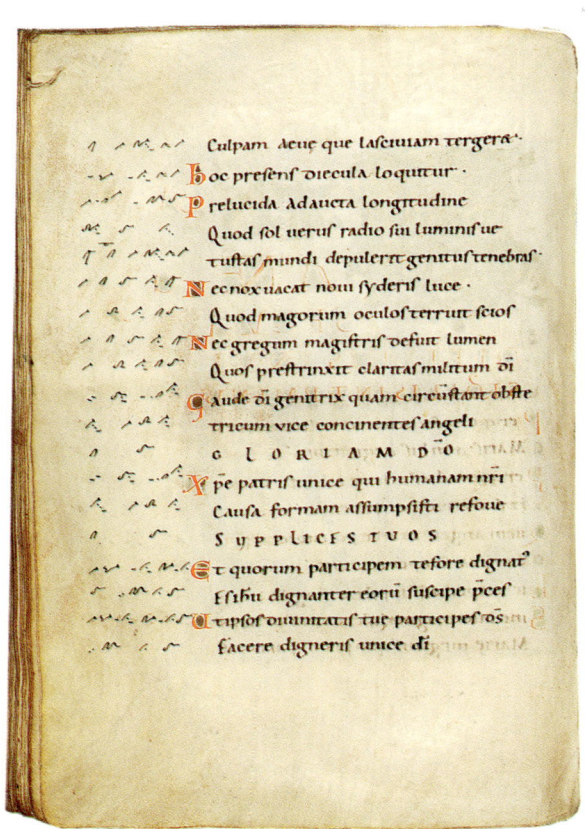

Links: Die hier abgebildete Seite zeigt die Weihnachtssequenz „Natus ante saecula" des St. Galler Mönchs Notker Balbulus („der Stammler", um 840–910).

Rechts: Das Bildnis Notkers vom Ende des 11. Jahrhunderts befindet sich im Staatsarchiv Zürich.

Seite 83, links: Aus einer Handschrift der Staatsbibliothek St. Gallen, geschrieben zwischen 1516 und 1526 vom Mönch Hans Conrad, stammt diese erste Seite eines „Salve Regina"-Gebetes.

Seite 83, Mitte: Das „Arnsteiner Mariengebet" oder „Marienleich" um 1150 gehört wahrscheinlich zum Gebetbuch der Gräfin Guda, welche Mitbegründerin des Prämonstratenser-Doppelklosters Arnstein war. Die Schrift befindet sich heute im Hauptstaatsarchiv Wiesbaden.

Seite 83, rechts: „Melker Marienlied" aus der Stiftsbibliothek im Kloster Melk in Österreich. Der Verfasser ist nicht namentlich bekannt. Melk, eines der großen Zentren barocken Klosterlebens, ist berühmt für seine prachtvolle und traditionsreiche Bibliothek.

Künstlerisch noch bedeutender als die Viten und Legenden ist wohl die reine Marienlyrik des Hoch- und Spätmittelalters. Sie schließt mit ihrer Bewunderung und Lobpreisung der jungfräulichen Gottesmutter, mit Bitten und Gebeten zu ihr an die Poesie der Spätantike an; inhaltlich kommt an Neuem eine spezielle Form der Marienlyrik hinzu, die *Marienklage*: Maria steht unter dem Kreuz ihres Sohnes und beweint seinen Tod.

Eine hymnische lateinische Anrufung Marias(∗) wird *Hrabanus Maurus* zugeschrieben, der in der karolingischen Zeit die Klosterschule von Fulda zur berühmtesten Deutschlands machte, dann Erzbischof von Mainz wurde und Verfasser von Bibelkommentaren, Predigten und theologischen Schriften ist. Er war der Lehrer Otfrieds von Weißenburg und des – unbekannten – Verfassers des „Heliand". Er starb im Jahre 856.

Etwa ein halbes Jahrhundert nach Hrabanus lebte *Notker Balbulus* („der Stammler"), Benediktinermönch im Kloster St. Gallen, der etwa vierzig lateinische Sequenzen (hymnusähnliche Texte, die in der Messe nach dem Halleluja gesungen wurden) verfaßte, zum Teil zu eigenen Melodien; er schrieb ferner ein anekdo-

tenreiches Leben Karls des Großen, ein Martyrologium und viele andere Hymnen und Predigten. Er starb im Jahre 912. Hier lesen wir eine Passage aus seiner berühmten Weihnachtssequenz „Natus ante saecula":
Freu dich, Gottes Erzeugerin, dich umringen an Hebammenstelle Engel, welche die Herrlichkeit Gottes besingen. Christus, des Vaters einziges Kind, der du Menschenwuchs um unsertwillen angenommen, belebe die, die vor dir knien...

In einem *anonymen* Gebet des 10. Jahrhunderts finden wir diesen Auszug:
Du hast die Quelle der Unsterblichkeit geboren, schenke mir das Leben, wenn ich tot bin durch die Sünde... Mach mich würdig, du reine Jungfrau, die Heiligkeit zu erlangen, damit ich gerettet werde an Leib und Seele.

Gib mir Reue, laß mich meine Schuld erkennen, damit ich dich preise und lobe alle Tage meines Lebens; denn du bist gesegnet und verherrlicht in alle Ewigkeit.

Schon in der Lyrik des 10. und 11. Jahrhunderts bemerken wir einen beginnenden Wandel im Verständnis Marias: Sie ist nicht mehr nur die ferne Himmelskönigin, sondern nun auch die milde, gnädige Mutter – so auch bei *Petrus Damianus*, der 1072 starb:

Schließlich wenden wir uns an dich im Namen der Liebe. Wir kennen deine Güte und Liebe; dein Sohn und dein Gott hat uns geliebt in dir und durch dich mit grenzenloser Liebe. Und wir wenden uns auch an dich, die du im göttlichen Heilsplan eine besondere Aufgabe zu erfüllen hast: Gott gefällt es nicht, daß du untätig bleibst; er möchte, daß du jede Gelegenheit nützt, um die Schwachen zu stützen und ihnen Barmherzigkeit zu zeigen.

Aus dem 11. oder 12. Jahrhundert stammt auch das berühmte *Salve Regina*, mit ähnlichem Inhalt und wahrscheinlich noch immer die beliebteste Hymne der katholischen Welt. Zum ersten Mal erschien es im Jahre 1140 in einem Antiphonale, einer Sammlung gottesdienstlicher Wechselgesänge, das von manchen dem *Adhemar*, Bischof von Le Puy, zugeschrieben wird, einem Führer im ersten Kreuzzug, der allerdings schon 1098 gestorben war.(∗) Andere haben die Hymne auf Hermann den Lahmen, Chronist von Reichenau, zurückgeführt, der 1054 starb.

Am Anfang des 12. Jahrhunderts tritt *Frau Ava* auf, die 1127 als Klausnerin bei Melk an der Donau starb – die erste uns namentlich bekannte Dichterin deutscher Zunge. Ihr Stil ist einfach und frei

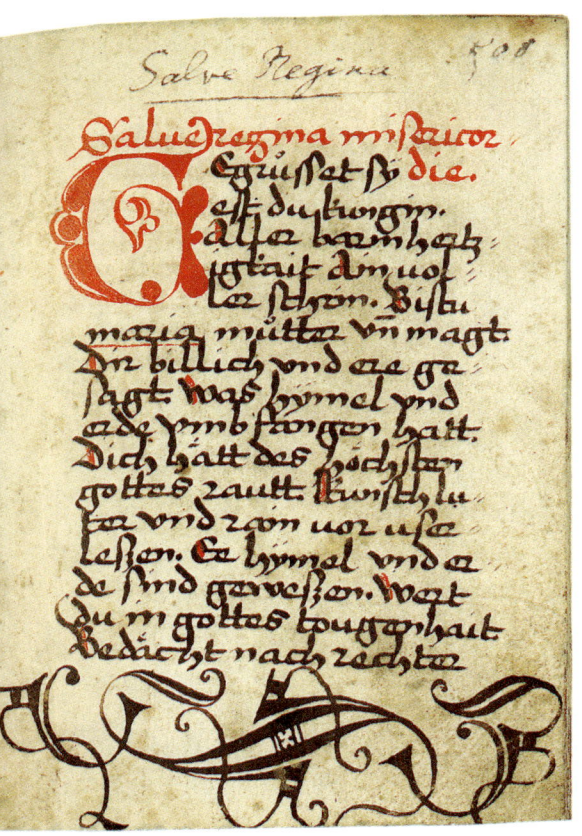
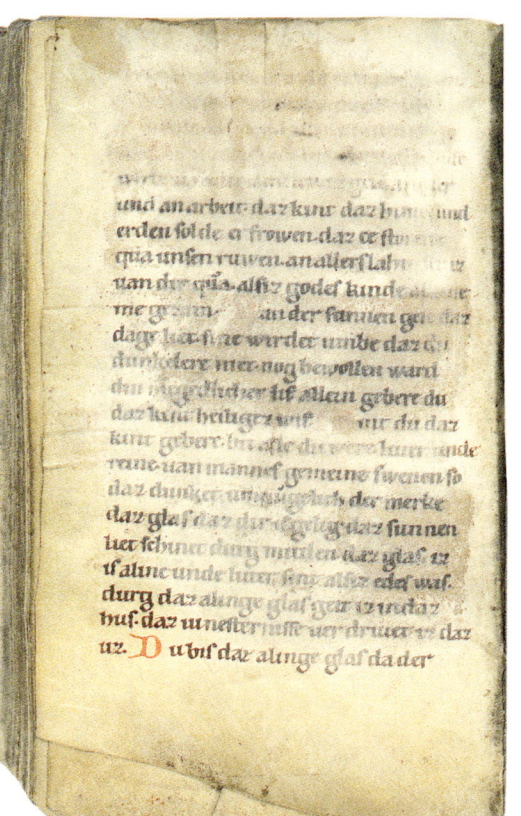
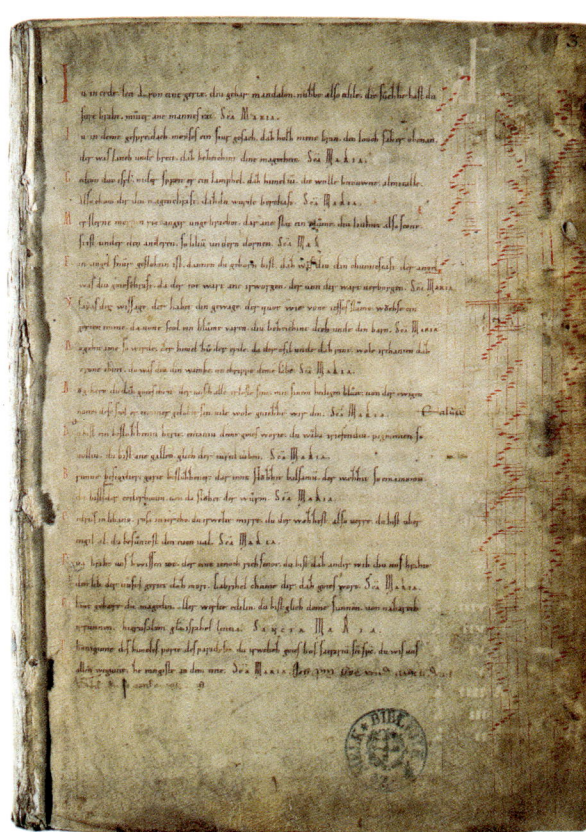

von rhetorischen Künstlichkeiten, zeigt aber bereits jenen Einschlag von Mystik, der das spätere Mittelalter kennzeichnet: *Sie war aller Jungfrauen Herrlichste, da sie von Anfang an ganz dabei verblieb, was sie gelobt hatte: Gottes Jungfrau zu sein, und alles Menschliche zu meiden, zur Wonne aller Welt, sie, die außen und innen Reine...*

Etwas später, um 1150, entstand das *Arnsteiner Mariengebet:*
Von der Sonne geht aus das Tageslicht,
Doch wird sie darob nicht dunkler.
Noch ward befleckt dein magdlicher Leib.
Allein hast du das Kind geboren, heilige Frau.

Etwa aus derselben Zeit stammt das *Marienlied von Melk:*
Do gebäre du daz goteschint,
der unsih alle irlste sint
mit sinem heiligen bluote
von der ewigen noete:
des scol er iemer gelobet sin,
vile wole gniezze wir din, Sancta Maria.

Damals lehrte in Frankreich der berühmte *Peter Abaelard* (1079–1140), Philosoph, Theologe und Liebhaber der Heloise, dessen kühne Theorien und Skeptik bei den Autoritäten der Kirche immer wieder Anstoß erregten. Er schrieb ein Gedicht über die Darstellung Jesu im

Du, die wahrhaft jungfräuliche Mutter des Höchsten,
Trägst in ehrfürchtigem Gehorsam Gott,
Der Fleisch geworden.
Bescheiden läßt du dich reinigen
Für den sündenlosen Sohn.
Im hohen Tempel empfängt dich Simeon.
In seine betagten Arme nimmt er in heiligem Entzücken
Den Heiland, der uns versprochen ward,
Bild der Erlösung, Christus, den lange Erwarteten.

Hrabanus Maurus

SALVE REGINA
Salve regina, mater misericordiae; vita, dulcedo et spes nostra, salve!
Sei gegrüßt, o Königin, Mutter der Barmherzigkeit!
Unser Leben, unsere Wonne, unsere Hoffnung, sei gegrüßt!
Zu dir rufen wir verbannte Kinder Evas,
Zu dir seufzen wir trauernd und weinend in diesem Tal der Tränen.
Wohlan denn, unsere Fürsprecherin,
Wende deine barmherzigen Augen uns zu,
Und nach diesem Elend zeige uns Jesus,
Die gebenedeite Frucht deines Lebens.
O gütige, o milde, o süße Jungfrau Maria!

Adhemar, Bischof von Le Puy

Tempel zu Jerusalem:
Zu seinem Tempel kommt der Herr:
Die Eltern bringen Christus dar.
Der ohne alle Sünde ist,
macht dem Gesetz sich untertan.
Tritt, königliche Jungfrau, ein,
bring mit dem Opfer dar dein Kind,
des ew'gen Vaters wahren Sohn,
der uns zum Heil erschienen ist.

Der bekannteste deutsche Zeitgenosse Abaelards ist der Abt *Rupert von Deutz,* der bis 1135 lebte. Seine zahlreichen theologischen Schriften fanden in Deutschland viel Anerkennung; sie waren freilich erheblich konservativer als die des Abaelard. Hier zwei seiner kurzen Gedichte an Maria:
Als du geboren wurdest, Maria,
ist uns die wahre Morgenröte erschienen,
eine Vorbotin des immerwährenden Tages.
Wie das Morgenrot das Ende der Nacht
*   ankündet*
und den neuen Tag begrüßt,
so brachte deine Geburt das Ende des Leids
und den Anfang des Trostes,
das Ende der Trauer und den Ursprung der
*   Freude.*

aus: „Amor vincit timorem" (Die Liebe besiegt die Furcht). Diese Grundhaltung entspricht der marianischen Mystik, deren wichtigster Vertreter Bernhard ist. Maria als Fürbitterin des sündigen Menschen wird in seinen Dichtungen verherrlicht.

Wie der Mond leuchtet nicht mit seinem
*   Licht,*
sondern es empfängt von der Sonne,
so bist du leuchtend nicht aus dir,
sondern aus der göttlichen Gnade,
du, „voll der Gnade".

In das 12. Jahrhundert gehört auch *Hildegard von Bingen,* die schon als Kind Visionen hatte und die etwa 70 geistliche Lieder verfaßte, die sie selbst vertonte. In ihren „Carmina" finden wir dieses (ursprünglich lateinische) Gebet zu Maria:
O lichte Mutter der heiligen Heilkunst,
durch deinen heiligen Sohn hast du
Salböl gegossen in Wund und Wehe des
*   Todes,*
den Eva uns brachte zu unserm Elend.
Du hast vernichtet den Tod
und aufgebaut neues Leben.
Bitte für uns bei deinem Sohn,
du Stern des Meeres, Maria!
Du Mittlerin des Lebens, du Freude voller
*   Glanz,*
du Süße aller Wonnen, an denen nichts dir
*   fehlte...*

Deutsch wiederum ist die *Mariensequenz von Muri,* einer Benediktinerabtei im Kanton Aargau in der Nordschweiz:
Ave, vil liehtu maris stella,
ein lieht der cristinheit, Maria,
alri magede lucerna...
Ave, gar heller Stern des Meeres,
du Licht der Christenheit, Maria,
aller Jungfrauen Lucerna
*   [Mitternachtslampe].*
Freue dich, Gottes Cella,
verschlossene Porta.
Als du den gebarst,
der dich und die ganze Welt erschuf,
nun sieh, welch reines Gefäß du Jungfrau
*   da warst.*
Sende in meine Sinne,
du Königin des Himmels,
wahre süße Rede,
daß ich den Vater und den Sohn
und den hochheiligen Geist loben möge.

Einhergehend mit dem politischen Aufschwung Frankreichs im 12. Jahrhundert übernahm auch die französische Kirche die religiöse Führung im Abendland. Ihr Hauptvertreter ist *Bernhard von Clairvaux,* 1090–1153, der zunächst Mönch in Citeaux, Burgund, später Abt der Tochterstiftung in Clairvaux (Claravallis) wurde. Sein Orden der Zisterzienser löste bald die Cluniazenser, die sehr verwelt-

Liebste Mutter, wollest schauen,
auf dein Volk, das mit Vertrauen
dich als seine Mutter ehrt,
von dir Hilf und Trost begehrt.
segne uns in deinem Herzen,
tröste uns in unsern Schmerzen,
steh uns bei in aller Not,
zeig uns Jesus nach dem Tod.

Hildegard von Bingen

licht waren, in ihrer Vormachtstellung ab und wurde durch ihn zur kirchlichen Großmacht des Jahrhunderts. Bernhard war ein großer Redner – daher „Doctor Melifluus, Honigfluß" genannt –, und seine Schriften hatten entscheidenden Einfluß auf die Religiosität des späteren Mittelalters. Er war zudem ein bedeutender Dichter. Hier sind einige Beispiele seiner Mariendichtungen:
Ich grüße dich, Maria, Gnadenvolle,
der Herr ist mit dir! Der Vater ist mit dir,
der seinen Sohn zu deinem macht.
Der Sohn ist mit dir,
der in wunderbarem Geheimnis
sich birgt in deinen mütterlichen Schoß.
Der Heilige Geist ist mit dir,

Links: Der Spätrokokomaler Arno Paffrath malte eine Marienvision des Bernhard von Clairvaux: Diesem erscheint vor der Vollendung seines großen „Salve Regina" die Madonna als Himmelskönigin auf der Mondsichel.

Rechts: Seite aus dem Gebetbuch der Königin Agnes von Ungarn. Es zeigt die Mariensequenz „Ave vil lichtu maris stella" und stammt aus der zweiten Hälfte des 12. Jahrhunderts (Sarnen, Benediktinerkollegium).

*der dich heiligt mit dem Vater und dem
    Sohn.
Wahrlich, Gott ist mit dir, Maria.
  Die Heiligste Dreifaltigkeit hat dir,
Maria, den Namen zugedacht,
der nach dem Namen deines Sohnes über
    allen Namen ist.
Dein Name, Maria, wurde
aus der Schatzkammer der Gottheit
    genommen...
Sei von uns gelobt und gepriesen,
in aller Demut verehrt und angerufen.
Halte von uns alle Gefahren...
  Maria, du hast Gnade gefunden bei Gott.
Er bleibt in dir und du in ihm.
Du kleidest ihn in einen menschlichen Leib,
und er kleidet dich in seine Herrlichkeit.*

*Mit einer Wolke umkleidest du die Sonne
und wirst selbst von der Sonne umkleidet...
  Wer war wem gehorsam? Gott den
    Menschen!
Gott, dem alle Mächte und alle Gewalten
    unterworfen sind,
gehorcht Maria, und nicht nur ihr,
sondern auch Josef.
Man weiß nicht, was man mehr bewundern
    soll:
Die einzigartige Erniedrigung des Sohnes
oder die wunderbare Würde der Mutter...
Daß Gott einem Menschen gehorcht,
ist eine beispiellose Demut;
daß eine Frau Gott Anweisungen gibt,
ist eine Erhabenheit ohnegleichen.
  Maria, du hattest das Glück,*

*Gnade zu finden bei deinem Sohn,
hervorzubringen das Leben und das Heil;
gewähre auch uns Zugang zu deinem Sohn.
Der uns geschenkt wurde durch dich,
möge uns auch annehmen durch dich...*

  In anderen Gesängen vergleicht Bernhard die Jungfrau mit einem Aquädukt, der den Gläubigen Gottes Gnade zufließen läßt, und mit dem Duft einer Frucht, der noch lange in der Hand haften bleibt, wenn die Frucht selbst längst verzehrt ist. Über den Namen Marias äußert sich Bernhard folgendermaßen:

Er heißt in der Auslegung Meerstern... Wie das Gestirn, ohne Schaden zu nehmen, seine Strahlen aussendet, so gebiert die Jungfrau unverletzt... Sie funkelt durch Verdienste, sie

leuchtet durch Vorbilder... Wenn die Winde der Versuchung sich erheben, wenn du auf die Klippe der Trübsal stößt, blicke auf den Stern, rufe Maria an...

Am Anfang des 13. Jahrhunderts lebte einer der größten Heiligen des Mittelalters: *Franz von Assisi.* Sein eigentlicher Name war Giovanni Bernadone, aber sein Vater hatte ihn von Anfang an Francesco genannt. Geboren 1181 als Sohn eines reichen Tuchhändlers, bekehrte er sich von seinem weltlichen Lebenswandel schon als junger Mann, begann ein Büßerleben und verbrachte ab 1208 sein Leben als Wanderprediger in völliger Armut. Aus einer freien Genossenschaft von Gleichgesinnten erwuchs allmählich der Orden der Franziskaner (Minoriten), der erste der beiden großen Bettelorden. Charakteristisch für Franz ist sein religiös-lyrisches Naturempfinden, seine grenzenlose Demut und seine einfache, innige Frömmigkeit. Schon zwei Jahre nach seinem Tode (1226) wurde er heilig gesprochen. Lesen wir seine „Salutatio Beatae Mariae Virginis", seinen Gruß an Maria:
Sei gegrüßt, Frau und Königin,
heilige Gottesmutter Maria!
Du bist die Jungfrau, Bild der Kirche,

erwählt vom Vater im Himmel,
geheiligt von seinem geliebten Sohn
und seinem Geist, dem Tröster.
In dir war und bleibt die Fülle der Gnade
und alles, was gut ist.
Sei gegrüßt, du sein Palast,
sei gegrüßt, du sein Zelt,
sei gegrüßt, du seine Wohnung,
sei gegrüßt, du sein Gewand.
Sei gegrüßt, du seine Magd,
sei gegrüßt, du seine Mutter!

Aus dem Geiste des Franziskus erwachsen ist auch die lateinische Sequenz des „Stabat Mater", die lange Zeit dem italienischen Dichter *Jacopone da Todi* zugeschrieben wurde:
Stabat mater dolorosa
Juxta crucem lacrimosa
Dum pendebat filius,
Cuius animam gementem
Contristatam et dolentem
Pertransivit gladius...

In der Übertragung, die auf *Heinrich Bone* (1847) zurückgeht, ist die Sequenz in vertonter Form im deutschen Sprachraum noch heute bekannt und weit verbreitet:
Christi Mutter stand mit Schmerzen
bei dem Kreuz und weint' von Herzen,

als ihr lieber Sohn da hing.
Durch die Seele voller Trauer,
schneidend unter Todesschauer
jetzt das Schwert des Leidens ging.

Welch ein Schmerz der Auserkornen,
da sie sah den Eingebornen,
wie er mit dem Tode rang.
Angst und Jammer, Qual und Bangen,
alles Leid hielt sie umfangen,
das nur je ein Herz durchdrang.

Ach, für seiner Brüder Schulden
sah sie ihn die Marter dulden,
Geißeln, Dornen, Spott und Hohn,
sah ihn trostlos und verlassen
an dem blutgen Kreuz erblassen,
ihren lieben einzgen Sohn.

Drücke deines Sohnes Wunden,
wie du selber sie empfunden,
heilge Mutter, in mein Herz.
Daß ich weiß, was ich verschuldet,
was dein Sohn für mich erduldet,
gib mir teil an deinem Schmerz.

Christus, laß bei meinem Sterben
mich mit deiner Mutter erben
Sieg und Preis nach letztem Streit.
Wenn der Leib dann sinkt zur Erde,
gib mir, daß ich teilhaft werde
deiner selgen Herrlichkeit.

Unzweifelhaft von *Jacopone* stammt hin-

O me mami uirtuose. sempre fusti uoluntarose
difate opere pietose. et malserene cambiato
O son lumora suscitati. et gli ciechi inluminati
egli lebrosi mundati. aquesto popolo ingrato.
Tua lizopti ditrizati. li demon tuai fugati
egli infermi sanati. et pcio tan condennato
e tuo lamento no e inteso. pgli predi lanno pso
lo corpo tanto disteso. che partucto disnodato.
C onum clauo son ficcati. quegli pie santificati
che son tanti fatigati. per questo popol demoniato
e incomincio lolamento. o figlio mio dilettanto
figliuol mio consolamento. o figlio mio dilecto
Figlio chel lomo diporto. figlio tuttol mio conforto
figliuol mio perche se morto. sanza colpa dipeccato.
O figliuol mie nea luce. che gli peccator conduce
perche seleuato incroce. e tanto martoriato.
O figlio mio amoroso. figliuol odoriferoso.
che fatal cor doloroso. che tante aglachiato
M olto meglio averiam facto. sello cor matresser tucto.
encroce. fusse rapto conteco amor mie beato.
O matre pcdei uenuta. tu mida mortal ferita
lituo pena mencresciuta. piu chello mie cruciato.
F iglio mio questo non dire. chi uoglio teco morire
et dirqui manon partire. finche dime escalfiato
O matre perche talagni. uoglio che ti firemagni
aconservai lumei con pagni. che del mondo io agistini.
O matre colcor afflicto. nuatre nelle man timetto.
dignouanni mie diletto. che tuo figlio sia appellato
I ouanni mie diletto forte. raccomandoti mie matre
cura nabbi eo pietate. chella cor amaricato.

Mamma, ove sei venuta?	*Warum bist du gekommen, Mutter?*
Mortal mi dai feruta,	*Du hast tödlich mich verwundet,*
Il tuo pianger mi stuta,	*da dein Weinen mich durchbohrt,*
Che 'l veggio si afferrato.	*als wäre es das schärfste Schwert.*

Die Jungfrau antwortet:

Figlio, pur m'hai lassato?	*Sohn, auch du hast mich verlassen?*
Figlio, bianco e biondo,	*Sohn, klar und hell,*
Figlio, volto giocondo,	*Sohn des lachenden Gesichts,*
Figlio, perché t'ha el mondo,	*Sohn, warum hat die Welt,*
Figlio, cosi sprezzato?	*Sohn, so dich beschimpft?*

Jacopone da Todi, aus: *Donna del Paradiso*

Rutebeuf spielte mit dem Namen Maria:

Quar qui se marie	*Denn wer da heiratet*
En tele Marie	*Solch eine Maria,*
Bon mariage a:	*Schließt eine gute Ehe.*
Marions nos la.	*Drum laßt sie uns heiraten.*

gegen die dramatische Hymne „Donna del Paradiso", deren Höhepunkt der Dialog zwischen Maria und Jesus ist(∗).

Johann Fidanza, genannt *Bonaventura* (oder auch „Doctor Seraphicus"), war Franziskaner und Gegenspieler der großen Scholastiker aus dem Dominikanerorden, Albertus Magnus und Thomas von Aquin. Er lehrte seit 1245 in Paris Theologie, wurde dann Kardinalbischof von Albano und starb 1274 während des Konzils von Lyon. Die „Meditationen über das Leben unseres Herrn", ihm zugeschrieben, beschreiben die Geburt Jesu so:
Die Jungfrau erhob sich, stand aufrecht
gegen eine Säule, die dort war.
Josef aber blieb sitzen... und nahm Heu
Von der Krippe, legte es zu Füßen der Frau
Und wandte sich ab.
Da kam der Sohn des ewigen Gottes
Aus dem Schoß der Mutter,
Ohne einen Laut, ohne Verletzung, in
einem Augenblick...
In Frankreich schrieb der schon erwähnte Dichter und Sozialkritiker *Rutebeuf* in einer Hymne:
So wie die Sonne durch eine Fensterscheibe
Vorwärts und rückwärts geht,
Ohne sie zu verletzen, so warst du die
unverletzte Jungfrau,
Als Gott, vom Himmel kommend, dich zu
seiner Mutter und Herrin machte.
In Deutschland stoßen wir um 1230 auf eine Sequenz, bekannt als das *Rheinische Marienlob*:
Maria, wie soll ich deinen Lobpreis
beginnen,
da ich damit erschaue den Anfang der Welt?
Denn Himmel und Erde stellen im Bilde
dich dar,
Mutter Gottes und preiswürdige Jungfrau!
Maria, du bist der Himmel hoch,
von dem uns die Bibel solcherweis spricht,
er sei ein strahlendes Feuer vollkommen.
Das Feuer erkenn ich an dir,
wenn ich deine Liebe betrachte,
allerlieblichste aller Gebieterinnen!
Du bist das oberste Himmelreich,
darinnen Gott wohnet einzig allein...
1230 ist auch das Todesjahr des großen *Walther von der Vogelweide*, des bedeutendsten Lyrikers der mittelhochdeutschen Klassik, der folgende Bitte an Maria richtet:
Nun bitten wir dich Mutter,
und auch der Mutter Kind,
die Reine und den Guten,
daß sie uns Hüter sind.
Ohn eure starke Hilfe
kann keiner wohlgedeihn,
und wer uns das bestritte,
der muß recht töricht sein.
Und in einem weiteren Gedicht, bekannt als „Marienleich" („Maget und muoter, schouwe..."), bittet Walther:
Jungfrau und Mutter, siehe an die Not der Christenheit, du blühender Zweig des Aaron, aufgehendes Morgenrot, Ezechiels Pforte, die nie geöffnet ward, durch die der König prächtig ward aus und ein gelassen...
Ein Busch, der brannte, daran gar nichts versenget noch verbrennet ward; groß und unversehrt blieb sein Glanz, von Feuersflamme unverletzt.
Das war die reine Jungfrau alleine, die auf jungfräuliche Art Mutter eines Kindes wurde ohne Beisein irgendeines Mannes und wider alle Menschenweisheit den wahren Christ gebar, der unser hat gedacht.
Wohl ihr, daß sie den einmal trug, der unsern Tod zu Tode schlug!
Mit seinem Blut wusch er uns ab die Schande, die uns Evas Fehltritt eingebracht.
Etwas jünger als Walther ist der Minnesänger und Spruchdichter *Reinmar von Zweter* (um 1200–1260), der, ähnlich wie

Walther, auch in die Politik seiner Zeit eingriff. Über Maria sagt er:

Groß Wunder, das uns widerfahren ist durch eine Jungfrau, was mir alle Christen müssen zugestehn!

Den des Himmels Weite nie umschloß, die ohne Ende ist, den auch die Höhe nie umschloß noch je die weite, bodenlose Tiefe, den umschloß ihr kleiner Leib; da haltet all das Wunder fest!

Sie legte ihn lieblich in ihren Schoß; welch Wunder kann dem Wunder sich vergleichen?

Er legte kindlich sich an ihre Brüste, sie stillte ihn auf Mutterart, sie wandte ihre Augen sehr nach ihm; wir glauben, sie umhalste und küßte ihn...

Ein Spruchdichter war auch der Alemanne *Meister Boppe*, dessen Wirken zwischen 1275 und 1287 nachzuweisen ist.(*)

Zeitgenössin der Minnesänger und Spruchdichter ist die bedeutendste deutsche Mystikerin, *Mechthild von Magdeburg*(*), die 1270 in das Zisterzienserinnenkloster Helfta bei Eisleben eintrat, in dem sich zeitgleich auch Mechthild von Hackeborn und Gertrud von Helfta aufhielten. Ihr Werk „Das fließende Licht der Gottheit" ist mystisch-gefühlsbetont und uns nur in lateinischer Übersetzung bekannt.

Ihre Klostergenossin *Mechthild von Hackeborn*, deren Visionen ihre Schwester, Gertrud von Helfta, aufzeichnete, grüßte Maria im „Liber specialis gratiae" mit diesen Worten:

Gegrüßet seist du, Maria, mit jener Ehrerbietung, mit der Gott Vater dich durch das Ave grüßte und dich in seiner Allmacht von jeder Schuld befreite.

Gegrüßet seist du, Maria, mit jener Liebe, mit der der Sohn in seiner Weisheit dich durchleuchtete und dich zum hellsten Gestirn des Himmels und der Erde machte...

Ich erinnere dich an das Werk, das die Heiligste Dreifaltigkeit an dir gewirkt hat, als sie dein Fleisch mit der göttlichen Natur zu einer Person vereinigte, so daß Gott Mensch wurde und ein Mensch Gott.

Die dritte der inspirierten Nonnen von Helfta, *Gertrud*, genannt die Große, begann im Jahre 1289 mit Aufzeichnungen über ihren mystischen Umgang mit Jesus, „Legatus divinae pietatis", und schrieb ein Erbauungsbuch „Exercitia spiritualia septem". Sie starb im Jahr 1302. Sie läßt

Der große Dichter des Mittelalters, Walther von der Vogelweide (1170–1230), hat in seinem Werk „Marienleich" die religiöse Stimmung seiner Zeit eingefangen. Der vorliegende Text stammt vom Anfang des 14. Jahrhunderts. Darin verwendet Walther viele marianische Bilder, wie den Zweig des Aaron, den brennenden Busch oder den Thron des weisen Salomo. Die höfische mittelalterliche

Dichtung und der Minnesang stehen in Zusammenhang mit dem bereits seit zwei Jahrhunderten blühenden Marienkult. Minnedienst und Mariendienst entfalteten sich aus der gleichen Wurzel. Der elegante, geschmeidige Ausdruck der höfischen Rede entsprach der weichen Anmut der Schönen Madonnen in Malerei und Plastik.

Jesus zu seiner Mutter sagen:
Sieh, o liebreichste Mutter,
ich biete dir mein Herz,
wie es überströmt von aller Seligkeit,
und in ihm stelle ich dir vor
all jene göttliche Liebe,
mit der ich dich von Ewigkeit her
vor jeglichem Geschöpf aus freien Stücken
vorherbestimmt, erschaffen, geheiligt
und mir zur Mutter besonders bereitet habe...
Auch stelle ich dir jene unsagbare Liebe vor,
in der ich am Tage deiner hochherrlichen
*   Aufnahme*
dich über alle Engel und Chöre der
*   Heiligen erhöht*
und als Herrin und Königin
des Himmels und der Erde eingesetzt habe.

Der letzte der höfischen Epiker, *Konrad von Würzburg*(∗), der 1287 in Basel starb, war ein sehr vielseitiger, hochgebildeter und formvollendeter Dichter, erst Wandersänger, dann seßhaft im Auftrag seiner Basler Mäzene. Neben einer Reihe höfischer Epen und kleinerer Erzählungen schrieb er den Marienhymnus „Die goldene Schmiede", der zu den beliebtesten Gedichten der Zeit gehörte. Konrad tritt darin als Schmied auf, der der „Himmelskaiserin" Schmuck aus Gold und edlen Gesteinen bereiten will:
O verstünde ich, recht mittendrin
in meiner Herzensschmiede
durch Guß ein Kunstgebild aus Gold zu
*   formen*
und strahlende Weisheit da hineinzulegen
aus Karfunkel auf die rechte Art
dir, hohe Himmelskaiserin!
So wollte ich deinem hohen Ansehn ganz
ein Lob, hell leuchtend und voll Glanz
daraus mit höchster Frohbegierde
*   schmieden.*

Die besondere Lyrikform der *Marienklage* geht auf Ephräm den Syrer zurück. Seitdem war sie Bestandteil der byzantinischen Predigt und Liturgie. Aber in den Westen kam sie erst im späten 12. Jahrhundert; durch die Sequenz „*Planctus ante nescia*", die *Gottfried von Breteuil* zugeschrieben wird, gelangte sie von Frankreich nach Deutschland. Hier klingt die Klage der Maria über den Tod ihres Sohnes und das Verderben der Menschheit schließlich in die Hoffnung nach Auferstehung aus. Das Planctus wurde auf Latein, dann aber auch in den Nationalsprachen vielfach nachgeahmt. Aus der lyri-

Als unseres Vaters Jubilus [Freude] durch Adams Fall betrübet war,
daß er zürnen mußte,
da fing die ewige Weisheit mit mir den Zorn auf.
Da erwählte mich der Vater zu seiner Braut, daß er etwas zu minnen hätte,
denn seine liebe Braut war tot, die edle Seele;
da erkor mich der Sohn zu seiner Mutter
und da nahm mich der Heilige Geist zu seiner Liebsten.
Da war ich allein Braut der Heiligen Dreifaltigkeit...
Von Sankt Mariens Botschaft der süße Ton der anfanglosen Dreifaltigkeit
hat sich gesprengt aus dem Quell der ewigen Gottheit
in den Schoß der auserwählten Magd
und des Schoßes Frucht ist ein unsterblicher Gott
und ein sterblicher Mensch, und ein lebendiger Trost der ewigen Freude,
und unsere Erlösung ist Bräutigam geworden,
die Braut ist trunken worden vom Anschauen des edlen Antlitzes.

Mechthild von Magdeburg, *Das fließende Licht der Gottheit*

Ave Maria! Was an Kreaturen lebt,
was flieget, schwimmet, watet, geht, klettert oder schwebt,
dem darf die Jungfrau laut befehlen.
Maria, das ist des Heiles Zeichen ganz und gar,
es kündet, daß du die Herrin bist des weiten Meeres,
eine Straße herrlich, darauf sich vor allem
wohl bewahrt des Menschen Schritt.
Doch will ich meinen, daß mit nassen Füßen nicht
noch auch in haltloser Art
einer treten soll auf diesen hellen, so bequemen Weg:
Der Fuß soll feucht sein von der Reue,
die Augen sollen weinen ob der Sünde.
So will der Engel Königin das Herz von Lüge rein bewahren.

Meister Boppe

Maria, Mutter und Jungfrau, die leuchtet wie der Morgenstern
dem führungslosen armen Heer, das auf dem öden fremden Meer
des bodenlosen Lebens irrend schwimmt:
Du bist das Licht, das immer lebt
und ihm zum Heile stets erschien,
sobald es der Magnet der Sünden mit seinen Kräften an sich riß...
Dein Lob haben uns gepredigt
Dominikus und Franziskus.
Der Hölle Basilisk erlitt durch dich viel Schaden.

Konrad von Würzburg

define laforma d'sua pghyera sicome
apparua nel seguente capło. Et qui si
compie laintemptiõ del penultimo capo:

Cãto .33. xxxiiij e ultimo d'lalta q ultima cã
tica: de nellaquale Sancto Bnardo Infi
gura de lauctore fa ona oratione alau
gne maria ch visibilmete Se glidiui
na maestade lasci ue
dere:

VErgine madre figlia d'ltuo figlio
Humile q alta piu c nreatua
Termino fisso de etno consiglio
Tu se colei ch lahumaã natuã
nobilitasti sich'l suo factore
no disdigno difarsi sua factuã
nel uentre tuo siracese lamore
plocui caldo nella etna pace
cosie germinato questo fiore.
Qui si q angi meridiana face
dicaritad e q giuso tra i mortali
Se de speranza fontana uiuare.
Donna se tanto grande q tanto uali
ch qual uuol gratia q ate no ricorre
Sua desianza uuol uolar senza ali.
la tua bnignita no pur soccorre
achi domanda ma molte fiate
liberamete aldimadar soccorre.
Inte misicordia inte pietate
Inte magnificentia inte saduna
quantung increatura hadibotate.
Or questi ch dalinfima lacuna

delunuiso infin qui uedute
Leuite spiritali aduna aduna
supplica ate p gratia d uirtute
tanto ch possa congliochi leuarsi
piu alto uolo lultima salute.
Et io ch mai pmio ueder no arsi
piu chio fo plosuo tucti imiei pgh
tiporgo q priego di no sieno scarsi
ch tuo mni nuibe lidisleghi
disua mortalita coi pghi toi
sich'l sommo piacer lisidispieghi
ancor tipgo regina ch poi
cioch tiuoli ch cospui sani
dipotanto ueder gli affecti soi.
Vinca tua guardia i mouimti humani
uedi beatrice conpti beati
pli miei pieghi ti chiuden lemani.
li ochi dadio dilecti q uenerati
fissi nel oratore ne dimostraro
q uanto i deuoti pghi dimostraro liso grati
ndi alecto lume s adricearo
nelqual no si dee creder ch sini
p creatura lochio tanto chiaro.
Et io ch al fine d etucti idesij
apropinquaua sicome io douea
lardor del desiderio inme finij
Bernardo macennaua q soridea
pchio guardasse suso maio era
giap me stesso tal qual ei uolea
chelamia uista uendendo sincera
Et piu q piu intraua ploraggio
Delalta luce ch dase e uera
Daquinci inanci elmio uede fomagio
chel parlar mostri chal uista cede
Et cede lamemoria a tato oltragio.
Quale e colui ch sognando uede
Et doppo ilsogno lapartiõ inpssa
Rimane q altro alamete no rede.
Cotal sono io ch quasi tucta cesa
mia uisione q anchor midistilla
nelcore ildolce ch nacque dacessa.
Cosi laneue alsol sidissigilla
cosi aluecto nelle fogli leue
sipdea lasibia dissibilla.
O somma luce ch tanto tileui
Da cõcepti mortali alamia mete
Ripsta umpocho diquel ch pareui.
Et fa la ingua mia tanto possente
ch una fauilla sol della tua gloria

schen Klage wurde oft eine Art Epos, in das Schilderungen der Kreuzesabnahme, Beweinung, Grablegung und Heimkehr der Trauernden mit hineinverwoben wurden. Daraus wiederum entwickelten sich die Passions- und Karfreitagsspiele, etwa das *St. Galler Spiel* (um 1330) und die *Liechtenthaler Marienklage* (noch aus dem 13. Jahrhundert), aus der wir zitieren:

O weh der jammervollen Klage,
die ich Mutter einsam trage
im Gedanken an den Tod!
Weinen war mir fremd,
seitdem ich Mutter hieß
und doch ohne Mann.
Nun muß ich weinen, da ich deinen Tod
*   muß sehen,*
o weh der immer größern Schmerzen!...
O weh der beklagenswerten Not,
daß ich heute bin nicht tot
von dem immer größern Schmerz:
daß ich Arme leben muß,
das quält mich so sehr
von wegen meines großen Leides.
Ich war gänzlich frei von Kummer,
als ich Mutter ward und dich gebar,
berührt von keinem Manne:
daß ich dich derart sehen muß.

Ein anderes *Passionsspiel* des 14. Jahrhunderts enthält diese Marienklage:

O weh Tod, diese Not
könntest du wohl enden,
wenn du von dir her zu mir
deine Boten wolltest senden!
O weh der Leide,
der Tod will uns scheiden:
Tod, nimm uns beide,
daß er nicht alleine
zum Jammer von mir scheide.
O weh, lieber Sohn mein!
O weh der großen Marter dein!
O weh, wie jämmerlich du hängest,
O weh, wie mit dem Tod du ringest!
O weh, wie bebet dir dein Leib!
O weh, was soll ich armes Weib,
seit ich dieses liebe Kind mein
leiden sah so große Pein!...
Ach, liebes Kind, sprich mir doch zu
ein Wort, ob ich dein' Mutter bin!
Ach, er kann nicht,
er ist dahin...

In den späteren Passionsspielen wurden aus dem Monolog Marias Dialoge mit Christus und Johannes, und auch die Frauen und Kriegsknechte kamen zu Wort.

Im frühen 14. Jahrhundert wirkte auch *Heinrich von Meißen*, genannt *Frauenlob* (um 1250–1318), Dichter und fahrender Sänger an vielen Höfen, in seinen letzten Jahren in Mainz ansässig. Seinen Beinamen verdankt er seinem Gedicht auf Maria; daneben ist er der Verfasser vieler Spruchstrophen und Minnelieder. Und so besingt er Maria in der „Marienleich" („Ei ich sach in dem trone / ein vrouwen, diu was swanger..."):

O ich sah auf dem Throne
eine Herrin, die war schwanger.
Die trug eine Wunderkrone
vor meiner Augen Anger.
Sie wollte entbunden werden,
so zeigte sich die Allerheiligste;
zwölf Edelsteine erkannte ich zu dieser
*   Stunde*
an der Krone geschlossenem Rund.
Nun sehet, wie sie trug,
die Artige,
zu Genüge der Natur: der ihr zu tragen war
*   gegeben,*
den sah sie vor sich sitzen,
verständig,
zwischen sieben Leuchtern,
und sah ihn doch anders wieder
in eines Lamms Gestalt
auf Zion, dem Berge, lieblich,
und hatte auch, wozu sie bestimmt war,
ja, die Freundliche
trug die Blume, einer Blütenkrone gleich.

Auch beim wohl berühmtesten Dichter des Mittelalters, bei *Dante Alighieri* (1265–1321), spielt Maria eine wichtige Rolle. In seinem großen Gedicht „Divina Commedia" verbindet er das höchste christliche Ideal der Erlösung durch Liebe mit der Liebe zu einer irdischen Kreatur, Beatrice. Die Jungfrau Maria erscheint als unentbehrlich und entscheidend für die Erlangung der himmlischen Gnade, nach der die irdischen Sünder, und auch Dante selbst, verlangen. Im letzten Teil seines großen Werkes, im „Paradiso", trifft Dante den heiligen Bernhard (von Clairvaux), der dann im letzten Gesang des Gedichts zur Jungfrau Maria betet:

O Jungfrau, Mutter, Tochter deines Sohnes,
gering und über jede Kreatur!
Du vorbestimmtes Ziel des ewigen Thrones!
Du bist es, die du menschliche Natur
so adeltest, daß ihres Schöpfers Güte
verschmähte nicht, Geschöpf zu werden nur!

In deinem Leib die Liebe neu erglühte,
durch deren Glut auf ewigen Friedens Flur
so mächtig aufgesprossen diese Blüte.
Für uns hier bist die Mittagsfackel du
der Liebe; unten, wo der Tod ist mächtig,
bist du der Quell der Hoffnung immerzu!

Sodann bittet Bernhard für Dante, der vorher durch Hölle und Fegefeuer gewandert war:

Nun bittet dieser, dem vom tiefsten Schlund
des Weltenalles bis zu dieser Steile
die Geisteswelten wurden alle kund,
aus Gnade werd' ihm solche Kraft zuteile,
daß es mit seinen Augen ihm geling',
sich zu erheben bis zum letzten Heile...
Auch möcht ich bitten dich, o Königin,
die du kannst, was du willst, ihm zu
*   erhalten*
nach solcher Schauung seinen ganzen Sinn.
Die ird'schen Regungen besieg' dein Walten!
Beatrice sieh für das, was ich begehrt,
mir wie viel Seligen die Hände falten!

Dantes religionsphilosophische Haltung gründet sich auf Thomas von Aquin: Gott ist die Liebe, und Liebe ist die Quelle aller guten Ideen und Taten. Im Gegensatz zu Petrarca war Dante überzeugt, daß man durch irdische Liebe zu beseligender Gottesschau gelangen könne. Seine Liebe gehört Beatrice; Maria bleibt eine himmlisch erhöhte Vision, die nur von ferne erschaut werden kann. So spricht der heilige Bernhard zu Dante: *„O Sohn der Gnade, dieses selige Weben",* begann er dann, *„wird dir nie kundgetan, wenn deine Augen nur am Boden kleben; sieh dir die Kreise bis zum fernsten an, bis daß sich dir der Thron der Fürstin zeiget, der dieses Reich getreu und untertan!"*

(Alle Dante-Übersetzungen stammen von Wilhelm G. Hertz).

Dreißig Jahre jünger als Dante war der Schweizer Mystiker *Heinrich Seuse* (latinisiert Suso), Schüler von Meister Eckart, dann Wanderprediger. Er war wohl der poetisch Begabteste der großen deutschen Mystiker. In seinem „Horologium aeternae sapientiae" spricht er Maria an:

Doch bedenke, wunderbare Königin,
daß du deine ganze Würde uns verdankst,
uns sündigen Menschen.
Denn wer hat dich zur Mutter Gottes
*   gemacht,*
zum Schrein für das göttliche Kind?
Es waren die Sünden von uns armen
*   Menschen.*

Rechts oben: Der Sieneser Maler Guidoccio
Cozzarelli (1540–1615) zeigt die Geburt Christi mit Maria, dem hl. Josef, Dominikus und der
hl. Katharina von Siena (Assisi, Sammlung
Perkins). Für die Marienlyrik von besonderer
Bedeutung ist Katharina von Siena, die große
Dichterin rechts außen im Bild. Ihre ekstatischen Zustände, in denen ihr Erscheinungen
zuteil wurden, schrieb sie in ihren Werken
nieder, doch ist sie auch eine geistliche Persönlichkeit mit höchstem Einfluß. So hat sie
die Rückkehr des Papstes von Avignon nach
Rom im Jahr 1376 bewirkt.

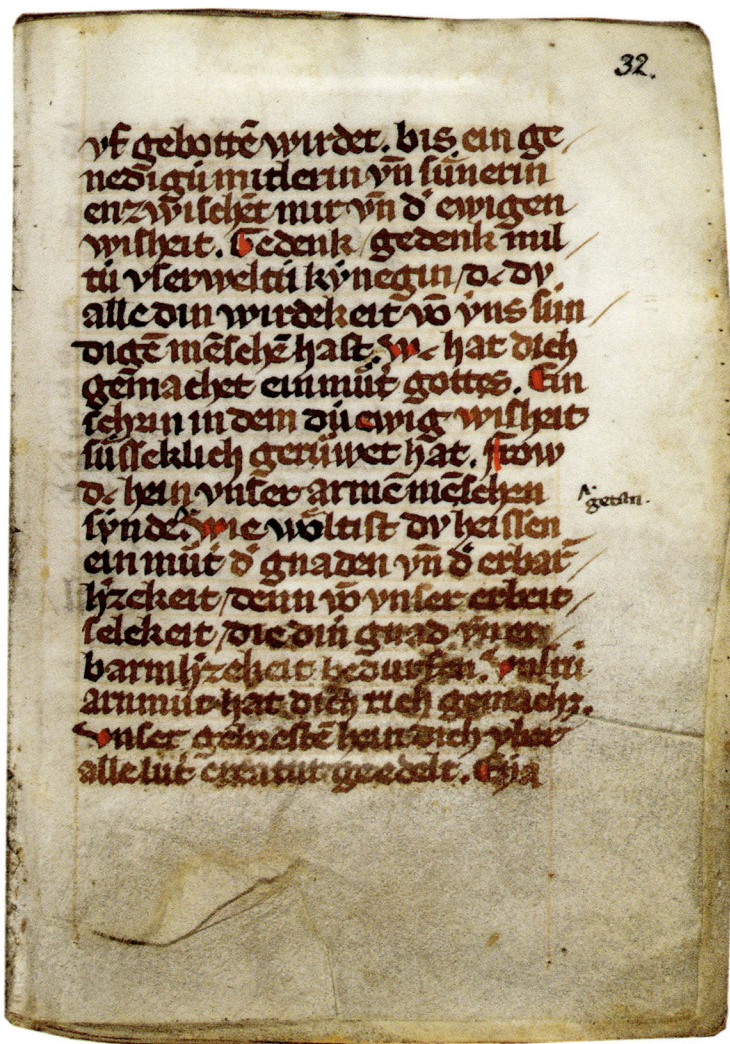

Links: Heinrich Seuse (1295–1366), Dominikanermönch und Schüler des großen Meister
Eckart, hat durch seine bilderreichen mystischen Schriften, vor allem durch sein hier
abgebildetes „Büchlein der Weisheit" (Stiftsarchiv Engelberg), das Schrifttum der deutschen
Mystik tief beeinflußt.

Rechts unten: Francesco Petrarca
(1304–1374), Wegbereiter des Humanismus,
hat in seinen Liederbüchern (Canzonieri) seit
1366 Leben und Tod der Madonna besungen.
Seine Beschreibungen zeugen von einer neuartigen, psychologischen Deutung der Seelenleiden.

Ave Maria, ain ros on alle dorn, mit missetat han ich verlorn
din kind, das von dir ist geborn; Maria, versien mich vor sinem zorn.

Stuttgarter Handschrift von 1476

Wie könntest du Mutter der Gnade und
*   Barmherzigkeit heißen,*
wenn nicht für unser Elend?...
Wenn ich mich sammle in dir,
kommen mir Tränen der Freude;
dein Name ist in meinem Mund und in
*   meinem Herzen*
hell wie das Licht und süß wie der Honig...
Wie oft hast du für uns
von Gott Gnade und Barmherzigkeit
*   erfleht!*
Wende dich zu uns, und vergiß uns nicht!

Eine Mystikerin war auch die Dominikanerin *Katharina von Siena*, die schon als Kind Visionen hatte. Obwohl sie nie zu schreiben gelernt hatte, wurde sie päpstliche Gesandte in Florenz und übte durch ihre Persönlichkeit solchen Einfluß aus, daß sie den Papst zur Rückkehr von Avignon nach Rom bewegen konnte. Sie diktierte ihre Briefe und viele ihrer mystischen Erlebnisse. In den folgenden drei Gedichten spricht Katharina mit Maria:

Maria, in kluger Weise wolltest du vom
*   Engel*
wissen, wie das geschehen konnte, was er dir
*   verkündete...*
Nicht weil es dir an Glauben fehlte,
sondern wegen deiner tiefen Demut,
da du deine Unwürdigkeit erwogen hast,
fragtest du: Wie soll das geschehen?...
Wenn ich dich richtig verstehe,
warst du nicht durch Furcht verwirrt,
obschon dein Verhalten Staunen
und eine gewisse Bestürzung verriet.
Dein kluges Fragen zeigte so deine tiefe
*   Demut.*

An dir, Maria, tritt die Stärke
und Freiheit des Menschen hervor...
Ehe du nicht eingewilligt hattest,
stieg der Sohn Gottes nicht in deinen Schoß
*   herab.*
Er wartete an der Pforte deines Willens,
daß du ihm öffnetest,
da er zu dir kommen wollte.
Er wäre dort nie eingetreten,
hättest du ihm nicht geöffnet mit den
*   Worten:*
Ich bin die Magd des Herrn,
mir geschehe, wie du es gesagt hast.

Maria, ich sehe, wie das Wort,
das dir gegeben wurde, um in dir zu sein,
dennoch nicht vom Vater getrennt ist.

Es verhält sich wie mit dem Wort der
*   Sprache,*
das der Mensch in seinem Innern trägt:
Auch wenn es ausgesprochen wird,
trennt es sich nicht vom Herzen
und bleibt mit ihm verbunden.

Etwa zur selben Zeit wie Katharina lebte Italiens zweiter großer Dichter, *Francesco Petrarca* (1304–1374), der – im Gegensatz zu dem noch ganz in mittelalterlichen Ideen lebenden Dante – schon zum Wegbereiter des Humanismus und der Renaissance wurde. Viele seiner Werke schrieb er auf Latein und wurde damit zum Vorbild für die spätere neulateinische Dichtung und das Schrifttum des Humanismus. Seine Lyrik aber, vor allem seine Sonette an Laura, sind in der italienischen Volkssprache gedichtet, zu deren Vereinheitlichung er entscheidend beitrug. Schon zu seinen Lebzeiten war er hochberühmt. Seine Canzone 29 (übersetzt von Wilhelm Krigar) ist an die Jungfrau Maria gerichtet:

O schöne Jungfrau, in des Himmels Glanze
umstrahlt von Sternen, du, von Gott
*   erkoren,*
der dich gesegnet hat von seinem Throne:
Sei mein Gesang, zu deinem Preis geboren,
gib deine Hilfe meinem schwachen Kranze,
erleuchte mich, ein Strahl von deinem
*   Sohne!...*
O Jungfrau, Unvergleichliche auf Erden,
für deren Schönheit selbst der Himmel
*   glühte,*
du Übertroffene von keinem Weibe;
dein heil'ger Sinn, voll Reinheit und voll
*   Güte,*
sie ließen dich zu Gottes Tempel werden...
O Jungfrau, die du strahlst als ewig Reine,
du Stern in dieses Lebens wilden Stürmen,
dem treuen Steuermann vorauf zu wallen:
O sieh, wie Schrecken über mich sich
*   türmen,*
und ohne Hort ich steure und alleine!...
Mein Ende kommt, schon nah muß ich es
*   wissen,*
so eilig sind die Jahre!
O Jungfrau, einzig wahre,
im Herzen mahnt mich Tod und mein
*   Gewissen!*
Befiehl mich deinem Sohn in Gottes Hände,
dem wahren Menschenkinde,
daß Ruh ich finde, wenn mein Geist
*   entschwände!*

In das 14. Jahrhundert gehören ebenso

die Lieder der *Flagellanten*: Dies waren reuige, sich geißelnde Büßer, die – besonders nach dem Wüten des „schwarzen Todes", einer Seuche, die Hunderttausende von Menschen dahinraffte – in Scharen durch ganz Europa zogen. Aus ihren Reihen sei hier ein Beispiel aus Frankreich genannt („Ave Regina pure et gente"):

Heil dir, Königin, rein und liebevoll,
du edelste, sei gegrüßt, du Stern des Meeres,
teure Jungfrau, wir grüßen dich.
Du Mond, wo Gott sich verbarg.
Wäre es nicht für die Jungfrau Maria,
das Zeitalter wäre verloren.

In einer schwäbischen Chronik *Hugos von Reutlingen* aus demselben Jahrhundert (1349) finden wir ebenfalls eine Marienbitte der Geißler:

Maria, muoter rainiu mait,
erbarm dich über die cristenheit!
erbarm dich über dinin kint,
diu noch in diesen Ellind sint!

Ein völlig anderer Geist spricht aus einem französischen *Mirakelspiel* des 14. Jahrhunderts, das an mittelalterliche Legenden anknüpft, in denen Maria eine Ehe mit einem ihr Geweihten eingeht. Hier handelt es sich um einen jungen Kanonikus, der seine Dienste ganz der Jungfrau verschrieben hat. Nun hört er von seinem Onkel, daß er ein großes Vermögen geerbt hat und ein Mädchen heiraten muß, das sein Onkel für ihn ausgewählt hat. Er weigert sich und schwört, daß er sein Leben „Dieu et nostre dame" gewidmet habe; dann aber stellt er fest, daß das Mädchen ein wahres Muster nicht nur in Bezug auf Vermögen, sondern auch an Schönheit und Stellung in der Welt darstellt. Er willigt also ein; aber in seiner Hochzeitsnacht ruft die Jungfrau den Evangelisten Johannes und mehrere Engel zu sich und steigt in des jungen Mannes Schlafzimmer. Sie herrscht ihn an:

Wie kannst dies sein? Ich bin, die ich bin, und
du willst mich für eine andere Frau verlassen?
Mir scheint, du unterschätzest sehr meinen
Wert und meine Schönheit... Du mußt betrunken sein, wenn du dein ganzes Herz und
all deine Liebe einer irdischen Frau schenkst?
Und mich läßt du im Stich, der ich die Herrin
des Himmels bin? Sag mir die Wahrheit: Wo
ist die Frau, die mehr Güte und Schönheit hat
als ich?

Gebetbuch Georgs II. von Waldburg (Stuttgart, Württembergische Landesbibliothek). Die höfischen Gebetbücher sind vor allem durch reiche florale Ornamentik, in die sich einzelne Szenen der Heilsgeschichte einfügen, geschmückt.

Seite 95: „Lauretanische Litanei", ein im 16. Jahrhundert aus Ehrentiteln Mariens zusammengefügter Bittgesang (Ausgabe aus der Bibliothèque Nationale, Paris).

*Es kumpt ain schiff geladen
recht uff sin höchstes port,
es bringt uns den sune des vatters,
das ewige wore wort.
Uff ainem stille wage
kumpt uns das schiffelin,
es bringt uns riche gabe,
die heren künigin.
Maria, du edler rose,
aller sälden ain zwy,
du schöner zitenlose,
mach uns von sünden fry.
Das schifflin das gat stille
und bringt uns richen last,
der segel ist die minne,
der hailig gaist der mast.*

Johannes Tauler

Dann verkündet sie ihm, daß er in der Hölle schmoren müsse, da er ihr untreu geworden sei. Der Bräutigam rauft sich das Haar und – bittet seine Mutter, die Hochzeitsnacht mit ihm und seiner Braut zu verbringen! Sie ist erstaunt. Er aber bittet die Jungfrau um Hilfe gegen die Reize seiner Braut. Dann läuft er fort. Am nächsten Morgen findet die Familie statt der Jungvermählten des Mädchen allein vor; man vermutet, daß ihr Gemahl irgendwo betrunken eingeschlafen ist. Aber schließlich finden sie seinen Brief, in dem er mitteilt, daß Maria sehr eifersüchtig geworden sei und ihm ein Bett im Paradies bereitet hätte, was er durch sein großes Vergehen zunichte gemacht habe. Nun beschließt die Braut, dem Beispiel ihres Mannes zu folgen, und wird Nonne. Die Jungfrau erscheint und nimmt den

jungen Mann mit sich in ihre himmlische Heimstatt.

Ein bekanntes Gedicht geht vielleicht auf den Straßburger Volksprediger und Mystiker *Johannes Tauler* (um 1300–1361) zurück, der als Schüler Meister Eckarts gilt.(∗)

Das 15. Jahrhunderte zeigt in Italien den Humanismus und die Renaissance in Blüte. Im Norden bewegt sich die Mariendichtung noch in den alten Bahnen. Der bedeutendste deutsche geistliche Liederdichter des Jahrhunderts ist *Heinrich von Laufenberg* (um 1390–1460), zuletzt Mönch im Straßburger Johanniterkloster. Er verfaßte etwa 90 mystische geistliche Lieder und Sequenzen, nebst einem „Buch der Figuren", nämlich der Präfigurationen der Maria. Lesen wir hier seine Darstellung der Verkündigung:

Es kam ein bott vom himmel vin
har uf dise erden,
er giegt zuo bschlossen türen in
und gruoste die vil werden:
„Gegruosset siest, maria,
ein kron ob allen wiben!
du solt ein kind geberen ja
und solt doch magt beliben!"
„Wie kan ich gbern ein kindelin
und sein ein maget lise?
Nie mans begert des hercze min,
des soltu mich bewisen."
„Daz wil ich dich bewisen wol,
du edle küniginne:
der helig geiste komen sol,
der mag daz wol vollbringen."
Gabriel kam wider ab
und behuot si vor allem schmerzen.
Maria, di vil reine magt,
truog got in ihrem herczen.

Auf das 15. Jahrhundert geht höchstwahrscheinlich auch dieses einfache, zarte *englische Weihnachtslied* (carol) zurück
(„He came all so stille..."):
*Er kam ganz still,
und hier war seine Mutter,
so wie der Tau im April
aufs Gras herniederfällt.
Er kam ganz still
zu seiner Mutter Gemach,
so wie der Tau im April
auf die Blume herniederfällt.
Er kam ganz still,
und hier lag seine Mutter,
so wie der Tau im April
aufs kleine Zweiglein fällt.
Mutter zugleich und Magd
war niemand je wie sie.
Es mag wohl solch eine Frau
die Mutter Gottes sein.*

In Frankreich lebte damals dessen
wohl größter mittelalterlicher Dichter,
François de Montcorbier alias des Loges
oder François Courbueil oder Corbier,
der sich schließlich *François Villon* nannte. Er studierte an der Pariser Universität
und geriet anscheinend in schlechte Gesellschaft, denn er wurde einmal wegen
Mordes, ein andermal wegen Diebstahls
ins Gefängnis geworfen. Nach 1463 haben sich seine Spuren verloren. Er hat
eine große Ballade hinterlassen, in der er
eine Frau zu Maria beten läßt:
*Göttin des Himmels, Gottes Herrscherin
über die Menschen und Kaiserin über das
schreckliche Meer!*

*O nimm mich auf, deine demütige Christin,
auf daß ich lebe mit denen, die du hoch
schätzst, obgleich ich nichts dergleichen verdient habe.
Solche Barmherzigkeit wie deine, Frau und
Herrin, ist weit größer als meine menschliche
Sündhaftigkeit; die Barmherzigkeit, ohne
die – ich weiß es, lüge nicht – keine Seele
hoffen kann, heilig zu werden.
In diesem Glauben möchte ich leben und
sterben...
Bin eine alte Frau, klein und schwach, hab
nichts gelesen, weiß so gut wie nichts, doch in
der Kirche seh ich gemalte Bilder vom Paradies, doch auch von dieser Hölle, wo die Verdammten brennen; diese fürcht ich sehr, doch
jene geben mir Glück und Freude; du Heilige,
gibt, daß mir die Freude sei...*

Das folgende Gedicht stammt aus einer
Stuttgarter Handschrift von 1476, dem
Gebetbuch Georgs II. von Waldburg, geht
aber vielleicht auf viel ältere Quellen aus
dem 12. Jahrhundert zurück; es wurde
jedoch zwischenzeitlich mehrfach über-
arbeitet:
*Ave Maria, ain ros on alle dorn,
mit missetat han ich verlorn
din kind, das von dir ist geborn:
Maria, versien mich vor sinem zorn.
Ave Maria, durch dines kindes tod,
das vor dir hieng von bluot rot,
hilf das ich der engel brot
mit riuwen [Reue] empfach in todes not...
Ave Maria, frow unwandelbar,
send mir den engel dar,
wenn ich von der welt far,
Maria, vor den boesen vinden [Feinden]
    mich bewar.*

Ebenfalls aus dem 15. Jahrhundert
stammt das bekannte und nach wie vor
populäre *Es ist ein Ros' entsprungen aus
einer Wurzel zart...*, das in der Vertonung
von *Michael Prätorius* (um 1571–1621)
noch immer gesungen wird.

Dieser Zeit verdanken wir auch die sogenannte *Lauretanische Litanei*, benannt
nach dem italienischen Wallfahrtsort Loreto. Litaneien sind längere Bittgesänge,
die zwischen Vorsänger und Gemeinde
abwechseln und deren Gebetsgruppen
mit Anrufungen wie „Ora pro nobis" oder
„Kyrie eleison" zusammengestellt werden. Die Lauretanische, die u. a. von Mozart vertont wurde, ist ganz an Maria
gerichtet. Die Litanei enthält eine Aufzählung ihrer Titel und Eigenschaften.(*)

*Du geheimnisvolle Rose,
Du starker Turm Davids,
Du elfenbeinerner Turm,
Du goldenes Haus,
Du Bundeslade,
Du Pforte des Himmels,*

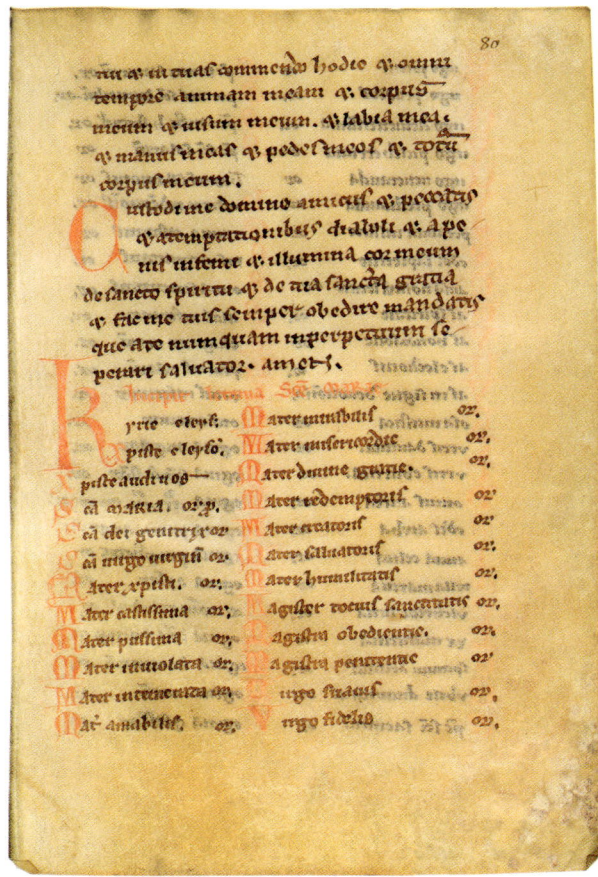

*Du Morgenstern,
Du Heil der Kranken,
Du Zuflucht der Sünder,
Du Trösterin der Betrübten,
Du Helferin der Christen,
Du Königin der Engel,
Du Königin der Patriarchen,
Du Königin der Propheten,
Du Königin der Apostel,
Du Königin der Märtyrer,
Du Königin der Bekenner,
Du Königin der Jungfrauen,
Du Königin aller Heiligen.*

Aus der Lauretanischen Litanei

LITERATUR DER NEUZEIT UND GEGENWART

Das 16. Jahrhundert ist das Zeitalter der Reformation und auch der Blüte des Humanismus. *Martin Luther* (1483–1546) hat zwar im Prinzip die Religion „zweiter Ordnung" beseitigt, worunter er Heiligen- und Reliquienverehrung, Mönchtum, Wallfahrten, Prozessionen usw. verstand. Dennoch hielt er am Glauben an Marias unbefleckte Empfängnis und Jungfräulichkeit fest. Anfangs bekannte er sich auch noch zur Aufnahme Marias in den Himmel mit Leib und Seele. Später hat er das Fest Mariä Himmelfahrt jedoch aus seinem Kalender gestrichen. Einige Äußerungen und Gebete aus der Feder Luthers:

Die zarte Menschheit Christi auf dieser Erde ist von Maria gekommen: ohne Mannes- und Menschenwerk, allein vom Heiligen Geist, von oben herab gewirkt. [1518]

In einem Wort hat man alle ihre Ehre zusammengefaßt, wenn man sie nämlich Gottes Mutter nennt; niemand kann Größeres von ihr noch zu ihr sagen, auch wenn er so viel Zungen hätte, als es Laub und Gras, Sterne am Himmel und Sand am Meer gibt. Es will aber auch mit dem Herzen bedacht sein, was es heißt, Gottes Mutter zu sein. [Magnificat]

Man kann aus dem Evangelium nicht schließen, wie Maria im Himmel sei, und es ist auch nicht nötig, daß wir alles aussagen können, wie es mit den Heiligen im Himmel zugehe. Es genügt zu wissen, daß sie in Christo leben. [15. Aug. 1522]

[Über die Hochzeit zu Kana:] Maria befiehlt nicht, sie bittet nicht, sondern sie zeigt nur den Mangel an... Auch das ist schön: Sie gibt nicht den Dienern Anweisungen, sondern weist auf Christum: Höret, was er sagt! [19. Jan. 1528]

[Über die Verkündigung:] Es ist ein Wunder, daß solches eine Frau hat glauben können; denn wenn man es jetzt einer sagte, die würde darüber lachen. Maria aber hat es gar einfältig geglaubt, nicht mit der Vernunft danach getappt. Da macht der Heilige Geist in einem Augenblick sie zur Mutter. [25. März 1534]

Das Unvergleichliche, was die ganze Welt nicht fassen, noch viel weniger schildern kann: Aus Marias Fleisch und Blut nimmt er seine menschliche Natur an. Dann läßt er sich tragen in ihren Armen, nähren von der Milch der Jungfrau, dann ist sie Mutter und Jungfrau. Und soll alle heiligen Frauen überragen, so daß die Engel staunen. [2. Juli 1536]

Erasmus von Rotterdam (Desiderius Erasmus), der eminente niederländische Theologe, Philologe und Humanist, 1469–1536, zeitweilig ein Verbündeter Luthers, war ein scharfer Kritiker des veräußerlichten katholischen Kults seiner Zeit. In seinen „Colloquia familiaria" (1518) läßt er Maria sprechen:

Daß du, dem Luther folgend, eifrig verkündigst, es sei überflüssig, die Heiligen anzurufen, das weiß ich meinesteils dir großen Dank. Denn vorher brachten mich die gottlosen Forderungen der Sterblichen fast ums Leben. Von mir allein fordern sie alles – als wenn mein Sohn immer ein Kind wäre... Der gottlose Soldat, der zur Schlachtbank geführt, ruft mir zu: Heilige Jungfrau, verleihe reiche Beute! Der Spieler ruft: Sei mir günstig, Himmlische, ein Teil des Gewinnes soll dir zufallen!... Wenn ich etwas verweigere, rufen sie mir zu: Bist du denn die Mutter der Barmherzigkeit?... Die Unverheiratete ruft: Maria, gib mir einen wohlgestalteten und reichen Bräutigam! Die Verheiratete: Gib mir schöne Kinder! Die Schwangere: Gib mir eine leichte Geburt! Der Philosoph: Verleihe mir, unlösbare Knoten zu knüpfen. Der Priester: Gib mir fette Pfründe!

Indessen blieb vieles in der damaligen Literatur von den großen Reformen und neuen Ideen unberührt: *Hans Folz* (1450–1515), ein Erneuerer des Meistersanges, der zeitweilig eine eigene Druckerei für seine Werke besaß, verfaßte viel religiöse Lyrik, aber auch Spruchgedichte, Schwänke und Fastnachtsspiele. Ein Marienlied aus seinem „Passional" mahnt:

O cristenn mensch, betracht
das inprunstig beweynenn
Maria der vill reynen,
do sie ir kinth
hoch an dem creucz sach hangenn...
Des junckfreuliches herczenn ir,
wie sie mit flammender begir
gedacht: „ach das ich hing pey dir,
so wer mir woll.
O sun, wie sol
ich ansehenn den schmerczenn
deines betrubtenn herczenn?"

Ebenfalls vom Anfang dieses Jahrhunderts ist uns in einer Handschrift aus dem *Kloster Neuburg* das folgende Lied bewahrt. Es ist eine sogenannte Kontrafaktur, d.h. eine Umdichtung eines älteren Liedtextes.

Marienlied von Hans Folz, ca. 1496, aus dem Codex Germanicus Monacensis (München, Bayerische Staatsbibliothek; Cgm 6353).

Ich weiß ein hübsches Häuselein,
da lauft ein Kindlein aus und ein,
es mag wohl Jesus Christus sein,
Maria ist das Häuselein.
Gegrüßet seist du, reine Maid,
gegrüßet sei dein Heiligkeit,
gegrüßet sein dein klarer Schein,
Herr Jesu Christ in Israel.
Es weint das edel Kindelein,
das scheint recht als der Sunnen Schein:
Maria, die edel Jungfrau fein,
die fäscht das edel Kindelein ein.
Sie reicht die Brust dem Kindelein,
kußt ihm sein süßes Mundelein.
„Sweig, du zarts mein Kindelein,
so will ich hie dein Dienerin sein."

Interessant ist auch eine *Münchner Kontrafaktur* von 1505:

Den liebsten Buhlen, den ich han,
der ist in des Himmels Throne,
Maria heißet sie gar schon:
Erwirb uns Frieden und Sohne...

Sandro Botticelli (1445–1510): „Madonna del Magnificat", Tondo im Blumengirlanden-Rahmen, Tempera auf Holz (Florenz, Uffizien). Dieses besonders majestätische Bildnis Botticellis von der Jungfrau mit dem Kind trägt seinen Namen nach dem lateinischen Vers aus dem Lukasevangelium (1,46), auf den das Kind zeigt: „Und Maria sprach: Meine Seele preiset (magnificat) den Herrn". Besondere künstlerische Aufmerksamkeit hat der Maler auf die Perspektive in dem schwierigen Rund des Bildes verwendet.

...Interessant deswegen, weil das Vorbild für dieses Lied einmal folgendermaßen geklungen hatte: „Den liebsten Buhlen, den ich han, der liegt beim Wirt im Keller..."

Eine weitere Kontrafaktur kommt aus *Nürnberg* (1551):
Es wollt ein Jäger jagen
wohl in des Himmels Thron,
was begegnet ihm auf der Heiden?
Maria, die Jungfrau schon.
Der Jäger, den ich meine,
der ist uns wohl bekannt,
er jaget mit einem Engel,
Gabriel ist er genannt.
Der Engel blies ein Hörnlein,
es lautet sich also wohl:
„Gegrüßet seistu, Maria,
du bist aller Gnaden voll.
Gegrüßet seistu, Maria,
du edle Jungfrau fein.
Dein Leib, der soll gebären
ein kleines Kindelein."...
„Dein Will, der soll geschehen
ohn sonder Pein und Schmerz."
Da empfing sie Jesum Christum
in ihr jungfräulich Herz.

Das katholische Kirchenlied wies im 16. Jahrhundert eine Periode stark antilutherischer Lieder auf, knüpfte aber gegen Ende des Jahrhunderts wieder an die alten Traditionen an. Hier geben wir ein Lied des aus Franken nach Österreich ausgewanderten *Nikolaus Beuttner* wieder, dessen Gesangbuch bis 1718 immer wieder neu verlegt wurde. Wegen seines Refrains wurde dieses Lied „die Leisen" genannt:
In Gottes Namen walfarthen wir
und seiner Gnade begeren wir.
Verley uns Herr auss Gütigkeit
du heilig Dreyfaltigkeit
Kirieleison...
In Gottes Namen walfarthen wir,
Maria, wir kommen auch zu dir.
Dein fürbitt wölst mittheilen uns
und uns erlangen die gnad deines Sohns,
Kirieleison.

Während im 17. Jahrhundert die Marienliteratur in den protestantischen Ländern keine oder nur eine sehr geringe Rolle spielt, entwickelt sie sich in den katholischen Ländern weiter, vor allem in den Legenden- und Bekehrungsdramen der *Jesuiten*. *Jacob Bidermann*, 1578 bei Ulm geboren, erst Lehrer der Rhetorik

O du selige Jungfrau und Mutter Gottes,
wie bist du so gar nichts und geringgeachtet gewesen,
und Gott hat dich dennoch so überaus gnädig
und reichlich angesehen und große Dinge an dir gewirkt.
Du bist ja deren keines wert gewesen,
und weit und hoch über all dein Verdienst hinaus
ist die reiche, überschwengliche Gnade Gottes in dir.

Martin Luther, *Das Magnificat – ausgelegt*, 1521

Sie ist mir lieb, die werte Magd, und kann ihr nicht vergessen.
Lob, Ehr und Zucht man von ihr sagt, sie hat mein Herz besessen.
Ich bin ihr hold, und wenn ich sollt
Groß Unglück han, da liegt nichts dran;
sie will mich des ergetzen
mit ihrer Lieb und Treu an mir, die sie zu mir will setzen
und tun all mein Begier.

Martin Luther (Entstehungsjahr ungewiß)

und Philosophie, dann Zensor und Assistent des Ordensgenerals der Jesuiten in Rom, ist ein bedeutender Repräsentant des neulateinischen Jesuitendramas im Barockzeitalter. Er läßt Maria in seinem Drama „Jacobus usurarius" (1613) auftreten. Auch *G. Stengel* zeigt Maria auf der Bühne in seinem Drama „Deiparae Virginis Triumphus" (1617).

Dagegen stammte *Friedrich Procopius* aus einer protestantischen Bürgerfamilie. Um 1609 in Templin in der Mark Brandenburg geboren, trat er bald zum katholischen Glauben über und wirkte als Kapuziner in Prag, Wien, Budweis und anderen Städten. Er galt als bedeutender Kanzelredner und war ein populärer Liederdichter. Hier einige Proben aus seinem „Mariale festivale", das alte Motive in neue Formen hüllt:

MARIA AUF DER REISE
Ey wie so einsam, wie so geschwind?
Jungfrau Maria, nicht so eile;
ringfertig [schnell gehend], wacker, als wie
*   der Wind,*
ach, warum läst dir nicht der Weile?...
(Maria): „Warum so einsam und so
*   geschwind,*
will ich dir herzlich gern anzeigen...
Jungfrauen will's gebühren gar nicht,

viel untern Leuten umzuziehen...
Durch das Gebürg über Berg und Thal
tut sich mein Geist in Gott erschwingen,
als wie eine himmlische Nachtigall
ich das Magnifikat thu singen;
wer gern allein ist und betet gern,
der thut sein Zeit gar schon zubringen."
Mensch, unser Frauen die Kunst ablern!
Gott geb, daß es dir mog gelingen.

Ein anderes Lied des Procopius – ebenso wie das obige in „Des Knaben Wunderhorn" von Arnim und Brentano wieder ans Licht gebracht – wurde von Goethe in einer Rezension besonders gelobt. Hier die zweite von insgesamt drei Strophen:

Zwey Nachtigallen ich singen hör,
ein Engel kommt vom Himmel
nach Nazareth, nicht ungefähr,
ins jungfräuliche Zimmer;
o wie so lieblich singt er an
das Jungfräulein Maria;
kein menschlich Zung beschreiben kann
die süße Harmonie.

Dem „Festivale" entnommen sind die folgenden zwei Gedichte:

ZUGVÖGEL
Ach wie so schön, wie hübsch und fein
sind deine Tritt, Maria rein
in deinem Schühlein leis dahin.
Ach Jungfrau, was hast du im Sinn?
Du weist, was unterm Herzen tragst,
mich wundert, wie du eilen magst?
„Hör mich nun an, du frommes Weib,
ich trag in meinem reinen Leib,
ich trag in mir das ewge Wort,
beschwert mich nicht, ja hilft mich
*   [helft mir] fort..."*

INSCHRIFT
Hör mich du arme Pilgerin,
die du zu Wallfahrten hast den Sinn,
nicht wollest du vorübergehen,
bey diesem Bilde bleibe stehen,
erfrisch allhier die müden Füß,
Maria hier, die Mutter süß
ganz ruhig steht und wartet,
ob du bist gut geartet.
Hast du ihr nichts zu geben mehr,
laß ihr nur eine fromme Zähr' [Träne]...

Procopius' Zeitgenosse *Jakob Balde* (1604–1668) war noch vielseitiger. Ganz im jesuitischen Milieu aufgewachsen, erhielt er die Priesterweihe, wurde Lehrer der Rhetorik, Hofprediger und Prinzenerzieher in München, und war dabei noch ein fruchtbarer neulateinischer Epi-

DER MARIA GEBURT
...Also ihr Menschen kommt herbey,
laßt hören eure Melodey
das Kindelein zu grüßen.
Heut fröhlig sein Geburtstag fällt,
Sanct Anna bringt es auf die Welt,
es lasset euch genießen.
...In Demut grüßt sie jedermann,
denn sie ists, die uns trösten kann
in aller Trauer Qualen.
Friedrich Procopius, aus *Festivale*

Links: Eine Mariale von Procopius, gedruckt in Salzburg 1665, zeigt Maria als Auferweckte von Wolken und Putten umgeben (Fribourg, Kantons- und Universitätsbibliothek).

Seite 99: Bartolomé Estaban Murillo (1618–1682): „Geburt Mariens", Öl/Leinwand (Paris, Louvre).

ker, Dramatiker und Lyriker. Sein langer „Lobgesang auf Maria" ist voll Pathos', aber auch echten Gefühls:
Ach, wie lang hab ich schon begehrt,
Maria, dich zu loben!
Nicht zwar als wie du wirst verehrt
im hohen Himmel oben;
diess wär umsonst! Mein arme Kunst
würd an der Harfe hangen,
und dieses Lied, so sehr sie glüht,
im tiefen Ton anfangen...
Wenn mir geschwächt sind all Sinn',
und die Umstehenden sagen: Jezt scheidet er,
*   er ist dahin,*
der Puls hört auf zu schlagen!
Dein schöne Hand, dein milde Hand,
o Mutter meines Lebens,
gleit über mich, erquicke mich,
sonst ist es Alls vergebens.

Etwas jünger als Balde ist der Barocklyriker *Johann Klaj*, genannt Clajus der Jüngere. Er wurde 1616 in Meißen geboren und starb 1650 in Kitzingen am Main als Pfarrer. Er schrieb deklamatorische Dramen, Schäfer-Lyrik und geistliche Lieder. In seinem sehr langen Gedicht „Himmelfahrt Jesu Christi" erzählt er:
Fürst Gabriel rückt fort und führt nach
*   Engelpracht*
ein dreygeeckt Panier von Silber aufgemacht,

in welchem lacht und lebt der Morgenstern
 der Frauen,
die Weib und Jungfrau ist und Göttlich
 anzuschauen.
Die drükket an den Mund und leget an die
 Brust
der Menschen Liebesheil, der Engel süße
 Lust.
Die Sternenschrift so hier, o Wunder! wird
 gelesen,
heißt so: Das Wort ward Fleisch, das stets
 bey Gott gewesen.

Ein ausladender Barockdichter war auch der damals vielgefeierte *Siegmund von Birken* (1626–1681), Verfasser von Festspielen, Andachten, geistlichen Liedern und Schäferpoesie. In seinem fünfzehn Strophen langen Gedicht „Andacht über die Vermählung der himmlischen Gottheit mit unser irdischen Menschheit" lesen wir:
Den nie kein Ort begrieffen hat,
ligt itzt in Mutterleibe.
Den keines Menschen Sinn betrat
getragen wird vom Weibe.
Der alles hier speist, tränkt und kleidet,
dem wird zur Speise Milch bescheidet.
Der Gott, durch den wir Menschen sind,
wird selbst ein schwaches Menschenkind.

Ganz anders berührt uns *Angelus Silesi-*

us, der eigentlich Johann Scheffler hieß. 1624 in Breslau geboren, trat er mit 30 Jahren zum Katholizismus über, wohl weil er dort besseren Widerhall für seine mystischen Neigungen zu finden hoffte. Er ist vermutlich der größte religiöse Dichter des deutschen Barock; einige seiner Kirchenlieder werden noch heute gesungen. Von dem großen Mystiker Jakob Böhme stark beeinflußt, bewegen sich seine Dichtungen zwischen Pantheismus und mittelalterlicher Mystik, muten aber häufig ganz modern an. Nicht weniger als 55 religiöse Schriften sind von ihm bekannt, darunter auch Schmähschriften gegen den Protestantismus. „An die Jungfrau" richtet er diese Verse aus dem „Cherubinischen Wandersmann":
Maria wird genannt ein Thron und Gotts
 Gezelt,
ein Arche, Burg, Turm, Haus, ein Brunn,
 Baum, Gartenspiegel;
ein Meer, ein Stern, der Mond, die
 Morgenröt, ein Hügel;
Wie kann sie alles sein? sie ist ein andre
 Welt.
 Sag an, o werte Frau, hat dich nicht
 auserkorn
die Demut, daß du Gott empfangen und
geborn?

Sag, obs was anders ist? Damit auch ich auf
 Erden
kann eine Magd und Braut und Mutter
 Gottes werden.
 Ich muß Maria sein und Gott aus mir
 gebären,
soll er mich ewiglich der Seligkeit gewähren.
Maria ist hochwert; doch kann ich höher
 kommen,
als sie und alle Schar der Heiligen
 geklommen.

Als Mensch und Schriftsteller wohl ebenso bedeutend war *Friedrich Spee von Langenfeld*, der 1591 bei Düsseldorf geboren wurde. Dieser Jesuitenpater wurde zu einem der Vorläufer der Aufklärung. Als Beichtvater vieler Frauen, die der Hexerei bezichtigt wurden, war er davon überzeugt, daß der exzessive Hexenwahn ein Irrsinn war. Dennoch mußte er etwa zweihundert Unschuldige zum Scheiterhaufen begleiten. Außer seiner Schrift „Cautio criminalis" gegen die Hexenprozesse, die in manchen Gegenden zu deren Abschaffung führte, verfaßte er religiöse Lieder und Schäferpoesie, zum Teil in sehr barockem Stil und nach spanischen Vorbildern. Er starb 1635 in Trier, als er während des Dreißigjährigen Krieges pestkranke Soldaten pflegte. Das folgende Lied „Trauriges Gespräch, so Christus am Kreuz geführet" aus seiner „Trutznachtigall" mutet zum Teil gekünstelt an: (Jesus spricht freundlich zur Mutter:)

Ach, wie konntest mich gebären
in so großer Qual und Pein?
Warest du denn (soll' man schwören)
lauter Stahl und Marmorstein?
Waren dir denn je geschnitten
Herz und Mut und Eingeweid'
nur von Felsen aus der Mitten
oder von Metall bereit't?
(Die Mutter antwortet:)
O bedrängtes Herz der Herzen!
O du zartes Mutterkind!
Warest Muster meiner Schmerzen,
mir das Blut zum Herzen rinnt...
Denn zu süßem Licht und Leben
ich dich hab geboren zwar,
doch zu deinem Kreuz beineben
in mir kein Gedanke war.

Ein anderes Gedicht von Spee ist natürlicher und inniger: das auch heute noch bekannte „In stiller Nacht zur ersten Wacht", das Johannes Brahms vertont hat. Da spricht der Heiland:

Maria zart, jungfräulicher Art
sollte mein Schmerzen wissen,
Mein Leiden hart zu dieser Fahrt,
dein Herz wär schon gerissen.
Ach Mutter mein, bin ja kein Stein,
das Herz mir dörft zerspringen;
sehr große Pein muß nehmen ein
mit Tod und Marter ringen.
Ade, ade zur guten Nacht, Maria, Mutter
* milde...*

Eine jesuitische Erziehung erfahren hatte auch der Tiroler Edelmann *Nikolaus von Avancini* (1611–1686), wohl der erfolgreichste Verfasser barocker Festspiele und Jesuitendramen, deren er über 30 schrieb und in denen prunkvolle Inszenierungen und Kulissenausstattungen sowie Beleuchtungseffekte eine Hauptrolle spielten. Avancini war ein aufrichtiger Verehrer des Habsburger Herrscherhauses, und ihm ist es zu verdanken, daß der Schwerpunkt des Jesuitendramas nach Beendigung des Dreißigjährigen Krieges von Bayern nach Österreich verlagert wurde. In seinen Oden wird Maria im Barockstil verherrlicht.

Ganz anders war der Stil der damaligen religiösen volkstümlichen Lieder. Nehmen wir hier ein Beispiel aus dem *Augsburger Gesangbuch* von 1666, das auf ein älteres niederländisches Lied zurückgeht:

Es fiel ein Himmelstaue
in eine Jungfrau fein,
es war kein böse Fraue,
das macht ihr Kindelein.
Ob sie schon hat geboren,
blieb sie doch Jungfrau rein,
o Jungfrau auserkoren,
Lob muß dir allzeit sein.
Für uns bitt ingemeine
Jesum, das süße Kind,
daß er uns woll einlassen
ins Himmels Paradeis,
da man allzeit ohn Maßen
singt Lob mit Ehr und Preis.

Aus der Zeit um 1695 stammt dieses *Pilgerlied aus Fulda:*

O Königin, holdselige Frau,
zu uns herab vom Himmel schau.
Maria, o Königin, bitt für uns,
o Maria!...
* Bitt für das Feld und Ackerland,*
behüt uns auch für Feuer und Brand.
Maria, o Königin, bitt für uns,
o Maria!
* Ach steh uns bei am letzten End,*
o Mutter, dich nicht von uns wend!
Maria, o Königin, bitt für uns,
o Maria.

Höchstwahrscheinlich aus derselben Zeit ist auch das folgende volkstümliche Lied überliefert:

Maria sollt zur Schule gehn;
was fand sie an dem Wege stehn?
Da fand sie einen Schiffmann stehn:
„Ach Schiffmann, fahr mich über das Meer!"
„Ich will nicht fahren über das Meer,
ihr müßt mir versprechen eur höchste Ehr."
„Mein höchste Ehr versprech ich euch nicht,
solange als Himmel und Erde steht.
Meine Ehr versprech ich euch nimmermehr,
viel lieber will ich wandeln über das Meer."
Und als sie in die Mitte kam,
fingen alle Glocken zu läuten an.
Sie läuten alle, groß und klein,
sie läuten alle insgemein.
Maria kniet auf einem Stein;
dem Schiffmann sprang sein Herz entzwei.

Innig im Ausdruck und durchaus nicht im pompösen Barockstil ist das Bittgedicht „Maria, breit dein Mantel aus", einem *Innsbrucker* Druck von 1640 entnommen. In bearbeiteter Form ist es heute noch ein beliebtes Kirchenlied.(∗)

1591–1674 lebte in England *Robert Herrick,* der als der bedeutendste der sogenannten „Cavalier-Poeten" gilt, ein Anhänger Karls I., dessen unglückliches Ende auch ihm große Schwierigkeiten bereitete. Seine sensitive Lyrik war lange Zeit fast vergessen, wurde aber im 19. Jahrhundert wieder ans Licht gebracht. Hier ein Epigramm aus den „Noble Numbers", Nr. 183 (1647):

The Virgin Mary:
To work a wonder, God would have her
* shown*
At once, a Bud, and yet a Rose full-blown.
* Ein Doppelwunder zeigt uns Gott in*
* seiner Güte:*
Maria, Knosp' und Ros' zugleich in voller
* Blüte.*

Bemerkt werden sollte hier, daß gerade bei den berühmtesten Dichtern des 16. und 17. Jahrhunderts Maria nur eine geringe Rolle spielt: Weder in den Werken William Shakespeares (1564–1616) noch in denen der italienischen Ependichter Matteo Boiardo (1440–94), Lodovico Ariosto (1474–1533) und Torquato Tasso (1544–1594), noch auch bei den Spaniern Miguel Cervantes (1547–1616), Felix Lope de Vega (1562–1635) und Pedro Calderon de la Barca (1600–1681) tritt Maria in bedeutender Rolle hervor; in John Miltons (1608–1674) langer Hymne „Am Morgen von Christus' Geburt" wird sie kaum erwähnt.

Im Laufe des 17. Jahrhunderts wurde eine Reihe neuer Orden gestiftet; einer davon, schon im Jahre 1609 von der aus England nach Frankreich geflüchteten Mary Ward gegründet, hatte die Regeln des Ignatius von Loyola übernommen und wurde deswegen landläufig als eine Art weiblicher Zweig des Jesuitenordens angesehen. Dieser Orden wurde erst 1703 päpstlich bestätigt. Er besteht noch heute unter dem Namen „Englische Fräulein" und unterhält Schulen für Mädchen, auch in Deutschland und Österreich. – Ein anderer Orden, die „Christlichen Schulbrüder" (Frères ignorantins), 1681 von *Jean Baptiste de la Salle* gegründet, wurde im 19. Jahrhundert einflußreich. De la Salle (1651–1719) war Domherr zu Reims und gilt als Pionier der allgemeinen Schulbildung. Hier eine Anrufung der Maria aus seiner Feder:

Jungfrau Maria, Mutter Gottes und meine
Mutter, Fürsprecherin, Zuflucht und Be-
schützerin meines Lebens, in tiefer Demut

Maria, breit dein Mantel aus,
mach uns ein Schild und Schirm daraus,
laß uns all sicher drunter stehn,
bis alle Gfahr fürübergehn.
*Barmherzige Patrona,
komm uns zu Hülf, Maria.*

O Mutter der Barmherzigkeit,
dein Mantel ist schon ausgebreit,
wer sich nur fleißig drunter stellt
in keiner Gfahr wird er gefällt.
*Barmherzige Patrona,
komm uns zu Hülf, Maria.*

Dein Mantel ist sehr weit und breit,
er deckt die ganze Christenheit,
er deckt die weite, breite Welt,
ist aller Zuflucht und Gezelt.
*Barmherzige Patrona,
komm uns zu Hülf, Maria...*

Wann alls der Krieg durchnander jagt,
wenn alles flieht und ist verzagt,
bleib du bei uns, weich von uns nit,
so weichen wir auch nit ein Schritt.
*Barmherzige Patrona,
komm uns zu Hülf, Maria.*

Kommt her all, die ihr seid betrübt,
von Herzen diese Mutter liebt,
die Mutter der Barmherzigkeit
nimmt hin all euer Herzenleid.
*Barmherzige Patrona,
komm uns zu Hülf, Maria.*

Aus einem Innsbrucker Druck von 1640

Der spätgotische Bildschnitzer Friedrich Schramm, tätig um 1480–1515, ist Schöpfer der hier abgebildeten holzgefaßten Schutzmantelmadonna aus Ravensburg (um 1480). Das Werk befindet sich in den Staatlichen Museen Berlin. In den Schutzmantelmadonnen fand das Vertrauen, das aus den zahllosen Gebeten um Fürbitte sprach, seinen bildlichen Ausdruck.

wende ich mich an dich; zu Gott und zu dir habe ich großes Vertrauen: Begleite mein Gebet, nimm an meine Vorsätze und meine Zuneigung. Erflehe bei deinem göttlichen Sohn die Gnaden, die ich brauche, um meine Vorsätze ausführen zu können...

Etwa um dieselbe Zeit richtete der erste offizielle englische „Poeta Laureatus", *John Dryden* (1631–1700), sein Gebet an Maria um Hilfe angesichts der in London wütenden Pest: „Heaven's brightest Star, thy influence shed..."
Hör unsern Schwur, des Meeres Stern,
Und halt von deinem Volk das Übel fern!
Von deinem Sohn wird dir der Wunsch
gewährt, da er so hoch dich ehrt...

Zweig entspringt, des heil'ger Blütenduft zum Himmel dringt.

Im übrigen brachten die ersten Jahrzehnte des 18. Jahrhunderts nicht viel Neues in der Marienliteratur. Die Aufklärung konnte mit Maria nicht viel anfangen. Einen starken Auftrieb erhielt die Mariendichtung erst wieder im späten 18. Jahrhundert, und dies besonders auch von protestantischer Seite. Dichter des „Sturm und Drang" und vor allem der Romantik widmeten sich erneut dem marianischen Stoff und vertieften und verinnerlichten ihn. Für die deutsche Literatur tat das zum Beispiel der ganz junge *Goethe* (1749–1832) durch das berühmte Ge-

Unbezwinglich unser Mut,
Wenn du hehr gebietest;
Plötzlich mildert sich die Glut,
Wie du uns befriedest.
Jungfrau, rein im schönsten Sinn,
Mutter, Ehren würdig,
Uns erwählte Königin,
Göttern ebenbürtig.

Und dann spricht „Una Poenitentium" (eine der Büßerinnen), „sonst Gretchen genannt", ähnlich wie zuvor:
Neige, neige,
Du Ohnegleiche,
Du Strahlenreiche,
Dein Antlitz gnädig meinem Glück...

Und Maria, genannt Mater Gloriosa,

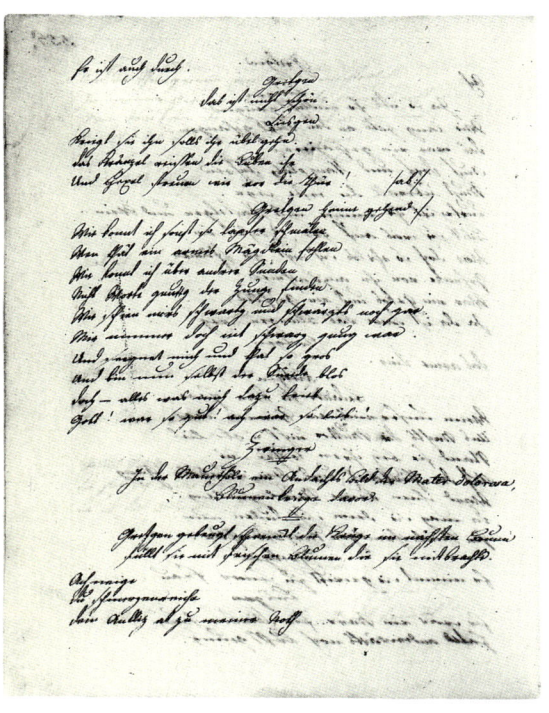
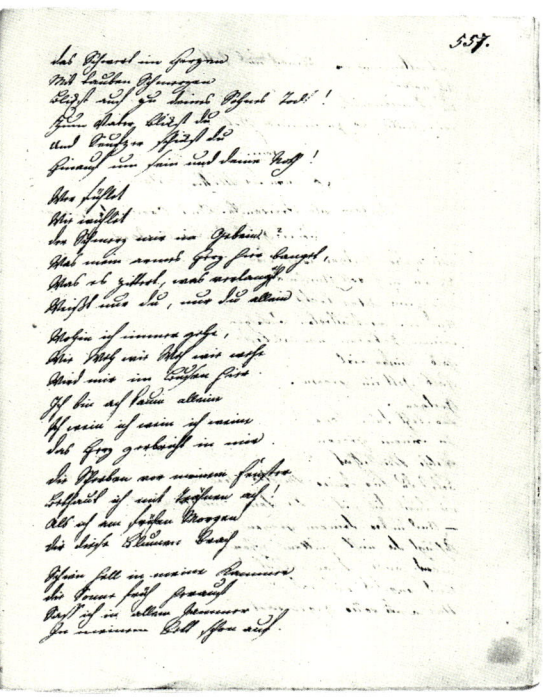

Ach neige,
Du Schmerzensreiche,
Dein Antlitz gnädig meiner Not!
Das Schwert im Herzen,
Mit tausend Schmerzen
Blickst auf zu deines Sohnes Tod.
Zum Vater blickst du,
Und Seufzer schickst du
Hinauf um sein und deine Not...
Hilf! rette mich von Schmach und Tod!
Ach neige,
Du Schmerzensreiche,
Dein Antlitz gnädig meiner Not!
Goethe, Gebet Gretchens aus *Faust*

Jungfrau und Mutter du, fruchtbare Maid,
Sprich für uns, daß der Herr uns Trost
verleiht!

Drydens jüngerer Zeitgenosse *Alexander Pope* (1683–1744), von Geburt an Katholik – während Dryden erst im Alter zum Katholizismus übergetreten war –, war ein bedeutender und hochgeschätzter Kritiker, Satiriker, Übersetzer, Moralist und Dichter. In seinem „Messiah – A Sacred Eclogue" sagte er:
A virgin shall conceive, a virgin bear a son!
From Jesse's root behold a branch arise,
Whose sacred flower with fragrance fills the
skies.
Die Jungfrau wird empfangen, einen Sohn
gebären, denn sieh: Aus Isais Stamm ein

bet Gretchens im ersten Teil seines „Faust", das sich fast wörtlich schon im „Urfaust" findet, also vermutlich schon vor seiner Weimarer Zeit (ab dem Jahr 1775) niedergeschrieben worden sein muß – ein Gedicht, das uns heute noch erschüttert (∗).

In der letzten Szene des zweiten Teils des „Faust", erst um 1830 fertiggestellt, knüpft Goethe an dieses Gebet an: Maria erscheint in dieser Szene flüchtig, wie eine Vision. Erst, da sie heranschwebt, wird sie von Doctor Marianus erschaut:
Höchste Herrscherin der Welt!
Lasse mich im blauen,
Ausgespannten Himmelszelt
Dein Geheimnis schauen...

spricht – am Ende des Dramas – nur diese zwei Zeilen:
Komm! hebe dich zu höhern Sphären,
Wenn er dich ahnet, folgt er nach.

Und so wird Faust in den Himmel aufgenommen.

Bahnbrechend für die Bewegung des „Sturm und Drang" war *Johann Gottfried Herder,* 1744 in Ostpreußen geboren, lange ein Freund Goethes. Er war ein einflußreicher Theologe, Geschichts- und Kulturphilosoph, Literaturkritiker, Übersetzer und Dichter. In seinen „Briefen zur Beförderung der Humanität" (1795) hat er folgendes über Maria zu sagen:
Man humanisierte seine [des menschlichen Geistes] Religionsbegriffe, und so trat vor al-

Die Jungfrau wird empfangen, einen Sohn gebären, denn sieh: Aus Isais Stamm ein Zweig entspringt, des heil'ger Blütenduft zum Himmel dringt.

Alexander Pope

lem andern die gebenedeite Jungfrau, die Mutter des Weltheilandes, in einer eigenen Idee hervor, zu der ihr die griechischen Musen nicht halfen. Der Gruß des Engels half ihr dazu, der sie die Holdselige, die Gottesgeliebte, ihre eigene Demut half ihr dazu, in der sie sich die Magd des Herrn nannte. Aus diesen beiden Zügen floß ihr liebliches Wesen zusammen, das sich dem menschlichen Herzen sehr vertraut machte... Mariencharakter. Sein entscheidender Zug ist... jene christliche Unbefangenheit, in der die Mutter von ihr selbst, von ihrer Herrlichkeit, kaum von ihrem Kinde zu wissen scheint... (Herder denkt hier offenbar an Raffael.)

Damit vertilge meines Volkes Feinde...
Eine reine Jungfrau
Vollbringt jedwedes Herrliche auf Erden,
Wenn sie der ird'schen Liebe widersteht.
Sieh mich an! Eine keusche Magd, wie du,
Hab ich den Herrn, den göttlichen, geboren,
Und göttlich bin ich selbst!"

Wiederum weit entfernt von der zarten Lyrik Goethes und der Dramatik Schillers ist das schlichte Gedicht von *Matthias Claudius*, der, neun Jahre älter als Goethe, Theologie, Jura und Staatswissenschaft studierte und es bis zum Oberlandeskommissar in Darmstadt brachte, dann aber als freier Schriftsteller und Er-

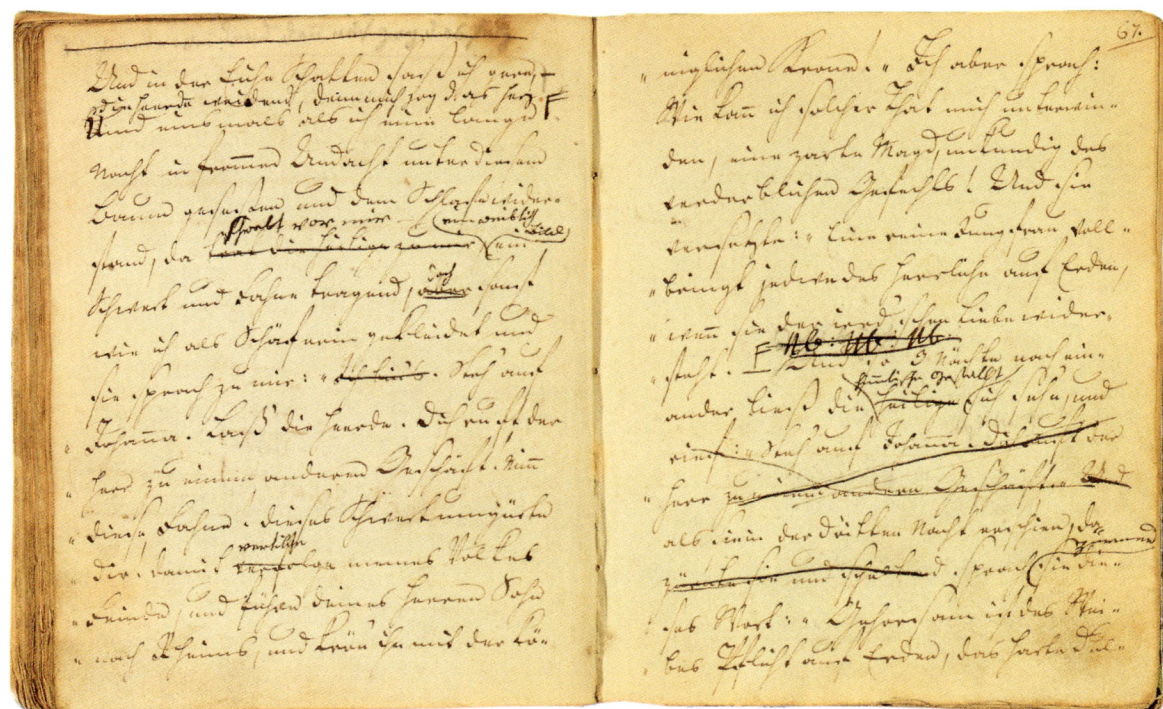

Links: „Mutter Gottes mit dem Rosenstrauch" aus Straubing, farbig gefaßter grüner Sandstein. Der gründende Rosenstrauch, der als kostbare Blüte das Jesuskind trägt, zeigt die mystisch-symbolische Verschränkung von „virga" (Wurzelstock) und „virgo" (Jungfrau), also der Wurzel Isai (Jesse) mit der Jungfrau Maria. Die Statue entstand im 14. Jhdt. (München, Bayerisches Nationalmuseum).

Rechts: Friedrich Schiller (1759–1805): „Die Jungfrau von Orleans" (Hamburg, Staats- und Universitätsbibliothek). Dem Kampf der Jungfrau als Anführerin des französischen Heeres gegen die Engländer gehen die Vision und der Auftrag Mariens voraus. Maria, die oft zur Schutzpatronin von Heeren erwählt und auf deren Bannern dargestellt wurde, ist auch hier in das Schicksal der Nationen und auch in das persönliche Los Johannas einbezogen.

Völlig anders als bei Goethe tritt Maria bei dessen großem Freund Friedrich von Schiller (1759–1805) auf: In seiner „romantischen Tragödie" „Die Jungfrau von Orleans" berichtet Johanna dem König von Frankreich und seinem Hof, wie sie vor einem alten Muttergottesbild zur Jungfrau gebetet habe und diese ihr erschienen sei:
Da trat die Heilige zu mir, ein Schwert
Und Fahne tragend, aber sonst wie ich
Als Schäferin gekleidet, und sie sprach zu
*   mir:*
„Ich bin's. Steh' auf, Johanna. Laß die Herde.
Dich ruft der Herr zu anderem Geschäft!
Nimm diese Fahne! Dieses Schwert umgürte
*   dir!*

zieher sein Leben fristete. Der Stil seiner Prosa und Poesie ist einfach und volkstümlich, oft naiv, aber stets eindrucksvoll. Viele seiner Gedichte sind heute noch lebendig. Hier sein Poem „Weihnachtskantilene":
Maria war zu Bethlehem,
Wo sie sich schätzen lassen wollte;
Da kam die Zeit, da sie gebären sollte.
Und sie gebar ihn –
Und als sie ihn geboren hatte
Und sah den Knaben nackt und bloß,
Fühlt sie sich selig, fühlt sie sich groß,
Und nahm voll Demut ihn auf ihren Schoß,
Und freuet sich in ihrem Herzen sein,
Berührt den Knaben, zart und fein
Mit Zittern und mit Benedein,

Friedrich Leopold Freiherr von Hardenberg, genannt Novalis (1772–1801), Hymne an Maria: „Ich sehe dich in tausend Bildern". In der deutschen Romantik erfährt die Marienverehrung noch einmal eine Hochblüte, die in dem genannten Gedicht ihren schönsten Ausdruck findet. Verfeinerte Ästhetik der Dichtkunst verbindet sich mit romantischer Sehnsucht nach Erlösung zu einem für die Romantik charakteristischen Lebensgefühl, in dem die Empfindung der Verlassenheit des modernen Menschen bereits mitschwingt.

Ich sehe dich in tausend Bildern,
Maria, lieblich ausgedrückt,
Doch keins von allen kann dich schildern,
Wie meine Seele dich erblickt.
Ich weiß nur, daß der Welt Getümmel
Seitdem mir wie ein Traum verweht
Und ein unnennbar süßer Himmel
Mir ewig im Gemüte steht.
Novalis

Nach dir, Maria, heben
Schon tausend Herzen sich,
In diesem Schattenleben
Verlangten sie nur dich.
Sie hofften zu genesen
Mit ahnungsvoller Lust,
Drückst du sie, heilges Wesen,
An deine treue Brust.
So manche, die sich glühend
In bittrer Qual verzehrt
Und dieser Welt entfliehend
Nur dir sich zugekehrt,
Die hülfreich uns erschienen
In mancher Not und Pein...
Novalis, aus den *Hymnen an die Nacht*

Und wickelt ihn in Windeln ein.
Und bettet ihn sanft in eine Krippe hin.
Sonst war kein Raum für ihn.

Wegweisend für den neuen Stil, in dem Maria nun gefeiert wurde, waren aber zwei deutsche Dichter der frühromantischen Bewegung, Novalis und August Wilhelm Schlegel.

Friedrich Leopold Freiherr von Hardenberg, der sich als Schriftsteller *Novalis* nannte, war der Sohn eines sächsischen Gutsbesitzers und Salinendirektors, studierte Philosophie und Jura, widmete sich dem Verwaltungsdienst und wurde 1800 zum Amtshauptmann ernannt; er starb aber, noch nicht dreißigjährig, im folgenden Jahre an der Schwindsucht. Sein poetischer Stil wie auch sein großes Romanfragment „Heinrich von Ofterdingen", das ein Gegenstück zu Goethes „Wilhelm Meister" werden sollte, vermischen Traum und Wirklichkeit in magischer Weise. Aus seinen Gedichten spricht reiche Phantasie und mystische Todessehnsucht, besonders in seinen berühmten „Hymnen an die Nacht".(*)

Noch bekannter ist seine kurze Hymne an Maria, die vielen der späteren Romantiker als Vorbild diente.(*)

Ebenso einflußreich, wenn auch weniger originell, war *August Wilhelm Schlegel,* 1767–1845, ein sehr vielseitiger und formbegabter Lyriker, Balladendichter, Dramatiker, Übersetzer und Kritiker. An „Die Mutter Gottes in der Herrlichkeit" richtete er dieses Sonett:
Dir neigen Engel sich in tiefer Feier,
Und Heilge beten, wo dein Fußtritt wallt:
Glorreiche Himmelskönigin! Dir hallt
Die Gott besaitet hat, der Sphären Leier.
Dein Geist blickt sichtbar göttlich durch den Schleier
Der unverwelklich blühenden Gestalt.
Du trägst ein Kind voll hehrer Allgewalt,
Des Todes Sieger und der Welt Befreier.
O Jungfrau! Tochter dess, den du gehegt!
Dein Schoß wird zu dem Heiligtum erwählet,
Wo selbst ihr Bild die Gottheit ausgeprägt.
Dein Leben hat das Leben neu beseelet,
Die ewge Liebe, die das Weltall trägt,
Ist unaufhörlich uns durch dich vermählet.

August Wilhelms Bruder *Friedrich Schlegel* (1772–1829) wirkte als Literaturtheoretiker, Kritiker, Dichter und Orientalist; ihm schwebte, echt romantisch, eine Vereinigung von Dichtung, Religion und Philosophie vor. Er trat 1808 zum Katholizismus über. Seinem 66 Strophen langen „Klagelied der Mutter Gottes" entnehmen wir die folgenden Zeilen:
Ich war von Ewigkeit begründet,
Die Krone, die mein Haupt umwindet,
Hat mir der Vater umgetan:
Den Sohn trag ich auf meinen Händen,
Nicht mag der Sonne Glanz mich blenden,
Mein Fuß steht auf des Mondes Bahn.
Mich nennen Königin die Thronen,
Die in dem ew'gen Lichte wohnen,
Und Gottes süße Engelschar;
Ernst walt' ich ob des Himmels Freuden,
Doch in der Liebe sel'gen Leiden
Wird Gottes Glorie offenbar.
Hin knie ich zu des Vaters Throne,
Das Auge richtend nach dem Sohne,
Es flammt zu Gott mein flehend Herz;
Um Gnade für der Reue Kinder,
Erlösung fleht es für den Sünder,
Mitfühlend jeden Liebesschmerz...
Drum ich in Leid und Schmerz zerflossen,
Fürbittend, flehend hingegossen,
Nehme mich meiner Kinder an;
Des Vaters Herz schlägt mir entgegen,
Des Sohnes Wort ist voll zugegen,
Das Licht des Geistes aufgetan.
So brecht herein, ihr sel'gen Schmerzen,
Flutet heran zum Mutterherzen,
Mit mir in Gnade süß vereint.
Kommt her, ihr Schwestern, Kinder, Brüder!
Ihr Kreaturen hoch und nieder,
Ein jedes Wesen, das da weint...

In seiner Liedersammlung „Trutznachtigall" hat Schlegel eine Reihe von Dichtungen Friedrich von Spees umgestaltet, etwa in „Christus im Garten" („Bei finstrer Nacht, zur ersten Wacht, Ein stimm' begunt zu klagen"):
O Jungfrau zart, die mich gebar,
Sollst du mein Leiden wissen?
Die ach so hart, fürwahr, fürwahr,
Das Herz dir wär' zerrissen.
Ach Mutter mein, siehst du die Pein,
Wird mir das Herz zerspringen;
Die herbe Pein, mich nehmen ein,
Mit Tod und Marter ringen.
Ade, ade zu guter Nacht,
Maria, Mutter milde;
Ist niemand da, der mit mir wacht,
In dieser Wüsten wilde?...

In England begann die romantische Bewegung etwa um dieselbe Zeit wie in Deutschland. Einer ihrer Führer war

„Wie ist mir? Wonne blitzt von Gottes Throne
Und hat mit süßen Banden mich umschlungen.
Mein Sehnen ist die Himmel durchgedrungen:
Ich seh den Vater bei dem teuren Sohne.

Hinan! Hinan! auf daß ich bei euch wohne,
Vom Zug der Liebe leicht emporgeschwungen,
Ihr Heilgen, die ihr treu mit mir gerungen,
Glaubt, liebet, hofft und einst empfaht die
Krone."

Und wie sie so auf Wolk und Duft verschwindet,
Umlächeln sie des Himmels jüngste Söhne;
Schon weichen unter ihrem Fuß die Sonnen.

Im Lichte wird ein neues Licht entzündet,
So strahlt die Braut, verklärt in reiner Schöne,
Und ruht nun liebend an der Liebe Bronnen.

August Wilhelm Schlegel, *Die Himmelfahrt der Jungfrau*

Links: „Himmelfahrt Mariens" aus einem Dekkenfresko der Wallfahrtskirche Schönenberg, 1711/12 geschaffen von Melchior Steidl. In der Tradition der römischen Barockmalerei ist die Erhöhung Mariens in ihrer Himmelfahrt gezeigt. Umgeben von Engeln, wird sie von Christus und Gottvater und dem Heiligen Geist empfangen.

William Wordsworth (1770–1850). Mit den „Lyrical Ballads" (1798), die er zusammen mit seinem Freund Samuel Taylor Coleridge herausgab, begann die Romantik in England. Über Maria dichtete er:
A visible power, in which did blend
All that was mixed and reconciled in thee,
Of mothers love with maiden purity,
Of high with low, celestial with terrene.
  Sichtbar die Macht, wo sich
    zusammenfindet,
Was sich vermischt und sich versöhnt in dir,
  Mütterliche Liebe und jungfräuliche
    Reinheit,
Hohes und Niedriges, Himmlisches und
  Irdisches.
Genau gleichen Alters mit Wordsworth war der Schwabe *Friedrich Hölderlin*, der nach einem unsteten Leben als Hauslehrer und vielen vergeblichen Versuchen, sich als freier Schriftsteller durchzuschlagen, von 1808 bis zu seinem Tode 1843 in geistiger Umnachtung dahinsiechte. Seine Sprache, von altgriechischem Geist inspiriert, die u.a. auch Friedrich Nietzsche beeinflußt hat, ist ganz und gar originell und schwebt zwischen Klassik und Romantik. Sein Werk war jahrzehntelang fast vergessen und kam erst kurz vor dem Ersten Weltkrieg wieder an die Öffentlichkeit. „An die Madonna" ist der Entwurf einer Hymne:
Viel hab ich dein und deines Sohnes wegen
gelitten, o Madonna, seit ich gehöret von ihm
in süßer Jugend...
  Doch Himmlische, doch will ich dich feiern und nicht soll einer der Rede Schönheit mir, die heimatliche, vorwerfen, dieweil ich allein zum Felde gehe...
  Und gewaltet über den Menschen hat, statt anderer Gottheit sie die allvergessende Liebe.

Denn damals sollt es beginnen als geboren dir im Schoße der göttliche Knabe und um ihn der Freundin Sohn, Johannes genannt vom stummen Vater, der kühne, dem war gegeben der Zunge Gewalt...
  So dann starben jene, die Beiden, so auch sahst du göttlichtrauernd in der starken Seele sie sterben...
  Und wenn in heiliger Nacht der Zukunft einer gedenkt und Sorge für die sorglosschlafenden trägt, die frischaufblühenden Kinder, kömmst lächelnd du, und fragst, was er, wo du die Königin seiest, befürchte.
  Clemens Brentano, 1778–1842, ist einer der bedeutendsten Vertreter der Hochromantik: Voller Phantasie und enormer Schöpferkraft, ist er ein ruheloser Exzentriker, dem schwermütige Lieder und volkstümliche, geistliche Lieder und Satiren gleichermaßen gelingen. Auch er grüßt Maria.(∗ Seite 107)

Ein Mitschüler Brentanos war *Johann Joseph Görres*, der anfangs ein begeisterter Anhänger der Französischen Revolution und Wortführer der rheinischen Republikaner war, dann aber aus Enttäuschung seine Ansichten änderte und sich den deutschen Romantikern anschloß, deren temperamentvoller Vertreter und Publizist er wurde. Seine „Marienlieder" erschienen 1843.

Zeitlich nicht genau einzuordnen sind die „Kinder- und Hausmärchen", gesammelt und redigiert von *Jakob* (1785–1863) und *Wilhelm* (1786–1859) *Grimm*, eines der weitverbreitetsten Bücher des 19. Jahrhunderts überhaupt. Die Brüder, die an diesem und anderen Werken eng zusammenarbeiteten, gehörten den berühmten „Göttinger Sieben" an – Professoren, die im Jahre 1837 gegen einen Verfassungsbruch des Königs von Hannover protestierten und ihrer Ämter ent-

hoben wurden. Die von ihnen gesammelten und besonders von Wilhelm redigierten Märchen (1812–15) stammen aus älterer, nicht genau festzulegender Zeit. Unter ihnen ist das Märchen vom „Marienkind", einer armen Holzhackerstochter, für die die Jungfrau Maria zu sorgen verspricht und die sie mit in den Himmel nimmt. Als Maria auf eine Reise geht, kann das Mädchen der Versuchung nicht widerstehen, eine verbotene Tür zu

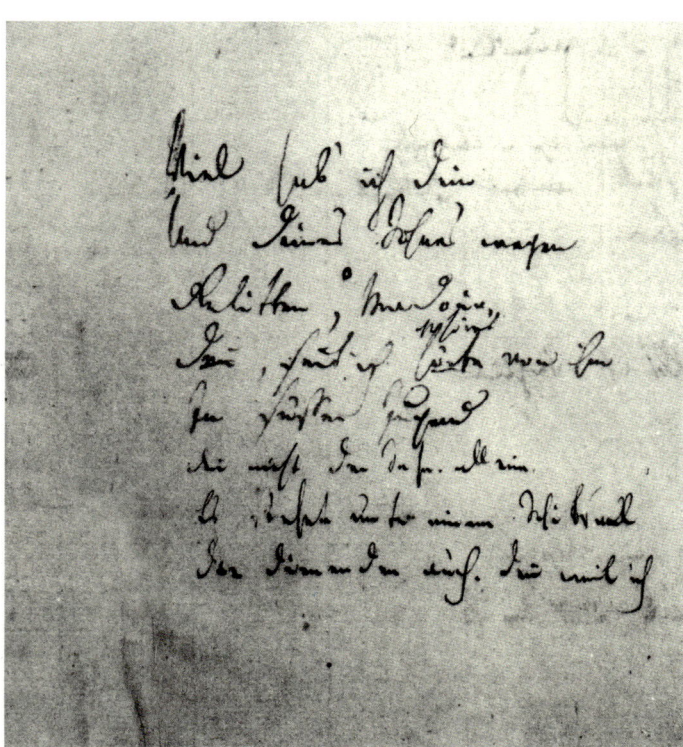

Links: Friedrich Hölderlin (1770–1843): „An die Madonna", (Stuttgart, Württembergische Landesbibliothek). Das unvollendet gebliebene Gedicht ist charakteristisch für eine neue Subjektivität, die die eigene Zerrissenheit und Gebrochenheit in den Ausdruck miteinbezieht. Hölderlin greift die Gebetssprache auf, um seine persönliche Situation zu reflektieren. Hier ist Maria für ihn Sinnbild einer Weltepoche der Gottferne und zugleich der Hoffnung auf neue Gottnähe.

Rechts: Clemens von Brentano (1778–1842): „Romanzen vom Rosenkranz". Das Original befindet sich im Frankfurter Goethemuseum. Brentano, der sich im Geiste der Romantik der volkstümlichen Dichtung zuwendet, kehrt 1817 wieder zum katholischen Glauben zurück und ist so im Geist der Zeit Mitträger einer neuen religiösen Wiederbelebung, wie sie im Gedicht „Meerstern – Gruß an Maria" ausgedrückt ist.

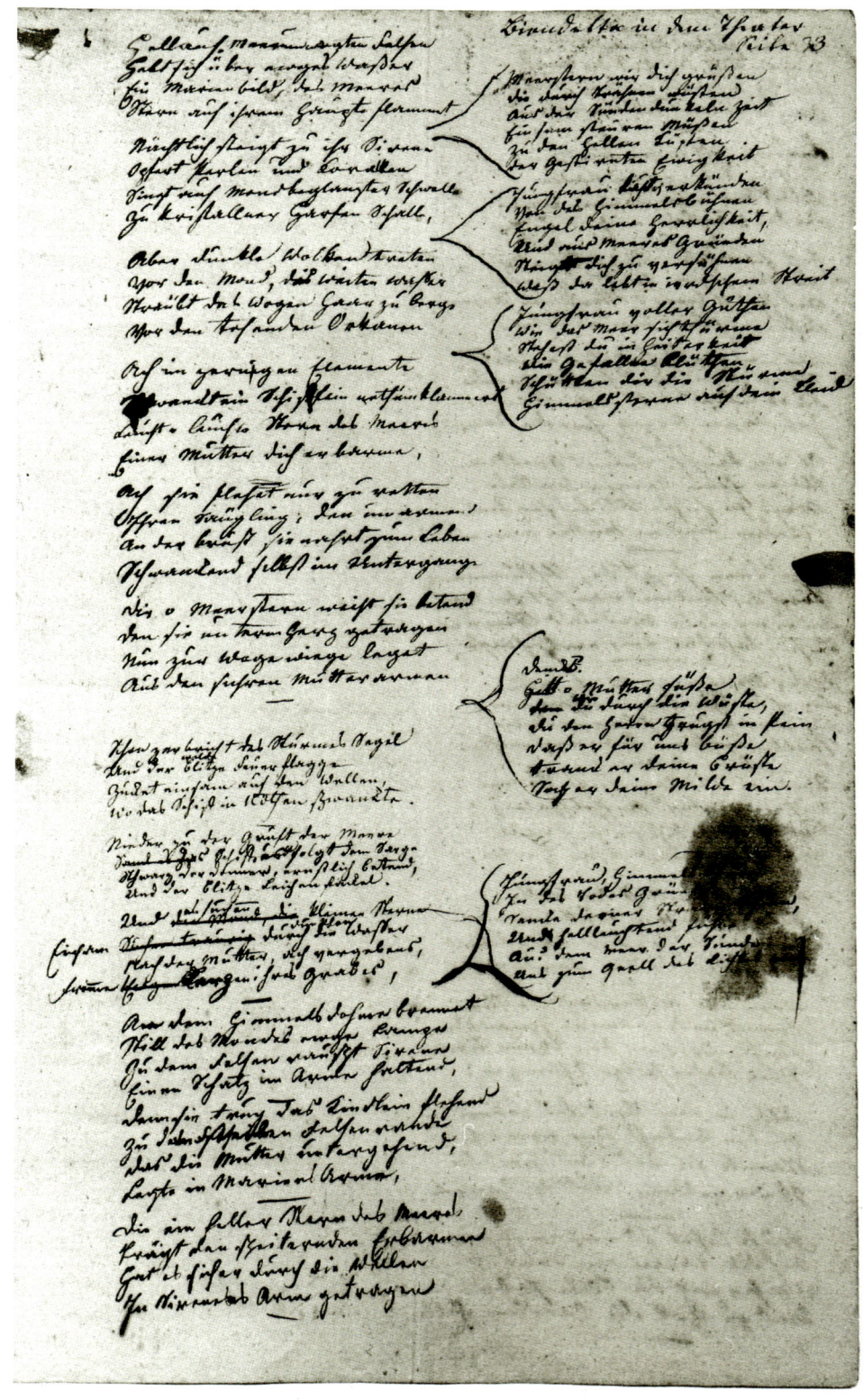

öffnen. Da sieht sie die heilige Dreieinigkeit in Feuer und Glanz sitzen. Da sie ihre Schuld nicht eingesteht, weist Maria sie aus dem Himmel; sie verliert ihre Sprache und fristet ihr Leben in jämmerlichster Weise im finstern Wald. Aber eines Tages jagt der König in diesem Wald, sieht sie, nimmt sie in sein Schloß und vermählt sich mit ihr. Als sie ein Kind gebären soll, erscheint ihr Maria und bittet sie, ihre Schuld einzugestehen. Da sie

sich weigert, nimmt Maria das Kind, und die Königin wird verdächtigt, ihr Kind umgebracht zu haben. Das wiederholt sich im folgenden Jahr, aber der König schützt sie. Als sie aber auch beim dritten Kind noch ihre Schuld leugnet, kann der König seine Hand nicht länger über sie halten, und sie wird zum Feuertode verurteilt. Auf dem Scheiterhaufen wird sie von Reue ergriffen und sie ruft: „Ja, Maria. Ich habe es getan!" Da löscht ein Regen

lang mit Okkultismus und Spiritismus. Er entwickelte sich zu einem stimmungsvollen Lyriker und Erzähler und wurde als das Haupt der schwäbischen Dichterschule angesehen. Über die „Verkündigung" dichtete er:

Da sitzet sie, mit andern Blumen spielend,
Knospe der Rose,
Noch nicht den Strahl der Gottheit in sich
*   fühlend,*
Der bald des Himmels Füll' ihr weckt im

Meerstern, wir dich grüßen,
die durch Tränenwüsten
aus der sündedunklen Zeit
einsam steuern müssen
zu den hellen Küsten
der gestirnten Ewigkeit!

Jungfrau, laut verkünden
von des Himmels Bühnen
Engel deine Herrlichkeit;
und aus Meeresgründen
steigt, dich zu versühnen,
was da lebt in ird'schem Streit.

Jungfrau voller Güte,
wie das Meer sich türme,
stehest du in Heiterkeit;
wie gefallne Blüten
schütten dir die Stürme
Himmelssterne auf dein Kleid.

Denk, o Mutter süße!
wie du durch die Wüste
unsern Herren trugst in Pein;
daß er für uns büße,
trank er deine Brüste,
sog er deine Milde ein!

Jungfrau, Himmelstüre,
in des Todes Gründe
senke deiner Strahlen Schein
und helleuchtend führe
aus dem Meer der Sünde
uns zum Quell des Lichtes ein!

Clemens Brentano

Oben rechts: „Marienkind": Text nach den Gebrüdern Grimm, Bilder von Lilly Gross-Anderegg (Brüder-Grimm-Museum, Kassel).

die Flammen, Maria erscheint, bringt ihre drei Kinder zurück und löst ihre Zunge.

Unter den Grimmschen „Kinderlegenden" findet sich die vom „Muttergottesgläschen", in dem Maria einen armen Fuhrmann um ein Glas Wein bittet. Dieser hat kein Glas, worauf Maria ein weißes Blümchen pflückt, das wunderbarerweise als Glas dient und fortan Muttergottesgläschen heißt. – In einer anderen Legende sucht Maria Erdbeeren für ihren Jesusknaben, wird von einer Natter angegriffen und versteckt sich hinter einer Haselstaude. Diese gilt seitdem als sicherster Schutz gegen Nattern, Schlangen und ähnliche Gefahren.

Justinus Kerner, 1786–1862, studierte Medizin und beschäftigte sich sein Leben

*   Schoße,*
Doch ahnt es schon das Blümlein, das sie
*   liebt,*
Blick süß betrübt,
Die Blume ahnet's, die sie trägt am Herzen,
Verglühet schnell mit wonniglichen
*   Schmerzen.*
*   Bald aber senkt auf strahlendem Gefieder*
Der Engel sich herab, o sel'ge Stunde!
Bringt ihr die Kunde,
Und betend sinkt die Gottgeweihte nieder;
Ein Strahl des Himmels zuckt durch ihre
*   Glieder.*
Die Knospe reift zur Paradiesesfülle;
Doch sie erhebet sich in Demut wieder:
„Ich bin die Magd, Herr: es gescheh dein
*   Wille!"*

Der bedeutendste Dichter der deut-

Die Wallfahrt nach Kevlaar
Heinrich Heine

*Die Mutter Gottes zu Kevlaar
Trägt heut ihr bestes Kleid;
Heut hat sie viel zu schaffen,
Es kommen viel kranke Leut'.*

*Die kranken Leute bringen
Ihr dar als Opferspend'
Aus Wachs gebildete Glieder,
Viel wächserne Füß' und Händ'.*

*Und wer eine Wachshand opfert,
Dem heilt an der Hand die Wund';
Und wer einen Wachsfuß opfert,
Dem wird der Fuß gesund.*

*Nach Kevlaar ging mancher auf
Krücken,
Der jetzo tanzt auf dem Seil,
Gar mancher spielt jetzt die Bratsche,
Dem dort kein Finger war heil.*

*Die Mutter nahm ein Wachslicht,
Und bildet daraus ein Herz.
„Bring das der Mutter Gottes,
Dann heilt sie deinen Schmerz."*

*Der Sohn nahm seufzend das
Wachsherz,
Ging seufzend zum Heiligenbild;
Die Träne quillt aus dem Auge,
Das Wort aus dem Herzen quillt:*

*„Du Hochgebenedeite,
Du reine Gottesmagd,
Du Königin des Himmels,
Dir sei mein Leid geklagt!*

*Ich wohnte mit meiner Mutter
Zu Köllen in der Stadt,
Der Stadt, die viele hundert
Kapellen und Kirchen hat.*

*Und neben uns wohnte Gretchen,
Doch die ist tot jetzund –
Marie, dir bring ich ein Wachsherz,
Heil du meine Herzenswund'.*

*Heil du mein krankes Herze –
Ich will auch spät und früh
Inbrünstiglich beten und singen:
Gelobt seist du, Marie!"*

*Der kranke Sohn und die Mutter,
Die schliefen im Kämmerlein;
Da kam die Mutter Gottes
Ganz leise geschritten herein.*

*Sie beugte sich über den Kranken,
Und legte ihre Hand
Ganz leise auf sein Herze,
Und lächelte mild und schwand.*

*Die Mutter schaut alles im Traume,
Und hat noch mehr geschaut;
Sie erwachte aus dem Schlummer,
Die Hunde bellten so laut.*

*Da lag dahingestrecket
Ihr Sohn und der war tot;
Es spielt auf den bleichen Wangen
Das lichte Morgenrot.*

*Die Mutter faltet die Hände,
Ihr war, sie wußte nicht wie;
Andächtig sang sie leise:
„Gelobt seist du, Marie!"*

schen Hochromantik war indessen *Joseph Freiherr von Eichendorff*, 1788 in Oberschlesien geboren, dessen naturbeseelte Lieder, von großer Musikalität der Sprache getragen, auch heute noch populär sind. Sein Katholizismus ist schlicht, innig und weltfreudig. Typisch ist sein Gedicht „Marias Sehnsucht":

Es ging Maria in den Morgen hinein,
Tat die Erd' einen lichten Liebesschein,
Und über die fröhlichen grünen Höh'n
Sah sie den bläulichen Himmel stehn.
„Ach, hätt' ich ein Brautkleid von
*   Himmelsschein,*
Zwei goldene Flüglein – wie flög' ich
*   hinein!"*

*   Es ging Maria in stiller Nacht,*
Die Erde schlief, der Himmel wacht,
Und durch's Herze, wie sie ging und sann
*   und dacht',*
Zogen die Sterne mit goldener Pracht.
„Ach, hätt' ich ein'n Brautkranz von
*   Himmelsschein*
Und goldene Sterne gewoben drein!"

*   Es ging Maria im Garten allein,*
Da sangen so lockend bunt' Vögelein,
Und Rosen sah sie im Grünen stehn,
Viel rote und weiße so wunderschön.
„Ach, hätt' ich ein Knäblein, so weiß und
*   rot,*
Wie wollt' ich's lieb haben bis in den Tod!"

*   Nun ist wohl das Brautkleid gewoben gar,*
Und goldene Sterne im dunklen Haar,
Und im Arme die Jungfrau das Knäblein
*   hält,*
Hoch über der dunkelerbrausenden Welt,
Und vom Kindlein gehet ein Glänzen aus,
Das ruft uns nur ewig: Nach Haus, nach
*   Haus!*

Völlig verschieden von diesen echten Romantikern ist *Heinrich Heine* (1797–1856), Sohn eines jüdischen Händlers, der erst im Bankhaus seines Onkels in Hamburg arbeitete, später Jura studierte, Vorlesungen von E. M. Arndt und A. W. Schlegel, später auch von G. W. F. Hegel hörte, dann eines Duellvergehens wegen von der Universität Göttingen religiert wurde, 1826 zum Protestantismus übertrat und seit 1831 in Paris lebte. Seine Lyrik („Buch der Lieder") erfreute sich einer einzigartigen Beliebtheit, und seine Gedichte wurden wohl noch häufiger vertont als die Eichendorffs. Er ist auch der erste bedeutende Journalist deutscher Sprache. Sei-

ne Romantik, sein Weltschmerz, seine Sentimentalität sind oft von Spott und Skepsis durchsetzt. Neben sehr einfacher, fast volkstümlicher Lyrik und meisterhaften Balladen findet sich viel Selbstironie. Man kann sagen, daß mit ihm die deutsche Romantik zur Neige ging. – Über Maria hatte Heine nicht viel zu sagen, außer in der Ballade „Die Wallfahrt nach Kevlaar", von der wir den 2. und 3. Teil zitieren (Kevelaer – so die heutige Schreibung – ist ein Wallfahrtsort am Niederrhein)(∗).

Heines Zeitgenossin *Luise Hensel* (1798–1876) stammte aus Brandenburg, wurde 1818 katholisch, wirkte als Krankenpflegerin und Lehrerin und beschloß ihr Leben in einem Kloster. Ihre Gedichte sind spätromantisch, schlicht und ungekünstelt. „Die Krippe":

Was ist das doch ein holdes Kind,
Das man hier in der Krippe find,
Ach, solch ein süßes Kindelein,
Das muß gewiß vom Himmel sein.

*   Die Frau, die bei der Krippe kniet,*
Und selig auf das Kindlein sieht,
Das ist Maria, fromm und rein,
Ihr mag recht froh im Herzen sein...

*   Sei hochgelobt, du dunkle Zell,*
Durch die die ganze Welt wird hell,
Klein Kindlein in Mariens Schoß
Wie bist du so unendlich groß.

George Gordon Noel Lord Byron, 1788–1824, einer der größten englischen Dichter der Romantik, von Goethe höchlich bewundert, ein vollendeter Meister seiner Sprache, war wie Heine sowohl ergreifender Lyrik wie beißender Ironie und Gesellschaftskritik fähig. In seinem letzten großen Gedicht, allgemein als sein Meisterwerk anerkannt, „Don Juan", widmet er Maria zwei schöne Stanzen, deren eine wir hier in Übersetzung wiedergeben:

Ave Maria! Gesegnet sei die Stunde,
Die Zeit, die Stätte, wo ich oft
Den Augenblick erfühlt in seiner Macht,
Der auf die Erde sank so mild und schön,
Dieweil die tiefe Glock' vom fernen Turme,
Die leise Hymne auch empor sich schwang.
Kein Atemhauch bewegt' die ros'ge Luft,
Doch bebt' der Wald, als wär er im Gebet.

Noch ganz in der Romantik befangen ist dagegen der Engländer *Matthew Bridges* (1800–1896), der sein Gedicht „Die Heilige Jungfrau im Purgatorium (Fege-

feuer)" im reifen Alter von 88 Jahren schrieb:

Saß unsre Herrin auf dem Thron von Licht,
Der Hölle und des Himmels Königin,
Und glänzend wie Demant, zehntausend
*   Engel,*
Sie kamen, da die Erzengel sie riefen,
Und Maria hob sich, da Gott niederstieg,
Zu setzen auf ihr Haupt die Glorienkrone.
Der reine Boden öffnet sich – ein See
Aus Lieb' und Feuer zeigt im Glanze sich,
Gefüllt mit Seelen, die noch nicht empfingen
Den reichen Lohn, bis alle Schuld getilgt;
Doch wandten sie sich an Maria, priesen
Die Gnade dessen, der da sagt „Ich bin."

Auch der große englische Theologe *John Henry Kardinal Newman* (1801–1890) hat Maria besungen. Er konvertierte 1845 von der anglikanischen zur katholischen Kirche und blieb Zeit seines Lebens in theologischen Debatten engagiert. Als Lehrer, Schriftsteller und Dramatiker hatte er erheblichen Einfluß auf das geistige Leben Englands. Aus seinem „Oratory" (1849) stammt das Gedicht „The Pilgrim Queen" („There sat a lady all on the ground..."):

Es saß eine Frau allein am Boden,
Strahlen des Morgens umspielten sie.
„Heil dir und Gruß, huldvolle Schöne, im
*   kühlen Dämmerlicht.*
Was tust du hier?"
Und reizend sprach sie: „Verzweifelt sitz ich
*   hier,*
Räuber haben meinen Garten, mein Haus
*   geplündert,*
Feinde haben gestohlen mein Kind von
*   meinem Gemach,*
Sagten, sie könnten bewahren es besser als
*   ich,*
Im eignen Palast, so tief und hoch,
Es war ein Eispalast,
Hart und kalt wie sie selbst,
Und als die Sonne kam, schmolz er hinweg.
Dann wollten sie ihn, den Höchsten,
*   verkaufen für die Gewürze*
Der Wüste und das Gold im Fluß.
Mich aber ließen sie wandern, durchs
*   Gestrüpp, allein*
In dem frohen, grünen Land, das mir einst
*   gehörte."*
Ich sah die Frau, und aus ihren Augen
Schien das tief leuchtende Blau des
*   italienischen Himmels.*
Und sie erhob das Haupt und lächelte, eine
*   Königin*

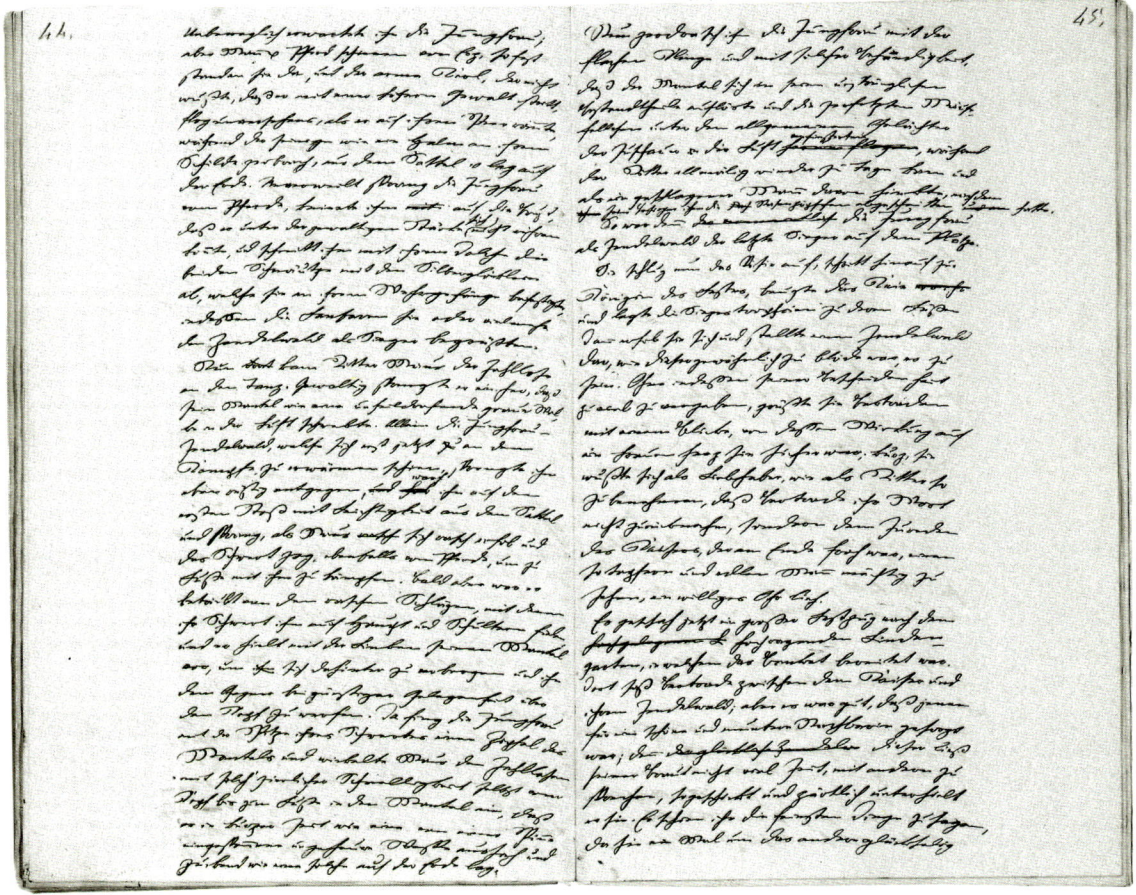

Am Tag der Krönung, sanft und heiter.
„Sehr bald", sprach sie „werden die Toten
*   wiederkommen,*
Die Riesen, sie fallen, die Heiligen leben.
Ich komme, mein Heim und mein Reich zu
*   erretten*
Und Peter und Philipp sind in meinem
*   Gefolge."*

Während bei A. W. Schlegel und anderen Romantikern, wie auch bei späteren Dichtern wie Rilke und Schröder, die Inspiration oft auf Mariengemälde zurückzuführen ist, wendet sich der dänische Theologe und Philosoph *Søren Kierkegaard* (1813–1855) ausdrücklich gegen diesen Zugang:

So will Marie geistig aufgefaßt sein, und sie ist keineswegs – es empört mich schon, das Wort auszusprechen, mehr aber noch, daß man sie gedankenlos und kokett so aufgefaßt hat – eine Dame, welche zur Augenweide dasitzt und mit einem Götterkinde spielt...

Auch der große Schweizer Erzähler *Gottfried Keller* (1819–1890) hat die Romantik bereits hinter sich. Seine faszinierende Fabulierkunst beschränkt sich meist auf die ihm vertraute Schweizer Umgebung; aber in seinen „Sieben Legenden" läßt er mittelalterliche Sagen wieder aufleben; vier von diesen behandeln alte Marienlegenden, in neuem, realistischerem Licht gesehen. So wird in der Novelle „Die Jungfrau und die Nonne" die Beatrix-Legende in ein neues Gewand gekleidet; und in der Erzählung „Die Jungfrau als Ritter" steigt Maria von einem Altar herab, nimmt die Gestalt und Rüstung des jungen, trägen Zendelwald an und besiegt, als Zendelwald, im Turnier seine Gegner „Maus den Zahllosen" und „Guhl den Geschwinden". Marias Kampf gegen „Maus" gestaltet sich bei Keller so:

Da fing die Jungfrau mit der Spitze ihres Schwertes einen Zipfel des Mantels und wickelte Maus den Zahllosen mit solch zierlicher Schnelligkeit selbst vom Kopf bis zum Fuße in den Mantel ein, daß er in kurzer Zeit wie eine von einer Spinne eingesponnene Wespe aussah und zuckend auf der Erde lag. Nun zerdrasch ihn die Jungfrau mit der flachen Klinge und mit solcher Behendigkeit, daß der Mantel sich in seine ursprünglichen Bestandteile auflöste und die umherstäubenden Mäusepelzchen unter dem allgemeinen Gelächter

der Zuschauer die Luft verfinsterten... So war denn die Jungfrau als Zendelwald der letzte Sieger auf dem Platze...

Auch in Frankreich folgte auf die Romantik eine Periode des Realismus. *Alphonse Daudet* aus Nimes, 1840–1897, schilderte das französische Kleinbürgertum und brachte Stimmungsbilder aus den Provinzen in volkstümlichem, humoristischem Stil, publizierte 1858 aber auch einen Poesieband „Les Amoureuses", der das Gedicht „Die Jungfrau an der Krippe" enthielt.(∗)

Der Realismus in der Literatur wird gesteigert weitergeführt im Naturalismus, der in Frankreich durch Emile Zola, in England durch den Romanschreiber George Gissing, in Deutschland durch Hermann Sudermann und vor allem Gerhart Hauptmann Auftrieb erfährt. Die Figur der Maria spielt in dieser Literatur nur eine geringe Rolle; aber eine um so größere spielt sie wieder in der darauffolgenden Epoche, die eine heftige Reaktion auf den Naturalismus darstellt.

Noch zwischen Naturalismus und Heimatkunst steht der Bayer *Ludwig Thoma*

Die Jungfrau hat das Jesuskind gewiegt, das in den neuen weißen Windeln liegt
Und heiter zwitschert wie ein Nest voll Meisen.
Sie wiegte es und sang die leisen Weisen,
Wie wir sie unsern kleinen Kindern singen…
Das Jesuskind war nicht in Schlaf zu bringen…
„Mein süßer Jesus" spricht sie zitternd leis,
„Mein Lamm, so schlafe, Lämmlein schön und weiß,
Schlaf, es ist spät, erloschen ist das Licht.
Rot ist die Stirn, matt sind die Glieder dein. Schlaf, Liebling,
schlaf und ängstige dich nicht."
Der kleine Jesus aber schlief nicht ein.
Vergeblich singt sie, bittet immer wieder, umsonst, der kleine Jesus schlief nicht ein.
Dann hat Marie, die wie aus Schleiern blickt, die hoffnungslose Stirn
zum Sohn gebückt:
„Es weint die Mutter, und du schläfst noch nicht,
Mein Freund, die Mutter muß in Tränen sein…"
Zur Stunde schlief der kleine Jesus ein.

Alphonse Daudet, *Die Jungfrau an der Krippe*

(1867–1926), Erzähler, Dramatiker und Lyriker, der zwar eifrig gegen den bayerischen Klerikalismus auftrat, aber nichtsdestoweniger ein heiter-realistisches „Ave Maria" verfaßte:

Es ist schon Feierabend gewest;
Der heilige Joseph hobelt noch fest.
Er machte wohl eine Liegestätt'
Für einen Reichen zu Nazareth.
Die Jungfrau Maria hat noch genäht:
Zur Arbeit war es ihr nicht zu spät.
Sie fädelte wieder die Nadel ein,
Die Arbeit muß morgen fertig sein.
Er hobelt weiter, sie näht das Kleid,
Die Stube lag bald in Dunkelheit.
Da öffnet ein Engel des Herrn die Tür
Und sagte „Maria, der Herr ist mit dir.
Ja, deiner wartet das schönste Los,
Du trägst Herrn Jesum in deinem Schoß."
Jetzt ist der Engel wiederum fort.
Maria hört das fröhliche Wort
Und lachte glücklich in sich hinein.
Da würde sie nun bald Mutter sein.
Sie hat sich aber gleich aufgerafft
Und hat gar fleißig weiter geschafft.
Der Joseph hobelt an seinem Bett
Für einen Reichen zu Nazareth.

Die neue Richtung, oft als Neuromantik bezeichnet, kommt voll und ganz zum Ausdruck im Werk von *Stefan George* (1868–1933). Anfangs von französischen Symbolisten wie Stephane Mallarmé und Paul Verlaine beeinflußt und auch den englischen Präraffaeliten nahestehend, entwickelte er mit der Zeit einen sehr eigenen, strengen Stil, scharte einen Kreis von ihm ergebenen Jüngern um sich und wurde das Haupt einer Dichterschule, die auf Breitenwirkung verzichtete und einem aristokratischen, heroischen Lebensgefühl und einem antikisch-renaissancehaftem Schönheitsgefühl huldigte. Während seine späteren Gedichte eine Art mystischer Bildungsreligion zum Ausdruck bringen, bewegen sich seine frühen „Sagen und Sänge" (1895) noch in christlichen Vorstellungen, wie sich an der „sporenwache" erkennen läßt:

Der jüngling bittet brünstig Den da oben
Und bricht gelernten spruches enge
*   schranken*
Die hände fromm vors angesicht geschoben.
Da wurde unvermerkt in die gedanken
Ihm eine irdische gestalt verwoben:
Sie stand im garten bei den rosmarinen
Sie war viel mehr ein kind als eine maid.

Mutter Christi,
Ich komme nicht, um zu beten.
Ich habe nichts zu geben und weiß nicht,
Um was ich bitten soll.
Ich komme nur, um dich zu sehen, Mutter,
Um zu weinen vor Glück, weil ich dein Kind bin
und du da bist.
Das Herz möchte singen in seiner Sprache,
Nichts sagen, nur singen, weil es übervoll ist.
Denn du bist schön und unbefleckt,
Die Frau voll der Gnade, erschienen aus Gott
Im Morgenglanz seiner Herrlichkeit, unsagbar rein,
Da du die Mutter Jesu Christi bist.
Weil du da bist, für immer da bist,
Ganz einfach, weil du Maria bist,
Du Mutter Jesu Christi,
danken wir dir.

Paul Claudel, aus *Poèmes de Guerre*

Da ward auch die zur Frucht Erweckte,
die schüchterne und schönerschreckte,
die heimgesuchte Magd geliebt.
Die Blühende, die Unentdeckte,
in der es hundert Wege giebt.
Da ließen sie sie gehn und schweben
und treiben mit dem jungen Jahr;
ihr dienendes Marien-Leben
ward königlich und wunderbar.
Wie feiertägliches Geläute
ging es durch alle Häuser groß;
Und die einst mädchenhaft Zerstreute
war so versenkt in ihren Schooß,
Und so erfüllt von jenem Einen,
und so für Tausende genug,
daß alles schien, sie zu bescheinen,
die wie ein Weinberg war und trug.

Rainer Maria Rilke, aus dem *Stundenbuch* (1905)

Diese lebensgroße Steinplastik der Maria aus
dem Bamberger Dom, um 1235, vereint frühgotische Faltengestaltung mit antiker Körper-
lichkeit. Ein strenges klassisches Gesicht, die
breiten Schultern und der sichere Stand unterscheiden sie von den zarten schwebenden
Madonnen ihrer Zeit.

112

In ihrem haare goldne flocken schienen
Sie trug ein langes sternbesticktes kleid...
In seine wange schießt es rot und warm.
Die kerzen treffen ihn mit geraden blitzen.
Da sieht er auf der Jungfrau schooße sitzen
Den Welt-erlöser, offen seinen arm.
Ich werde diener sein in deinem heere,
es sei kein andres streben in mir wach.
Mein leben folge fortab deiner lehre,
Vergieb wenn ich zum letzten male
      schwach...

Aus den Gedichten *Paul Claudels*, Georges französischen Zeitgenossen (1868–1955), spricht ein mystischer Katholizismus. In seinen Kriegsgedichten („Poèmes de Guerre", 1915) ruft er zu Maria.(*)

Auch aus den Werken des Franken *Ludwig Derleth* (1870–1948) spricht ein mysteriöser, oft überschwenglicher Katholizismus. In seinem Hauptwerk, dem „Fränkischen Koran", der über 15 000 Verse enthält, finden sich die folgenden Verse, die allerdings ein Mißverständnis der Stellung Marias verraten:
Wir beten dich an am Herde des Weltalls,
Die Mutter der Götter,
Wir loben, beneiden und grüßen dich,
Anfanglose, vor jedem Untergang behütete
      Göttin,
Herrin der Ewigkeit, die sich durch alle
      Lebensreihen regt,
Bewegerin der lichten Sternenwege,
Die machtvoll dem schnellen Lauf der
      Stunden gebietet
Und über die schäumende Woge
      daherkommt
Mit dem geflügelten Rade des Lebens und
      der Unsterblichkeit.
In Morgenhymnen und in Nachtvigilien
Der tiefen Andacht rauchlose Flamme
      erhebe sich zu dir,
O Gnadenbild der süßen Himmelsmilde,
Allselige, heilige, strahlenreiche Trösterin,
Jungfrau des himmlischen Rosenhags,
Göttin der Erstlingswelt.
Anbetung dir zu schlagen
Stürzen sich unsere Herzen in die Flammen
      des Gebets.

Etwa um dieselbe Zeit dichtete in England *Laurence Housman*, 1865–1959, Bruder des noch bekannteren A. E. Housman. Er war besonders erfolgreich als Dramatiker („Victoria Regina"). Aus dem Jahre 1898 ist sein Gedicht „God's Mother":

Drei Beete, die im Garten
Auf Gottes Stunde warten,
Kein Mensch weilt' an dem Orte,
Denn dies ist Gottes Pforte.
Das erste Beet ist rot,
Die Lipp zum Gruß sie bot.
Das zweite tief erblaut,
Ihr Aug hat Gott erschaut.
Das dritte Beet schneeweiß:
Ihr Seel gibt Gott sie preis.
Drei Beete der Liebesgebärde
Ziehn Christus herab auf die Erde.

Housmans jüngerer Zeitgenosse *Gilbert Keith Chesterton* war ein sehr fruchtbarer, dabei sehr konservativer Schriftsteller und Poet. Er trat 1922 zum Katholizismus über. Dies ist seine Beschreibung von Mutter und Kind:
The Christ-child stood at Mary's knee,
   His hair was like a crown,
And all the flowers looked up to him
   And all the stars looked down.
Das Christkind stand an der Mutter Knie,
   Sein Haar glich einer Krone.
Die Blumen all schauten auf zu ihm,
   Die Stern' herab vom Himmelsthrone.

Der überragende und einflußreichste Lyriker der neueren deutschen Literatur, zugleich der wohl feinsinnigste Sänger Marias, ist *Rainer Maria Rilke*, 1875 in Prag geboren. Er lebte in München, Berlin, Worpswede, Paris und schließlich in der Schweiz; er bereiste Rußland, wo er Tolstoj kennenlernte, Italien, Spanien, Schweden und Ägypten. Viele seiner schönsten Gedichte – aus seinen „Marienliedern", seinem „Buch der Bilder", seinem „Stundenbuch" und seinem „Marienleben" – sind der Jungfrau gewidmet. Wir können hier nur eine ganz geringe Auswahl bringen:

„Verkündigung – Die Worte des Engels" (aus dem „Buch der Bilder", 1902)
Du bist nicht näher an Gott als wir;
wir sind ihm alle weit.
Aber wunderbar sind dir
die Hände benedeit.
So reifen sie bei keiner Frau,
so schimmernd aus dem Saum:
ich bin der Tag, ich bin der Tau,
du aber bist der Baum...
   Ich spannte meine Schwingen aus
und wurde seltsam weit;
jetzt überfließt dein kleines Haus
von meinem großen Kleid.
Und dennoch bist du so allein,

wie nie und schaust mich kaum;
das macht: ich bin ein Hauch im Hain,
du aber bist der Baum.
   ...Du bist ein großes, hohes Tor,
und aufgehn wirst du bald.
Du, meines Liedes liebstes Ohr,
jetzt fühle ich: mein Wort verlor
sich in dir wie im Wald.
   So kam ich und vollendete
dir tausendeinen Traum.
Gott sah mich an: er blendete...
Du aber bist der Baum.

Aus dem „Marien-Leben" (1913) stammen die folgenden beiden Gedichte. Das zweite, „Mariae Heimsuchung", beschreibt den Besuch Marias bei Elisabet.
Nicht daß ein Engel eintrat (das erkenn),
erschreckte sie. Sowenig andre, wenn
ein Sonnenstrahl oder der Mond bei Nacht
in ihrem Zimmer sich zu schaffen macht,
auffahren –, pflegte sie an der Gestalt,
in der ein Engel ging, sich zu entrüsten;
sie ahnte kaum, daß dieser Aufenthalt
mühsam für Engel ist...
Nicht, daß er eintrat, aber daß er dicht,
der Engel, eines Jünglings Angesicht
so zu ihr neigte; daß sein Blick und der,
mit dem sie aufsah, so zusammenschlugen
als wäre draußen plötzlich alles leer
und, was Millionen schauten, trieben,
      trugen,
hineingedrängt in sie: nur sie und er;
Schaun und Geschautes, Aug und
      Augenweide
sonst nirgends als an dieser Stelle –: sieh,
dieses erschreckt. Und sie erschraken beide.
Dann sang der Engel seine Melodie.
MARIAE HEIMSUCHUNG
Noch erging sie's leicht im Anbeginne,
doch im Steigen manchmal ward sie schon
ihres wunderbaren Leibes inne, –
und dann stand sie, atmend, auf den hohn
      Judenbergen. Aber nicht das Land,
ihre Fülle war um sie gebreitet;
gehend fühlte sie: man überschreitet
nie die Größe, die sie jetzt empfand.
   Und es drängte sie, die Hand zu legen
auf den andern Leib, der weiter war.
Und die Frauen schwankten sich entgegen
und berührten sich Gewand und Haar.
   Jede, voll von ihrem Heiligtume,
schützte sich mit der Gevatterin.
Ach der Heiland in ihr war noch Blume,
doch den Täufer in dem Schooß der Muhme
riß die Freude schon zum Hüpfen hin.

Der Württemberger *Hermann Hesse*,

Kindlein aus der Ewigkeit, nun will ich deiner Mutter singen!
Mein Lied soll schön werden, wie der morgenfarbne Schnee!
Freue dich, Jungfrau Maria, Tochter meiner Erde, Schwester meiner Seele,
Freue dich, du Freude meiner Freude!
Ich bin ein Wandern durch die Nächte, aber du bist ein Haus unter Sternen!
Ich bin eine durstige Schale, aber du bist ein offenes Meer des Herrn!
Freue dich, Jungfrau Maria; selig preis ich, die dich selig preisen.
Nie mehr soll ein Menschenkind verzagen!
Ich bin eine einzige Liebe, ich will immerdar zu allen sprechen:
Eine von euch hat der Herr erhöht!
Freue dich, Jungfrau Maria, Flügel meiner Erde, Krone meiner Seele!
Freue dich, du Freude meiner Freude: Selig preis ich, die dich selig preisen!

Gertrud Freiin von LeFort, *Weihnacht*

nur zwei Jahre jünger als Rilke, ist vornehmlich durch seine lyrisch-verträumten, dann aber auch psychologisch-bekenntnishaften Romane und Novellen berühmt geworden; seine Lyrik ist musikalisch, schlicht und eindringlich. Hier zwei seiner „Marienlieder":

Schilt nicht! Ich kann nicht beten,
ich will nur im Vorübergehn
an deine Stufen treten
und deine Augen sehn.

Es ist ein reines Glänzen
um deine Stirn, das mich beglückt;
ich habe sie ja mit Kränzen
als Kind so oft geschmückt.

Ohne Schmuck und Perlenglanz
laß mich auf die Stufen legen,
stumm erflehend deinen Segen,
meiner Jugend welken Kranz.

Kämpfe, Fahrten, Wunden viel,
ungenossene herbe Siege
ruhmlos durchgekämpfter Kriege
finden müde nun ihr Ziel.

Lüste bunt und freudefarb
senken müdegewordene Hände.
Ihr Gelächter ist zu Ende,
ihre rote Flamme starb...

Gertrud Freiin von Le Fort, 1876 in Westfalen geboren, stammte aus einer Hugenottenfamilie und studierte evangelische Theologie, trat aber als Fünfzigjährige zum Katholizismus über. Ihre vielen freirhythmischen Gedichte und Hymnen sind ausdrucksvoll und von streng katholischer Glaubenshaltung getragen(*).

VIGIL VON MARIÄ HIMMELFAHRT

Der Engel des Herrn grüßte Maria, und sie empfing den Heimruf der ewigen Liebe. Brich auf, Seele Mariens: die himmlischen Boten sind gekommen! Sie wollen die Wiege holen, in der dein göttliches Kind lag! Nun bette dich selbst auf dem Herzen, darunter sein Leben erschlummert, Nun schmiege dich tief in die Hülle, die es so zärtlich umborgen. Brich auf, Seele Mariens, brich auf in der Wiege des Höchsten! Wie wird dir geschehen, Schneereine! Du sollst gen Himmel fahren.

Die folgenden Zeilen sind unter dem Eindruck des Zweiten Weltkrieges entstanden:

Die du vom Geist des Friedens gegrüßt wurdest,
erbitte uns den Frieden.
Die du das Wort des Friedens in dich aufnahmst,
erbitte uns den Frieden!

114

*Die du das heilige Kind des Friedens
der Welt geboren hast, erbitte uns den
    Frieden –
Du Helferin des Allversöhners, du Willige
    des Allverzeihers,
Du Hingegebene an sein ewiges Erbarmen,
    erbitte uns den Frieden!
Um der Angst der Kreaturen willen,
    wir bitten dich um Frieden –
Um der kleinen Kinder willen, die in ihren
    Wiegen schlafen,
wir bitten dich um Frieden –
Um der Greise willen, die so gern in ihren
    Betten stürben,
wir bitten dich um Frieden –...
    Lasset uns beten für den Frieden unserer
    Erde,
denn der Friede der Erde ist todkrank.
Hilf ihm, Jungfrau Maria,
hilf uns sprechen:
Friede sei dem Frieden unserer armen Welt...
Du klarer Stern in allen Wolken der
    Verwirrung,
wir bitten dich um den Frieden.
Die du bei den Sterbenden warst,
als ihr Blut das Schlachtfeld tränkte,
erbarme dich des Friedens...
Mutter, Mutter,
unser Friede ist ja schon gestorben,
es gibt nur noch den Frieden in den
    Himmeln...
Die du mächtig bleibst – auch wenn dein
    zarter Thron auf Erden bricht,
bitte um die Auferstehung unseres Friedens.*

Rudolf Alexander Schröder, 1878 in Bremen geboren, Lyriker, Erzähler, Übersetzer, Essayist, dessen Poesie sich vom Jugendstil zu einer strengen, formbewußten religiösen Lyrik entwickelte, war stets ein Hüter alter Bildungstradition. Ähnlich wie bei Rilke sind auch seine „Sonette an die Sixtinische Madonna" stark vom Bildhaften geprägt:

*Wenn die Verzweiflung träte aus den Toren
der alten, abgelebten Welt und fände
der reinen Wolken graues Schneegelände,
das deiner Sohle du zum Feld erkoren,
    wenn in des Grauens blindgeweinten
    Augen
ein Leuchten träfe, wie zu deinen Füßen
die Ferne leuchtet, würden sie dich grüßen
und sich Gesundung aus der Kühle saugen.
    Du wohnst in einem Licht, das milde
    blickt,
nicht allzu hell, nicht allzu warm: denn
    Herzen,*

*verdorrt von Wirbelfeuern dieser Zeit,
    Sie tauchen gern, zum letztenmal erquickt,
aus allem Gegensatz von Brunst und
    Schmerzen
ins immer laue Bad der Ewigkeit.*

Streng katholisch in seiner Grundhaltung ist auch der Münchner Bauernsohn *Konrad Weiss* (1880–1940), dessen mystisch-dunkle, aber bilderreiche Poesie sich nicht an die große Menge wendet, wie sein Gedicht „Die Empfängnis" zeigt.(∗)

Vom Katholizismus Weiss' grundverschieden ist der des Salzburger Dichters *Georg Trakl* (1887–1914), der schon als Student der Pharmakologie den Drogen verfiel, als Zweiundzwanzigjähriger mit seiner jungen Schwester ein inzestuöses Verhältnis einging und im Alter von 27 Jahren – von den furchtbaren Schlachten des Ersten Weltkrieges in den Wahnsinn getrieben – an einer Überdosis Kokain starb. In seinem Gedicht „Blutschuld" bittet er Maria um Verzeihung; Reue vermag er jedoch keine zu zeigen, da die Lust ihn immer wieder überwältigt:

*Es dräut die Nacht am Lager unsrer Küsse.
Es flüstert wo: Wer nimmt von euch die
    Schuld?
Noch bebend von verruchter Wollust Süße
Wir beten: Verzeih uns, Maria, in deiner
    Huld!
    Aus Blumenschalen steigen gierige Düfte,
Umschmeicheln unsere Stirnen bleich von
    Schuld.
Ermattend unterm Hauch der schwülen
    Düfte
Wir träumen: Verzeih uns, Maria, in deiner
    Huld!
    Doch lauter rauscht der Brunnen der
    Sirenen
Und dunkler ragt die Sphinx vor unsrer
    Schuld,
Daß unsre Herzen sündiger wieder tönen,
Wir schluchzen: Verzeih uns, Maria, in
    deiner Huld!*

Heinrich Lersch (1889–1936) war der Sohn eines Kesselschmieds und selbst ursprünglich ebenfalls in diesem Handwerk tätig. In seinen Gedichten schilderte er sein Leben und proklamierte die Verbundenheit aller Werktätigen. Im Ersten Weltkrieg wurde er verschüttet. Später ging er zum Nationalsozialismus über. Sein folgendes Gedicht ist bitter:

O Mutter Gottes, du kannst ja nicht

*Daß eine Lust, die Sinn bewahrt,
mit einem Mal zum Opfer muß,
Maria horch,
Maria blieb dies aufgespart,
da kam zu ihr des Engels Gruß.*

*Daß unser Herz Entdeckerlust
vom Weg in Gottes Führung quält,
Maria horch,
und dieses Herz ging unbewußt
durch Tier und Pflanze wie gestählt*

*Bis eins das andere zerpflückt,
dann bricht das Lied gleich einem
    Knauf,
Maria horch,
und kommt wie Murmelton erstickt,
auf daß er fließt, der Quell herauf.*

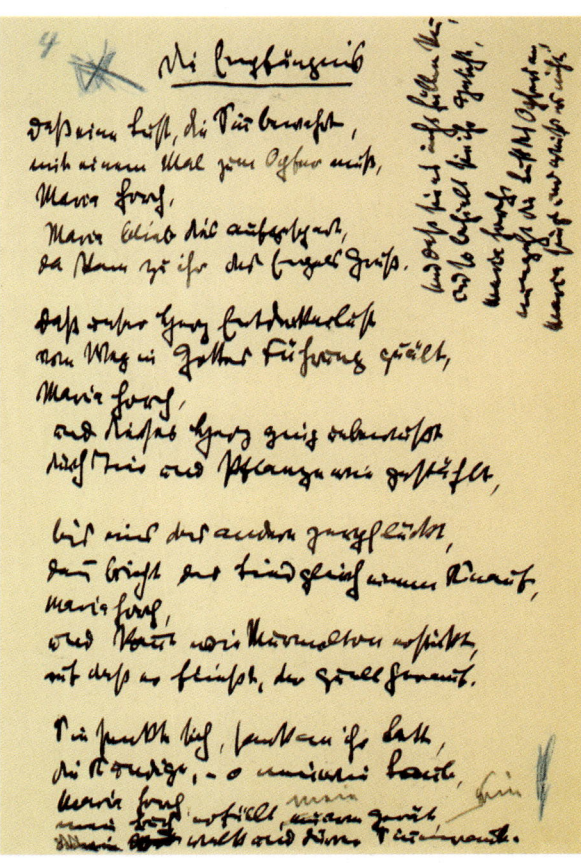

*Sie senkte sich, sank an ihr Bett,
die Kundige, o nein wie Laub,
Maria horch,
mein Buch erfüllt, mein arm Gerät,
ein welk und dürrer Sinnenraub.*

*Und daß sie es nicht füllen kann,
Und so behielt sie ihr Gesicht,
Maria horch,
nun geht die Lust des Opfers an,
Maria singt und weiß es nicht.*

Konrad Weiss, *Die Empfängnis*

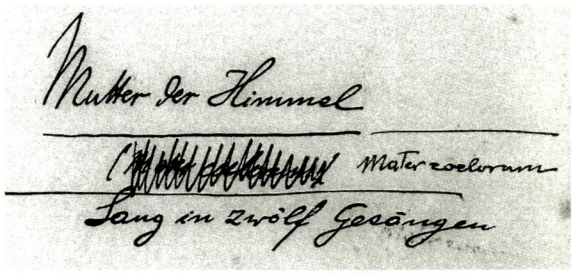

Dich brauchte Gott zu reinstem
Selbsterscheinen,
Durch dich mußte er sich als
Mensch rein meinen
Vor uns, Gott abgewandten,
den Betörten,
Durch dich in seiner Schöpfung
rein erscheinen.
Rechtfertigend so überstarkes Wesen,
Durch dich die Erde-Schöpfung
rein erlösen,
Dich unbefleckten Leib,
rein Gott-Gewollte,
Mittelnder Schoß,
dem Gott selbst Ehre zollte –
In dir wird mir nicht Gott,
nicht Gnade mangeln...

Reinhard Johannes Sorge
Mutter der Himmel

in die prächtigen Häuser der Reichen gehen.
Komm du nur zu uns,
wir können die große Gottesliebe verstehen,
du willst ja nur die Armen, Reinen und
    Frommen,
nur liebende Menschheit um dich haben:
O Mutter Gottes, dann komm zu uns,
zu uns in den vordersten Schützengraben.

Franz Werfel, 1890–1945, wie Rilke in Prag geboren, wie Lersch Soldat im Ersten Weltkrieg, begann mit expressionistischer Lyrik und wurde dann ein fruchtbarer und erfolgreicher Dramatiker und Erzähler. Er befaßte sich immer wieder mit Gottsuche und Weltverbrüderung. In seinem Roman „Das Lied der Bernadette" (1941) beschreibt er die wunderbaren Marienerscheinungen von Lourdes und steigert sich hier zu einer mystischen, dem katholischen Geist angenäherten Religiosität. Das Werk entstand infolge eines Gelübdes während Werfels Flucht vor den deutschen Invasionstruppen in Frankreich, und innerhalb eines Jahres waren nicht weniger als 400 000 Exemplare allein in den USA verbreitet. Im Mittelpunkt des Buches steht nicht eigentlich Bernadette, auch nicht Maria, sondern die Unbegreiflichkeit des Wunders, und – wie so oft bei Werfel – die Problematik des Verhältnisses von Wissen und Glauben. Die Vernunft mußte hier kapitulieren, das unwissende Mädchen hält seiner „Dame" trotz aller Anfechtungen die Treue. – Das Werk wurde aber auch vielfach kritisiert: Thomas Mann etwa sprach von einem „Liebäugeln mit Rom".

In Werfels Nachlaß fand sich das hochinteressante Gedicht „Maria und die Frauen"(*).

Edith Stein (1891–1942), eine Schülerin des Philosophen Edmund Husserl, war wie Werfel jüdischer Herkunft, trat aber 1922 zum Katholizismus über und wurde Karmelitin. Sie starb in Auschwitz. Das Gedicht „Iuxta crucem tecum stare" schrieb sie nach ihrer Flucht nach Holland unter dem Eindruck der Judenprogrome 1938(*).

Reinhard Johannes Sorge, 1892 bei Berlin geboren, konvertierte ebenfalls zum Katholizismus und wurde zum Lyriker und Dramatiker des Expressionismus, der sich gegen den Naturalismus der Zeit auflehnte. Im Alter von 24 Jahren fiel er

an der Somme. Er richtete einen Gruß an die „Mutter der Himmel".(*)

Auch *Ruth Schaumann*, 1899–1975, in Hamburg geboren, konvertierte zum Katholizismus. Sie war nicht nur vielseitige Schriftstellerin, sondern auch Bildhauerin und Graphikerin. In ihren Erzählungen zeigt sie tiefe Naturverbundenheit und starkes, echt katholisches Empfinden. Viele ihrer Bücher hat sie selbst illustriert.

MARIA AM ABEND
Mit ihren Lippen pflückte sie
des Kindes Lächeln von den seinen
und hielt es vor den Gartensteinen
auf ihrem wandermüden Knie.

Sie bat den blassen Abendstern,
ihr beizustehn in solchem Freuen
und suchte Dank wie Blust zu streuen,
ein weißer Kirschenbaum des Herrn.

Sie hob den Sohn zur Brust heran
und hielt ihn doch wie fremdes Eigen.
Und in des Garten Abendzweigen
der Trauer Nachtigall begann.

PIETA
Hebe deine Augen auf und sieh
Ohne Wehren und verwirrtes Grauen
Auf des Hügels Rand die dunklen Frauen
Und den Einen auf der Einen Knie.

Keine Stirn und keine Lippe schrie,
Nur die Mäntel rascheln auf den Steinen,
In den Himmeln aber ist ein Weinen
Und ein Schwingenklirren wie noch nie.

Hebe deine Augen auf und sprich:
Meine Schuld hat ihm den Tod gegeben.
Deine Stimme zögert und es beben
Seiner Mutter Hände bitterlich.

Tragisch war das Schicksal des polnischen Franziskaners *Maximilian Kolbe*, 1894 bei Lodz geboren, der nach Auschwitz verschleppt wurde und dort freiwillig anstelle eines Familienvaters, dem er so das Leben rettete, den Hungertod erlitt. Er wurde 1982 selig gesprochen. Hier sind Auszüge aus einem seiner Mariengedichte:

Maria, Königin des Himmels und der Erde,
Ich weiß, daß ich nicht würdig bin,
Mich dir zu nähern,
Doch da ich dich so sehr liebe,
Wage ich es, dich zu bitten,
Du mögest so gütig sein und mir erklären,
    wer du bist.
Ich möchte dich immer besser kennenlernen,
Damit ich dich immer mehr lieben und
    ehren kann,

Oben: „Die königliche Gute Nacht" von der deutschen Schriftstellerin, Bildhauerin und Grafikerin Ruth Schaumann (1899–1975).

Seite 116: Reinhard Sorge (1892–1914): „Mutter der Himmel", Frühjahr 1913 (Literaturarchiv Marbach). Sorge nähert sich dem Marienthema in expressionistischer, betont individueller Sprache.

Ja, wir sind schüchtern, die Marie verehren,
Für uns mißt fast nicht menschlich ihr Geschlecht.
Wir wundern uns, wenn Frauen aufbegehren
Und niedrig sind, und zänkisch ungerecht.
Und dennoch wird's kein Mangel uns erschweren,
Zu schaudern vor der Schönheit, tief und echt,
Nie hoffend, daß sie uns zu schaun geruh –
Jungfrau, warum? Das bist in ihnen DU!

In dich des Geistes Geist ist eingegangen,
Aus dir die Gottheit trat ins Haus der Zeit.
Von ihnen wird der Stumpfsinn nur empfangen
Und tritt ans Licht der Todverlorenheit.
Und dort aus ihren Augen, Leib und Wangen
Ein Abschein strahlt verklärter Stofflichkeit.
Wenn scheu wir ihrem Schein uns wenden zu,
Jungfrau Maria, das bist in ihnen DU!

Franz Werfel, *Maria und die Frauen*
(die Männer sprechen hier)

Heut' hab' ich unterm Kreuz mit Dir gestanden
Und hab's so deutlich wie noch nie empfunden,
Daß unterm Kreuz Du uns're Mutter worden.
Wie sorgt schon einer ird'schen Mutter Treue,
Des Sohnes letzten Willen zu erfüllen!
Du aber warst des Herren Magd,
Des menschgeword'nen Gottes Sein und Leben
Dein Sein und Leben restlos eingeschrieben.
So hast die Seinen Du ins Herz genommen,
Und mit dem Herzblut Deiner bittern Schmerzen
Hast jeder Seele neues Leben Du erkauft.
Du kennst uns alle: uns're Wunden, uns're
Schwächen,
Kennst auch den Himmelsglanz, den Deines
Sohnes Liebe
Um uns ergießen möchte in der ew'gen Klarheit.
So lenkst Du sorgsam uns're Schritte,
Kein Preis ist Dir zu hoch, um uns ans Ziel zu
führen.
Doch die Du auserwählt Dir zum Geleite,
Dich zu umgeben einst am ew'gen Thron,
Sie müssen hier mit Dir am Kreuze steh'n
Und müssen mit dem Herzblut bitt'rer Schmerzen
Der teuren Seelen Himmelsglanz erkaufen,
Die ihnen Gottes Sohn als Erbe anvertraut.

Edith Stein, *Iuxta crucem tecum stare*

*...In Ewigkeit wird Gott zu dir sagen:
meine Mutter.
Der das vierte Gebot eingesetzt hat,
ehrt dich in Ewigkeit.
Ich bete dich an, unseren Vater im
Himmel, denn du hast dem reinen
Schoß Marias deinen eingeborenen
Sohn geschenkt.*

*Ich bete dich an, Sohn Gottes, denn du
bist geboren aus der Unbefleckten,
wurdest wirklich ihr Sohn.
Ich bete dich an, Heiliger Geist, denn
im Schoß Mariens hast du gebildet den
Leib des göttlichen Sohns.
Ich bete dich an, Heiligste Dreifaltigkeit, ein und dreifaltiger Gott, da du
die Unbefleckte auf solch göttliche
Weise geehrt hast.*

Maximilian Kolbe

*Mit einem Eifer, der keine Grenzen kennt.
Und ich möchte auch andern mitteilen, wer
    du bist,
Damit immer mehr Menschen dich immer
    besser
Kennen und immer inniger lieben,
Damit du die Königin aller Menschen sein
    kannst,
Aller Herzen, die hier auf Erden schlagen.
Einige kennen nicht einmal deinen Namen,
Andere wagen es nicht, auf dich zu schauen,
Wieder andere glauben, auch ohne dich
Das Ziel ihres Lebens erreichen zu können.
Es gibt viele Menschen, die dich lieben,
Aber es gibt wenige, die aus Liebe zu dir
Zu allem bereit sind: zu Mühen, zum Leiden
Oder sogar zum Opfer ihres Lebens.
Wann wirst du in allen Herzen Königin
    sein?
Wenn die Bewohner dieser Erde
Dich als Mutter anerkennen,
Wenn der Vater im Himmel wirklich Vater
    sein kann
Und alle Menschen sich wie Brüder fühlen?*

Ein anderer polnischer Märtyrer ist der Priester *Jerzy Popieluszko*, der für die Solidarnosc kämpfte und 1984 ermordet wurde. Er bittet Maria:

*Mutter der Solidarnosc-Hoffenden,
    bitte für uns!
Mutter der Betrogenen, Mutter der
    Verratenen,
Mutter der in der Nacht
    Gefangengenommen,
Mutter der Erschrockenen,
Mutter der erschossenen Bergleute,
Mutter der Werftarbeiter,
Mutter der Verhörten,
Mutter der unschuldig Verurteilten...
Mutter der dafür Mißachteten, daß sie das
    Zeichen mit deinem heiligen Antlitz
    tragen,
Mutter derer, denen die Arbeit entzogen
    worden ist...
Mutter der weinenden Mütter,
Mutter der sich sorgenden Väter,
    bitte für uns.*

Bert Brecht (1898–1956), der sozialistisch orientierte Dramatiker und Lyriker, blickt in seinem Gedicht „Maria" hinter die Kulissen vermeintlicher Idylle:

*Die Nacht ihrer ersten Geburt war
Kalt gewesen. In späteren Jahren aber
Vergaß sie gänzlich
Den Frost in den Kummerbalken und
    rauchenden Ofen*

*Und das Würgen der Nachgeburt gegen
    Morgen zu.
Aber vor allem vergaß sie die bittere Scham
Nicht allein zu sein
Die dem Armen eigen ist.
Hauptsächlich deshalb
Ward es in späteren Jahren zum Fest, bei
    dem
Alles dabei war.
Das rohe Geschwätz der Hirten verstummte.
Später wurden aus ihnen Könige in der
    Geschichte.
Der Wind, der sehr kalt war
Wurde zum Engelsgesang.
Ja, von dem Loch, das den Frost einließ,
    blieb nur
Der Stern, der hineinsah...*

Ein ergreifendes Gedicht aus dem zweiten Weltkrieg hat uns *Arno Pötzsch* geschenkt. Es begreift noch einmal Maria als die große Trostbringerin in den verzweifeltsten Lagen, entstanden unter dem Eindruck der Tragödie von Stalingrad im Jahre 1942.(*)

Die Vorstellung, daß Maria als allsorgende Mutter die Leidenden in ihren Schoß aufnimmt, entspricht dem russischen Volksglauben, in dem „Mütterchen Rußland" und „Mutter Erde" mit dem Begriff der Gottesmutter in enge Beziehung gebracht werden. So heißt es in einem *russischen Kirchenlied*:

*O Mutter Erde, feuchte Erde,
 aus dir sind wir geboren alle,
o Gräber, o ihr Eichensärge,
ihr werdet uns're Wohnstatt sein!
Ihr Würmer ohne Rast und Ruh',
ihr seid dann uns're Wirte!
Meine Nachbarn – die Stein,
die Würmer – meine Freunde,
der Sand – mein Lager,
o du feuchte Mutter Erde,
nimm dein armes Kind zurück!
Denk an uns, o Herr der Zeiten,
wenn dein ew'ges Reich beginnt!
O wunderbare Königin, Mutter Gottes,
Mutter feuchte Erde!*

Aber auch die kritische Einstellung des modernen Feminismus Maria gegenüber ist bereits in die Literatur eingegangen. Aus dem leidenschaftlichen Gedicht der Feministin und Pazifistin *Elisabeth Burmeister* aus dem Jahr 1983 spricht der Vorwurf, daß die Kirche durch Erhöhung der Maria alle anderen Frauen im Zustand der Zweitrangigkeit und Abhän-

1942 · LICHT · LEBEN · LIEBE · KESSEL · FESTUNG STALINGRAD

Seite 118: Maximilian Kolbe (1894–1941). Das Gemälde eines unbekannten Künstlers zeigt ihn in KZ-Kleidung. Der 1982 seliggesprochene polnische Franziskaner starb in Auschwitz stellvertretend für einen Familienvater im Hungerbunker.

Oben: Die „Madonna von Stalingrad" zeichnete ein deutscher Landser im Kessel von Stalingrad (1942/43).

Die Mutter Gottes von Stalingrad
weilt heut bei den deutschen Soldaten.
Sie hat in der eisigen Winternacht
der russischen Steppe sich aufgemacht,
die Frau und die Mutter voll Gnaden.

Die Mutter Gottes von Stalingrad
besucht heut die Ärmsten der Armen.
Sie hocken in Trümmern in bitterster Not,
nur einer ist nahe, und das ist der Tod;
da will sich die Mutter erbarmen.

Die Mutter Gottes von Stalingrad,
sie kommt durch die eisigen Winde
in Hütten und Höhlen, sie findet sich ein
und läßt sich dort nieder im kärglichen Schein,
die Frau mit dem himmlischen Kinde. [...]

Die Mutter Gottes von Stalingrad,
o hört doch, jetzt singt sie ganz leise!
Den Männern klingt es wie Heimat und Licht,
Da löst es sich heimlich im starren Gesicht.
O Wunder der göttlichen Weise!

Die Mutter Gottes von Stalingrad,
im weiten Gewande geborgen –
was seh ich? Jetzt breitet den Mantel sie aus!
Jetzt spricht sie:
Kommt alle, ich bring euch nach Haus,
ich will euch, die Mutter, versorgen!

Die Mutter Gottes von Stalingrad,
jetzt legt sie auf alle die Hände,
da stillt sich der Kummer, das Leid und der Schmerz,
da füllt sich mit Frieden das einsamste Herz,
wird fröhlich und still bis ans Ende.

Die Mutter Gottes von Stalingrad,
die weiß um unsägliche Schmerzen;
sie kennt allen Jammer, sie weiß alle Not,
und tausendmal, tausendmal litt sie den Tod,
sie trug doch ein Kind einst am Herzen!

Die Mutter Gottes von Stalingrad,
so kam sie, die Mutter der Gnaden,
zu den Ärmsten der Armen in heiliger Nacht,
weil die Mutter noch immer des Ärmsten gedacht,
sie kam zu den deutschen Soldaten.

Die Mutter Gottes von Stalingrad,
aus Liebe vom Himmel entboten,
sie hat sie gesegnet in schauriger Welt,
in Gräben und Gruben, in grausigem Feld,
die Lebenden und auch die Toten.

Arno Pötzsch

gigkeit gehalten habe:
MARIA
du bist meine Mutter nicht
wird Zeit
daß die Leute es wissen.
meiner Mutter Gestalt, meiner Mutter
Gesicht
hat Gottes-Urteil und Gottes-Gericht
verwüstet, geschunden, zerrissen
mit der glühenden Zange gebissen
meiner Mutter Gesicht, meiner Mutter
Gestalt
ist geschändet, geblendet, entstellt von
Gewalt
wie die Erde geworden
so elend, so alt
so bitter, so böse
so hart
so kalt
– und IHR habt sie auf dem Gewissen!
Maria
behalte dein glattes Gesicht,
die falsche Demut
den falschen Verzicht,
den falschen Gehorsam, die falsche Pflicht,
die falsche Geduld bis zum Jüngsten
Gericht,
ich WILL sie nicht, hörst du,
ich WILL sie nicht!
behalt' sie
laß sie dir lohnen
vom Gott,
der straft und lohnt:
ich will in der Finsternis wohnen
wo meine Mutter wohnt.

Wiederum eine andere Vorstellung der Maria – als Fürsorgerin der Ärmsten der Armen – hat *Mutter Teresa*, eigentlich Agnes Gonxha Bojaxhio, immer wieder zum Ausdruck gebracht. 1910 in Skopje, Makedonien, geboren, war sie zunächst bei den irischen Loretoschwestern, dann in Indien als Lehrerin tätig. Sie arbeitete in den Slums von Kalkutta und gründete 1950 die „Kongregation der Missionarinnen der Nächstenliebe", die sich in Europa und der Dritten Welt ausgebreitet hat. 1979 erhielt sie den Friedensnobelpreis. Stellvertretend lesen wir hier eines ihrer Gebete zu Maria:
Maria, Mutter Jesu,
schenke uns ein Herz,
das so schön, so rein, so unbefleckt,
so liebevoll und so demütig ist wie deines,
damit wir Jesus aufnehmen und lieben
können,

wie du ihn geliebt hast,
damit wir, wie du es getan hast,
ihm dienen können, der sich verbirgt
in den Ärmsten der Armen.

An anderer Stelle äußert sie sich darüber, daß Marienfrömmigkeit zur besseren Jesus-Nachfolge helfen könne:
Weil der gleiche Jesus, der in Marias Leib kam, auch zu uns kommt, sollen wir auch eilends gehen, die Hügel unserer Schwierigkeiten überwinden und voll Freude den anderen dienen, um ihnen Jesus schenken zu können. Daher sollten wir immer bitten: Maria, gib uns dein Herz – so wunderschön, rein und unbefleckt... Du bist für uns die Ursache der Freude, denn du hast uns Jesus geschenkt. Hilf uns, für andere Ursache der Freude zu werden, indem wir ihnen Jesus schenken.

Der Kölner *Heinrich Böll* (1917–1985) setzt sich in seinem Gedicht „Köln I" einmal mehr mit seiner Heimatstadt und ihrem Katholizismus auseinander. Sie ist ihm die „dunkle Mutter", deren Versuch, Heidnisches mit Christlichem zu versöhnen, zur Verbindung der Madonna mit Dionysius, dem Gott des Weines und der Fruchtbarkeit, führt:
Wer an Kanälen lauscht
kann sie hören
in Labyrinthen
unter der Stadt
über Geröll, Scherben, Gebein
stolpert die Madonna
hinter Venus her
sie zu bekehren
vergebens
vergebens ihr Sohn hinter Dionys
vergebens Gereon hinter Cäsar
Hohnlachen
wer an Kanälen lauscht
kann es hören
Der dunklen Mutter
durch Geschichte
nicht gebessert
steht Schmutz
gut zu Gesicht
in Labyrinthen
unter der Stadt
verkuppelt sie die Madonna
an Dionys
versöhnt den Sohn mit Venus
zwingt Gereon und Cäsar
zur Großen Koalition
sich selbst verkuppelt sie
an alle die guter Münze sind.

Im Gedicht „Und Maria" des Schweizer

Pfarrers und Poeten *Kurt Marti* (geboren 1921) geht es um den Gegensatz zwischen Idealisierung und Realität, aus dem sich Maria befreit und so auch zur Befreierin der anderen Frauen wird:
(2)
und maria konnte kaum lesen
und maria konnte kaum schreiben
und maria durfte nicht singen
noch reden im bethaus der juden
wo die männer dem mann-gott dienen
dafür aber sang sie
ihrem ältesten sohn
dafür aber sang sie
den töchtern den anderen söhnen
von der großen gnade und ihrem
heiligen umsturz
(5)
später viel später blickte maria
ratlos von den altären
auf die sie gestellt worden war
und sie glaubte an eine verwechslung
als sie – die vielfache mutter –
zur jungfrau hochgelobt wurde
und sie bangte um ihren verstand
als immer mehr leute
auf die knie fielen vor ihr
(6)
und maria trat aus ihren bildern
und kletterte von ihren altären herab
und sie wurde das mädchen courage
die heilige kecke jeanne d'arc...
und sie wurde millionenfach als hexe
zur ehre des gottesgötzen verbrannt
und sie war die kleine therese
aber rosa luxemburg auch
und sie war simone weil „la vierge rouge"
und zeugin des absoluten
und sie wurde zur madonna leone die nackt
auf dem löwen für ihre indios reitet...

Wir haben hier nur eine ganz kleine Auswahl der überreichen und unüberschaubaren Marienliteratur zitieren oder auch nur andeuten können. Vielleicht ist deshalb ein kurzer zusammenfassender Rückblick angebracht.

Die früheste Marienliteratur, die wir kennen – also jene, die noch vor dem Konzil von Ephesus entstanden ist –, besteht aus Gedichten, die zumeist Gebete zu Maria darstellen. Maria wird stets in Zusammenhang mit ihrem Sohn betrachtet. Zumeist wird Maria angerufen („freue dich...", „sei gegrüßt...") oder die Szene der Verkündigung der Geburt Jesu wird in Erinnerung gerufen.

Nach dem Konzil von Ephesus, das der Marienverehrung entscheidende Impulse gibt, finden wir Gedichte, in denen Maria in allegorischer Form mit Bildern in Beziehung gebracht wird: mit einem Leuchter, mit dem Acker Gottes, mit der Jakobsleiter. Das Wunder des kleinen Leibes, aus dem mit Jesus die ganze Welt geboren wird, wird bestaunt. Im 6. Jahrhundert treffen wir erstmals auf das Motiv der Mater Dolorosa, der Mutter Jesu unter dem Kreuz; ab dem 8. Jahrhundert mehren sich Anrufungen Marias, in denen sie gebeten wird, bei ihrem Sohn Fürbitte für die Menschen einzulegen.

Im selben 8. Jahrhundert kommt es im Osten aber auch zu erheblichen Rückschlägen: zum einen durch die Bilderstürmer, zum anderen durch das rasche Vordringen des Islam. In Reaktion auf den Bildersturm wiederum entstehen neue, phantasievolle Preisungen Marias.

Mit dem 10. Jahrhundert kommen die Marienlegenden auf – erst bei Hroswith, dann in ausführlichen Schilderungen bei Wernher, später auch in den verschiedenen Marienviten, die in etlichen christlichen Ländern im Lauf des 12. bis 14. Jahrhunderts entstehen. Marias Leben wird immer reicher ausgeschmückt, und einige der zahllosen Legenden werden wieder und wieder in immer neuen Varianten erzählt. In all diesen Legenden, die später häufig zu umfangreichen Sammlungen zusammengetragen werden, erscheint Maria stets als die gekrönte Himmelskönigin. Zeitgleich mit solchen Erzählungen entwickelt sich eine neue Form von Lyrik, in der Maria als hilfreiche Mutter gelobt und angerufen wird.

Ab dem 12. Jahrhundert kommt zudem allmählich ein neuer, mystischerer Ton in diese Lyrik, und verschiedene Formen und Motive vermengen sich. Die Höhepunkte der mittelalterlichen Mariendichtung werden geschaffen in Frankreich von Bernhard von Clairvaux, in Italien von Franz von Assisi, später auch von Dante und Petrarca – der freilich schon zur Renaissance überleitet –, in Deutschland von Walther von der Vogelweide, von den Mystikern Johannes Tauler und Heinrich von Laufenberg sowie von den mystischen Dichterinnen Mechthild von Magdeburg, Mechthild von Hackeborn und Gertrud von Helfta. Zu den mystischen Mariensängerinnen ist auch Katharina von Siena im 14. Jahrhundert zu zählen.

Im späten Mittelalter werden wir zu Zeugen des krassen Gegensatzes zwischen den Geißlern und ihren inbrünstigen Mariengebeten einerseits und fast frivolen Mirakelspielen, in denen sich Maria mit einem Verehrer vermählt, andererseits. Daneben entstehen ganz einfache Lieder, die sich zum Teil bis in unsere Zeit erhalten haben.

Renaissance und Humanismus bringen einen neuerlichen Rückgang der Marienfrömmigkeit mit sich. Nichtsdestoweniger hat sich auch Martin Luther immer wieder mit Maria auseinandergesetzt; François Villons balladenartigen Mariengebete sind noch heute eindrucksvoll. Daneben entstehen die phantasievollen „Kontrafakturen" des 16. Jahrhunderts. Die Orden, vor allem die Jesuiten, widmen sich der Katholischen Reform und der Gegenreformation, in deren Verlauf alte Marienweisen wieder aufgegriffen werden.

Im 17. Jahrhundert eröffnen sich neue Wege: Bei Angelus Silesius erhält die Marienfrömmigkeit einen fast pantheistischen Beiklang, bei Friedrich Spee zeigen sich Anfänge der Aufklärung. Daneben bringt dieses Jahrhundert wiederum einfache Volkspoesie und die marianischen Werke der englischen Dichter Dryden und Pope hervor.

Im 18. Jahrhundert wird das Marienthema immer mehr und immer vielfältiger variiert, zum Teil wohl als Reaktion auf die antimarianische Strömung der Aufklärung; der Unterschied zwischen der Maria des jungen Goethe und derjenigen in Schillers „Jungfrau" ist himmelweit.

Die Romantiker stützen sich vollends wieder auf mittelalterliche Stimmungen. Herder betrachtet Maria analytisch, bei Hölderlin schwingt griechischer Geist mit, während bei Matthias Claudius und in den Grimmschen Märchen einmal mehr die einfache, volkstümliche Maria hervortritt. In England vertreten Wordsworth, Byron und auch noch Bridges, in Frankreich Daudet die romantische Richtung, die in Deutschland mit Heine zu ihrem Abschluß kommt. Schon Gottfried Keller schlägt andere Töne an, Ludwig Thoma wirkt fast naturalistisch. Als Reaktion auf den Naturalismus sehen wir in Deutschland das Werk von George und Derleth, in Frankreich das von Claudel, in England die Werke von Housman und Chesterton.

Als den herausragenden Vertreter der neueren deutschen Lyrik wird man Rilke ansehen müssen. Nach ihm, im Zeitalter der Weltkriege, gehen die Auffassungen über Maria noch weiter auseinander: Hermann Hesse, lyrisch-intensiv, spricht von Maria einfacher als Rilke; sehr im traditionellen Sinn katholisch sind die Werke Gertrud von Le Forts und Konrad Weiss'. Der Erste Weltkrieg beeinflußt – wenngleich jeweils völlig anders – die Mariendichtung bei Le Fort, Trakl und Lersch. Rudolf Alexander Schröder wirkt dagegen formbewußter und traditionsgebundener. Etliche Gegner und Opfer des Nationalsozialismus, unter ihnen Edith Stein und Maximilian Kolbe, stehen der Maria nahe; Arno Pötzsch ruft zu Maria aus der Hölle von Stalingrad.

In der Nachkriegszeit sind die Mariendichtungen Brechts und Martis von einem krassen Realismus gekennzeichnet, die Elisabeth Burmeisters feministisch orientiert; das Spektrum reicht von Böll, dessen Realismus zugleich antike Bilder heraufbeschwört, bis hin zu Mutter Teresa, die in Maria einen Identifikationspunkt für ihren Dienst an den Ärmsten findet.

Die Dichterinnen und Dichter unseres Jahrhunderts sind kaum auf einen Nenner zu bringen. Ihre Zugänge zu Maria spiegeln die Zerrissenheit unserer Zeit wider. Wenn man feststellt, daß Maria in den letzten Jahrhunderten, besonders in dem unseren, eine geringere Rolle gespielt hat als in früheren, etwa im Mittelalter, dann kann man freilich zugleich sagen, daß sie niemals zuvor von so vielen und völlig verschiedenen Seiten beleuchtet, betrachtet, interpretiert und in Anspruch genommen wurde wie im letzten und in diesem Jahrhundert.

Ich sehe dich in tausend Bildern,
Maria, lieblich ausgedrückt,
Doch keins von allen kann dich
schildern,
Wie meine Seele dich erblickt.
Novalis

MEINE SEELE SUCHT DAS LAND DER FREIHEIT

Dorothee Sölle

Seite 123: Edvard Munch (1863–1944): „Madonna", 1895, Farblithographie, Kunsthalle Hamburg. Im Geiste des Symbolismus nähert sich Munch dem Thema rein subjektiv. Er entfernt sich von den traditionellen Attributen des religiösen Themas und transformiert Maria zum Weiblichen schlechthin. Er schafft so eine neue Ikone, in der Weltliches und Sakrales eine neue Verbindung eingehen.

Der nebenstehende Vers des romantischen Dichters Novalis kam mir in den Sinn angesichts der „tausend Bilder" einer faszinierend reichen und verwirrend vielfältigen religiösen Tradition. Wer war Maria eigentlich, welche Zugänge lassen sich zu ihr finden – in der Bibel, in der dogmatischen Deutung ihrer Gestalt, in der Frömmigkeitsgeschichte, die voller Poesie und Erfindungsgabe steckt? Zwischen Himmelskönigin oder „geheimer Göttin" des Christentums und einem armen Landmädchen aus dem Galil, zwischen der in polnischen Volkslegenden auftauchenden „Madonna der Spitzbuben" und der Lehrerin der Lehrer, der „magistra magistrorum" und Patronin von Universitäten, zwischen „Unserer Lieben Frau von der glücklichen Geburt" und der „vom guten Tod" – wer war sie denn wirklich?

Es gibt nicht nur ein Bild, das „richtig" und vollständig zu sein beanspruchen könnte. „De Maria numquam satis" ist ein alter Grundsatz christlicher Tradition: über Maria niemals genug! Die Fülle der verschiedenen Namen und Lobpreisungen, Bilder und Legenden, Wallfahrtsorte und Rituale, Bitten und Erhörungen weist hin auf eine andere Frage, die noch schwerer zu beantworten ist: Wer ist sie denn *heute*, am Ende des zweiten Jahrtausends? Wer ist sie für uns? Kann ich zu artikulieren wagen, wie „meine Seele dich erblickt"? Habe ich ein Recht zu sagen, für wen sie lebendig ist, wen sie segnet und behütet, für wen sie Trost und Herausforderung darstellt, eine Gestalt des Lebens ist, ohne die wir ärmer wären? Noch einmal Novalis:
Ich weiß nur, daß der Welt Getümmel

Seitdem mir wie ein Traum verweht
Und ein unnennbar süßer Himmel
Mir ewig im Gemüte steht.

In der Tat hat Maria etwas mit dem „unnennbar süßen Himmel" zu tun, auf den viele unter uns, Frauen wie Männer, glauben verzichten zu können; in einer selbstzerstörerischen Übervernünftigkeit haben sie sich das Recht auf etwas, das – auch noch „ewig"! – uns „im Gemüte" stehen könnte, genommen. Aber diesem Prozeß der Selbstverarmung, den wir uns durch die Verdrängung unserer tiefsten Wünsche antun, können die tausend Bilder machtvoll entgegentreten. So verstehe ich den Sinn dieses Buches über die Muttergottes: Die Bilder erinnern uns – vielleicht an die Weihnachtsfeiern unserer Kindheit, aber mehr noch an unsere eigenen Sehnsüchte nach einem anderen Leben. Ihre Schönheit zieht uns zu ihrer Wahrheit. Sie können uns lehren, etwas von diesem „unnennbar süßen Himmel" mit eigenen Augen zu sehen. Sie erinnern uns daran, wie innerhalb der religiösen Tradition Ängste und Wünsche einfacher Leute benennbar und darum heilbar wurden, so daß die Welt nicht nur ein unbegreiflich wirres „Getümmel" blieb, sondern ein Hinweis auf das Land der Freiheit, das wir Himmel nennen, wurde.

Ich möchte lernen, die beiden Fragen „Wer war Maria wirklich?" und „Wer ist sie für uns?" zusammenzuhalten. Der historische Blick allein genügt nicht, er wandert zwischen Bibel und Wirkungsgeschichte hin und her, hält sich fest am Dogma oder an seiner kritischen Entlarvung, klärt auf und bereichert unser Verständnis von dem, was war. Wir lernen, Maria zu erkennen als eine Frau, die

123

gleichzeitig Jungfrau und Mutter sein konnte, leidende Schmerzensreiche und gekrönte Königin, Gelehrte und einfache Magd, Heilerin und Wohltäterin. Aber worin die eigentliche Faszination liegt, das kann die historische Perspektive und ihre oft besserwisserische Hermeneutik, die alles Überlieferte unter Verdacht stellt, höchstens ahnen lassen.

Eine andere, eine existentielle Frage ist notwendig. Der aufklärerische Versuch, zwischen Wundererzählung und tatsächlicher Begebenheit aus der Sicht des prinzipiell Überlegenen zu unterscheiden, führt nicht sehr weit, ja er verkommt in der Postmoderne zu einer ästhetisierenden Verhältnislosigkeit. Unsere Beziehung zu den großen Traditionen, in die Maria hineingehört, wird steril, wenn wir die tausend Bilder ästhetisch an uns vorüberziehen lassen, ohne den religiösen Grund, auf dem sie gewachsen sind, in Betracht zu ziehen. Ein wirkliches Verständnis braucht vielleicht die Kraft der Hoffnung auf Heilung auch in unserer Welt, zumindest aber eine Ahnung von dem „unnennbar Süßen", das sich immer wieder in den Bildern und Legenden aufgetan hat.

Ich suche in den tausend Bildern ein Verständnis von Maria, das von der bibli-

schen Perspektive und von der Frömmigkeitsgeschichte geprägt – und von der Dogmatik wenig beschädigt ist. Die protestantische, in der Schrift gegründete Tradition, in der ich verwurzelt bin, hat die Jungfräulichkeit Marias aufgenommen und weitergetragen, sie aber nicht im Sinne des Dogmas „semper virgo" (553 n. Chr.) verstanden. Dieses Dogma aus Konstantinopel stellt die Virginität Marias „vor, in und nach der Geburt Christi" („ante partum, in partu et post partum Christi") unabdingbar fest. Dagegen spricht das älteste Evangelium unbefangen von den Brüdern und Schwestern Jesu (Markus 6,3). Hatte Jesus Geschwister? Läßt sich das im Neuen Testament gebrauchte Wort „Brüder" auch als Umschreibung von Vettern und Cousinen deuten oder muß man es wörtlich nehmen? Dieser exegetische Dissens zwischen den christlichen Konfessionen deutet auf eine andere Problematik hin, die tiefer liegt und erst durch die Frauenbewegung benannt worden ist. Ist es wahr, daß Maria sich von allen anderen Frauen radikal unterscheidet und als ein sexualitätsfreies und *deswegen* sündloses Wesen angesehen werden muß? Ist sie allein „rein" und wir übrigen Frauen, der *anderen* Mutter Eva folgend, unrein?

Müssen wir die problematische – weil antijudaistische und sexualfeindliche – Polarisierung der abendländischen Tradition mitmachen? Müssen wir zwischen Eva, der Mutter aller Lebendigen, und Maria, der Gottesgebärerin, wählen? Oder gibt es tatsächlich ein Zusammen, eine Übereinkunft dieser beiden Archetypen, wie sie sich in dem schönen versöhnenden Namen „Evamaria" ausdrückt?

In einem alten deutschen Weihnachtslied (Trier 1587) heißt es in Anknüpfung an Jesaja 11,1: „Es wird ein Reis hervorgehen aus dem Stamm Isais und ein Zweig aus seiner Wurzel Frucht bringen" auf Christus bezogen:

Das Blümlein, das ich meine,
davon Jesaja sagt,
hat uns gebracht alleine
Marie, die reine Magd;
aus Gottes ew'gem Rat
hat sie ein Kind geboren
und blieb doch reine Magd.

Auch in diesem Lied steckt das Dogma von der bleibenden Jungfräulichkeit, aber so artikuliert und besungen, daß es andere Frauen nicht ausschließt, sondern unser Verständnis von Virginität neu öffnen und vertiefen kann. Es ist, als sähen wir die junge Frau Maria in ihrer großen,

bleibenden Verwunderung über Gottes Handeln an ihr. Jungfräulichkeit hat vielleicht mehr mit Staunenkönnen zu tun als mit dem technisch-patriarchalen Begriff der „virgo intacta". „Rein" bedeutet dann vielleicht einfach für Gott offen und leer zu sein, wie ein Blatt, auf das Gott seine Botschaft schreiben kann. An vielen Stellen der Marienüberlieferung hat der Begriff der Reinheit eher einen mystischen als einen technischen Sinn.

Ich versuche, den Schwierigkeiten mit einem verrechtlichten und vom Eigentum her gedachten Begriff zu entkommen, indem ich mich, eher als an die Dogmatik, an die Frömmigkeit des Volkes halte. Sie ist in der Verehrung der Gottesmutter andere, verschlungene und realistischere Wege gegangen. Ihnen will ich nachgehen; ihre phantasievolle Freiheit im Umgang mit der Tradition hat mich ermutigt, Marias Geschichte auch in der Sprache der Gegenwart zu erzählen.

Was heute ökumenisch möglich und notwendig ist, wäre eher eine „Mariologie von unten" gegenüber einer, die auf der strikten Entgegensetzung von Eva, dem Einfallstor der Sünde, und Maria, der Pforte zum Himmel, beruht. Diese andere Beziehung zu Maria ist im letzten Vier-

teljahrhundert innerhalb der feministischen Theologie entstanden; sie versucht, in verschiedenen Stimmen, von schwarzen und weißen, armen und reichen Frauen, gerade das Besondere an Maria, ihr In-Gott-sein, ihre Heiligkeit, ihre „unnennbare Süße" auf neue Weise zu befragen und zu benennen.

Ein Karmelit und Lehrer der Armen aus Brasilien berichtet am Ende des 20. Jahrhunderts von Maria geweihten Wallfahrtsorten, zu denen die Leute zu Zehntausenden strömen. Lange Kolonnen von Lastwagen und Omnibussen bringen die Pilger aus allen Richtungen zusammen. Die Menschen singen und beten ununterbrochen, ein Rosenkranz folgt auf den anderen, ein Marienlied nach dem anderen wird angestimmt.

Eine einfache Frau, Witwe und Mutter von siebzehn Kindern, von denen zehn gestorben sind, wurde gefragt: „Warum machen Sie diese Wallfahrt? Was tun Sie in der Marienkirche?" Die Antwort von Dona Raimunda war nicht so weit fort von dem, was Novalis gesucht hat. Sie drückte auf einfache Weise aus, was das Geheimnis Marias ist, für alle, die sie lieben. Sie sagte: „Den Himmel spüren, ganz nahe."

Links: Martin Schongauer (1450–1491): „Madonna im Rosenhag", um 1473, Kirche St. Martin in Colmar. Das Motiv „Maria im Rosenhag", auch „hortus conclusus (der geschlossene Garten)" genannt, ist Symbol der Unbefleckten Empfängnis.

Mitte: Carlo Crivelli (1430–1492), venezianischer Maler: „Madonna della Passione" (Museo di Castelvecchio, Verona). Links der Hahn ist Sinnbild des Verrats Judas'.

Rechts: Muttergottes als „Himmelskönigin" von Simion Zugravu, zwanziger Jahre des 19. Jahrhunderts (Sammlung Dancu in Laz). Maria erscheint als Theotokos, Christus als Weltenherrscher.

Seite 124, links: Luca Signorelli (1445/50–1523): „Die Heilige Familie", 1498/1500, Tempera auf Holz (Florenz, Uffizien). In einem Tondo ist die Heilige Familie in tiefer Ruhe untereinander verbunden dargestellt. Gemäß der Tradition erscheint Maria lesend-gelehrt.

Seite 124, Mitte: Meister von Flemalle (niederländisch, 1350–1444): „Maria lactans" (Frankfurt am Main, Städelsches Kunstinstitut). Die junge Mutter Maria ist in inniger Beziehung zu ihrem Kind dargestellt. In ihrem ernsthaften Gesichtsausdruck zeichnet sich das Wissen um das kommende Leiden ab.

Seite 124, rechts: Vesperbild, Pietà aus Kalkstein, böhmisch um 1400 (ehemals Kloster Seeon, heute Bayerisches Nationalmuseum, München).

125

126

DAS JUNGE MÄDCHEN

Maria ist in Nazaret aufgewachsen – nicht in Tiberias, wo die Reichen ihre Villen am Seeufer hatten, sondern in Nazaret, einem kleinen, armseligen Dorf im Landesinneren, halb vergessen im galiläischen Gebirge, etwas oberhalb des Sees Gennesaret gelegen. Das Dorf galt als Räubernest. „Kann denn aus Nazaret etwas Gutes kommen?!" fragten sich die Leute (Johannes 1,46). Es gab nur wenige einfache Hütten, manche in den Berg hineingebaut. Jeder kannte jeden – und wie das im Dorf ist: Wer anders ist, über den wird getratscht. Als Jesus, der Sohn Marias, später einmal in den Heimatort zurückkam, hieß es gleich: „Der? Woher will er das haben, diese Weisheit und diese Wunder, die durch ihn passieren sollen? Ist das nicht der Sohn der Maria, der Zimmermann?" (frei nach Markus 6,2f). Von Josef war nicht die Rede.

Nazaret hatte eine einzige Wasserstelle, die für alle genügen mußte. Sie war der Treffpunkt für die Frauen, sie schöpften dort Wasser, mit dem sie dann die großen Vorratskrüge zu Hause auffüllten. Dann gab es noch das Gebetshaus, in dem sich die Gemeinde am Sabbat versammelte, die Synagoge. Gleich bei ihr war eine kleine Schule, in der die Kinder lernten, die Bibel zu lesen, in Hebräisch. Miteinander sprachen sie Aramäisch.

Vielleicht hat Maria auch bei ihrer Mutter Lesen gelernt. Im Nordosten Brasiliens wird das Mädchen Maria dargestellt, wie sie von der heiligen Anna, ihrer Mutter, in den „Schriften" unterrichtet wird. Es gibt im Volk eine feministische Tradition der Glaubensweitergabe von Frau zu Frau, und sie wird heute von den kirchlichen Basisgemeinden reaktiviert, in denen Frauen häufig Gemeindeleiterinnen sind. In der gesamten Wirkungsgeschichte existiert eine Tradition der lesekundigen, belesenen, andere belehrenden Muttergottes. Manche Darstellungen erzählen, daß Maria sogar auf der Flucht nach Ägypten ruhig lesend auf dem Esel sitzt, während Josef den kleinen Jesus hält. Im späten Mittelalter schenkt die gelehrte Maria armen Mägden einen Psalter – und befördert so die Frauenbildung!

Hat sie nicht auch gelesen, als der Engel Gabriel zu ihr ins Zimmer trat, um ihr die große Freude zu verkündigen? Auch in dieser Frage gibt es sehr verschiedene Traditionen: In den orthodoxen Kirchen wird Maria gern dargestellt als junge Frau, die den Vorhang des Tempels webt, die Seide und Purpur spinnt; im Westen ist es eher die meditierende, die den Psalter lesende Maria... – vielleicht auch einfach ein junges Mädchen, das seinen Träumen nachhängt.

Jedenfalls haben die Maler und die Geschichtenerzähler das Mädchen Maria nicht auf die Rolle der fleißigen Hausfrau reduziert! Dagegen spräche schon die biblische Geschichte von Maria, die Jesu Worten hingegeben lauscht, und Marta, die, nützlich und praktisch denkend, um sein leibliches Wohl besorgt ist (Lukas 10,38-42). Diese kleine Erzählung handelt zwar nicht von der Gottesmutter, sondern von einer Schwester der Marta mit dem Namen Maria, aber das ist in der Wirkungsgeschichte oft schlicht vergessen worden... Die abendländische Tradition hat diese beiden Frauengestalten als Archetypen für das kontemplative und das aktive Leben angesehen. Beschaulichkeit und Wirksamkeit, das ruhige Hören des Wortes und die rastlose Sorge um die alltäglichen Nöte des Leibes, „vita contemplativa" und „vita activa" wurden aber nicht nur einander gegenübergestellt, sondern in eine eher von Aristoteles als vom jüdischen Denken geprägte Rangfolge eingeordnet. Das kontemplative Leben gilt als höherwertig, es ist geistiger und wesentlicher; das tätig-praktische Leben ist notwendig, aber untergeordnet. Diese Maria hat „das Bessere erwählt" (Lukas 10,42) im Zuhören und Schweigen.

Die Verwurzelung Marias in der jüdischen Tradition

Ohne die jüdische Tradition läßt sich die Mutter Jesu nicht verstehen. „Mirjam" wurde sie von ihrer Mutter gerufen; das hebräische Wort „marjam" bedeutet „das Bittere der Zeit tragen". Maria nimmt das Bittere auf sich, das die der Liebe feindliche Zeit hervorbringen wird. Sie ist ein armes Landmädchen, bereit, das Bittere zu tragen. Später wird sie als Asylantin, Flüchtlingsfrau und Mutter eines subversiven Kriminellen dem Bitteren ausgesetzt, eine Schmerzensmutter. Die *Mater Dolorosa* ist schon im Namen, der die Bitterkeit nicht verschweigt, angelegt.

Vor allem aber erinnert er an die Zeit, als das auserwählte Volk in Ägypten verknechtet war. Mirjam, die Schwester des Mose – manche deuten den Namen auch als „die Erhobene" –, ergriff nach dem Durchzug durch das Rote Meer die Initiative: Gott hat uns errettet aus der Hand der Sklavenantreiber, so sang sie laut und nahm eine Pauke in die Hand und fing mit allen Frauen Israels zu tanzen an (vgl. Exodus 15,20).

Gott wolln wir singen, Gott wolln wir loben,
Eine herrliche Tat hat er getan!
Roß und Reiter warf er ins Meer,
das Volk zog ins Gelobte Land.

Oben: „Maria wird von Anna belehrt"; südostdeutsche Federzeichnung vom Ende des 14. Jahrhunderts (Germanisches Nationalmuseum, Nürnberg).

Seite 126: Eine Variante der „Unbefleckten Empfängnis" zeigt der kolorierte Lichtdruck nach einem 1910 entstandenen Gemälde von C. Bosseron Chambers (geb. 1883). Die Darstellung der Immaculata verschmilzt hier mit den zu jener Zeit sehr beliebten Herz-Jesu-Bildern.

Dieses Lied der Prophetin Mirjam hat Maria als Kind in der Synagoge gesungen, mit allen Frauen und Mädchen. Nicht sehr sanft und nicht gerade bescheiden. Es deutet zurück auf den Exodus des Volkes Gottes aus Ägypten, und es deutet voraus auf andere unterdrückte Völker, die Mirjam und Maria zusammendachten und Erlösung nicht von Befreiung trennten. Schwarze Frauen in Amerika, zur Feldarbeit versklavt und zum Vergnügen ihrer Herren Master da, sangen ein Lied aus den Stücken derselben Tradition weiter: Maria und Mirjam gehören zusammen, sie lassen sich nicht voneinander trennen. Das ertränkte Heer des Pharao weist hin auf Mirjams altes Lied, und so wird auch die Trauer der Mutter Maria um den zu Tode gefolterten Sohn ein Ende haben. Die schwarze Frau, die den Namen Maria trägt, weiß, daß auf den drei Gliedern der Sklavenkette, die sie wie ihr Volk trägt, der Name des Befreiers unauslöschlich steht.

Oh Mary don't you weep anymore
Pharaoh's army got drownded
Oh Mary don't you weep, don't you mourn
Pharaoh's army got drownded
Mary wore three links of chain
every link was Jesus' name
Mary wore three links of chain
every link was Freedom's name.

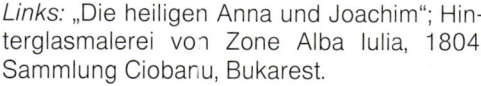

Links: „Die heiligen Anna und Joachim"; Hinterglasmalerei von Zone Alba Iulia, 1804, Sammlung Ciobanu, Bukarest.

Rechts: „Joachim und Anna opfern vor dem Hohenpriester"; Wandmalerei (Mistra, Peloponnes). Das Bild vereint zwei Episoden: Wegen ihrer Kinderlosigkeit wurden Anna und Joachim von der Gemeinschaft ausgeschlossen und Joachims Opfer vom Priester zurückgewiesen. Nach der Verkündigung an Anna, daß sie eine Tochter empfangen werde, wird Joachims Opfer vom Priester angenommen.

Seite 129: Aus Sveti Kliment in Ohrid, Mazedonien, stammt dieses Fresko (1310/11), das Szenen aus dem Leben der Mutter Anna zeigt. So ist links die „Begegnung an der Goldenen Pforte" und rechts die „Geburt Mariens" zu sehen.

„Was kann aus Nazaret Gutes kommen?"

Die Leute in Nazaret lebten von körperlicher Arbeit, manche auf dem Feld, manche als einfache Handwerker, Zimmerleute oder Schmiede. Aber die Feldarbeiter waren nicht die Eigentümer des Landes, das sie bebauten; es gab Großgrundbesitzer, die in der Nähe des Hafens am See wohnten. Die Frauen lebten im Haus, ihre Arbeit, auch die der Greisinnen und kleinen Mädchen wie Maria, blieb unsichtbar; sie wuschen, buken das Brot, zogen die Kinder auf. Mädchen wurden sehr jung verheiratet, oft schon mit zwölf Jahren. Es gab viele Krankheiten in Galiläa, und die Menschen kannten den Hunger. Nicht aus Übermut, sondern aus Hunger rissen sie Ähren aus und kauten darauf herum, auch am Sabbat.

Das Land war von den Römern besetzt, die den Menschen Steuern abpreßten. Die kollaborierenden Eintreiber nannte man „Zöllner"; meistens bereicherten sie sich an der Bevölkerung. Auch die Großgrundbesitzer waren romfreundlich; sie fuhren gut damit. In Galiläa gab es auch eine Guerillabewegung, Zeloten genannt, gewalttätige Leute. Wann immer sie konnten, töteten sie römische Soldaten, besonders im Schutz der Nacht. Dann wurde die Zivilbevölkerung in den Dörfern wieder heimgesucht und bestraft. Niemand war seines Lebens sicher. Wenn die Frauen sich an der Wasserstelle trafen, besprachen sie hinter vorgehaltener Hand, was da vor sich ging. Die Befreiung, das war das Thema. Weiter im Süden bedeutete schon das Wort Galiläer soviel wie „aufständisch gegen die Römer". Es war eine explosive Gegend, in der Maria aufwuchs. Das Loblied, das sie später – zusammengestellt aus den Worten der hebräischen Bibel – sang, das Magnificat, handelt von Macht und Unterdrückung, vom Hungern und vom Sattwerden, von Gottes Handeln an den Elenden. Es ist nicht nur der persönliche Lobgesang der begnadeten einzelnen Frau, deren „Niedrigkeit Gott angesehen hat"; es ist das Lied ihres Volkes – und das Glück des Volkes wird, wie immer in der Bibel, an denen abgelesen, die am niedrigsten stehen. Gott hat sich immer wieder als machtvoll erwiesen.

Joachim und Anna, die Eltern Marias

In diesen großen Zusammenhang der Erhöhung der Erniedrigten, der Aufrichtung der Getretenen gehört auch die – nachbiblische – Tradition von der Geburt Marias. Diese Erzählung knüpft an die vielen Geschichten von unfruchtbaren, kinderlosen Frauen an, die wider Erwarten durch Gottes Eingreifen schwanger werden: wie Sara, die Frau des

Abraham, wie Rahel, die Frau des Jakob, die ihren Mann bestürmt mit dem verzweifelten Schrei „Schaff mir Kinder, sonst sterbe ich" (Genesis 30,1). Gott ist in der biblischen Tradition der, der die Gebärmutter aufschließt und das Leben gibt. Als Rahel später schwanger wird und ihren Sohn Josef gebiert, ruft sie „Gott hat meine Schmach von mir genommen" (Genesis 30,23).

In dieser Tradition bedeutete Fruchtbarkeit Altersversorgung und Segen, und Unfruchtbarkeit wurde erlebt als ein von-Gott-Vergessensein. Auch Joachim und Anna, die Eltern der Maria, haben Anteil an dieser Tradition. Sie waren zwanzig Jahre lang verheiratet, ohne Kinder zu bekommen. Das war für beide ein jeden Tag gefühltes und erfahrenes Unglück. Es war nicht nur ein Kummer des Herzens, es war auch eine Schande in der Gemein-

schaft. Frauen wurden ausgelacht und verhöhnt, wie die kinderlose Hanna, die spätere Mutter von Samuel. Und Joachim, der spätere Vater der Maria, wurde, als er ein Brandopfer im Tempel bringen wollte, ausgeschlossen, ja, als ein Verfluchter verstoßen. Er ging in seinem Kummer in die Wüste. Anna lief mit Tränen in den Augen in den Garten. Eine Sage erzählt, daß sie dort ein Vogelnest gesehen habe, mit jungen Vögeln, die ge-

rade ausgeschlüpft waren. Da soll sie zu Gott geklagt haben: „Herrscher des Himmels und der Erde, warum versagst du mir das, was du doch selbst den Vögeln des Himmels schenkst?" Mit einem Mal erschien ihr ein Engel und verhieß ihr ein Kind, eine Tochter, deren Namen ungezählte Frauen später tragen sollten.

Eine alte, unfruchtbare Frau wurde Mutter; ein unbedeutendes, nutzloses Wesen in den Augen der Welt, in der sie lebte, wurde in die große Geschichte Gottes mit seinem Volk eingeschrieben. Die ganze Geschichte ist voll von diesen verrückten Sachen, die sich mit Biologie nicht erklären lassen. Sara war alt und in der Menopause, als sie den Isaak bekam, Hanna bekam als alte Frau den Samuel. Anna empfing die Maria. Und so wurde auch Maria schwanger, und das ohne Zutun eines Mannes...

DIE GOTTESMUTTER

Die Verkündigung an Maria

Wie ist das zugegangen? Die biblische Geschichte von der Verkündigung an Maria durch den Engel Gabriel wird in einem der apokryphen Evangelien poetisch angereichert. Dieses *Protevangelium des Jacobus* stammt etwa aus der Mitte des 2. Jahrhunderts und hat schon früh eine große Verbreitung gefunden, sicher auch darum, weil es die Legenden um Maria sammelte.

Die Priester des Tempels in Jerusalem haben bei einer Beratung den Beschluß gefaßt, einen Vorhang für den Tempel des Herrn anfertigen zu lassen. Er sollte – nach dem jüdischen Historiker Flavius Josephus – ein Abbild des Kosmos sein. Naturphilosophen der antiken Welt haben die Natur, ja die ganze Welt, als „ein schönes Gewebe Gottes" betrachtet. Spinnen und Weben ist eine Kunst, Loses fest zu verknüpfen und Unzusammenhängendes in Verbindung zu bringen. Das Rohmaterial, Seide und Wolle, wird durch das Drehen einer Spindel zu Garn gemacht. Dem Gestaltlosen wird Gestalt gegeben, es ist ein schöpferischer Prozeß mit hohem symbolischen Gehalt... Auch griechische Philosophen sollen beim Zusammenknüpfen ihrer Gedankenstränge ihre Spindeln gedreht haben. In einem alten Hymnus über Maria heißt es, sie werde „Unversöhnliches versöhnen", weil sich in ihr Himmel und Erde neu verbinden, weil „in ihr der Gottheit ein Kleid gewoben" sei. Die apokryphe Erzählung bindet Maria ein in die Naturphilosophie der alten Welt. Das einfache Mädchen vom Land wird in den Umkreis des Tempels gebracht und in die Kultur einer Symbolik des Spinnens und Webens einbezogen.

Noch erstaunlicher ist eine andere Veränderung am spärlichen biblischen Material, die Jacobus vornimmt. Die Priester in seinem Protevangelium suchten sich sieben unbefleckte Jungfrauen, die aus dem Hause Davids stammten, darunter auch das Mädchen Maria. Im Tempel wurde dann verlost, welche Mädchen welche Farben und Materialien bekamen. „Und auf Maria fiel das Los ‚echter Purpur' und ‚Scharlach'." Beides waren seltene Kostbarkeiten, nur Königen und Göttern anvertraut.

Maria nahm den Scharlach, ging nach Hause und spann. Und sie nahm den Krug und ging hinaus, um Wasser zu schöpfen, und siehe, eine Stimme sprach „Sei gegrüßt, du Begnadete unter den Weibern." Und sie schaute sich nach rechts und links um, woher diese Stimme komme. Und sie erbebte, ging in ihr Haus, stellte den Krug ab, nahm den Purpur und spann ihn aus. Und siehe, ein Engel des Herrn stand plötzlich vor ihr und sprach: „Fürchte dich nicht, Maria; denn du hast Gnade gefunden vor dem Allmächtigen und wirst aus seinem Wort empfangen." Als sie das hörte, zweifelte sie bei sich selbst und sprach: „Ich sollte empfangen vom Herrn, dem lebendigen Gott, und gebären, wie jedes Weib gebiert?"

Dann folgt die Geschichte wieder dem biblischen Bericht aus Lukas 1. Neu ist in dieser apokryphen Version, daß Gruß und Botschaft des Engels hier getrennt werden. Der Fluß der Erzählung wird verlangsamt, indem zuerst nur die Stimme des Unsichtbaren erklingt. Marias Erstaunen und Schrecken gewinnen Raum, und indem ihr Zweifel erst im suchenden Umherschauen, dann unmittelbar benannt wird, wird sie selber menschlicher, ist sie nicht nur das stumme Gefäß, das bereitwillig aufnimmt, was ihr vorgegeben wurde. Auf manchen Bildern wehrt sie sich mit einer abwehrenden Geste der Hand und einer zurückweichenden Körperhaltung. Erst nach einem Zögern willigt Maria ein und spricht ihr Ja: *„Siehe, ich bin die Magd des Herrn vor ihm; mir geschehe nach seinem Wort." Und sie machte den Purpur und den Scharlach fertig und brachte sie zum Priester. Und der Priester nahm sie und segnete Maria.*

Eigenartigerweise hat Maria in diesem apokryphen Bericht, als sie dann Elisabet besucht, die Verkündigung des Erzengels ganz vergessen. Es heißt da: „Maria aber hatte die Geheimnisse längst vergessen, von denen der Erzengel Gabriel ihr gesprochen hatte, und blickte auf zum Himmel und sprach ‚Wer bin ich, Herr, daß alle Geschlechter der Erde mir Segen wünschen?'" Sie staunt, sie wundert sich und scheint nicht zu wissen, was mit ihr geschehen ist.

Heute erzählt

Soweit die antike Geschichte. Könnte es nicht auch ganz anders gewesen sein? Könnte der Engel, hörbar zwar innen, unsichtbar bleiben? Könnten seine Worte, einmal gehört, dann wieder zurücktreten und vergessen sein? Und bliebe das Wunder der Geburt nicht ebenso Gottes Handeln?

Maria war damals schon verlobt mit Josef, der aus Betlehem stammte; sie lebte aber, wie es Sitte war, noch im Haus ihrer Eltern. Es ging ihr so, wie es vielen Frauen geht, bis auf den heutigen Tag; sie

wartete, sie rechnete die Tage nach, kann doch gar nicht sein, dachte sie vielleicht, es müßte doch noch kommen, sie wartete. Und dann machte sie sich auf den Weg zu Elisabet, dieser älteren Freundin, vielleicht, weil man mit der eigenen Mutter über die wichtigsten Sachen nicht immer reden kann. Und so lief sie einfach fort aus Nazaret, haute ab von zu Hause; vielleicht nahm sie jemand ein Stück auf dem Esel mit, sie fragte sich durch zu der alten Verwandten.

Wir wissen nicht, was sie gedacht hat, aber Gedanken und Fragen von anderen Frauen, auch heute lebenden, begleiten sie auf diesem langen Weg.
Maria, um wen hast du dir Sorgen gemacht?
Maria, wieso warst du in Hoffnung?
Maria, warum hast du nicht abgetrieben?
Wir machen uns Sorgen ums Fortkommen
Wir sind ohne Hoffnung auch wenn wir in Hoffnung sind
Wir treiben die Freude ab mit dem Schmerz
Maria, um wen hast du dir Sorgen gemacht?
Maria warum hast du nicht abgetrieben?
Maria, wieso warst du in Hoffnung
in einer Welt ohne Hoffnung?

Seite 133: Madonna Platytera vom Portal der Abbazia della Misericordia, Venedig (heute im Victoria und Albert-Museum, London). Das Steinrelief wurde 1450 vom Bildhauer Bartolomeo Buon geschaffen. Maria steht als Schutzmantelmadonna vor dem Hintergrund ihres königlichen Stammbaums, der Wurzel Isai (Jesse).

Oben: Das 20. Jahrhundert nähert sich in der Kunst den traditionellen christlichen Themen auf sehr persönliche und auch provozierende Weise. Das Bild „Die Jungfrau verhaut den Menschensohn vor drei Zeugen (André Breton, Paul Éluard, Max Ernst)" von Max Ernst (Ölgemälde, Privatbesitz, Belgien) hat zu nicht wenigen Skandalen geführt. In drastischem Realismus führt der Künstler die Menschlichkeit des Gottessohnes und auch Mariens in ihrer Ungeduld vor Augen.

Seite 130: Die „Verkündigung" von El Greco (1541–1614), Ende 16. Jahrhundert, Szépmüvészeti Múzeum, Budapest, zählt zu den eindrucksvollsten Werken über dieses Thema. Wird Maria in früheren Jahrhunderten mit der Spindel am Brunnen dargestellt, so ab dem frühen Mittelalter mit einem Buch. Es heißt, sie lese die Stelle 7,14 im Buch des Propheten Jesaja: „Darum wird euch der Herr selbst ein Zeichen geben: Seht, das junge Mädchen wird empfangen und einen Sohn gebären und seinen Namen Immanuel (Gott mit uns) nennen." Das Buch in Marias Hand zeigt das Buch des Lebens, und im Volksglauben heißt es, daß niemand im Gesetz Gottes und in der Weisheit unterrichteter gewesen sei als die Jungfrau Maria.

Seite 131: Der französische Maler Maurice Denis (1870–1943) hat in seinem Verkündigungsbild von 1930 die Szene im Geiste des Jugendstils ins Hier und Jetzt gesetzt. Maria erscheint als moderne Frau, vor der der Engel kniet (Musée National d'Art Moderne, Paris).

Eine Mariologie von unten

Die von Männern artikulierte christliche Theologie hat die Virginität oft zur Hauptsache gemacht, als sei sie die alleinige Bedingung für Marias In-Gott-sein. Sie hat damit Maria von den anderen Frauen, auch ihren Vormüttern der Bibel, getrennt und versucht, alles Irdisch-Realistische auszuschließen. So entstand die Lehre, sie habe keine Schmerzen bei der Geburt empfunden, weil sie ja von der Erbsünde und von dem Fluch, der seither über den gebärenden Frauen liegt, ausgenommen sei. Aber auch so einfache natürliche Züge wie das von Max Ernst gemalte Motiv, daß die sanfte Maria das unerträglich plärrende Kind auf den Hintern schlägt, sind für die theologische Korrektheit anstößig! Diese hat zugleich ein Frauenbild – und eine Anthropologie – aufgebaut, die die Rollen der Geschlechter polarisiert und festschreibt: aktives Handeln gegen passives Geschehenlassen, Macht gegen Güte, Gerechtigkeit gegen Barmherzigkeit, Autonomie gegen Hinnahme, Selbstbewußtsein gegen Demut.

Aber Gott sei Dank wurde die Theologie im Abendland nicht nur von den Theologen gemacht! Die Geschichte der Frömmigkeit und ihre Ausdrucksformen in Kunst, Literatur und Musik sprechen eine ganz andere Sprache. Sie suchen eine Mariologie von unten. Das Volk hat sich in seiner Liebe zu Maria nicht an die Regeln gehalten, die männlich-hierarchischer Wille zur Macht setzte, es hat sie ständig durchbrochen, umspielt und verändert. Nicht, um Maria – wie oft von der mißtrauischen Hierarchie befürchtet – herabzuziehen, wohl aber, um sie näher an die realen Menschen zu bringen.

Berühmt ist die Legende, wie Maria einer Nonne, die schwanger geworden war, beistand. Sie stellte sich singend im Chorgebet so lange an ihre Stelle und vertrat die Hochschwangere, bis diese nach der Geburt und der Stillzeit ihren Dienst wieder versehen konnte. Marias Eintreten geschah, ohne daß die Oberin im Kloster etwas bemerkt hätte... Im späten Mittelalter stiftete ein Imker der allerreinsten Jungfrau ein Pfund Wachs, damit sie ihm seine Manneskraft zurückgebe... In Polen wird eine Geschichte erzählt von einem Räuber, der aufgehängt werden sollte und zu Maria betete. Die Muttergottes stellte sich drei Tage und drei Nächte unter den Galgen und stützte dem Kriminellen die Füße, unsichtbar natürlich. Er stellte sich tot, und als er abgeschnitten wurde, sprang er davon, ein Ave Maria auf den Lippen.

Die wichtigsten Rollen der Maria in der Volksfrömmigkeit sind die der tatkräftig einschreitenden Hilfe und der Fürbitte, der Fürsprache, ja des Einspruchs. Weil sie selber Mutter ist, ist das mütterliche Verstehen in ihr und die Annäherung an sie viel leichter als an den oft als rigoros gefürchteten Gott. In vielen Bildern und Skulpturen breitet Maria einen riesigen Mantel über eine große Menschenmenge. Ihr Körper ist größer als der aller anderen, sie tritt auf als „Große Mutter", die alle ihre Nachkommen – Alte und Jugendliche, Erwachsene und Kinder – umsorgt und verteidigt. Gott sendet die Blitze seines Zorns vom Himmel, aber die Jungfrau breitet ihren großen Schutzmantel aus und verbirgt die Menschen vor dem Zornesgericht Gottes. Die Leute haben gern geglaubt, daß Jesus – der Richter im Endgericht – seiner Mutter nichts abschlagen könne.

So hat die Volksfrömmigkeit die theologische Korrektheit der demütigen Jungfrau und ihres „Mir geschehe, wie du gesagt hast" immer wieder unterlaufen. Die Maria der Bibel und der lebendigen Frömmigkeit hat nicht nur „Fiat" gesagt, sondern auch „magnificat anima mea dominum", „meine Seele preist die Größe des Herrn". Sie war nicht nur das kopfnickende kleine Mädchen, das oft aus ihr gemacht worden ist! Demütig zu allem Ja zu sagen, was von oben kommt, ist ein patriarchales, nicht ein biblisches Ideal. Maria hat Gabriel, den Engel der Verkündigung, gefragt, wie er sich das denn vorstelle, und sie hörte zu, aufmerksam und nachdenklich. Sie war ja um Mitarbeit gebeten worden an der Befreiung, auf die das Volk Gottes schon so lange wartete. Das Fiat der Einwilligung ist nur die Hälfte der Geschichte! Maria machte sich auf den Weg, eilig, sie wollte nicht allein sein, sie brauchte die Freundin, eine, die auch in diese rätselhaften Geschichten verstrickt war, genau wie sie, die auch ein Kind erwartete.

Eine Begegnung zwischen zwei Frauen

Elisabet, die Frau des Zacharias, stand vor der Tür, als hätte sie Maria erwartet. Und dann geschahen zwei Dinge, die so nur Frauen erleben können. Das eine betraf Elisabet, die damals im sechsten Monat war. Als sie Marias Stimme hörte, da hüpfte das Kind, das später Johannes heißen sollte, in ihrem Leibe, und Elisabet, die alte Frau, wußte sich nicht zu halten vor Glück. Sie weinte und lachte in einem. Sie wußte sofort, was los war, und sie segnete Maria und das Kind in ihr. Etwas war an den beiden geschehen, an

einer sehr alten und einer sehr jungen Frau, beide einbezogen in diese Geschichte der Befreiung.

Das andere war, daß Maria anfing zu singen, mit alten Worten, die Hanna vor ihr gesungen hatte, und mit neuen, die sie mit einem Mal wußte. Es war Maria, die sang, aber es war auch ihr Volk, das sang und schon so lange, so quälend lange gesungen und gewartet hatte. Tradition und Revolution sind in diesem Lied aus Lukas 1 eins, es ist ein Danklied, und es tut das, was alle wirkliche Frömmigkeit immer tut: Es lobt Gott. Es sagt Ja zum Leben, zum Glück und zu den Schmer-

zen. Es sagt Nein zur Unterdrückung und zum Hunger. Maria war sanft und kämpferisch in einem, indem sie dieses Lied sang. Es ist eine Antwort auf das, was Gott an Maria tut, und in der Antwort „vergrößert" (magnificat) sie den, der ihr das vorhergehende Wort der Verkündigung gesandt hat. Vielleicht ist es richtiger zu sagen: Es war nicht Maria, die sang; es war Gott, und er sang mit Marias Mund. Es war die Musik der Welt, die in uns ist und doch nicht von uns kommt.

Maria blieb drei Monate bei Elisabet. Das ist die Zeit, die eine Frau braucht, um Ja sagen zu können zu dem Neuen. Nicht

Eine wichtige Rolle im Marienleben nimmt die Begegnung der Frauen, „Mariä Heimsuchung", ein.

Links: Das Stundenbuch der Katharina von Kleve (um 1440) zeigt die heilige Elisabet, schwanger mit Johannes, und die schwangere Maria würdevoll mit Heiligenschein.

Rechts: Das Bild von Iacopo da Pontormo (1494–1557) aus der Pfarrkirche S. Michele in Carmignano transformiert die Szene ins Alltägliche, so als begrüßten sich Freundinnen. Hier sind es Maria, Elisabet und die Mutter Marias, Anna. Alle drei verbindet das Wunder einer gottgewirkten Schwangerschaft. Pontormo überhöht dieses Geschehen in manieristischer Weise in pasteller Farbigkeit und bewegten Falten, die die Gestik unterstreichen.

mehr allein sein, nicht mehr nur für mich verantwortlich. Das Neue, das Unbekannte wuchs und veränderte den eigenen Rhythmus, die eigene Zukunft. Was sich gewehrt hatte in ihr, mit Würgen und Brechen am Morgen, das verstummte und sagte auch Ja. Wie viele Frauen, so ist auch Maria schöner geworden in der Schwangerschaft, körperlich, geistig und seelisch verändert in diesen Monaten im Gebirge bei Elisabet. Das Lied, das Maria bei der Begegnung mit der mütterlichen Freundin gesungen hat, ist immer wieder gesungen worden. Es spricht auch heute vom Land der Freiheit.

Meine Seele erhebt den Herrn
und mein Geist freut sich Gottes meines Heilands
Meine Seele sieht das Land der Freiheit
und mein Geist wird aus der Veröngstigung herauskommen
Die leeren Gesichter der Frauen werden mit Leben erfüllt
und sie werden Menschen werden
von Generationen vor uns, den geopferten, erwartet

Gott hat große Dinge an mir getan
er stößt die Gewaltigen von ihren Thronen und die Getretenen richtet er auf
Barmherzigkeit wird erscheinen
wenn die Abhängigen das vertane Leben aufgeben
und lernen selber zu leben.

Fra Angelico (ca. 1387–1455), Mönch im Kloster S. Marco in Florenz, malt die Begegnung von Elisabet und Maria vor den Toren der Stadt in der zarten und stillen Art der Frührenaissance. Die Tafel ist Teil seines berühmten Verkündigungsaltares und befindet sich heute im Diözesanmuseum von Cortona.

Hungrige hat er mit Gütern gefüllt und die Reichen leer weggeschickt
Frauen werden in den Parlamenten entscheiden
und die Sucht nach Herrschaft wird leer bleiben
Ihre Ängste werden gegenstandslos werden
und die Ausbeutung ein Ende haben
Meine Seele erhebt den Herrn
und mein Geist frohlockt über Gott meinen Retter.
Dorothee Sölle (nach Lukas 1,46–55)

135

Von Nazaret nach Betlehem

Nach diesem Besuch war Maria stark genug, zurückzugehen in das Dorf, in den Klatsch, in die Schwierigkeiten, die auf sie warteten. Die Schwangerschaft gab Anlaß zu allerlei Verdächtigungen. Im Dorf wunderten sich die Leute, was Maria denn drei Monate lang im Süden gemacht hätte. Wirklich nur die alten Verwandten besucht? Später wurde unter den Heiden erzählt, sie habe etwas mit einem römischen Hauptmann namens Pandera (Panther) gehabt, und aus diesem Fehltritt stamme der Nichtsnutz Jesus! Als Josef wegen der Volkszählung nach Betlehem ging, hätte sie auch zu Hause bleiben können, aber Maria zog es vor, eher mit ihm zu gehen, als das Gerede länger zu ertragen.

Alle Untertanen des Kaisers im fernen Rom mußten sich in Steuerlisten eintragen. Es war eine neue Maßnahme des Imperiums, das seine leeren Kriegskassen füllen mußte. „Und diese Schätzung war die allererste und geschah, als Cyrenius Landpfleger zu Syrien war", so wundert sich der Evangelist (Lukas 2,2), als wollte er sagen: So etwas hatten wir noch nie! Eine riesige Bürokratie zwang zum Verreisen, zuständig war für die beiden Verlobten das Amt in einer anderen Stadt. Papiere und Stempel waren nötig, sie brauchten eine Arbeitserlaubnis, die aber nur gegeben wurde, wenn man einen festen Wohnsitz nachweisen konnte. Vielleicht läßt sich die Herbergssuche, die so oft in ländlichen Verhältnissen nachgespielt worden ist, heute so vergegenwärtigen...

Maria, wie war das mit Josef?
Maria, wer war da der Boss?
Maria, wie habt ihr zusammengelebt,
wieso wart ihr nie allein?

Wir träumen von unsern Inseln
wir hoffen auf kleinen Frieden
wir teilen die Liebe nicht mit den anderen –
und daran geht sie ein

Maria, wie war das mit Josef?
Maria, wer war da der Boss?
Maria, wie habt ihr zusammengelebt,
wieso wart ihr nie allein
in dieser fremden Stadt
ohne Arbeit und ohne Zuhaus?
Dorothee Sölle

Links: Der romantische Künstler Eduard Steinle (1810–1886) zeigt Maria unter einem Baum stehend in der Szene „Maria wartet vor Betlehem". Die Bestrebungen der Romantik, die Vereinigung von Religion und Kunst wiederzubeleben, zeigen sich auch durch eine neue ikonographische Auffassung der alten Themen.

Rechts oben: In dem zeitgenössischen Werk des Franzosen Jean Charles ist die Weihnachtsszene in moderner Weise interpretiert (Sammlung Maurice Lavanoux).

Seite 137: Die Freiheit der modernen Kunst ermöglichte die Darstellung traditioneller Themen in gänzlich anderer Weise. Christliche Glaubensinhalte wurden ins allgemein-Menschliche und weltweit-Verbindende transformiert. So ist Paul Gauguins (1848–1903) Darstellung der „Geburt Christi" von 1896, die eine Haitianerin zeigt, die erschöpft von der Geburt auf einem Lager ruht, christlich und profan zugleich und sinnfälliger Ausdruck für die Überzeugung, daß Christus *allen* erschienen ist, auch den entferntesten Völkern.

Heute erzählt

Es waren die letzten Tage vor der Geburt, und Maria ging von Amt zu Amt, Gebäude X, Zimmernummer XYZ, und dann längeres Warten auf den Beamten, der dann doch nicht zuständig ist, dann Papiere ausfüllen, auf denen immer erst Vater oder Ehemann steht und immer eine Unterschrift verlangt wird, die Maria, ledig, wohnungssuchend, schwanger, arbeitslos, nicht leisten konnte... Irgendwann fingen dann die Wehen an, und sie schleppte sich in ein leerstehendes, abbruchreifes Haus; es war dunkel, ein Straßenköter hatte sich auch dahin verirrt und blieb bei ihr.

Wie das bei Erstgebärenden so geht, es dauerte lang. Maria hat sich erbrechen müssen auf der aufgequollenen und stinkenden Matratze, die da herumlag. Die ganze Nacht war Krach von der Autowerkstatt nebenan. Josef schlurfte herum, mürrisch und mitleidig zugleich. Eine Decke hatte er aufgetrieben und sogar einen Eimer lauwarmes Wasser, um das Kind zu waschen. Er hat für beide gesorgt, die ganze Zeit. Angst war in ihm, wie in den Hirten der alten Geschichte von Weihnachten – aber Engel ließen auf sich warten. Josef war unruhig; mit einem Ohr horchte er, ob nicht der Besitzer des verlassenen Hauses käme oder die Polizei wegen Hausbesetzung.

Aber dann passierte stattdessen etwas sehr Schönes. Irgendwie hatte sich die Schwangerschaft des jungen Mädchens doch herumgesprochen, und ein paar Leute kamen vorbei, die die Sache mit der Arbeitserlaubnis und der Wohnberechtigung und mit der Angst vor Abschiebung ganz gut kannten. Sie schauten mal nach, wie's geht, und mitgebracht hatten auch alle etwas. Es waren mit einem Mal so viele da, daß man sie nicht einfach hinauswerfen konnte; plötzlich war der vergammelte Raum voller Leute und viel wärmer, hell wurde es, ein Feuer im Ofen angemacht, und Musik, Rock aus dem Taschenradio, das einer der Jungen mitgebracht hat, ging los. Leute, die vorübergingen, fragten: Ist das schon wieder eine Demonstration? Ja, für ein Baby, riefen die Demonstranten. Und die alleinstehende Mutter lachte und freute sich über den Köter und die vielen Freunde, über die Musik und die Wärme und vor allem über das Kind, das uneheliche, aber wen interessiert das schon, über das gesunde, das krähende Kind.

Kinderglück und Kindermord

Später haben Maria und Josef ihren Sohn dann in den Tempel gebracht, und ein weiser alter Mann hatte wohl schon auf sie gewartet. Simeon nahm das Kind in seine Arme und lobte Gott. Dann wandte er sich zu Maria und murmelte etwas, das sie damals nicht ganz verstand, von Menschen, die durch ihren Sohn Jesus „zu Fall kommen" und anderen, die durch ihn „aufgerichtet" werden sollten. „Und es wird ein Schwert durch deine Seele dringen", sagte er zu Maria (Lukas 2,35).

Viele Schwerter, so hat die Tradition es

gewaltfreien glücklichen Lebens hat es eigentlich für Maria nicht gegeben. Vielleicht ist sie darum so sehr die schützende oder wenigstens tröstende Mutter all derer, die unter Gewalt – der Kriege, der Wirtschaft, der Krankheiten und der Vergewaltigungen – zu leiden haben.

Einfach war es auch sonst nicht gerade mit dem Kind Jesus. Ein heiteres Kind soll er gewesen sein, jedenfalls bis er zur Schule mußte. Mit den Lehrern, die immer wiederholten „Ihr habt gehört, was zu den Alten gesagt worden ist", konnte er wohl nicht viel anfangen. Wenn er sein „Aber ich sage" dagegensetzte, wurde ihm

gedeutet. Kurz nach der Geburt schon mußten Maria und Josef mit dem Baby vor den Mördersoldaten des Königs Herodes fliehen und Asyl suchen in Ägypten. Herodes, ein römischer Kollaborateur, fürchtete um seine Herrschaft, um seine Macht, und so ließ er vorsorglich alle Säuglinge und Kleinkinder unter zwei Jahren beseitigen. Der Kindermord zu Betlehem deutet das, was später in Jerusalem geschehen wird, voraus. Der Mord an Unschuldigen, unter denen der Messias, der das Reich der Gerechtigkeit bringen soll, vermutet wird, gehört in die heilige Geschichte vom trauten Paar mit hinein. Alle Weihnachtsromantik kann die reale politische Bedrohung des Lebens nicht wegzaubern. Eine Idylle des

vorgeworfen, widerspenstig, aufsässig oder störrisch zu sein. Eine Darstellung aus der Frauenkirche in Nürnberg zeigt Maria mit verdrossenem Gesicht, wie sie, ein Flachsbündel über die Schulter gelegt, ihren Sohn Jesus fest am Unterarm packt, um ihn zur Schule zu bringen. Das Kind, bärtig-alt und kindergroß zugleich, läßt sich zerren, vielleicht weil es alles, was es im Lehrhaus zu lernen gibt, schon kennt.

Nachbarschaft und Familie

Mit zwölf Jahren lief Jesus seinen Eltern weg, trieb sich drei Tage im Tempel herum und wunderte sich noch darüber, daß

die Angehörigen, voller Sorge und Angst, „Ab, marsch nach Hause!" kommandierten. Zum Gehorsam gegen Regeln und Vorschriften war Jesus nicht gerade geboren! „Weib, was hab ich mit dir zu schaffen?" (Johannes 2,4) – so fauchte er seine Mutter an, bei der ersten besten Gelegenheit und in aller Öffentlichkeit während eines Hochzeitsfestes. In die Dorfgemeinschaft von Nazaret paßte er nicht mehr hinein. Als er aus der Wüste zurückkam und in der Synagoge die Schriftrolle vorlas, die von den Mißhandelten, die in Freiheit kommen, handelt, gerieten die Leute in Nazaret in Wut, weil Jesus nur im Nachbardorf Kranke geheilt hatte, nicht in der Heimatgemeinde. Sie wollten ihn lynchen und vom Bergabhang hinunterstürzen. Damals ist es noch gut gegangen, er ging mitten durch sie hindurch und verließ die Heimat. Aber was muß das für Maria bedeutet haben!

Mit der Familie hatte der Jesus der Evangelien nie viel im Sinn. „Wer ist schon meine Mutter, was soll das mit den Geschwistern?", hat er ironisch genug gefragt (vgl. Matthäus 12,47-50). Das muß Maria wehgetan haben, weil sie es damals nicht verstand: diese Kritik an der Blutszusammengehörigkeit und erst recht

nicht diesen Zusammenhalt unter denen, die mit ihrem Sohn herumzogen. Diese Bande nannte man später „familia Dei" – Gottes Familie, die durch Glauben und eine andere Lebenspraxis zusammengehörten. Obdachlose, ledige Frauen, Fischer ohne Netz und Boot, alte Bettlerinnen – das waren die Leute, die sich mit dem Nazarener herumtrieben. Kein vernünftiger Mensch dabei! Ohne Arbeit, ohne Geld, ohne Familie, ohne festen Wohnsitz. Es hat lange gedauert, bis Maria so geworden ist wie die Jüngerinnen und Jünger der Jesusbewegung. Bis sie wußte, wohin sie gehörte.

Maria, was weißt du von den Gestörten?
Maria, wie ist das mit den Kaputten?
Sag uns, was gibt es gegen den Tod?

Wir haben vergessen, wie man ins Land der Freiheit kommt
Wir machen uns klein beim Kaputtgehn
so klein, daß uns nichts mehr trifft
und sterben lange vor dem Tod

Maria, was weißt du von den Gestörten?
Maria, wie ist das mit den Kaputten?
Maria, was gibt es gegen den Tod in einer Welt aus Beton?

Dorothee Sölle

Links: Johan Thorn Prikker (1868–1932): „Christus am Kreuz mit Maria" (1891/92). Das Thema der Trauernden im symbolistischen Duktus des Fin de Siècle zeigt Maria, dem Betrachter zugewandt, in sich gekehrt.

Rechts: „Trauernde Muttergottes" (angeblich byzantinisch, letztes Viertel des 13. Jahrhunderts). Die Schmerzensmutter kreuzt die Arme im Trauergestus über der Brust.

Seite 141: „Kreuzigung" (griechische Ikone aus der ersten Hälfte des 17. Jahrhunderts; Ikonenmuseum Amberg, Kölliken, Schweiz). Das Thema des Marienschmerzes ist besonders in den Kreuzigungsgruppen der byzantinischen Kunst eindrucksvoll wiedergegeben.

Die Mutter unter dem Kreuz

Das Schwert, das durch die Seele dringt – daran hat Maria dreißig Jahre später zurückgedacht, als sie auf dem Schandhügel stand, außerhalb der Stadt, dort, wo die Verbrecher hingerichtet werden. Um sie herum gaffende Zuschauer und römische Soldaten, die ihre Witze rissen. Maria hatte die Nacht über vor dem Regierungspalais gestanden, um zu erfahren, was sie mit ihm vorhatten. Sie konnte das Gegröle hören und das Klatschen von Geißeln. Ach, dachte sie, wie so viele Mütter der Verschwundenen und der Lager, hätten sie doch *mich* bespuckt und gedemütigt! Hätten sie doch *mein* Leben genommen, daß ich nicht dabeistehen muß, während er, den ich zum Leben geboren habe, zu Tode gefoltert wird! In dieser Nacht in Jerusalem war Maria sehr allein; die Männer, seine Freunde, waren alle geflohen, und die Frauen trafen sich erst unter dem Kreuz wieder.

Maria hat nicht geweint wie Maria Magdalena, sie war versteinert. Die Gottesmutter wußte, genau wie ihr Sohn, nur zu fragen: „Mein Gott, warum? Warum hast du uns verlassen? War denn alles umsonst?" Losgeworden ist sie diese Frage nicht in ihrem Leben. Man hat diese Geschichte später „die Passion" genannt, ein Begriff, der Leidenschaft und Schmerz zusammendenkt. Vielleicht war Marias Liebe nie größer als in diesen Stunden unter dem Foltergalgen.

Maler haben sie manchmal dargestellt als noch junge Frau mit dem Kind auf dem Arm, die all das schon sieht, was geschehen wird: Blut, Dornen, Kreuz. Vielleicht hat sie es wirklich schon als Mädchen gewußt, daß die Liebe erst ganz wird in dem furchtbaren Dunkel Gottes.

„Maria hat geholfen." Maria als Mittlerin zwischen Himmel und Erde – zwischen den Menschen und Gott – hat in den Gnadenbildern den volkstümlichsten Ausdruck gefunden.

Links: Thronende Muttergottes mit Clipeus Christi. Fresko in der Apsis der Sophien-Kathedrale in Ohrid, Mazedonien (nach 1037).

Rechts oben: Liebevoll und reich bestickt sind die Gewänder der Gottesmutter von Guadalupe in Spanien. Unter den besonderen Schwarzen Madonnen zählt sie zu den ältesten.

Rechts unten: Die Madonna ist auch die Schutzherrin der Seeleute, wie das Bild hier zeigt. Naiv und einfach, den Menschen nah, ist die kleine Marienfigur gestaltet.

142

DIE ALTE FRAU UND DIE VIELEN NAMEN

Zum Bild Marias gehört auch die alte Frau, die nach der Auferstehung Christi im Kreis der Jünger gelebt und gelehrt hat. Die Apostelgeschichte erzählt, daß Maria nach der Himmelfahrt Jesu bei den Jüngerinnen und Jüngern blieb (Apg 1,14). Sie beteten zusammen, neun Tage lang. Endlich schwand der Geist der Furcht aus ihrer Mitte – und als Frucht des gemeinsamen Gebets mit Maria kam der Heilige Geist auf sie herab. Er machte sie zu neuen Menschen. Sie verloren alle Furcht: Drohungen massiver Art konnten ihnen nichts mehr anhaben (Apg 4,18-21), sowenig wie das, was dann auf sie zukam: Gefängnis und Folter (Apg 5,40). Maria war mit der Urgemeinde zusammen bis an ihr Lebensende, betend und lehrend.

Immer noch war sie unterwegs für dieses Land der Freiheit, in dem die Hungrigen satt werden. Immer noch eine Arbeiterin für die Befreiung, immer noch das junge Mädchen, das singt vom Ende der Unterdrückung, immer noch die Mutter der Schmerzen, der kein Unglück zu klein oder zu nebensächlich ist, als daß sie sich nicht erbarmte.

Immer weiter hat sie dafür gewirkt, Unversöhntes zu versöhnen. Das zeigt sich in der Geschichte der Marienfrömmigkeit in den vielen heiligen Stätten älterer Kulturen, die einst anderen Göttinnen oder Göttern geweiht waren und vom Christentum übernommen wurden. Auf der Grundlage alter Heiligtümer entstand – im besseren Fall – ein Synkretismus, wie beispielsweise zwischen den großen Gottheiten des alten Mexiko und den Heiligen des Christentums. Maria spielt in diesen Assimilationen die Rolle der Versöhnerin. Die Jungfrau von Guadalupe in Mexico ist eines der schönsten Beispiele für diese Assimilation der Kulturen, in der Maria Altes und Neues verbindet. Sie ist die Verbündete der Indianer geworden, sie hat ihre Partei gegen die Unterdrücker ergriffen, und sie hat Nahuatl, die Sprache derer, die von den Kolonialherren verachtet wurden, gesprochen. Die Vision des einfachen indianischen Mannes Juan Diego und das Gespräch, das zwischen der Jungfrau Maria und ihm am 8. Dezember 1531 unweit der Stadt Mexico stattgefunden hat, sind ein ergreifendes Zeugnis solcher Versöhnung. An der Stelle, an der einst Tonant-

zin, die Göttin-Mutter verehrt wurde, beten die Menschen heute zu Unserer Lieben Frau von Guadalupe, die die Sache der Indianer zu ihrer eigenen gemacht hat. Später hat man Maria manchmal zärtlich „Indianita", kleines Indianermädchen, oder „Morenita", kleine Dunkelhäutige, genannt.

Es ist seltsam, wie die drei Lebensphasen der Maria zusammengehören und immer mehr zusammengewachsen sind: das junge Mädchen, die Mutter der Schmerzen und die alte Frau, gekrönt und leibhaft in den Himmel aufgenommen. Sie lassen sich nicht trennen: Die junge Frau sieht vor sich, was mit ihrem Sohn geschehen wird; die Mutter unter dem Kreuz erinnert sich an das, was der Engel versprochen hatte; und vielleicht sieht sie auch, wie ihr Leben dann in der christlichen Urgemeinde an Gottes Sichtbarwerden Anteil hat. Sie ist eine Lehrerin und eine Trösterin geworden. Sie hat mit Weisheit zugehört, sie hat versöhnt, was zerstritten war, und langsam sind ihr all die Namen zugewachsen, die die Menschen, die in ihr „den Himmel spüren" konnten, ihr schenkten.

Einer bezieht sich darauf, daß sie wie alle armen Mütter ihren Sohn lange gestillt hat. Man nannte sie „Gottesmutter Milchspenderin"; das war in den feudalen Zeiten etwas für die Frauen aus dem Volk. Reiche Frauen stillten ihre Kinder nicht, sie überließen das den Ammen. Maria nannte man auch „Amme des wahren Lebens".

So blieb sie arm und reich, klein und groß, erschrocken und getrost. So, wie wir manchmal in den Gesichtern alter Frauen die Verwunderung, die Neugier, das Staunen eines jungen Mädchens wiederentdecken, und so, wie – vielleicht noch seltener – in Kindern mitunter eine alte Weisheit hervorleuchtet, so beruht auch die Schönheit vieler Mariendarstellungen auf diesem seltsamen, die Zeit und ihre Ausschließlichkeit transzendierenden Zusammen der weiblichen Lebensphasen. Im Augenblick kann Ewigkeit sein.

Langsam wurde Maria, immer noch junges Mädchen mit dem Staunen des Anfangs, immer noch *Mater Dolorosa* mit den sieben Schwertern im Herzen, immer noch offen für Gott, zu der Muttergottes,

El Greco (1541–1614) hat in seinem Bild „Ausschüttung des Heiligen Geistes" Maria ins Zentrum des heiligen Geschehens gerückt. Im Mittelpunkt zwischen den Aposteln und den Jüngern empfängt sie den Heiligen Geist des Pfingstwunders (Madrid, Prado).

Der Höhepunkt der Marienverehrung um 1400 hat auch in der Kunst den Typus der „Lieblichen Muttergottes" geprägt, wie er in den Herzen der Gläubigen schon seit vielen Jahrhunderten lebendig gewesen war. Ein schönes Beispiel hierfür ist die „Nährende Muttergottes", eine steirische Arbeit um 1380, die sich im Germanischen Nationalmuseum in Nürnberg befindet.

Seite 145: Ebenfalls dem „weichen" Stil zuzuordnen ist die besonders wertvolle böhmische „Thronende Maria" (um 1430), eine Holzfigur aus dem Kloster Seeon, die sich heute im Bayerischen Nationalmuseum München befindet. Die Krone, der Thron und das Würdekissen weisen sie als Herrscherin aus, doch die leichte Kurvung ihres Körpers, der liebliche Ausdruck und die Gestik betonen ihre zärtliche Mütterlichkeit. Das Christuskind als Logosknabe mit dem Buch lächelt wie seine Mutter. Maria, die Neue Eva, hält den Apfel, auch Sinnbild der Welt, in Händen.

zu Unserer Lieben Frau von der Zuflucht, ohne die wir alle ärmer wären. Niemand innerhalb der christlichen Tradition hat so deutlich, so unmißverständlich ausgedrückt wie sie, was es heißt, zu jeder Zeit, in jeder Situation und für alle Menschen da zu sein. Maria ist die, an die sich alle wenden können, ganz gleich ob sie zu dumm oder zu dick, zu bösartig oder zu irreligiös sind. In der gelehrten Sprache der Theologie hat man das „ontologische Offenheit" genannt, vollständig offen sein für Gottes Scheinen, für Gottes Licht. Gottes Geist kann sich niederlassen in einer Frau, er findet Wohnung, eine endgültige menschliche Aufnahme in ihr.

Kein Zufall, daß die Kirchenväter eine lange Reihe von Bildern aus der hebräischen Bibel auf Maria angewandt haben. Sie sprechen von ihr als der Arche Noah und der Jakobsleiter, als dem uneinnehmbaren Turm und dem verschlossenen Garten aus dem Hohen Lied Salomos. Sie sehen Maria in der prächtigen Stadt Gottes, Jerusalem, mit ihren Fundamenten auf dem heiligen Berg (Psalm 87,1.3). Sie identifizieren Maria mit der geheiligten Bundeslade (Exodus 25,10) und dem Haus, das die ewigwährende Weisheit für sich selbst gebaut hat (Sprüche 9,1), mit der Weisheit Gottes, die – nach Jesus Sirach 24,3 – aus dem Munde Gottes hervorgeht, vollkommen, schön, von Gott über alles geliebt und für immer vor dem Schatten der Schuld bewahrt. In all diesen Deutungen biblischer Grundsymbole erscheint Maria als „Wohnung Gottes", als reiner und empfänglicher „Ort", in den Gott eintreten kann und in dem er bleiben will, ohne daß seine Anwesenheit auf Widerspruch oder Widerstand stößt. Es geht um Gottes Präsenz in der irdischen Welt, und das bedeutet: in seinem Volk. Und genau darin stimmt die Theologie, die sich auf uns oft seltsam anmutende Weise der Schrift bedient, mit der Mariologie des Volkes von unten überein: Es gibt nie genug Namen und Bilder für das, was wir lieben.

Seit Jahrhunderten ist die Zahl der Namen für Maria gewachsen, und wo immer sie geliebt wird, da werden ihr neue Namen erfunden; so ist die Liebe eben. Und so nennt die poesievolle Liebe Maria mit tausend Namen: Sie ist „Unsere Liebe Frau der Seefahrer" ebenso wie „Unsere Liebe Frau von der Freude". Sie kann die Madonna von der Einsamkeit, von der Verbannung sein, so wie die vom Ausweg und von der Linderung.

Manche meinen, Maria sei Königin des Himmels oder eine geheime Göttin im Christentum. Aber Marias Sohn hat es nur zu einer Folterkrone aus Dornen und Elektroden gebracht. Vor kurzem weihte eine Gruppe junger Leute, die in London in einem Slum arbeiten, ihr Haus „Unserer Lieben Frau von der Gerechtigkeit". In Brasilien wird sie am Ende dieses Jahrtausends gern als „Maria der Unterdrückten" angerufen. Sie wird „Madonna der Straßenkinder" genannt, und sie ist auch die Mutter der vielen Mädchen, die ihren Namen tragen, halbe Kinder noch, die verschleppt und in Bordelle für Touristen gebracht werden. Sie sterben früh, am Schnüffeln, an Infektionen, an nichtbehandelten Krankheiten; aber auch ihre Mutter, ihre Zuhörerin und manchmal ihre Trösterin ist Maria.

Die kleine subversive Madonna, die einmal das Lied von der Befreiung gesungen hat, ist nicht aus Gips und Plastik. In Lateinamerika reitet die Madonna Leona nackt auf einem Löwen, mehr Hexe als Madonna, jedenfalls für unser gezähmtes und korrumpiertes Verständnis von Religion. Vielleicht kommen wir so etwas näher an ein neues, besseres Bild von dem Mädchen Maria, das auch eine Frau ist; die Frau, die das Mädchen, das sie einmal war, nicht abwürgen muß und Militanz und Barmherzigkeit zusammenbringt als ein Bild der Hoffnung.

Worin liegt ihr Geheimnis? Sie sagt uns, daß die Welt nicht nur die unheilvolle Bühne einer absurden Tragödie ist, in der Sieger und Besiegte immer die Gleichen sind, sondern ein Ort der Hoffnung, die das Leben beschützt und das Unwahrscheinliche, das wir Barmherzigkeit nennen, wahr werden läßt. In Rußland gibt es eine „Maria von der Heimholung Adams"; und was wäre notwendiger in der Gegenwart, als Adam, der sich in einer Obsession mit dem Tod in der Maschinenwelt verirrt hat, nach Hause in diese begrenzte und einmalige Schöpfung zu holen? Heilige Mutter Gottes, bitte für uns!

Die Verherrlichung Mariens findet in den Werken vieler großer Komponisten einen beredten Ausdruck.

1. Giuseppe Verdi (1813–1901)
   Pastell von Giovanni Boldini, 1886
2. Richard Wagner (1813–1883)
   von J. Bonnet in Luzern fotografiert
3. Franz von Liszt (1811–1886)
   Fotografie
4. Antonio Vivaldi (1678–1741)
   Gemälde von F. Morellon La Cave, 1723

Maria in der Musik

Joe H. Kirchberger

5. Camille Saint-Saëns (1835–1921)
   Porträtaufnahme um 1895
6. Arthur Honegger (1892–1955)
   Kohlezeichnung von Fernand Ochsé
7. Felix Mendelssohn Batholdy (1809–1847)
   Zeichnung von Joseph Schmeller, 1830
8. Joseph Haydn (1732–1809)
   Ölgemälde von Guttenbrunn
9. Giacomo Puccini (1858–1924)
   Pastell von Arturo Rietti, 1906
10. Johannes Brahms (1833–1897)
    Gemälde von Olga Miller von Aichenholz, um 1890
11. Gioacchino Rossini (1792–1868)
    Kreidelithographie von A. Lemoine, 1861
12. Johann Sebastian Bach (1685–1750)
    Gemälde von E. G. Haussmann, 1746
13. Francis Poulenc (1899–1963)
    Fotografie
14. Wolfgang Amadeus Mozart (1756–1791)
    „Mozart als Ritter des Goldenen Sporns"; Kopie des 1777 für die Akademie in Bologna entstandenen Porträts.
15. Georg Friedrich Händel (1685–1759)
    Gemälde von T. Hudson, 1749
16. Jules Massenet (1842–1912)
    Porträtaufnahme von Nadar, um 1890
17. Franz Schubert (1797–1828)
    Aquarell mit Landschaft um Wien, Ausschnitt

Die Rolle, die Maria von der mittelalterlichen bis zur modernen Musik spielt, ist gewiß so mannigfaltig wie die in der bildenden Kunst oder in der Literatur. Sie kann aber im vorliegenden Rahmen nur in kurzen Auszügen und an wenigen Beispielen behandelt werden.

Wir können sicher sein, daß in vielen christlichen Ländern Europas und des Nahen Ostens schon etwa vom 5. oder 6.

1   2

Jahrhundert an Lieder über Maria entstanden sind. Leider wurden sie nicht aufgeschrieben und sind daher für uns verloren. Der eigentliche Kulturträger der frühchristlichen Zeit war die Kirche; die uns erhaltene frühmittelalterliche Musik – jene, die die Zeiten überdauert hat –, ist ausschließlich Kirchenmusik.

In der Tradition des frühen Christentums entwickelte sich eine Art von Sprechgesang, für den Papst Gregor I., der im Jahre 604 starb, eine feste Ordnung vorschrieb. Dieser *Gregorianische Gesang* war zunächst ein tönender Unterbau für das Wort. Was sich allmählich herausbildete und zur Grundlage der abendländischen Musik wurde, ist ein kunstvoller Einzelgesang des Priesters, dem die Gemeinde in einfacher Weise antwortet. Dabei entstanden zwei Stile: der wortbetonte, rezitative „syllabische" Sprechgesang, der, antiker Tradition folgend, für jede Silbe einen Ton festsetzt, und der freiere „melismatische" Stil, der auf hebräische Synagogengesänge zurückgeht und bei dem auf eine Silbe mehrere Töne fallen. Dieser Stil kam vorwiegend in Hymnen und Antiphonen zum Tragen. Doch die beiden Kompositions-

methoden bildeten im liturgischen Ritus keine schroffen Gegensätze, sondern wurden häufig kombiniert. Aus der Gegenüberstellung von Einzelgesang des Priesters und Gemeindechor (responsorialer Gesang) entwickelte sich der *antiphonale Gesang*, bei dem sich zwei Chöre wechselseitig zusingen.

Neben dem Gregorianischen Choral gab es schon in den frühesten christlichen Zeiten die *Hymnodie*, die auf Bischof Ambrosius von Mailand zurückgeht, der im Jahre 397 starb. Sie ist enger mit volksliedhaftem Gut verbunden. Hier wurden bekannten Volksmelodien geistliche Texte unterlegt. Die Hymnodie verschmolz später mit dem Gregorianischen Stil, als dieser festere Formen angenommen hatte.

In den Kulturzentren dieser Zeiten, den Klöstern, war das Leben der Mönche für den gesamten Ablauf des Tages liturgisch festgelegt. Schon die Regeln des heiligen Benedikt von Nursia, des Begründers des abendländischen Mönchtums, gliederten den Tag nach acht Gebetszeiten, zu denen sich die Mönche in der Kirche versammelten. Nach dem „Stundenoffizium" mußten sie einem fest geregelten Pensum von Psalmen, Antiphonen, Hymnen, Orationen etc. beiwohnen. Einen wesentlichen Teil dieser Gottesdienste bildeten die Antiphonen, kurze Prosatexte, die vor und nach einem Psalm gesungen wurden. Es gab aber auch die speziellen *Marianischen Antiphonen*, der heiligen Jungfrau gewidmet, bei denen nicht ein Psalm, sondern ein *canticulus* (Lobgesang) den Mittelpunkt bilde-

4

147

Links: Erste Seite eines Gregorianischen Chorals. Aufbewahrt wird dieses Blatt in der Biblioteca Laurenziana in Florenz.

Rechts oben: Das „Cantatorium" ist die älteste Handschrift mit Gregorianischen Gesängen in der Stiftsbibliothek St. Gallen (Nr. 359). Es wurde um 920/30 von den St. Galler Mönchen niedergelegt. Die mittelalterlichen Notenzeichen nennt man Neumen. Diese einstimmigen liturgischen Gesänge haben noch heute ihren Ort im katholischen Gottesdienst. Das Wichtigste dieser Gesänge ist das Wort, dem die Musik unterlegt wird.

Rechts unten: Der Codex Vaticanus (Reg. 11), vor dem 10. Jahrhundert, ist die älteste Textquelle für ambrosianische Hymnen.

148

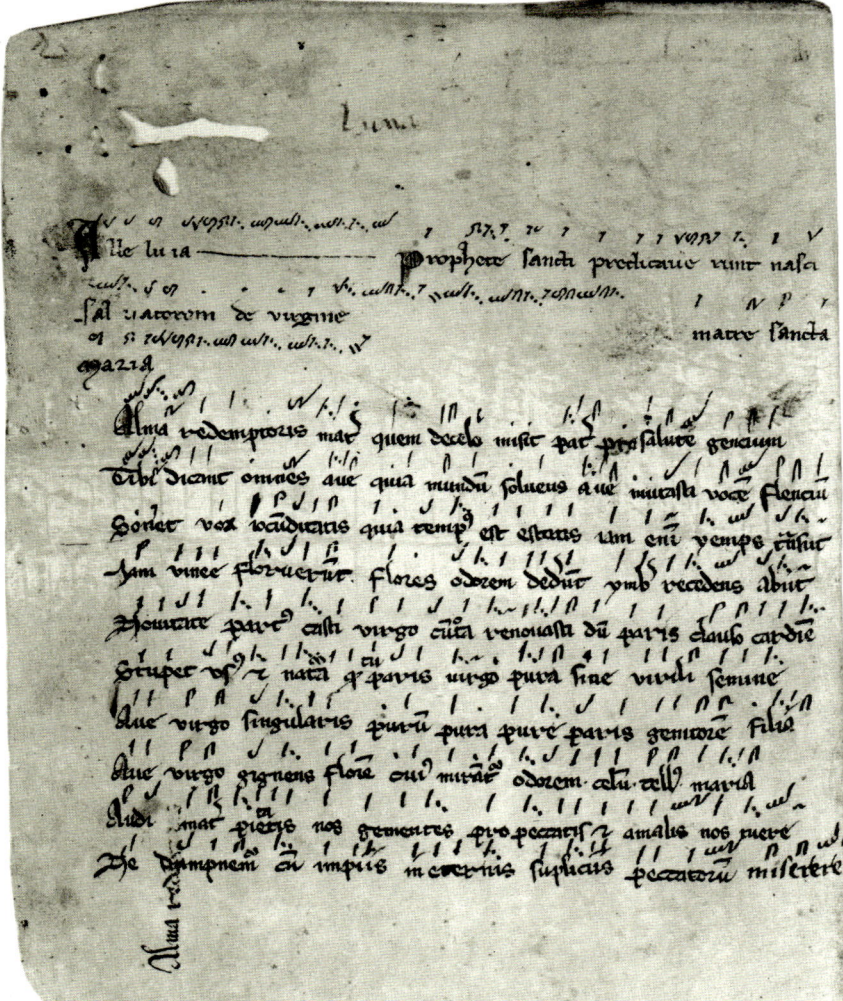

Links oben: „Colmarer Komplet-Salve". Der früheste in der Musikbibliothek von Einsiedeln vorhandene Druck des einfachen Salve datiert von 1715 und entstammt einem „Manuale chori" des Colmarer Kanonikers Thomas Franciscus Haupt.

Rechts oben: Oratorium des heiligen Bernhardin in Siena, oberer Teil mit Stuckverzierungen aus dem Jahre 1496. Zwischen den Pfeilern entfaltet sich eine prachtvolle Freskenreihe mit Werken von Sodoma, Pacchia und Beccafumi, die alle dem Thema Maria gewidmet sind. Das Hauptbild hinter dem Altar zeigt Maria als Himmelskönigin.

Unten: Dieses „Alma Redemptoris Mater" findet sich auf Seite 2 der St. Galler Handschrift Nr. 375. Diese ist ein Antiphonarium Missae (ein Messgesangbuch) und dürfte um 1135 vom Mönch Luitherus im Kloster St. Gallen geschrieben worden sein. Die von dem Papst und Kirchenlehrer Gregor d. Gr. um 600 festgelegte Liturgie – und damit auch die musikalische Interpretation der Texte – betonte schon in frühester Zeit das Thema Maria. Ihre Verehrung war von Anfang an fest in den Chorälen verankert.

149

Das Aufblühen der Marienverehrung im Mittelalter schuf auch neue Antiphonen, die sich, wohl wegen ihrer Länge, von den Psalmen ablösten und als Prozessionsantiphonen oder auch für sich gesungen wurden. Aus der Fülle der Antiphonen konnten sich vier, wohl die bedeutendsten, bis heute im Gebrauch halten. Hierzu folgende Beispiele:

Rechts: „Ave Regina Caelorum" aus dem Codex Germanicus Monacensis 716, fol. 89r (letztes Drittel des 15. Jahrhunderts, Bayerische Staatsbibliothek, München). Es stammt aus dem 10. Jahrhundert und wurde vielfältig vertont.

Ganz rechts: „Regina coeli laetare" aus dem Codex Latinus Monacensis 5539, fol. 66r (14./15. Jahrhundert, Bayerische Staatsbibliothek, München). Es wird Papst Gregor IV. (10. Jahrhundert) zugeschrieben. Das Lied wurde durch die Jahrhunderte immer wieder neu vertont, so von Palestrina, Mozart und Pietro Mascagni.

Oben: Sequenz „Ave praeclara maris stella" aus dem Codex 631 (915), vor 1314, Stiftsbibliothek Einsiedeln.

Rechts unten: „Salve Regina" aus dem Codex 598 von 1692, Stiftsbibliothek Einsiedeln.

150

te. Einige dieser Antiphonen gehen auf das früheste Mittelalter zurück, wie das schon im vorhergehenden Kapitel erwähnte „Sub tuum praesidium" („Unter deinem Schutz").

Vier der Antiphonen wurden zum dauernden Bestandteil der offiziellen Liturgie, und sie wurden von Komponisten auch später immer wieder vertont.

Der berühmteste dieser Texte war sicher das *Salve Regina*: Die Zisterziensermönche sangen es regelmäßig seit 1218, die Dominikaner in Bologna seit 1230, und seit 1250 wurde es in allen Klöstern gesungen. Wir kennen Kompositionen dieses Textes von dem Burgunder Guillaume Dufay (etwa 1400–1474) und dem Spanier Luis de Victoria (1548–1611). Auch Pierluigi da Palestrina (1525–1594), der maßgebende Komponist der italienischen Renaissance und der durch das Trienter Konzil in die Wege geleiteten Gegenreformation, hat es vertont, und „der belgische Orpheus" Orlando di Lasso, neben Palestrina der bedeutendste Komponist jener Zeit, hat es viermal in Musik gesetzt. Etwa ebenso alt ist die Vertonung von Gregor Aichinger (1564–1628), der sich in Italien mit den neuen Kompositionsmethoden vertraut gemacht hatte. Antonio Vivaldi (1678–1741) hat es viermal vertont, und wir kennen zwei Versionen von Giovanni Battista Pergolesi (1710–1736) und drei von Joseph Haydn (1732–1809). Das Köchel-Verzeichnis listet auch ein „Salve Regina" Mozarts auf (KV 92), dessen Echtheit allerdings angezweifelt wird. Es gibt ferner eine Reihe von Vertonungen aus der Feder von Franz Schubert (1797–1828), zu lateinischem und deutschem Text; Anton Bruckner hat es 1844 im Alter von 20 Jahren ebenso in Musik gesetzt – aber das Manuskript ist verlorengegangen. Schließlich hat Franz Liszt (1811–1886) eine Komposition des „Salve Regina" geschaffen, und Arrigo Boito (1842–1918) hat es im Prolog seiner Oper „Mefistofele" (1868) verwendet.

Von den übrigen Marianischen Antiphonen stammen, was den Text anbelangt, zwei aus dem 10. Jahrhundert: *Das Regina Coeli* wird Papst Gregor V. zugeschrieben, der 999 starb. Es wird zu bestimmten Zeiten des liturgischen Jahres noch heute zum Abschluß der Komplet,

des Nachtgebets der Kirche, gesungen. Palestrina und Aichinger haben es vertont. Mozart hat sich mehrfach mit dem Text beschäftigt – einmal in C-Dur im Jahre 1771, also im Alter von 14 Jahren (KV 108); im folgenden Jahr in B-Dur (KV 127), und schließlich wieder in C-Dur im Jahre 1779 oder 1780 (KV 276). Pietro Mascagni (1863–1945) hat es in seiner Oper „Cavalleria Rusticana" (1890) verarbeitet.

Die andere Antiphon aus demselben Jahrhundert, *Ave Regina Coelorum*, ist von Dufay für vier Stimmen vertont worden. Man sagt, daß der Komponist sein Werk an seinem Sterbebett gesungen haben wollte. Palestrina hat es viermal, Orlando sogar fünfmal in Musik gesetzt. De Victoria setzte es für acht Stimmen, der Fürst von Venosa, Don Carlo Gesualdo (1560–1613) für fünf Stimmen.

Aus dem 11. Jahrhundert stammt der Text der vierten offiziellen Marianischen Antiphon, *Alma Redemptoris Mater*, die ebenso wie das „Salve Regina" die Muttergottes um Hilfe beim Jüngsten Gericht bittet. Dufay hat es für drei Stimmen komponiert, der flämische Meister Johannes de Ockeghem (1430–1495) und der Niederländer Jakob Obrecht

(1452–1505) ebenfalls. Von Ockeghems berühmtem Schüler Josquin de Prez (1450–1521) gibt es zwei Vertonungen, von dem Flamen Nicolas Gombert (1490 bis um 1560), von de Victoria und Aichinger je eine. Palestrina hat den Text in seiner berühmten sechsstimmigen „Missa Papae Marcelli" (1567) verwendet. Mozart hat ihn 1777 für vier Singstimmen, zwei Violinen, Baß und Orgel vertont (KV 277).

Einen interessanten Beitrag zur mittelalterlichen Musik hat König Alfons X. von Kastilien und León, ein Enkel des deutschen Königs Philipp von Schwaben, geliefert. Sein großer Ehrgeiz war, deutscher Kaiser zu werden – was aber durch den Widerstand des Papstes verhindert wurde. Er tat viel für die Kultur seines Landes und verfaßte über 400 Marienlieder („Cantigas"), denen er Texte des schon erwähnten Gautier de Coincy zugrundelegte.

Den wichtigsten Teil des Vespergottesdienstes indessen hatte von alters her das *Magnificat* gebildet, der Lobgesang Mariens nach Lukas 1,46–55. Dieser schon im ersten Teil zitierte Text hat im Grunde keine enge Beziehung zu Maria – dazu lehnt er sich zu sehr an Hannas Lobge-

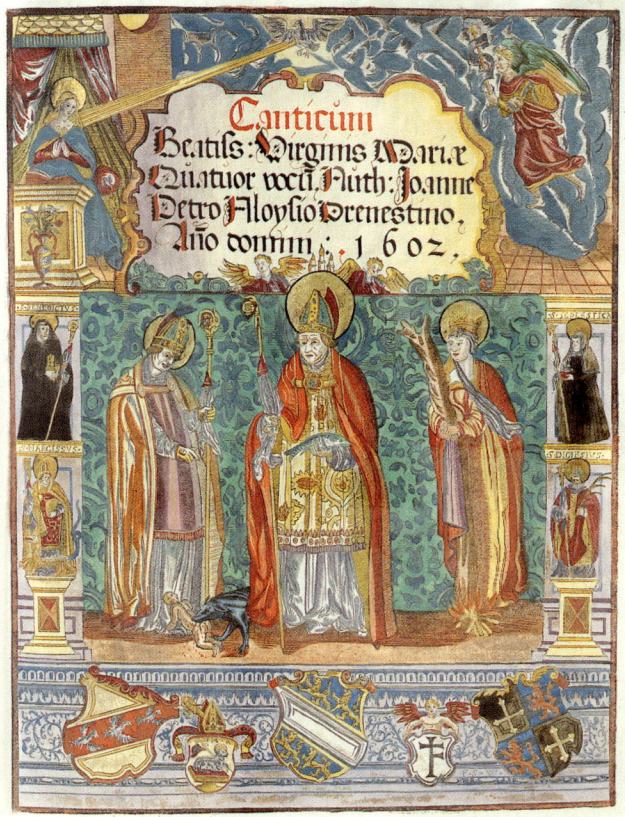

Die mittelalterliche Musik, deren wichtigsten Teil die liturgischen Gesänge bilden, ist eingebunden in ein großes musiktheoretisches Gebäude, das auf antiker pythagoreischer und platonischer Harmonienlehre und Zahlenmystik beruht. Die Lehre von Maß und Zahl, nach der Gott die Welt gebaut hat, überträgt der mittelalterliche Künstler auf Musik, Malerei und Architektur. Das Wissen um den harmonischen Klang von Oktaven, Quinten und Quarten fließt ein in Bogenhöhe, Fenstergröße und Fassadeneinteilung der Kathedralen.

Links: Das „Ave sanctissima Maria" stammt aus dem berühmten Liederbuch der Margarethe von Österreich.

Rechts oben: Titelblatt des „Magnificat" von Palestrina, 1602 (Staatsbibliothek, Augsburg).

Rechts: Die „360 Cantigas de Alfonso X" für Alfons den Weisen (1180–1230) befinden sich in der Academia Real Española in Madrid.

sang im Alten Testament an. Auch ist hier weder von Marias Schwangerschaft noch von dem erwarteten Jesusknaben die Rede. Es gibt sogar einige außerbiblische Manuskripte, in denen der Lobgesang nicht Maria, sondern der Elisabet in den Mund gelegt wird, was seinem Inhalt nach durchaus möglich wäre. Dennoch wurde diese großartige Lobpreisung Gottes wohl zu allen Zeiten als ein Lied mit hoher politischer Brisanz verstanden; Sätze wie „Er [Gott] stürzt die Mächtigen vom Thron und erhöht die Niedrigen" verfehlten ihren Eindruck nicht. Das Magnificat wurde schon seit den Zeiten des heiligen Benedikt (etwa 480–547) regelmäßig rezitiert und etwa seit dem 11. Jahrhundert zum monophonischen (einstimmigen) Gesang ausgearbeitet. Dann aber ereignete sich die wohl größte Revolution in der Musikgeschichte, die Einführung der Mehrstimmigkeit, bei der mehrere selbständige Stimmen gleichzeitig harmonisch ineinander verwoben werden. Die allerersten Anfänge dieser Art von Musik gehen bis in das 9. Jahrhundert zurück; ihre erste große Blüte erreichte sie aber während der Renaissance unter den Großmeistern Palestrina und Orlando di Lasso. Palestrina, von Papst und Trienter Konzil zum Maßstab für die mehrstimmige kirchliche Musik erklärt, hat das Magnificat über dreißigmal vertont.

Im Ganzen kennen wir etwa eintausend Vertonungen des Magnificat. Guillaume Dufay komponierte es fünfmal, ebenso oft der Flame Antoine Brumel (um 1460–1520) und der Deutsche Thomas Stoltzer (um 1465–1526); der Franzose Jean Mouton (um 1475–1522) hat es siebenmal vertont, Johann Walther, der Freund und musikalische Berater Martin Luthers (1496–1570), sechsmal, der seinerzeit sehr populäre Spanier Cristobal Morales (um 1500–1553) zwanzigmal, der Flame Benedictus Appenzeller (16. Jahrhundert) dreizehnmal. Den Rekord aber hält Orlando di Lasso, von dem etwa einhundert Kompositionen des Magnificat bekannt sind. Von de Victoria, Palestrinas Kollegen in Rom, kennen wir achtzehn Vertonungen. Claudio Monteverdi (1567–1643), der die europäische Musik bis ins beginnende 18. Jahrhundert hinein prägte, schuf als Hofmusiker

in Mantua ein großartiges Magnificat in seiner „Marienvesper" von 1610, sowie als Kapellmeister an San Marco in Venedig ein weiteres als Alterswerk. Ferner gibt es Kompositionen von Heinrich Schütz (1585–1672) und Antonio Vivaldi – und das wohl berühmteste: das Magnificat von Johann Sebastian Bach (1685–1750).

Es gibt zwei Fassungen von Bachs Werk. Die erste datiert von 1723; sie war für Weihnachten bestimmt und enthielt einige Einlagen in Form von Weihnachtstexten in deutscher Sprache. Später revidierte Bach das Werk gründlich, transponierte es von Es-Dur auf das für Trompeten geeignetere D-Dur, entfernte die Einlagen und fügte Flötenstimmen hinzu. In dieser Form konnte das Werk nicht nur zu Weihnachten, sondern auch zu Ostern und Pfingsten aufgeführt werden. Es ist in einer durchaus heiteren Stimmung gehalten und stellt eine der konzentriertesten Schöpfungen Bachs dar. Es besteht aus zwölf ungewöhnlich kurzen Abschnitten und ist umrahmt von einem kraftvollen Eingangschor, dessen Melodie im Schlußchor („Sicut erat in principio") wieder aufgenommen wird. Niemand wird die Wucht dieser Kompositionen oder des „Quia fecit" oder der Arie „Deposuit" vergessen können. In der Besetzung und Orchestrierung des Werkes finden wir eine fast unglaubliche Mannigfaltigkeit: Da gibt es Chöre mit oder ohne Trompeten und Pauken, zwei Sopranarien, je eine Alt-, Tenor- und Baßarie, ferner zwei Gesangsduette und je ein Gesangstrio und -quartett.

Nach Bach haben im 18. Jahrhundert unter anderen noch Giovanni Battista Pergolesi, Bachs Sohn Carl Philipp Emanuel (1714–1788) und schließlich auch Mozart das Magnificat komponiert. Bei Letzterem diente es als letzter Satz zu seinen „Vesperae de Dominica"; es ist für vier Singstimmen, Trompeten, Pauken, Baß und Orgel gesetzt. Im 19. Jahrhundert haben es Franz Schubert, Felix Mendelssohn-Bartholdy und Anton Bruckner vertont, und auch im 20. Jahrhundert ist es mehrfach in Musik gesetzt worden, etwa von dem Engländer Ralph Vaughan Williams (1872–1958), seinem Landsmann Lennox Berkeley (1903–1989), dem amerikanischen Komponisten Ala

Hovhaness (geboren 1911) oder auch von dem Polen Krzysztof Penderecki (geboren 1933), der in diesem – wie in vielen seiner meist religiös motivierten Werke – massive Choreffekte erzielt, die von fast bizarren Soli abgelöst werden. Der Ton seines Magnificat ist, sehr im Gegensatz zu etwa dem von Bach, fast durchweg düster und drückend. Eine neue medita-

„Stabat mater dolorosa" von Josquin des Prés (um 1440–1521); manuscrit Bruxellensis 215–216; Bibliothèque Royale Albert 1er, Brüssel. Von seinen Marienwerken ist aber vor allem sein „Ave Maria" zur Vorlage vieler marianischer Kompositionen geworden.

tive Klangsprache schuf der Litauer Arvo Pärt (geboren 1935) mit seinen sieben Magnificat-Antiphonen und einem Magnificat (1988/89).

Fast ebenso oft wie das Magnificat ist das berühmte *Stabat Mater* vertont worden, das bei den Franziskanern schon im 13. Jahrhundert regelmäßig gesungen wurde. Es war am Ende des Trienter Konzils im 16. Jahrhundert aus der Liturgie herausgenommen worden, wurde

aber von Papst Benedikt XIII. im Jahre 1727 wieder eingesetzt. Josquin de Prez hat es schon vor dem Konzil in Musik gesetzt; später folgten unter anderen Palestrina, Orlando di Lasso und Aichinger. Beide berühmten Vertreter der Familie Scarlatti haben ebenfalls das „Stabat Mater" komponiert: sowohl Alessandro (1660–1725) wie sein Sohn Domenico (1685–1757). Desgleichen gilt für den Rivalen Händels an der Londoner Oper, Giovanni Bonincini (1670–1748), und dessen Altersgenossen Antonio Caldara (1670–1736).

Zwischen 1700 und 1883 entstanden über hundert bekannte Kompositionen des „Stabat". An bedeutenden Komponisten kamen im 18. Jahrhundert noch hinzu: Antonio Vivaldi, Giuseppe Tartini (1692–1770, bekannt durch seine „Teufelstriller-Sonate") und Pergolesi, der im Alter von 26 Jahren an Tuberkulose starb; seine Buffo-Oper „La Serva Padrona" und vor allem sein „Stabat Mater" machten ihn berühmt – es ist sein letztes Werk und gilt als ein Höhepunkt der neapolitanischen Kirchenmusik. Schließlich verdient Luigi Boccherini Beachtung, der 1805 in Spanien in Armut starb und als Erfinder des Streichquintetts gilt, von denen er nicht weniger als 125 hinterließ. – Außerhalb Italiens wäre Joseph Haydn zu erwähnen, und auch Mozart, dessen kurzes „Stabat" schon 1766 auf der Reise des kaum Zehnjährigen von Paris nach Salzburg entstanden sein soll, aber leider nicht erhalten ist (KV 33).

Auch im 19. und 20. Jahrhundert hat sich eine ganze Reihe bekannter Komponisten mit dem „Stabat Mater" beschäftigt, so Gioacchino Rossini (1792–1868); Franz Liszt (1811–1886) in seinem damals sehr erfolgreichen Oratorium „Christus"; Franz Schubert, der es zweimal vertonte; und Giuseppe Verdi (1813–1901) in seinen „Quattro Pezzi Sacri", gegen Ende seines Lebens geschrieben, die zum Teil wieder an Palestrina anknüpfen; ferner Charles Gounod (1818–1893) und Gustave Charpentier (1860–1956), bekannt durch seine Volksoper „Louise". Antonin Dvořák (1841–1904) vollendete sein „Stabat Mater" 1877 nach mehreren Schicksalsschlägen; innerhalb weniger Monate hatte er drei seiner Kinder verloren. Obwohl in einer Zeit des Schmerzes

geschrieben, ist diese Komposition Ausdruck eines lebensbejahenden und kraftspendenden Glaubens. Sie machte Dvořák auch im Ausland bekannt und ist das berühmteste seiner Chorwerke geblieben. In unserem Jahrhundert haben die Polen Karol Szymanowski und Krysztof Penderecki, die Ungarn Ernst von Dohnanyi und Zoltàn Kodály, der Tscheche Rudolf Karel, der Franzose Francis Poulenc (Mitglied der berühmten „des Six", der im neoklassizistischen Stil komponierte), der Amerikaner Virgil Thomson und der Engländer Lennox Berkeley das „Stabat Mater" vertont.

Das letzte der großen, bereits im frühen Mittelalter bekannten Mariengedichte, das *Ave Maria*, das schon im 9. Jahrhundert im „Codex Sangallensis" erscheint, ist ebenfalls unzählige Male in Musik gesetzt worden. Der erste Teil des Textes wurde am Fest der Verkündigung (25. März) anfangs mit einer Melodie aus dem 10. Jahrhundert gesungen. Von den späteren Vertonungen sind bekannt: die von Guillaume Dufay und Josquin de Prez, von den Flamen Jacob Arcadelt (um 1514–1575) und Adriaan Willaert (um 1490–1562), von Luis de Victoria und Cristobal Morales, von Palestrina und Orlando di Lasso. Weiter wäre Mozart zu erwähnen, der zu dem Text einen vierstimmigen Kanon schrieb, sowie vor allem Franz Schubert, der seine Textversion dem Roman „The Lady of the Lake" von Walter Scott (1810) entnahm. Seine eingängige Vertonung wird oft mit der ebenfalls sehr bekannten von Charles Gounod verglichen – nicht ganz zu Recht, denn Gounods etwas süßliche Melodie war ursprünglich unter dem Titel „Meditation" veröffentlicht und erst später mit dem Ave-Maria-Text und Bachs erstem Praeludium aus dem „Wohltemperierten Klavier" kombiniert worden. Ferner finden wir Kompositionen von Franz Liszt, Giuseppe Verdi, Peter Cornelius (1824–1874, bekannt durch seinen „Barbier von Bagdad") und seinem Altersgenossen Anton Bruckner. Auch Felix Mendelssohn-Bartholdy hat den Text in seiner „Loreley", op. 98, verwandt, und Johannes Brahms komponierte ihn in seinen jungen Jahren für Chor. Camille Saint-Saëns (1835–1921) hat ihn sogar fünfmal vertont.

Oben: „Ave Maria" aus einer Hymnen- und Sequenzenhandschrift aus dem frühen 16. Jahrhundert (Stiftsbibliothek St. Gallen).

Wenn wir uns nun, von der Liturgie herkommend, Marias Platz in der weltlichen Musik zuwenden, so können wir, obwohl ihre Geschichte bedeutend kürzer ist, auch hier wiederum nur einige Beispiele zur Sprache bringen.

In der Geschichte der *Oper* spielt Maria eigentlich erst im 19. Jahrhundert eine Rolle. Friedrich von Flotow (1812–1883), heute noch bekannt durch seine Oper „Martha", schrieb eine weitere, damals ebenfalls erfolgreiche: „Alessandro Stradella", zuerst aufgeführt im Jahre 1844; sie endet mit einem Hymnus auf die Jungfrau („Jungfrau Maria, himmlisch Verklärte"). – Richard Wagners (1813–1883) Oper „Tannhäuser" wurde im folgenden Jahr in Dresden uraufgeführt; hier kommt Maria eine entscheidende Rolle zu im Kampf der irdischen Liebe (Venus) mit der himmlischen, verkörpert durch Elisabeth, um die Seele Tannhäusers. Tannhäuser ruft den Namen der Jungfrau an, worauf Venus weichen muß. Und als er im letzten Akt von seiner Bußfahrt nach Rom anscheinend nicht zurückkehrt, betet Elisabeth zu Maria und fleht um ihren Tod.

Bei Giuseppe Verdi (1813–1901) spielt die Jungfrau vor allem eine Rolle in seiner Oper „Die Macht des Schicksals" („La Sforza del Destino"), uraufgeführt 1862 in St. Petersburg. Im zweiten Akt sucht die tragische Heldin Leonora Zuflucht im spanischen Gebirgskloster „Madonna degli Angeli". Sie betet zur Jungfrau – nach Klängen, die schon in der Ouvertüre zu hören waren. Als sie in der folgenden Szene in einer nahen Höhle Unterkunft findet, beten sie und alle Mönche zur Jungfrau. – Und in der letzten Szene von Verdis vorletzter Oper „Othello" (1887) betet Desdemona in höchster Bedrängnis ihr berühmtes „Ave Maria". Ein „Ave Maria" wird auch in Pietro Mascagnis Einakter „Cavalleria Rusticana" gesungen – jener Oper, die ihn mit einem Schlage berühmt machte.

Der französische Komponist Jules Massenet (1842–1912) hat eine ganze Oper über die alte Legende vom „Jongleur de Notre Dame" geschrieben, der seine Dienste der Jungfrau weiht. Die Oper wird kaum noch aufgeführt; ebenso ist Giacomo Puccinis (1858–1924) „Schwester Angelica" von der Bühne so gut wie verschwunden. In diesem Einakter zeigt uns Puccini eine Nonne, die vor Jahren ein andersartiges Leben geführt und ein uneheliches Kind geboren hat. Als sie schließlich erfährt, daß ihr Kind, nach dem sie sich sehnt, gestorben ist, versucht sie, sich zu vergiften, besinnt sich aber und bittet die Jungfrau Maria um ein Zeichen, daß ihr vergeben ist. Die Madonna erscheint am Eingang der Kirche mit dem kleinen Jesusknaben an der Hand, und unter Gebeten und mit beruhigtem Gewissen stirbt Schwester Angelica.

Eugen d'Albert, in Schottland geboren, wenngleich deutsch-französisch-italienischer Abstammung, erwarb Weltruhm als Klaviervirtuose, widmete sich dann aber der Komposition und schrieb einundzwanzig Opern, von denen nur „Tiefland" (1903) und „Die toten Augen" (1916) Erfolg hatten. Im Vorspiel von „Tiefland" bittet der arme Hirte Pedro um eine Frau, und die Madonna erscheint und verspricht sie ihm. Er gewinnt schließlich die schöne Martha, trotz der Intrigen ihres reichen Geliebten Sebastiano.

Seite 156: Szenenfoto einer Aufführung aus der Cavalleria Rusticana (1890) von Pietro Mascagni (1863–1945) in der Mailänder Scala. Während der Osterprozession, hier mit einer Pietà, wird die Arie „Regina Coeli laetare, Alleluja" gesungen.

Links: Szene aus „Die Macht des Schicksals" von Giuseppe Verdi: Leonora sucht in Männerkleidern Schutz in einem Franziskanerkloster; hinter ihr wird die Madonna sichtbar (Aufführung an der Deutschen Oper in Berlin 1982).

Rechts: Aus derselben Oper die Szene, in der Leonora mit den Mönchen betet.

Links unten: Desdemonas Nachtgebet an die Maria aus Verdis Oper „Othello". Ängstliche Vorahnungen und Bittgebete an Maria vereinen sich in der dramatischen Arie (Premiere 1991 an der Deutschen Oper Berlin).

Der Schweizer Komponist Arthur Honegger (1892–1955), ein Mitglied der „des Six", legte seinem dramatischen Oratorium „Johanna auf dem Scheiterhaufen" („Jeanne d'Arc au bucher", 1938) eine Dichtung Paul Claudels zugrunde. Johanna steht auf dem Scheiterhaufen und blickt auf ihr Leben, ihre Triumphe und den Verrat, dessen Opfer sie wurde, zurück. In einer Vision erscheinen ihr mehrere Heilige; auch die Jungfrau spricht ihr Mut zu und ermahnt sie, ihr Schicksal als Befreiung anzunehmen. Das Irdische vergeht, das Himmlische bleibt – das Ende der Oper erinnert an Schillers Johanna-Drama („Kurz ist der Schmerz und ewig ist die Freude").

Den größten musikalischen Widerhall hat Maria sicher im *Lied* gefunden: zunächst einmal im Volkslied, in populären Melodien, die zwar auch nicht von selbst im Volke entstanden sind, sondern irgendwann einmal einen „Komponisten" gehabt haben müssen, dessen Name aber in den meisten Fällen längst vergessen ist. In allen christlichen Ländern spielt da das *Weihnachtslied* eine Hauptrolle für Maria. Von den deutschen Liedern haben wir „Es ist ein Ros' entsprungen von einer Jungfrau zart" schon erwähnt. Von den vielen anderen, die zum Teil bis ins Mittelalter zurückgehen, teilweise aber erst im 19. Jahrhundert entstanden sind, sei hier nur erinnert an:

„Vom Himmel hoch, da komm' ich her" („Euch ist ein Kindlein heut geborn von einer Jungfrau auserkorn...");

„Ihr Kinderlein, kommet" („Da liegt es, ihr Kinder, auf Heu und auf Stroh. Maria und Josef betrachten es froh...");

„Schlaf wohl, du Himmelsknabe du" („Maria hat mit Mutterlieb' dich leise zugedeckt...").

„Maria durch ein' Dornwald ging..." findet sich in einer frühen Fassung bereits im Andernacher Gesangbuch von 1608. Es war im 19. Jahrhundert offensichtlich sehr volkstümlich und wurde aus Thüringen 1850 durch die Harthausensche Sammlung geistlicher Volkslieder überliefert:

Maria durch ein' Dornwald ging.
Kyrieleison!
Maria durch ein' Dornwald ging,
der hatte in sieben Jahrn kein Laub
*   getragen!*

Szenenfoto aus der Oper „Schwester Angelica" (1919) von Giacomo Puccini (1858–1924). Schwester Angelica, wegen ihres unehelichen Kindes ins Kloster verbannt, erfährt, daß ihr Kind gestorben ist. In ihrer Verzweiflung nimmt sie Gift. Sich ihrer Sünde bewußt werdend, erfleht sie Vergebung von Maria (hier zu sehen). Im dramatischen Schlußbild erhört Maria ihr Flehen. Die Seele des Kindes tritt der Sterbenden entgegen.

Jesus und Maria.
    Was trug Maria unter ihrem Herzen?
Kyrieleison!
Ein kleines Kindlein ohne Schmerzen,
das trug Maria unter ihrem Herzen!
Jesus und Maria.
    Da hab'n die Dornen Rosen getragen.
Kyrieleison!
Als das Kindlein durch den Wald getragen,
da haben die Dornen Rosen getragen!
Jesus und Maria.
    Wie soll dem Kind sein Name sein?
Kyrieleison!
Der Name, der soll Christus sein,
das war von Anfang der Name sein!
Jesus und Maria.
    Wer soll dem Kind sein Täufer sein?
Kyrieleison!
Das soll der Sankt Johannes sein,
der soll dem Kind sein Täufer sein!
Jesus und Maria.
    Was kriegt das Kind zum Patengeld?
Kyrieleison!
Den Himmel und die ganze Welt,
das kriegt das Kind zum Patengeld!
Jesus und Maria.
    Wer hat erlöst die Welt allein?
Kyrieleison!

Das hat getan das Christkindlein,
das hat erlöst die Welt allein!
Jesus und Maria.

Es mag auffallen, daß in den deutschen Weihnachtsliedern Maria zwar erwähnt wird, aber doch eine sekundäre Rolle spielt. Es ist viel mehr die Rede vom schneebedeckten Tannenwald, von der Bescherung, den frohen Kindern, dem Weihnachtsbaum, den Hirten und natürlich vom Christkindlein – von Maria und Josef viel weniger.

Das gilt in noch höherem Grade vom englischen Weihnachtslied, dem *Christmas Carol.* Maria wird erwähnt, aber fast stets nur als Nebenfigur.

Ein altes, etwas pausbäckig anmutendes Weihnachtslied aus dem 15. Jahrhundert lautet:
Bring us in good ale, and bring us in good
    ale,
For our blessed Lady's sake, bring us in
    good ale...
Hol uns gutes Bier...
– um der gebendeiten Frau willen, hol uns
    gutes Bier...
Neben vielen anderen Carols finden wir in England „The Holly and the Ivy",

Oben: Mariengebete und -gesänge stehen in Schauspiel und Oper oft an entscheidender Stelle, so etwa die Arie der Leonora „La vergine degli Angeli" aus dem zweiten Akt von Verdis Oper „Die Macht des Schicksals" (1862). Die Abbildung zeigt die Originalpartitur von Verdi. Sie wird aufbewahrt in der Casa Ricordi in Mailand.

Ganz oben: Gleiches gilt für das „Ave Maria" der Desdemona in Verdis Oper „Othello" (1887).

Auszug aus der Originalhandschrift von Arthur Honeggers (1892–1955) Oper „Jeanne d'Arc auf dem Scheiterhaufen" (1942). Honegger verleiht seiner Musik strenges Zeitkolorit. Im schlicht-harmonischen Volkslied und einer respondierenden Gregorianik fängt er den Ton

„Nun wandre Maria" von Hugo Wolf (1860–1903), aus dem „Spanischen Liederbuch". Die Notenseite mit Liedtext befindet sich in der Musiksammlung der Österreichischen Nationalbibliothek in Wien.

Ebenfalls von Hugo Wolf ist das „Schlafende Jesuskind" aus seiner Vertonung von Mörike-Gedichten (1888). (Österreichische Nationalbibliothek)

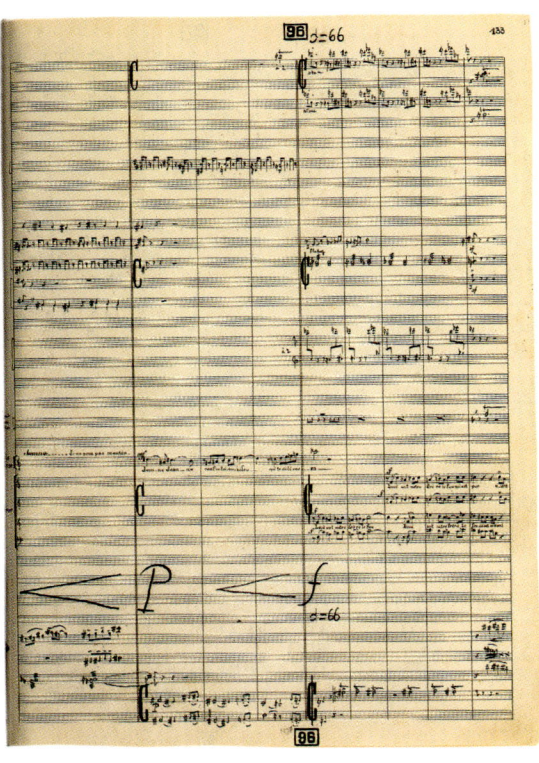

das wir hier stellvertretend wiedergeben:
The holly bears a blossom
as white as any flower;
and Mary bore sweet Jesus Christ
to be our Saviour...
The Holly bears a bark
as bitter as any gall,
and Mary bore sweet Jesus
for to redeem us all...

Die Stechpalme trägt eine Blüte,
so weiß wie nur irgendeine Blume;
und Maria gebar den süßen Jesus,
damit er unser Retter sei...
Die Stechpalme trägt eine Rinde,
so bitter wie nur irgendeine Galle;
und Maria gebar den süßen Jesus,
um uns alle zu erlösen...

Ganz anders verlief die Entwicklung in Frankreich – vielleicht, weil es stets katholisch blieb. Im französischen Weihnachtslied, schlicht *Noël* genannt, spielt Maria oft eine ganz zentrale Rolle. Ein Wiegenlied für den Jesusknaben beschreibt ein Idyll:
Entre les deux bras de Marie,
Dort, dort, dort le fruit de vie...

In den Armen Marias
schläft, schläft, schläft die Lebensfrucht...

Ein anderes Lied sagt:
Ce n'est pas que grace, amour et courtoysie.
Elle est bien jolie, Marie,
elle est bien jolie!

Es ist lauter Gnade, Liebe und
Liebenswürdigkeit.
Sie ist hübsch, Maria,
sie ist wirklich hübsch!

Und ein weiteres fordert auf:
Chantons a ce Noël joly,
– Ne vivons plus piteusement.
Une pucelle,
De Dieu ancelle,
A enfanté, comme était dict,
Un beau mignon a plein Minuit.

Laßt uns am schönen Weihnachtstag
singen!
Wir leben nicht mehr im Elend.
Eine Jungfrau,
Gottes Magd,
hat – wie es vorausgesagt –
einen schönen kleinen Liebling geboren
mitten in der Nacht.

Besonders hübsch ist ein sehr langes, dialogisch aufgebautes Lied, in dem Maria, zum Teil in altertümelndem Französisch, angeredet wird und antwortet:
Chantons, je vous emprie

Par exultation,
En l'honneur de Marie
Pleine de grand renom.
,Or vous dictes, Marie
Qui fut le messagier,
Qui porte la nouvelle
Pour le monde sauver?'
,Ce fut Gabriel l'Ange
Que sans dilation
Dieu envoya sur terre
Par grand compassion.'
,Or nous dictes Marie
Que vous dist Gabriel,
Quand vous porta nouvelle
Du vrai Dieu éternel?'
,Dieu soit o toy Marie,
Dit-il sans fiction,
Tu es de grace emplye
Et bénédiction.'

Laßt uns überschwenglich singen
zur Ehre Mariens
voll hohen Ruhms.
,Aber sagen Sie uns, Maria,
wer war der Bote,
wer brachte die Kunde,
die Welt zu erlösen?'
,Das war Gabriel, der Engel,
den Gott sogleich zur Erde sandte

aus seinem großen Mitleid.'
,Sagen Sie uns, Maria,
was sagte Gabriel, als er Ihnen die Kunde
  brachte
vom wahren und ewigen Gott?'
,Gott sei mit dir, Maria,
sagte er unmißverständlich,
du bist voll der Gnade und des Segens.'
(Es folgen weitere 18 Verse, in denen
Maria in ähnlicher Weise befragt wird
und antwortet).

Das komponierte *Kunstlied* geht in
Deutschland bis ins 17. Jahrhundert zurück. Heinrich Albert (1604–1651),
Schüler von Heinrich Schütz, ließ mehrere Bände seiner „Arien", wie er sie nannte,
erscheinen, und nach ihm haben unter
anderem Adam Krieger, Philipp Emanuel Bach, Christoph Willibald Gluck
und – gegen Ende des 18. Jahrhunderts – Johann Friedrich Reichardt, Carl
Friedrich Zelter, der Freund Goethes,
Lieder im modernen Sinne komponiert.
Viel bedeutender sind die von Haydn,
Mozart und Beethoven – aber sie alle
beschäftigen sich wenig mit Maria; das
blieb noch immer der Kirchenmusik und
dem Volkslied überlassen.

Der eigentliche Begründer des deutschen, ja des Liedes im modernen Sinn
überhaupt ist Franz Schubert
(1797–1828), der im 19. Jahrhundert fast
nur als Liederkomponist bekannt und
anerkannt war. Von seinem „Ave Maria"
war schon die Rede. Er hat auch Goethes
„Ach neige, du Schmerzensreiche" und
Novalis' „Ich sehe dich in tausend Bildern" in Musik gesetzt – ebenso wie, mit
viel Kontrapunkt, Friedrich Schlegels
„Vom Leiden Mariae".

Der nächste bedeutende Liederkomponist, der sich mit Maria beschäftigt hat,
ist Johannes Brahms (1833–1897), der
der Jungfrau einen ganzen Liederzyklus
unter dem Namen „Marienleben" (1859)
gewidmet hat. – Es ist übrigens interessant, daß die beiden neueren Komponisten, die uns einen ganzen Marien-Lie-
derzyklus geschenkt haben, Johannes
Brahms und Paul Hindemith, keineswegs
vom Katholizismus herkamen. Brahms, in
Hamburg geboren, war Protestant, und
Hindemith, in Hanau gebürtig, lag, zumindest am Anfang seiner Laufbahn, alles
ernsthaft Religiöse völlig fern.

Brahms, der sich bewußt gegen die zeitgenössischen Neuerungen von Berlioz,
Liszt und Wagner stellte, brachte besonders in seinem „Marienleben", geschrieben für gemischten Chor a cappella, ar-
chaische Motive zur Geltung, griff aber
gleichzeitig auf das Volksliedhafte zurück. In dem Lied „Mariae Kirchgang"
vertraute er sogar in echt mittelalterlicher
Tradition die Melodie nicht der Ober-
stimme, sondern der Mittelstimme an,
und sein „Magdalena"-Chor hört sich an
wie ein mittelalterlicher Pilgerchor. Er
selbst empfand sein „Marienleben" als
„im Stil alter deutscher Kirchenmusik
und Volkslieder" geschrieben.

Ganz anders komponierte Hugo Wolf
(1860–1903), in seinen Harmonien stark
von Wagner beeinflußt, aber statt mit
Wagners „unendlicher Melodie" mit kurzen, ausdrucksvollen Motiven arbeitend.
Mehr lyrisch als dramatisch begabt, hat er
sein Größtes auf dem Gebiet des Liedes
geleistet, wo er an Bedeutung mit Schubert und Schumann verglichen werden
kann. In seinen großen Erfolgen (den
„Mörike-", „Eichendorff-" und „Goethe-
liedern") zeigt er sich als Meister subtil-
ster Charakter- und Situationsschilde-
rung. Seine Vertonung von „Nun wandre,
Maria" und „Sohn der Jungfrau, Him-
melskind" zeugen von seinem starken
poetischen Empfinden.

Max Reger (1873–1916), lange der Di-
rigent des berühmten Meininger Orche-
sters, ist weniger als Lied- denn als Kla-
vier- und Orgelkomponist bekannt, hat
aber etwa 290 Lieder geschaffen. Seine
starke Bindung an Bach und dessen Polyphonie kommt in den meisten seiner
Kompositionen zum Ausdruck. Interessant ist seine Version von „Mariae Wiegenlied" („Maria sitzt am Rosenhag und
wiegt ihr Jesuskind"), denn Brahms hatte
dieselbe Melodie bereits als „Geistliches
Wiegenlied" („Josef, lieber Josef mein, hilf
mir wieg'n mein Kindlein fein") verwendet. Tatsächlich geht sie auf eine alte
Volksweise zurück, die sich schon bei
Erhard Bodenschatz (1576–1636) findet
und wahrscheinlich im 14. Jahrhundert
entstanden ist.

Ähnlich wie Reger zeigt der Österrei-
cher Joseph Marx (1882–1964) romantische Neigungen und vermeidet den radi-
kal-modernen Stil. Er ist eher vom französischen Impressionismus sowie von
slawischer Musik beeinflußt. Auch er hat
Novalis' „Ich sehe dich in tausend Bildern" in Musik gesetzt.

Paul Hindemith (1895–1963) schließlich begann als umsturzbesessener Anti-
romantiker, der es wagte, sich über Richard Wagner lustig zu machen, und der
es mit seinem revolutionären Radikalismus geradezu darauf anlegte, das noch im
Jugendstil befangene Publikum der 20er
Jahre zu brüskieren. Er galt denn auch als
„enfant terrible" der deutschen Musik
und wurde von der großen Mehrheit seiner Hörer und Kritiker wütend abge-
lehnt – noch zu einer Zeit, als er bereits
in einer Art von Selbstbesinnung mit
einem seiner bedeutendsten Werke an
die Öffentlichkeit trat, seinem „Marienleben" nach Gedichten Rainer Maria Ril-
kes. Hier hat auch Hindemith zurück zu
Bach und zur Polyphonie gefunden. Er
komponiert aber nicht illustrativ – er
versucht nicht, den Sinn jedes einzelnen
Wortes musikalisch auszudrücken, sondern entwickelt eine große Gesangslinie,
die in die Polyphonie eingeordnet wird.
Das so geschaffene Gesamtbild bringt die
Subtilität der Rilkeschen Worte mit großer Präzision zum Ausdruck.

Hindemith hat seinen Marien-Zyklus
von 1924 im Jahre 1948 neu herausgegeben und dazu selbst ein ausführliches
Vorwort geschrieben. Er sagt, daß die alte
Fassung keinem kompositorischen Ge-
samtplan folgte und bezeichnet sie als
„loses Potpourri". In der neuen Fassung
hat er die mehr zufällige Harmonik der
alten abgeändert und einer strengen Ge-
setzmäßigkeit der tonalen Beziehungen
unterworfen. Hindemith erwähnt auch,
daß er manche der Lieder bis zu fünfmal
immer wieder umgeschrieben und einzelne Stellen bis zu zwanzigmal abgeändert
habe; er bezeugt selbst, daß gerade die
Komposition des Marien-Zyklus' bei ihm
einen völligen Umschwung, eine völlige
Abkehr von seinen Jugendwerken bewirkt habe.

Seite 161: Franz Xaver Gruber (1787–1863):
„Stille Nacht, heilige Nacht". Es ist eines der
weltweit bekanntesten Weihnachtslieder und
wurde in ungezählte Sprachen übersetzt. Die
hier abgebildete Originalpartitur befindet sich
in der Musiksammlung der Österreichischen
Nationalbibliothek in Wien.

Die Anfänge der Marienmusik sind dunkel. Wir können nur ahnen, wie die Marienlieder der ersten Jahrhunderte geklungen haben mögen – erhalten sind sie nicht. Wir können uns für die frühe Zeit nur auf die Kirchenmusik stützen, die anfangs kaum mehr als eine Untermalung gesprochenen Textes war. Ein streng geregelter Kultus entstand dann in den Klöstern. Von den Antiphonen, kurzen in Musik gesetzten Texten, wurden vier der „marianischen" zum wesentlichen Teil der Kirchentradition und daher immer und immer wieder komponiert: das „Salve Regina", das „Regina Coeli", das „Ave Regina Coelorum" und das „Alma Redemptoris Mater", die alle in die Liturgie aufgenommen und zum Teil noch im 19. Jahrhundert von neuem vertont wurden. Der Stil dieser Kompositionen änderte sich radikal mit der Einführung der Polyphonie, die im 16. Jahrhundert ihren ersten Höhepunkt erreichte.

Noch häufiger als diese Antiphonen wurde das „Magnificat" in Musik gesetzt, vom 11. Jahrhundert an bis in unser Zeitalter. Das berühmteste aller Magnificats ist das von Johann Sebastian Bach, aber vom 15. bis zum 17. Jahrhundert gibt es kaum einen Komponisten, der sich nicht mit dem Magnificat beschäftigt hätte. Dasselbe gilt in kaum geringerem Maße vom „Stabat Mater". Das „Ave Maria" ist ebenfalls seit dem 9. oder 10. Jahrhundert immer wieder neu komponiert worden.

Wenn wir die Kirchenmusik verlassen, sehen wir Marias große Rolle in der Oper, von Friedrich von Flotows „Antonio Stradella" bis zu Wagners „Tannhäuser", von Verdis „Sforza del Destino" und „Otello" bis zu Mascagnis „Cavalleria Rusticana", Massenets „Jongleur", d'Alberts „Tiefland", Puccinis „Schwester Angelica" und Honeggers „Jeanne d'Arc au bucher". Indessen steht in keinem dieser Werke Maria im Mittelpunkt.

Ihren eigentlichen Triumph in der Neuzeit feiert Maria im Lied. In den deutschen und englischen Weihnachtsliedern bildet sie – im Gegensatz etwa zu den französischen – zwar nicht den Mittelpunkt, und das frühe deutsche Kunstlied hat nicht viel über Maria zu sagen. Aber das ändert sich mit dem Begründer des Kunstliedes im engeren Sinne, Franz Schubert. Auf ihn folgen Johannes Brahms, der zum Teil archaisiert, zum Teil sich dem Volkslied nähert, der modernere Hugo Wolf und der wieder auf ältere polyphone Musik zurückgreifende Max Reger. Interessant ist Paul Hindemiths Stellung zu den Rilkeschen Mariengedichten, bei deren Komposition er sich von seinem früheren Radikalismus abwendet und sehr einfühlsame Vertonungen zustande bringt.

Kein Zweifel: Maria lebt, auch in der Musik des 20. Jahrhunderts.

Wir haben schon gesehen, daß die Marienverehrung erst vom Konzil von Ephesus im 5. Jahrhundert an eine wesentliche Rolle spielte. Das lag zum Teil daran, daß Maria keine Märtyrerin war; zudem gab es von ihr keine Reliquien und folglich keine Reliquienverehrung.

Die Kirchenväter, die die Tradition der Apostel und der Verfasser der Apokry-

zum Ausbruch kam, spielen die Persönlichkeiten der Kirchenhäupter Eusebius von Nikomedien (der die Lehre des Arius vertrat, Jesus sei nicht wesensgleicher Sohn Gottes, sondern nur dessen vornehmstes Geschöpf und Heilsmittler), Athanasius (seit 326 Metropolit von Alexandria, der die orthodoxe, anti-arianische Lehre verteidigte) und des Eusebi-

MARIA: DOGMEN
KULT, BRAUCHTUM

Joe H. Kirchberger

phen fortsetzten, dachten bei ihrem Gottesbegriff ebensowenig an eine weibliche Komponente wie vor ihnen das Judentum und nach ihnen die andere große monotheistische Religion, der Islam. In den polytheistischen Religionen dagegen hatte es immer auch weibliche Gottheiten gegeben: in Ägypten, Babylonien, Indien, Griechenland, Rom. Und es besteht kein Zweifel daran, daß der Marienkult, wie er sich schließlich entwickelte, seinen Anstoß von heidnischen Hauptgottheiten des Nahen Ostens empfing und sich von dort nach Westen ausdehnte. Das zeigt sich etwa bei der arabisch-christlichen Sekte der *Kollyridianerinnen* im späten 4. Jahrhundert, die der Maria Brotkuchen (kollyrides) opferten – so wie vordem der Demeter. Epiphanius, Patriarch von Konstantinopel, eiferte gegen diesen Aberglauben.

In den großen Kontroversen und Kämpfen, die die christliche Religionsgeschichte der ersten Jahrhunderte bestimmen, festigte sich die Stellung der Patriarchen. In dem tiefen und lange andauernden Konflikt zwischen Arius und Athanasius etwa, der im Jahre 325 offen

us von Caesarea (der für die dem Origenes folgende Mittelrichtung sprach) neben Kaiser Konstantin die entscheidende Rolle. Ähnliches gilt für den großen *nestorianischen Streit* des folgenden Jahrhunderts, dem eigentlichen Auslöser des Marienkultes.

Etwa um 400 war das Ziel der Patriarchen von Alexandria, aus Ägypten eine Art von selbständigem Kirchenstaat zu machen, wobei sie sich auf die große Zahl der ägyptischen Mönche, auf die koptische Minderheit im Lande, die sich gegen hellenistische Einflüsse wehrte, und auch – wenigstens zeitweilig – auf den Bischof von Rom stützten, der einen Verbündeten gegen seinen Rivalen in Konstantinopel brauchte. Durch diese politische Situation verschärften sich die Gegensätze zwischen den Metropolen noch, vor allem in dem nun ausbrechenden Streit.

Patriarch *Nestorius* von Konstantinopel, gebürtig aus Antiochia, wandte sich um 430 in drei Predigten gegen die Bezeichnung Marias als „theotokos" („Gottesgebärerin"), die in Alexandria schon seit etwa 50 Jahren gebraucht wurde. Er

Seite 163: Wandbehang aus Alexandria, 6.–7. Jahrhundert (Cleveland, Museum of Art). Dieses frühe Werk zeigt Maria thronend und von Engeln umgeben. In den Auseinandersetzungen der Urkirche um die gleichzeitige Göttlichkeit und Menschlichkeit Christi setzte sich bereits nach dem Ersten Konzil von Nicäa, bei Byzanz gelegen, im Volksglauben für Maria die Bezeichnung „Gottesmutter (Theotokos)" durch, die auf dem Konzil von Ephesus 431 zur offiziellen Lehre wurde. Es ist die byzantinische Kirche, die für das erste Jahrtausend die Marienbilder prägt.

ΟΑΓΙΟCΜΙΧΑΗΛ ΗΑΓΙΑΜΑΡΙΑ ΟΑΓΙΟCΓ

Links: Papst Silvester und Kaiser Konstantin auf einem Fresko aus dem 13. Jahrhundert (Silvester-Oratorium der Kirche Quattro Coronati in Rom).

Rechts: Thronende Madonna, holzgefaßt, aus der Zeit des Konzils von Konstanz (1414–1418).

befürwortete stattdessen den Titel „christotokos", „Christusgebärerin". Dies hatte eine ungeheure Aufregung in der Reichshauptstadt Konstantinopel zur Folge. Patriarch *Kyrill* von Alexandria, dem die Wahl eines Antiocheners zum Patriarchen von Konstantinopel sehr ungelegen gekommen war, nutzte die Gelegenheit zur Einmischung und sprach sich in seinem Osterbrief von 429 für die Bezeichnung „theotokos" aus. Nun folgte ein erregter Briefwechsel zwischen Nestorius und dem herrschsüchtigen Kyrill. Dann wandten sich beide an den Bischof von Rom. Anders als Nestorius, hatte Kyrill seiner Eingabe an den Papst gleich die lateinische Übersetzung der griechischen Texte beigefügt und damit einen entscheidenden Zeitvorsprung gewonnen, und auf der römischen Synode von 430 trat Papst Coelestin auf die Seite Kyrills. Dieser erließ nun zwölf „Anathemata" (Verwerfungen von Irrlehren) gegen Nestorius, die dieser mit zwölf „Gegenanathemata" beantwortete.

Nun berief Kaiser Theodosius II. für Pfingsten 431 ein allgemeines Konzil nach Ephesus, das dritte ökumenische Konzil. Kyrill, ein Machtmensch, der mit harten Bandagen kämpfte und sich auch auf Intrigen verstand, traf mit seiner Gefolgschaft früher ein als die päpstlichen Gesandten und die Nestorianer, eröffnete trotz des Protestes der kaiserlichen Kommissare das Konzil und brachte eine Verurteilung des Nestorius zustande. Einige Tage später erschien Johannes von Antiochien und ließ mit Hilfe von 30 syrischen Bischöfen den Kyrill verurteilen. Der Kaiser bestätigte zunächst beide Absetzungsurteile, aber höfische Intrigen und die Stimmung der Bevölkerung brachten ihn allmählich auf die Seite Kyrills. Dieser kehrte in sein Bistum zurück, Nestorius aber blieb verurteilt.

In Briefwechseln ging der Streit weiter. Die Antiochener-Nestorianer leisteten unter Leitung von Theodoret von Kyros Widerstand und gewannen eine starke Anhängerschaft. Da erzwang der Kaiser 433 einen Kompromiß: Kyrill mußte die im wesentlichen antiochenisch gehaltene kaiserliche Einigungsurkunde unterschreiben — was er im Grunde nur unter Verleugnung seiner Überzeugung tun konnte; aber dafür ließ Johannes von Antiochia den Nestorius fallen, der zunächst nach Petra in Arabien, später in eine Oase Ägyptens verbannt wurde und schließlich im Elend starb. Johannes wiederum, der von seinen Bischöfen die Anerkennung der kaiserlichen Urkunde erzwang, verursachte damit die Auswanderung der strengen Antiochener, die dann im persischen Sassanidenreich eine *Nestorianerkirche* gründeten, die sich im Jahre 483 endgültig von der Reichskirche trennte. Diese Kirche erlebte ihre Blütezeit vom 7. bis 10. Jahrhundert, während derer sie sich bis nach China und Indien ausdehnte. Sie besteht noch heute und zählt trotz Verfolgungen seitens Kurden und Türken etwa 100 000 Mitglieder.

Bei diesem Streit um die Bezeichnung ging es natürlich um mehr als um einen bloßen Titel: Mit diesem sollte nämlich eigentlich eher eine Aussage über Christus (den präexistenten, menschgewordenen Sohn Gottes) als über Maria gemacht werden. Daß Maria Jesus geboren hatte, war niemals bestritten und brauchte von keinem Papst oder Konzil bestätigt zu werden, da es ja eindeutig aus den Evangelien hervorging.

Anders verhielt es sich mit dem zweiten marianischen Dogma, nämlich dem von der *Jungfräulichkeit* Marias, das bereits 20 Jahre nach der Beruhigung des nestorianischen Konflikts verkündet wurde. Auf dem vierten ökumenischen Konzil, dem von *Chalkedon* im Jahre 451, ging man weit über Ephesus hinaus: Maria erhielt den offiziellen Titel „aei parthenos" („allzeit Jungfrau"), der allerdings erst 200 Jahre danach päpstlich bestätigt wurde, und zwar durch Martin I., der später von den Byzantinern gefangengenommen, eingekerkert und brutal mißhandelt wurde und kurz darauf im Jahre 655 im Exil starb.

Was in Chalkedon erstrebt und auch erreicht wurde, war ein Kompromiß im Streit um die Natur Christi und gegen die orientalischen Monophysiten gerichtet, welche *eine* Natur Christi zum Glaubensartikel machen wollten. (Die theologische Position, die sich schließlich durchsetzte, spricht ja vom „wahren Gott *und* wahren Menschen" Jesus Christus.) Was dabei aber gleichzeitig über Maria verkündet wurde, war sehr kühn und neuartig — nicht, daß Marias jungfräuliche Geburt des Knaben Jesus bestätigt wurde (das stand ja schon im Neuen Testament und

Vor allem an alten Kultstätten, die antiken Göttinnen geweiht gewesen waren, sah sich das frühe Christentum mit dem Bedürfnis nach einer weiblichen Gottheit konfrontiert. Vorstellungen des weiblichen Prinzips als kosmische Wesenheit blieben bis ins Barock erhalten. Ein bedeutendes Beispiel aus der Ikonographie ist das abgebildete Blatt des Krumauer Bilderkodex' (Böhmen, um 1355–1360). Es zeigt die Madonna als apokalyptisches Sonnenweib und Himmelskönigin.

Die mariologischen Dogmen im Überblick (nach W. Beinert)

Aussage	lehramtlich bestätigt	Inhalt
Gottesmutter	Konzil von Ephesus (431)	Christus ist der Sohn Gottes; es ist wirklich Gott, der Mensch geworden ist.
Jungfrau	Taufbekenntnisse (ab 3. Jahrhundert)	Christus ist der Sohn Gottes; es ist Gott, von dem allein die Initiative ausgeht.
allzeit Jungfrau	Taufbekenntnisse (ab 4. Jahrhundert)	Die Geburt des Erlösers ist der Anfang der neuen Schöpfung, die die menschliche Natur bleibend heiligt.
Unbefleckte Empfängnis	Papst Pius IX. (1854)	Maria ist im Hinblick auf die Erlösung durch Christus vor der Erbsünde bewahrt.
Leibliche Aufnahme in den Himmel	Papst Pius XII. (1950)	Der Mensch Maria wird ganz und gar, mit ihrer Geschichte und Identität, bei Gott aufgenommen und vollendet.

wurde von niemandem ernstlich bestritten), aber daß Maria immer Jungfrau geblieben sei (was dem neuen Volksglauben entsprach), war logisch schwer zu begründen, hauptsächlich wegen der in den Evangelien erwähnten Geschwister Jesu. Einige Kirchenväter, vor allem Origenes (gestorben 254) und Gregor von Nyssa (gestorben 394), fanden die Lösung darin, daß die Geschwister Jesu aus einer früheren Ehe Josefs stammen mußten. Die Folge war, daß Josef neben der jungen Maria fortan als alter Mann dargestellt wurde. Jacobus de Voragine, der Verfasser der „Goldenen Legende", erklärte sehr viel später, daß Jakobus nur deshalb „Bruder" Jesu genannt worden sei, weil er diesem so ähnlich gesehen habe.

Die Idee der jungfräulichen Geburt war dem Altertum keineswegs fremd und spielt z.B. auch in der Buddha-Legende eine Rolle. Sie geht wahrscheinlich auf das matriarchalische Zeitalter zurück, als der männliche Anteil an der Zeugung noch nicht bekannt war und die Frau allein das schöpferische Prinzip verkörperte, wie ja auch die „Mutter Erde" als weiblich gedacht wurde. Als die Mitwir-

kung des Mannes bei der Geburt des Kindes entdeckt wurde und die Gesellschaft sich zu einer von Männern kontrollierten „patriarchalischen" wandelte, haben sich offenbar viele Frauen dem männlichen Regime entziehen wollen und eigene Frauenstaaten gegründet, die sogenannten Amazonenstaaten, die in der Sage eine große Rolle spielen. Die Stadt Ephesus soll von Amazonen gegründet worden sein; jedenfalls war die Gestalt der jungfräulichen Göttin Artemis (Diana) dort immer besonders populär – wie es der Apostelgeschichte zufolge auch Paulus erfahren mußte, als er dort das Evangelium predigen wollte und den heftigen Zorn der vielen Souvenir- und Devotionalienhändler auf sich zog. So ist es vielleicht kein Zufall, daß der Marienkult vierhundert Jahre später in Ephesus seinen Anfang nahm. Der Festtag der Artemis in Ephesus war übrigens der 15. August – heute das Datum des Festes Mariae Himmelfahrt.

Die Frage, wie man sich die jungfräuliche Schwangerschaft Marias vorzustellen habe, auf welche Weise sie also empfangen habe, ist niemals eindeutig beantwortet worden. Einige der frühen Theologen

sagten, sie habe das zeugende Wort Gottes durch ihr Ohr empfangen, andere schlugen ihren Mund oder ihre Nase vor.

Nach Papst Martin I. war es erst wieder Sergius I. (687–701), der sich von Amts wegen mit Marias Status befaßte. Er verkündete zwar kein Dogma, organisierte aber Feste und Prozessionen für die großen Marientage: die Verkündigung (25. März), die Reinigung Mariens im Tempel (2. Februar), Marias Geburt (8. September) und ihre „Dormition" (das Entschlafen, 15. August), aus der später das Fest ihrer Himmelfahrt wurde. An diesem letzteren Tage leitete er selbst barfüßig die Gläubigen in Rom vom Lateran zur Kirche Santa Maria Maggiore und zurück durch das Forum zur Morgenmesse in der Kirche Santa Maria Antiqua – ein Brauch, der erst von Papst Pius V. im Jahre 1566 wieder abgeschafft wurde.

Danach haben sich die Päpste für viele Jahrhunderte zurückgehalten und sich auf keine weitere Lehre, Maria betreffend, festgelegt, obwohl – oder vielleicht gerade weil – der Kampf der Meinungen innerhalb der Kirche das gesamte Mittelalter hindurch fortgesetzt wurde. Dabei ging es nicht nur um die Lehre von der

Links: In der Kunst Roms fallen oft Darstellungen kaiserlicher Würde und christlicher Symbolik zusammen, wie in diesem Beispiel der Maria als Kaiserin (Fresko aus der Kirche S. Clemente in Rom, 847–855).

Rechts: Cosime Turas (1430–1495) Bild „Thronende Madonna mit Kind" von 1480

(London, National Gallery) übernimmt die würdevolle Darstellung der Maria als Herrscherin aus der byzantinischen Tradition. Diesem Typus bleibt die italienische Kunst über Jahrhunderte verpflichtet.

Seite 167: „Maria als thronende Herrscherin" erscheint auch in diesem romanischen Manuskript des 10. Jahrhunderts aus der Reichenauschule. Der Psalter-Codex wurde im Auftrag von Erzbischof Egbert von Trier (reg. 977–993) durch den Maler Ruodprecht geschaffen und war für den Trierer Dom bestimmt. Heute wird er im Archäologischen Museum von Cividale (Friaul) aufbewahrt.

„unbefleckten Empfängnis" Marias (über deren eigene Zeugung und Geburt die Bibel überhaupt nichts sagt und die Apokryphen nichts Eindeutiges berichten), also um die Frage, ob Maria von ihrer Mutter Anna „unbefleckt", d.h. frei von der Erbsünde, empfangen worden sei, sondern auch darum, ob sie mit ihrem irdischen Leib in den Himmel gefahren sei. Zu diesen Fragen haben die meisten Theologen des Mittelalters Stellung genommen, aber eine Einigung wurde für viele Jahrhunderte nicht erzielt. Erst lange, nachdem ein Teil der Christenheit, nämlich die Protestanten, das Interesse an Maria verloren hatte und nachdem durch die Aufklärung im 18. Jahrhundert der Kirche des Abendlandes viele Intellektuelle verlorengegangen waren, haben zwei Päpste diese Probleme durch dogmatische Entscheidungen eindeutig zu klären versucht.

Pius IX., dessen Pontifikat länger währte als das irgendeines anderen Papstes (1846–1878), wurde Kirchenoberhaupt in einer sturmbewegten Zeit. Schon vor dem Revolutionsjahr 1848 wurde er von italienischen Nationalisten, die den Kirchenstaat an sich reißen wollten, aus Rom vertrieben und konnte sich nach seiner Rückkehr nur durch Truppen Napoleons III. in Rom halten. Sein Amt hatte er als fortschrittlich-Liberaler übernommen; aber nach seiner Vertreibung aus Rom wurde er zum erklärten Feind des Liberalismus. Als Napoleon nach seiner Niederlage im Krieg 1870/71 gegen die deutschen Staaten gestürzt wurde, zogen sich die Truppen aus Rom zurück. Pius verließ den Vatikan nicht mehr und weigerte sich, das neue Regime anzuerkennen. Das war das Ende des Kirchenstaates. Die Situation änderte sich erst mit Mussolinis Lateran-Verträgen von 1929, in denen der Kirchenstaat – in sehr verkleinerter und eigentlich nur symbolischer Form – wieder ins Leben gerufen wurde.

Mit seiner Bulle *Ineffabilis Deus*, die er im Jahre 1854 verkündete, entschied Pius die selbst vom großen Trienter Konzil des 16. Jahrhunderts offen gelassene Frage nach der Unbefleckten Empfängnis – übrigens gegen die Dominikaner zugunsten der franziskanischen und jesuitischen Richtung:

Zur Ehre der heiligen und unteilbaren Dreifaltigkeit, zur Zierde und Auszeichnung der Jungfrau und Gottesgebärerin... erklären, verkünden und definieren Wir, daß die Lehre, welche festhält, daß die seligste Jungfrau Maria im ersten Augenblick ihrer Empfängnis durch die einzigartige Gnade und Bevorzugung des allmächtigen Gottes im Hinblick auf die Verdienste Christi Jesu... von jeglichem Makel der Urschuld unversehrt bewahrt wurde, von Gott geoffenbart und deshalb von allen Gläubigen fest und beständig zu glauben ist.

Durch diese Förderung der im Volke unbeliebten Jesuiten, die den unbedingten Gehorsam gegen Rom als heilsnotwendig predigten, verschärfte er den Gegensatz zwischen der katholischen Kirche und den liberalen Strömungen der Zeit und trieb damit seine Kirche zurück in einen starren Autoritätsglauben und der liberalen Kultur gegenüber in eine ablehnende Haltung, die dem Liberalismus immer mehr Nahrung für eine antiklerikale Richtung gab. Neben der Unbefleckten Empfängnis hat Pius auch die ebenfalls umstrittene Lehre von der Unfehlbarkeit des Papstes (wenn er in Glaubensfragen „ex cathedra" spricht) beim Ersten Vatikanischen Konzil 1870 zum Dogma erhoben.

Das letzte Dogma über Maria ist das von Pius XII. im Jahre 1950 verkündete über die *leibliche Aufnahme Marias in den Himmel*. Dieser Papst (Eugenio Pacelli) war jahrelang Nuntius des Vatikans in Berlin und Sprecher des diplomatischen Corps gewesen. Später wurde er Staatssekretär des Vatikans und führte als solcher die Verhandlungen, die zum Konkordat mit dem Dritten Reich führten. Als Papst (ab 1939) wandte er sich zwar gegen den Totalitarismus, hielt aber während des Zweiten Weltkrieges mit Kritik, besonders auch an den Massenmorden an Juden und anderen Minderheiten, zurück und wurde dafür später oft angegriffen.

Mit diesem jüngsten Dogma wurde Maria als einzige neben Christus offiziell zuerkannt, mit Seele und *irdischem* Leib in den Himmel aufgenommen worden zu sein; im Alten Testament treten zwar einige Persönlichkeiten auf, von denen dasselbe gesagt wird (wie Mose, Enoch, Elija), aber das war nie unumstritten. – Die reformierten Kirchen haben Vorbehalte gegen die leibliche Aufnahme Marias in den Himmel, weil damit Mutter und Sohn auf eine Stufe gestellt würden.

Im Grunde war die Lehre von Marias leiblicher Aufnahme in den Himmel nur die Konsequenz des Dogmas von der Unbefleckten Empfängnis: Denn schon nach alter Anschauung mußte jedes sün-

dige Wesen mit dem Tode der Verwesung anheimfallen, und durch Adams und Evas Fall war die ganze Menschheit – der besonders von Augustinus entwickelten Lehre von der Erbsünde zufolge – diesem Schicksal ausgeliefert, außer den beiden menschlichen Wesen, die von ihrer Geburt an nicht unter diesem Makel litten: Christus und Maria.

So war es denn konsequent, daß derselbe Papst vier Jahre nach der Verkündigung der leiblichen Aufnahme Marias in den Himmel die Gottesmutter in seiner Enzyklika „Ad Caeli Reginam" vom 11. Oktober 1954 zur *Königin des Himmels* erklärte. Er knüpfte damit an eine alte Tradition an, die auf das „Salve Regina" des 11. Jahrhunderts und darüber hinaus zurückweist. Bemerkenswert ist, daß Pius XII. die damals vieldiskutierte Frage, ob Maria die Rolle der Miterlöserin zukomme, nicht durch ein Dogma löste, sondern der theologischen Diskussion überlassen wollte.

MARIENFESTE

Die Marienfesttage zählen zu den wichtigsten katholischen Kirchenfesten im Jahreskreis.

Links: „Verkündigung des Erzengels Gabriel" (Lektionar Pantaleimonos 2, um 1100, Athoskloster Pantaleimonos). Das Fest der Verkündigung wird am 25. März gefeiert – in vielen alten Kalendern der Beginn des neuen Jahres.

Rechts: Vittorio Carpaccio (1450–1522). Die „Geburt Mariens" aus dem Jahre 1495 vermittelt den Einblick in ein venezianisches Patrizierhaus seiner Zeit. Die Hasen im Bildhinter-

*F*eiern und spezielle Feiertage zu Ehren Marias hat es seit dem 5. Jahrhundert und sogar noch früher in allen christlichen Ländern gegeben. Viele davon waren auf bestimmte Landesteile und Gegenden beschränkt, viele sind im Laufe der Jahrhunderte auch wieder verschwunden. Eine ganze Reihe von ihnen hat sich durch die Zeiten erhalten und eine bedeutende Rolle in der Geschichte der christlichen Religion gespielt.

Vom 8. bis zum 13. Jahrhundert gab es nur vier offiziell anerkannte Marienfeste, und diese gelten auch heute noch, außer in den reformierten Kirchen, liturgisch als Feste:
2. Februar: Reinigung Mariens;
25. März: Verkündigung;
15. August: Mariae Himmelfahrt;
8. September: Mariae Geburt.
Während die Darstellung Jesu im Tempel – in der Bibel erwähnt – schon seit

grund sind Symbol für Göttlichkeit und Ewigkeit. Am Geburtstag Mariens, dem 8. September, werden Heilkräuter gepflückt und in einem Mariengottesdienst als Segensbringer für Haus und Hof geweiht.

Rechts unten: Der Festtag „Mariä Tempelgang" (2. Februar), hier aus dem Stundenbuch der Katharina von Kleve, auch Mariä Lichtmeß (heute „Darstellung des Herrn") genannt, ist der Reinigung Mariä gewidmet. Die an diesem Tag geweihten Kerzen schützen im Volksglauben vor bösen Geistern.

etwa 360 festlich begangen wurde, wurde die nur in den Apokryphen erwähnte „Purificatio" Marias erst um 650 allgemein von der Kirche anerkannt. Dieses Fest war von Mönchen aus dem Osten, die nach der Eroberung Jerusalems durch den Islam in den Westen geflohen waren, dort eingeführt. Ursprünglich wurde es am 21. November gefeiert, dann aber auf den 2. Februar verlegt, um es in Anknüpfung an ein heidnisches Lichterfest im Volksglauben zu verankern. Das heidnische Fest kannte Prozessionen, bei denen nachts Fackeln und Kerzen getragen wurden, um böse Geister, aber auch Hungersnot, Erdbeben und andere Katastrophen abzuwenden. Im Jahre 701 machte Papst Sergius I. den Tag zum offiziellen christlichen Feiertag, und noch heute gehen an diesem Abend junge Mädchen mit weißen Schleiern und brennenden Kerzen durch die Nacht. Martin Luther hat das Fest beibehalten und noch in seinem Todesjahr an diesem Tag gepredigt.

Auch das Fest der *Verkündigung*, das auf Lukas 1,26 ff zurückgeht, war in Konstantinopel schon im 5. Jahrhundert bekannt und wurde durch Mönche, die dem Islam entflohen waren, in den Westen gebracht. Es wurde ursprünglich am Aschermittwoch gefeiert, dann aber auf die Zeit der Frühlings-Tag- und Nachtgleiche, neun Monate vor Weihnachten, verlegt. Sergius I. organisierte auch für dieses Fest eine Kerzenprozession. Es wurde aber erst im 11. Jahrhundert, besonders durch die Bemühungen des italienischen Scholastikers Petrus Damianus, im Westen volkstümlich. Zeitgleich wurde das Fest auch in England und in den Niederlanden populär. Von den Protestanten wurde es beibehalten, und zwar als der Tag von Jesu Empfängnis in Marias Leib.

Im Gegensatz zum Fest der Verkündigung hat das der *Himmelfahrt* keine Basis im Neuen Testament. Wir haben schon gesehen, daß vor allem die Apokryphen Marias Tod und Himmelfahrt darstellten. In den ersten Jahrhunderten dachte man sich Letztere als eine Aufnahme nur von Marias Seele in den Himmel. Das älteste Zeugnis ihrer auch leiblichen Auffahrt liefert ein syrisches Fragment, genannt die „Obsequien" (Trauerfeiern) der Heili-

gen Jungfrau, das einige Gelehrte auf die Mitte des 4. Jahrhunderts, andere sogar auf den Beginn des 3. datieren. Darin streiten sich die Apostel Petrus, Johannes und Andreas mit Paulus „vor dem Eingang von Marias Grab", wobei die Ersteren völlige Enthaltsamkeit empfehlen, während Paulus eine mildere Haltung befürwortet und darin von Jesus unterstützt wird. Dieser befiehlt dann dem Erzengel Michael, Marias Leichnam in

den Himmel zu heben, und läßt die Apostel auf Wolken folgen. In dieser und anderen Varianten des Motives wird die schlafende Maria in den Himmel gebracht. Das Fest hieß deshalb ursprünglich *Dormitio* (Entschlafung, griechisch Koimesis), wurde im Osten schon von Kaiser Mauritius um 600 als Feiertag proklamiert und wiederum von fliehenden Mönchen in den Westen gebracht. Andererseits weiß der bekannte Benediktiner-

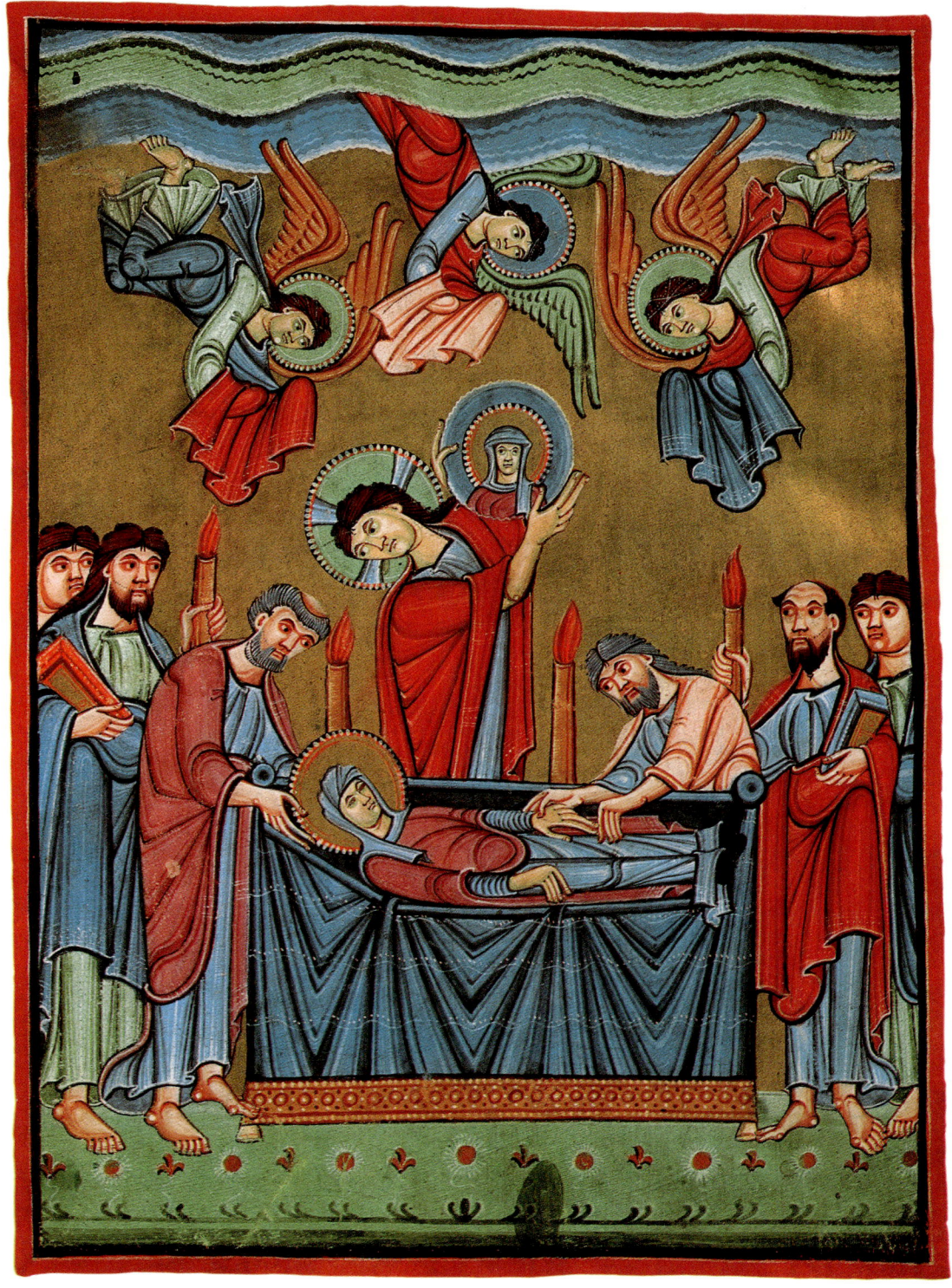

Sie ist die Jungfrau, die über die Frucht ihres Leibes jubelt,
die unter der Weissagung des greisen Simeon leidet und sich freut über dein Volk,
das dem Erlöser entgegengeht.
Aus der Liturgie am Fest der Darstellung des Herrn

mönch Beda, genannt „Venerabilis", Verfasser der ersten Geschichte Englands, der um 700 wirkte, offenbar nichts von Mariae Himmelfahrt! Sicher aber ist, daß Papst Sergius I. um die gleiche Zeit die gläubige Menge barfuß durch Rom führte. Während sich die meisten Schriftsteller des 8. und 9. Jahrhunderts über Mariae Himmelfahrt zurückhaltend ausdrückten, wurde das Fest von den Päpsten Paschalis I. und Leo IV. im 9. Jahrhundert ausdrücklich gefördert.

Auch das Fest *Mariae Geburt* wurde um 650 in den Westen gebracht und von Sergius I. durch eine Kerzenprozession

auch die Dominikaner taten, während Anselms Neffe und Biograph Eadmer sich eifrig für dieses Fest einsetzte, wie später auch die Franziskaner und Jesuiten. Erst seit 1220 gab es eine „Messe der Unbefleckten Empfängnis". Die Befürworter suchten, sichtlich bemüht, Bibelworte für sich in Anspruch zu nehmen: Da nach Lukas 1,41 der kleine Johannes im Leibe seiner Mutter vor Freude hüpfte, als die schwangere Maria diese besuchte, habe er damit zu erkennen gegeben, daß er sich von seiner Sündhaftigkeit durch die bloße Gegenwart der Jungfrau Maria befreit fühlte! – Jedenfalls war das

Links: „Maria der Sieben Schmerzen". Eine Miniatur um 1340–1350 aus dem Bodenseekreis (heute Kremsmünster, Österreich) zeigt Maria mit den Marterwerkzeugen und als Drachentöterin. Der Gedenktag wird am 16. September begangen und bildet den Abschluß des „Frauendreißigers".

Mitte: Domenico Ghirlandaio gestaltete die „Heimsuchung Mariä" 1491 vor einem Architekturbogen, der Ausblick in eine weite Landschaft bietet; Tempera/Holz (Paris, Louvre).

Rechts: „Verkündigung an Anna und Joachim" von Bernhard Strigel (1460–1528); Sammlung Thyssen-Bornemisza, Lugano.

gefeiert. Martin Luther behielt es anfangs bei, aber seine letzte Predigt an diesem Tage stammt aus dem Jahr 1522; er hat also offenbar seine Meinung darüber geändert.

Von den im hohen Mittelalter entstandenen Marienfesten ist wohl das ihrer *Unbefleckten Empfängnis* am 8. Dezember das bedeutendste. Daß sich dieses Fest erst verhältnismäßig spät und auch dann nur zögernd einbürgerte, hatte seinen Grund darin, daß der ihm zugrundeliegende Glaube, wie wir schon gesehen haben, im Neuen Testament nicht erwähnt und in den Apokryphen nicht eindeutig zum Ausdruck gebracht wird. Hier soll nur hinzugefügt werden, daß die großen Kirchenlehrer Anselm von Canterbury (gestorben 1109) und Bernhard von Clairvaux (gestorben 1153) sich energisch dagegen aussprachen, wie es später

Fest in England seit etwa 1140 eingeführt und kam von da nach Frankreich, dann nach Italien. Auf dem Konzil von Basel erklärte Papst Felix V. im Jahre 1439 den Glauben an die Unbefleckte Empfängnis zur offiziellen Lehre der Kirche; aber er wurde bald darauf für abgesetzt erklärt und durch einen Gegenpapst ersetzt. So wurde die Lehre für die katholische Kirche erst durch Pius IX. im Jahre 1854 definitiv verkündet. In Wittenberg wurde das Fest schon etwa seit 1520 nicht mehr gefeiert.

Dagegen hat Luther das Fest der *Heimsuchung Marias* am 2. Juli, das wiederum auf das Neue Testament zurückgeht, bis zu seinem Lebensende anerkannt. Dieses Fest kommemoriert den Besuch Marias bei Elisabet; der zentrale liturgische Text dieses Tages ist das Magnificat mit seinem Satz „Der Herr hat seinem Volk

Seite 171: Albrecht Dürer (1471–1528): „Rosenkranzfest" (Prag, Nationalgalerie). Der Name Rosenkranz für eine Perlenkette als volkstümliche Gebetshilfe verdankt sich den Marienlegenden des 13. Jahrhunderts. Solche Legenden liegen auch dem von Dürer 1506 im Auftrag der deutschen Kaufleute in Venedig gemalten Bild zugrunde. Das Motiv des Rosenkranzes wurde seit dem Spätmittelalter der Mariendarstellung häufig beigegeben.

Erlösung geschaffen". Luther rief Maria konkret um Hilfe gegen die Türken an, die im Jahre 1529 Wien belagerten. Erwähnt wurde das Fest zuerst in Le Mans, Frankreich, im Jahre 1247, und die Franziskaner feierten es seit 1263. Zum Fest der ganzen Kirche wurde es im Jahre 1389 durch Papst Urban VI. erhoben.

In Zusammenhang mit der Türkengefahr steht auch das Gedenken daran, daß Maria in der großen Seeschlacht von Lepanto im Jahre 1571 dem Führer der christlichen Flotte, Juan d'Austria, zum Siege verholfen haben soll. Das *Siegesfest* wurde seit 1573 am 7. Oktober, dem Jahrestag der Schlacht, begangen. 1716 trat dann das *Rosenkranzfest* an diese Stelle.

Ein sehr altes, wenn auch an unterschiedlichen Tagen gehaltenes Fest war das von *Marias Jungfräulichkeit*, das in Byzanz am Sonntag vor Weihnachten, in Spanien am 18. Dezember, in Frankreich am 18. Januar und in Rom am 1. Januar zelebriert wurde. Bereits seit 1969 ist der 1. Januar „Hochfest der Gottesmutter Maria".

In Köln wurde schon im Jahre 1423 ein Fest der *Sieben Schmerzen Mariae* eingeführt. Als an Papst Julius II. im Jahre 1506 die Bitte um die allgemeine Einführung dieses Festes herangetragen wurde, lehnte er ab. 1814 jedoch, als Napoleon die Kirche bedrängte, legte Pius VII. ein Fest der *Jungfrau der Sieben Schmerzen* auf den 15. September – das alte Fest war seinerzeit am Karfreitag begangen worden, also am Tag einer der höchsten Christusfeiern, wo es sich natürlich nicht halten konnte. Ebenfalls aus einer politischen Situation heraus richtete Papst Pius XII. einen Gedenktag *des Unbefleckten Herzens der Maria* ein, das vor allem gegen die Atheismus-Ideologie der Sowjetunion gerichtet war.

Es gab ferner Feste von Marias Vermählung (23. Januar), Marias Verklärung (6. August), Marias Mutterschaft (11. Oktober), Maria als Hilfe der Christen (31. Mai) und der Maria vom Guten Rat. Aber auch beim Fest zu Ehren Josefs, von Jean Gerson, dem Kanzler der Pariser Universität, auf dem Konstanzer Konzil (1414–1418) eingeführt und schließlich auf den 19. März gelegt, spielt Maria eine erhebliche Rolle. Der Mai und der Oktober gelten in katholischen Gegenden als Marienmonate und werden häufig durch besondere Andachtsfeiern gestaltet.

Papst Paul VI. hat in seinem Apostolischen schreiben „Marialis cultus" 1974 die Marienverehrung im Sinne des Zweiten Vatikanischen Konzils lehramtlich bekräftigt und geordnet.

DIE VIELEN ROLLEN MARIAS

Jungfrau

Eine jungfräuliche Geburt als solche war in der Mythologie des klassischen Altertums nichts Ungewöhnliches. Sogar historischen Figuren wie Pythagoras, Plato und Alexander wurde nachgesagt, daß sie von einer Jungfrau geboren seien. Dies konnte den frühen Bibelinterpreten nicht angenehm sein, denn damit wäre die jungfräuliche Geburt Jesu durch Maria nicht mehr das einzigartige Ereignis gewesen, als das es die gläubigen Christen verstanden. Daher lehrte der Kirchenvater Origenes, daß Gott durch solche Vorläufer die Welt auf das große Geheimnis der jungfräulichen Geburt habe vorbereiten wollen.

Indessen wies schon Justinus der Märtyrer, der um 165 in Rom starb, darauf hin, daß ein entscheidender Unterschied zwischen den klassischen Mythen und der biblischen Erzählung bestünde: Maria sei nicht, wie die griechischen Jungfrauen, von einem Gott umworben, verführt oder gar überwältigt worden, es habe keine sündigen Lustgefühle gegeben, und daher handele es sich hier um ein neues, einzigartiges Phänomen – während Origenes alle „Parthenogenesis" in der Natur gleichsetzte: So wie (wie man damals glaubte) Käfer aus Eseln, Wespen aus Pferden und Schlangen aus Leichnamen entstünden, so könne auch Maria ohne Hilfe eines männlichen Partners geboren haben. Der Kirchenvater Lactantius, der um 320 starb, verglich Mariae Empfängnis sogar mit der aus der griechischen Mythologie bekannten Befruchtung der zwölf Stuten des Erichthonius durch Boreas, den Nordwind. Der antiochenische Gelehrte Diodor von Tarsus und der uns vom Konzil von Ephesus bekannte Nestorius versuchten eine weniger kühne Erklärung: Die geistige und die materielle Welt schlössen sich gegenseitig nicht aus, so daß Jesus sowohl Sohn Gottes wie Sohn seiner Eltern gewesen sein möchte – doch drang diese Meinung damals nicht durch.

Die These des Origenes wurde dann so verstanden, daß Maria vom Heiligen Geist durch ihr Ohr empfangen habe. Dieser wurde oft als Taube vorgestellt und abgebildet – wie ja auch die hebräische Shekinah, der Geist Gottes, als weiblich gedacht wurde –; schon im alten Ägypten stand die Tauben-Hieroglyphe auch für die Seele eines Verstorbenen. In einem apokryphen „Evangelium der Hebräer" nennt Jesus den Heiligen Geist seine Mutter! Und dies wurde im 4. Jahrhundert kritiklos sowohl von Origenes wie auch vom heiligen Hieronymus zitiert! Im übrigen stritt die alte jüdische Auffassung, daß bei Gott kein Ding unmöglich sei, mit der griechischen, daß gewisse Dinge in der Natur nicht geschehen könnten.

Thomas von Aquin, der im 13. Jahrhundert lebte, übernahm die These des Aristoteles, daß der Mann die eigentliche Lebenskraft zum Kind liefere, während die Frau nur „ausbrüte". Nur im Fall Jesu seien sein Körper und seine Seele als ein geheiligtes Ganzes in Marias Schoß gestiegen. Ähnlich drückte sich auch Dante Alighieri aus.

Erst mit dem Aufkommen der Naturwissenschaften, namentlich mit Karl Ernst Ritter von Baers Entdeckung, daß Säugetiere Eizellen entwickeln (1826), wurde ein für allemal die Mitwirkung der Frau bei der Entstehung des Menschen anerkannt – was wieder neue Probleme für den Glauben an die jungfräuliche Geburt aufwarf. Das Konzil von Trient im 16. Jahrhundert hatte die Jungfräulichkeit der Maria noch eigens bestätigt. Das Zweite Vatikanische Konzil (1962–1965) hingegen wollte keine „Fragen entscheiden, die durch die Arbeit der Theologen noch nicht völlig geklärt sind" (Lumen gentium 54).

Seite 172: Piero di Cosimo (1461–1521): „Unbefleckte Empfängnis", um 1500 für die Kirche S. Annunziata in Florenz als Altarbild gemalt (Florenz, Uffizien). Als Jungfrau, die ohne Erbsünde empfangen wurde, steht Maria auf einem Sockel, über ihr der Heilige Geist. Durch die strenge, symmetrische Komposition des Bildes steht Maria abgehoben in der Mitte wie in einem eigens für sie geschaffenen Raum.

Unbefleckte Empfängnis

Diese Glaubensfrage, die, wie wir gesehen haben, erst im 19. Jahrhundert durch päpstliche Autorität für die katholische Welt entschieden wurde, hat nichts zu tun mit dem Problem der Jungfräulichkeit, obwohl das oft mißverstanden worden ist und noch wird. „Immaculata Conceptio" besagt nicht, daß Jesus von einer Jungfrau geboren wurde, sondern daß Maria selbst bei der Zeugung durch ihre Eltern von der Erbsünde ausgenommen war.

Da auch die Apokryphen sich darüber

Als sich seit dem 14. Jahrhundert in der Frömmigkeit der Immaculata-Kult ausweitete, wurde auch die heilige Anna, Marias Mutter, zunehmend verehrt. Das Thema der „Unbefleckten Empfängnis der Anna" wurde zum häufigen Motiv in der Bildenden Kunst.

Links: Bernardino Luini (um 1485–1532): Ein Engel verkündet Anna die Geburt einer Tochter. Im Hintergrund, sehr ähnlich angeordnet, die Gebetserhörung Josefs (Mailand, Pinacoteca di Brera).

Rechts: In der Arenakapelle zu Padua gestaltete Giotto um 1305 das Thema der Verkündigung an Anna in einem Innenraum; der Engel tritt durch das Fenster ein.

nicht klar ausdrücken, wurde von vielen Kirchenvätern die Notwendigkeit empfunden, daß der Welterlöser nur von einem sündenfreien Wesen zur Welt gebracht worden sein könne. Dies war aber um so schwieriger aufzuzeigen, als seit Augustinus, der 430 als Bischof von Hippo Regius in Nordafrika starb und die Theologie des Westens entscheidend beeinflußte, die Lehre von der Erbsünde aller Menschen sich durchgesetzt hatte. Augustinus zufolge ist der Mensch durch Adams Fall grundsätzlich verderbt. Aus seiner Übersetzung des Römerbriefs (5,12: *„in ihm* [Adam] haben *alle* gesündigt") schloß er, also habe der Mensch von Geburt an die Sünde geerbt. Wie konnte man Maria, die ja unzweifelhaft nur ein Mensch war, davon ausnehmen? Augustinus – wie auch schon vor ihm der Kirchenvater Ambrosius, der 397 starb – bestand darauf, daß Maria nie eine Sünde begangen habe. Aber Augustinus beantwortete die Frage nicht, ob die Sündenlosigkeit daher stamme, daß sie sündenlos empfangen und geboren war. Einige der östlichen Kirchenväter wiesen dagegen auf angebliche Sünden der Maria hin: Sie habe sich etwa bei der Hochzeit zu Kana aus Anmaßung in Jesu Angelegenheiten gemischt. Dennoch waren es östliche Mönche, die im 8. Jahrhundert vor den Bilderstürmern in Konstantinopel flohen und den Kult der Unbefleckten Empfängnis in den Westen brachten, zunächst nach Italien und Sizilien. Im 10. und 11. Jahrhundert breitete er sich auch in England aus. Den Einwand des Bernhard von Clairvaux, daß Maria nicht frei von der Erbsünde gewesen sein könne, weil sonst Christus nicht der Erlöser *aller* Menschen wäre, beantwortete der englische Franziskaner Duns Scotus so: Maria sei unbefleckt empfangen worden, und durch ihre Sündenlosigkeit sei Christi Opfer und Erlösung der Menschheit nicht verkleinert, sondern noch vergrößert worden, da Vorbeugung besser als Heilung sei. Denn Maria sei schon bei ihrer Empfängnis *vorausgreifend* vor der Sünde bewahrt worden, bis auch sie, wie alle Menschen, durch den Kreuzestod Jesu erlöst worden sei. – Die reformierten Kirchen konnten mit diesen Interpretationen nichts anfangen.

Der Kampf dieser entgegengesetzten

Meinungen, der sich durch das ganze Mittelalter erstreckte, wurde auch durch das Trienter Konzil nicht zu Ende gebracht, das nur, Augustinus folgend, Maria als von der Erbsünde befreit erklärte. Es machte sich auch die fragwürdige Interpretation von Genesis 3,15 (Gott sprach zur Schlange: „Feindschaft setze ich zwischen dich und die Frau, zwischen deinen Nachwuchs und ihren Nachwuchs. Er trifft dich am Kopf, und du triffst ihn an der Ferse") durch den heiligen Hieronymus zu eigen, der darin eine Prophezeiung des Sieges der Jungfrau über Satan sah, während der Text eigentlich gar nicht von einem Sieg der Frau, erst recht nicht von einer bestimmten Frau, spricht (bei Luther steht sogar „derselbe", also der Mensch im allgemeinen!).

Wie hitzig der Streit (besonders zwischen Jesuiten und Dominikanern) geführt worden ist, kann man daraus ersehen, daß Papst Paul V. im Jahre 1616 alle weiteren Diskussionen dieses Themas untersagte!

Als schließlich Pius IX. die Unbefleckte Empfängnis Mariae zum Dogma erhob, sahen manche eine Bestätigung dieses Schrittes in den Ereignissen von Lourdes, vier Jahre danach, wo ein einfaches, ungebildetes Landmädchen in Visionen achtzehnmal Maria schaute, die ihr schließlich erklärte „Que soy era Immaculata Conceptio" – wovon noch die Rede sein wird.

Neue Eva

Daß im Mittelalter immer neue, einander widersprechende Theorien über Marias Rolle und Bedeutung aufgestellt wurden, hatte mehrere Gründe, von denen die Dürftigkeit der biblischen Information nur der eine war. Es spielten auch die grundsätzlichen Auffassungen über die Beziehungen von Mann und Frau da hinein, die sich im Laufe der Jahrhunderte mehrmals gewandelt hatten: Vor dem Hintergrund der uralten matriarchalischen Anschauungen waren die Erzählungen der klassischen Mythologie nicht so schwer zu akzeptieren – auch da nicht, wo von historischen Figuren die Rede war, wie ja das klassische Altertum überhaupt keine so strenge Unterscheidung

Links: „Maria und Eva unter dem Baum des Sündenfalls". Buchmalerei von B. Furthmeyr, 1481 (München, Bayerische Staatsbibliothek).

Oben rechts: Aus dem Stundenbuch der Katharina von Kleve (um 1440): Eva und die Gottesmutter, die „Neue Eva", neben dem Baum der Erkenntnis.

zwischen Mythos und Geschichte vornahm, wie wir es heute gewohnt sind. Wie wir gesehen haben, machten dann die umgekehrte Vorstellung von der ausschließlichen Wirkung des Mannes bei der Zeugung und die Lehre von der Erbsünde die Ideen der unbefleckten Empfängnis und der jungfräulichen Geburt besonders problematisch. Dazu kam, daß Geschlechtlichkeit und Sünde praktisch ineins gesehen wurden, was eine Klarstellung der Rolle Marias um so notwendiger machte.

Die Vorstellung, daß *Adams* Fall durch Jesu Opfertod gesühnt worden war, war einfach genug. Aber daneben brauchte man gewissermaßen noch eine zweite Figur als Antwort auch auf *Evas* Sünde, und das konnte nur Maria sein. Im 1. Korintherbrief (15,22) hieß es: „...denn so wie sie in Adam alle sterben, also werden sie in Christus alle lebendig gemacht werden." Darüber ging nun der heilige Hieronymus hinaus: „Nun, da eine Jungfrau in ihrem Schoße empfangen hat und uns ein Kind gebar, nun ist der Fluch der Zeiten unterbrochen. Der Tod kam durch Eva, aber das Leben kam durch Maria..." Aber war diese nicht in Sünde geboren? Anselm von Canterbury (1033–1109) spricht von Maria als einer „peccatrix virgo" („sündhaften Jungfrau") und nimmt an, daß Maria von Jesus im Vorgriff auf seinen Opfertod erst von der Erbsünde befreit werden mußte.

Während Thomas von Aquin die Rolle der Frau bei der Befruchtung als rein passiv ansah, folgte Duns Scotus dem griechisch-römischen Arzt Galenus (129–199), der eine aktive Beteiligung der Frau annahm, und argumentierte, daß die Abwesenheit mütterlicher Kraft in Marias Schoß die Mutterschaft selbst aufgehoben hätte. Der Franziskaner Bonaventura (1221–1274) meinte sogar, daß in Maria die mütterliche Kraft größer gewesen sein müsse als in anderen Frauen, da sie im Bund mit übernatürlichen Kräften stand. Der italienische Scholastiker Petrus Lombardus (12. Jahrhundert) versuchte einen Kompromiß: Marias an und für sich sündiges Fleisch wurde durch den Heiligen Geist gereinigt; sie ist und bleibt Jungfrau. Nach Thomas von Aquin hat Maria ihr ganzes Leben lang an heiligmachender Gnade zugenommen und mit

ihrem Tod den höchsten Grad der Gnade erreicht; nach Bonaventura dagegen war dieser Grad schon mit der Geburt Jesu erreicht. – Was es mit der Gnade auf sich hat, damit plagen sich die Theologen heute nicht weniger herum als damals.

Um die Bedeutung der Gegenüberstellung Eva – Maria für den mittelalterlichen Menschen zu ermessen, muß man sich daran erinnern, daß, besonders seit Tertullian (um 160 bis um 220) und Augustinus, die Frau als Schuldige am Fall des Menschen, als böse Verführerin und Verkörperung allen Übels betrachtet wurde. So sagt Tertullian: „Weißt du es nicht, Eva, daß du es bist? Der Fluch, den Gott über dich aussprach, liegt noch immer schwer auf der Welt. Des Teufels Torweg bist du – du verrietest Gottes Gesetz. Adam, Gottes Ebenbild, du zerbrachst ihn, als wäre er ein Spielzeug. Du verdientest zu sterben, und es war Gottes Sohn, der sterben mußte." In diesem Sinne sagte schon Ephräm der Syrer im 4. Jahrhundert: „Eva hat Adam in einen schmählichen Rock von Häuten gehüllt, aber Maria hat ein neues Gewand der Erlösung gewoben... Der Wein, den Eva für die Menschheit kelterte, vergiftete diese; der in Maria erwuchs, ernährt und rettet die Welt."

Aber es gab auch andere Stimmen. Manche Kirchenväter gingen so weit, den Sündenfall sogar zu begrüßen, wie etwa Ambrosius, Bischof von Mailand, der im 4. Jahrhundert von „felix culpa" („glücklicher Schuld") sprach, weil erst die Sünde die Menschwerdung Gottes in Maria verursacht habe. Und ganz ähnlich sang ein anonymer Poet des 15. Jahrhunderts:

Wäre der Apfel nicht genommen...
Dann hätte Unsere Liebe Frau
Nicht Königin des Himmels sein können.
Selig die Zeit, da der Apfel genommen
    wurde,
Und darum mögen wir singen: Deo Gratias!

Entrückte Geliebte

Daß Maria im Mittelalter wie eine Geliebte angeschwärmt wurde, mag uns befremden. Einer der Gründe dafür war, daß das Hohelied Salomos im Alten Testament, ein ebenso leidenschaftliches wie unverblümtes Liebesgedicht, schon von den jüdischen Gelehrten als ein symbolischer Ausdruck der Liebe Jahwes für sein Volk interpretiert wurde – so wurde der Gott der Juden (und später Christus) zum Bräutigam, und das Volk Israel (später die Kirche) wurde zur Braut. Spätere Interpreten setzten für die Kirche auch die Jungfrau Maria ein. Im Osten waren es Origenes und Gregor von Nyssa, im Westen Ambrosius, die diese Identifikation vornahmen.

Die Vorstellung, daß bestimmte Frauen eine mystische Heirat mit Christus eingehen konnten, zog sich durch das gesamte Mittelalter: Wir finden sie bei der Märtyrerin Katharina von Alexandria, die im Jahre 307 ihr Leben verloren haben soll, wie auch noch bei der heiligen Katharina von Siena, die 1380 starb. Zu voller Blüte gelangte diese Vorstellung im 12. Jahrhundert, und zwar hauptsächlich durch *Bernhard von Clairvaux*, der zwischen 1135 und 1153 nicht weniger als 86 Predigten über das Hohelied gehalten hat. Für ihn ist Gott gleichbedeutend mit Liebe. Christus ist der Bräutigam, und seine Braut ist manchmal die Kirche, manchmal Bernhards Zuhörerschaft und manchmal die Jungfrau Maria. Diese Liebe der Seele sei ganz spontan und nur um

ihrer selbst willen da. Fleischeslust dagegen verunstalte die reine Seele, und nur, indem sie sich wieder zu Gott wende, könne sie ihre ursprüngliche Reinheit wiedergewinnen. Jedoch werden bei Bernhard beide Arten von Liebe in denselben erotisch gefärbten Bildern und Ausdrücken beschrieben – ähnlich wie im Hohenlied.

Diese sehr persönliche Liebe zur Jungfrau, die Bernhard immer wieder schildert, verändert allmählich den Kult der Jungfrau von Grund auf. Bis zu den Zeiten Bernhards war Maria eher eine majestätische, distanzierte Figur gewesen, die die Autorität der Kirche verkörperte. Zumindest im Westen hatte es leidenschaftliche individuelle Hingabe an sie nicht gegeben – es war stets das Kollektiv, die

Die Vorstellung der mystischen Heirat heiliger Frauen mit Christus wurde vom Mittelalter bis zum Barock zum Thema der Bildenden Kunst und der Literatur.

Links: Diese böhmische Buchmalerei, 1313–1321, zeigt Christus und Maria in „mystischer Umarmung" (Prag, Universitätsbibliothek). Maria, identifiziert mit der Braut des Hohenliedes aus dem Alten Testament, wird als Braut Christi zu seiner Throngefährtin. Die mittelalterliche Symbolik sieht in Maria das Sinnbild der Kirche, der Ecclesia. In dieser Funktion ist sie Braut Christi. Die Szene ist zugleich Sinnbild der nachtodlichen Vereinigung der frommen Seele mit Christus.

Rechts: Lorenzo Lotto (1480–1565): „Die mystische Vermählung der heiligen Katharina", 1506/07 (München, Pinakothek).

Gemeinde, die zu ihren Ehren Loblieder gesungen hatte. Zwar finden sich Gebete einzelner zur Jungfrau als Anzeichen einer persönlicheren Hingabe schon im späten 10. und 11. Jahrhundert, aber erst in der Mitte des 12. Jahrhunderts trat ein völliger Umschwung ein, vor allem durch Bernhard, aber auch durch die Erlebnisse der Pilger, Kreuzfahrer und Kaufleute in Konstantinopel, wo Marias Verehrung schon lange intimer und inniger gewesen war. Bernhards Mönchsorden, die Zisterzienser, verbreitete sich über ganz Europa. Marias Abbild erschien auf den Siegeln seiner Abteien, und man begann, den Kirchen eigene Marienkapellen hinzuzufügen.

Im 14. Jahrhundert wird Maria manchmal als jugendliche Braut, neben Jesus sitzend, dargestellt, wobei er ihre Hand ergreift wie der Bräutigam die seiner Braut; Gottfried von Admont behauptete, daß alle drei göttlichen Personen der Dreieinigkeit die Maria zur Geliebten gehabt hätten. – Mit derlei Vorstellungen konnten sich die reformierten Kirchen nicht anfreunden, und ihre Kritik verfehlte ihren Eindruck auf die katholische Kirche nicht: Vom 16. Jahrhundert an

wird bei Marias Eintritt in den Himmel nun auch wieder Josef gezeigt, oder aber Gott Vater und Sohn erscheinen entfernt in höchsten Höhen, während weiter unten der Heilige Geist seine Flügel über die Jungfrau ausbreitet.

Auf einem Gebiet feierte die leidenschaftliche Liebe zur Jungfrau besondere Triumphe, nämlich in den Liedern der Troubadoure und Minnesänger: Etwa vom Ende des 11. bis zum Anfang des 13. Jahrhunderts blühte im Süden Frankreichs eine neue Art von Liebesdichtung, die Leidenschaft und Vernunft nicht als Gegensätze beschrieb, sondern beide vereint in den Dienst höherer Kultiviertheit stellte. Körper und Seele lagen hier nicht im Streit miteinander, sondern hatten beide die Fähigkeit, den Menschen über sich selbst zu erheben und ihn vom Tier zu unterscheiden. Ein liebender Mann oder eine liebende Frau waren weder die Opfer animalischer Lust noch teuflischen Dämonen unterworfen. Man hat später oft angenommen, daß die Liebe, wie diese Troubadoure sie schilderten, keusch gewesen sein müsse, zumal so oft von Leiden und Trennung der Liebenden die Rede ist. Aber die frühen Troubadoure feierten die Keuschheit nicht um ihrer selbst willen, und ihr Leiden bestand häufig in der Furcht, die Geliebte oder den Geliebten zu verlieren. – Der Kirche lag diese Art von ungezügelter Liebe freilich fern.

Aber das änderte sich mit dem frühen 13. Jahrhundert. Die Minnesänger begannen nun, schweigend hinzunehmen, daß die Geliebte der Liebe nur dann würdig sei, wenn sie zu rein war, sie zu erwidern. Der alte Kampf zwischen Seele und Leib lebte wieder auf; Himmel und Erde, Leidenschaft und Vernunft waren wieder Gegensätze, und in dieser Art von Liebeslyrik konnte auch Maria wieder ihren von alters her gewohnten Platz einnehmen.

Sicherlich hing dieser Umschwung auch mit dem neuen Glauben der Katharer zusammen, der sich in der Provence und im Languedoc am Ende des 12. Jahrhunderts ausbreitete. Ihr Glaube, der auf alte orientalische Sekten, besonders auf die Manichäer, zurückging, basierte auf dem strengen Dualismus, daß ein böser Gott die materielle Welt erschaffen habe und die reine Menschenseele im sündi-

gen Fleisch gefangen gehalten werde. Die Katharer waren strenge Asketen, glaubten aber, daß gelegentlicher Geschlechtsverkehr weniger tadelnswert sei als organisierter Sex (sprich: die Ehe). Und es war nach der gewaltsamen Unterdrückung der Katharer (das Wort „Ketzer" leitet sich von ihrem Namen ab) sowie der anderen großen Irrglauben der Zeit, denen der Albigenser und Waldenser, daß die Kirche die Gestalt der Maria benutzte, um die alte Ordnung wiederherzustellen: Maria als reine Jungfrau nahm der freien Liebe die Berechtigung, und als Frau, die ihre Bedeutung nur durch ihren Sohn erlangt hatte, stellte sie historische Figuren wie Eleanor von Aquitanien, die durch ihre große Macht und ihre selbständige Handlungsweise der Kirche viel zu schaffen gemacht hatte, in den Schatten. Sie konnte nun wieder als das von irdischen Leidenschaften befreite Troubadourenideal besungen werden. Und indem die Kirche die vollendete Reinheit der Maria der irdischen Frau gegenüberstellte, wurde auf die irdische Liebe ein schlechtes Licht geworfen. Männer sollten nicht auf Frauen schauen, sondern zum Himmel hinanblicken. Die Helden der großen mittelalterlichen Epen waren keineswegs abstinent gewesen; das wurde nun anders. Während die alten Troubadoure sich beklagten, daß ihre Treue nicht belohnt wurde, jammerten sie nun darüber, daß irdische Liebe als solche eine traurige Illusion sei. Auf den freien, ungebundenen Lanzelot folgte Parzival, der „reine Tor".

Im 12. Jahrhundert taucht zum erstenmal der Name *Notre Dame, Madonna, Our Lady, Unsere Liebe Frau* für Maria auf. Einer ihrer ersten Sänger ist der schon zitierte Gautier de Coincy; in den folgenden Jahrhunderten wird Maria wieder zu einer recht irdischen Frau, die sich mit frommen Betern verlobt und sogar Eifersucht zeigt. Diese spezielle Rolle einer leidenschaftlichen, sehr konkreten Frau hat Maria später nie wieder übernommen, auch nicht in der Passion der Gegenreformation: Da war sie distanzierter, und kein ungehöriges Wort kam über ihre Lippen. Die Liebe zu ihr wurde zum Gegenstück zur irdischen Liebe, und die Kluft zwischen Maria und allen anderen Frauen wurde immer breiter.

Mater Dolorosa

In denkbar schroffem Gegensatz zu Maria, der Geliebten, steht ihr Bild als die leidende Mutter unter dem Kreuze ihres Sohnes, als *Mater Dolorosa*.

Die Vorstellung der um ihren Sohn trauernden Mutter ist uralt und kann bis zur Kultur von Sumer im 3. Jahrtausend v. Chr. zurückverfolgt werden. Dort trauert Inanna, die Himmelskönigin, um Dumuzi, ihren Sohn, der den Dämonen der Unterwelt geopfert worden war. Die trauernde Inanna wird als Dumuzis Mutter, aber auch als seine Braut bezeichnet. In der babylonischen Kultur wird aus Inanna Ischtar, und aus Dumuzi – was „wahrer Sohn" bedeutet – Tammuz; das Ritual der um Tammuz weinenden Frauen wird im Alten Testament mehrfach erwähnt. Es hat sich in einigen arabischen Ländern offenbar bis mindestens ins 10. Jahrhundert n. Chr. erhalten.

Ein ähnlicher Ritus bestand seit uralten Zeiten in Ägypten: Die Göttin Isis trauert um ihren Gatten – und Sohn – Osiris. Das immer wiederkehrende Bild der Isis mit dem Osiris auf ihrem Schoß lebte in Ägypten noch bis ins 6. Jahrhundert n. Chr. hinein, als Kaiser Justinian ihren letzten Tempel in Philae schließen ließ; es mag sehr wohl noch die mittelalterlichen Darstellungen der trauernden Maria mit dem toten Christus auf ihrem Schoß inspiriert haben.

Im christlichen Osten gab es ein Karfreitags-Trauerritual mit Maria im Mittelpunkt schon im 6. Jahrhundert, und eine ähnliche Liturgie entstand im Westen im 9. oder 10. Jahrhundert, und zwar in Form des „Kontakion", bei dem sich zwei Diakone hinter dem großen Kruzifix verborgen halten und als Jesus die Menschheit anklagen, die ihn verraten hat. Aber erst mit den Kreuzzügen, also vom frühen 12. Jahrhundert an, wurde ein regelrechter Kult der Mater Dolorosa vom Osten in den Westen gebracht – zuerst nach Italien, dann nach Frankreich, England, Holland und Spanien. Er erreichte seinen Höhepunkt im 14. Jahrhundert, als ganze Ströme von Pilgern das Heilige Land besuchten.

Bernhard von Clairvaux predigte, daß Maria eine Märtyrerin sei, zwar nicht mit ihrem Leib, aber mit ihrer Seele. Die

Seite 176: Heinrich von Meißen (1250–1318) hat in seinem Lied „Frauenlob" die höfische Minne und das Hohelied mit der Marienverehrung verknüpft.

Oben: Die „Mater Dolorosa", auf vielen Andachtsbildern verbreitet, wurde zum „Vorbild" des Mitleidens. Das Bild der schmerzerfüllten Mutter mit dem erbarmungswürdigen Leichnam ihres Sohnes (1889) wird von Vincent van Gogh (1853–1890) in die Einsamkeit einer wilden Landschaft gesetzt.

Franziskaner brachten diese Auffassung zur Blüte. Pilger, die vom Heiligen Land zurückkehrten, schilderten die Via Dolorosa, also den Weg, den Jesus nach Golgota gehen mußte; und obwohl Maria in diesem Zusammenhang nur im Johannesevangelium erwähnt wird, entstanden nun Bilder, in denen sie Jesus auf seinem Leidensweg begegnet, wie sie seine blutenden Wunden stillt, wie sie nach der Kreuzesabnahme seinen Leichnam in ihre Arme schließt, ihn salbt und zum Begräbnis vorbereitet. Die Leiden der Mutter um ihren Sohn brachten dem Betrachter die Leiden Christi ganz lebendig nahe. Wir haben schon gesehen, daß die *Stabat-Mater*-Hymne diesem Geiste entsprang. Die furchtbare Pestepidemie in Europa, die ihren Höhepunkt um

1348–1350 erreichte und offenbar mindestens ein Fünftel der Bevölkerung ausrottete, und die von den meisten als Strafe für die Verderbtheit der Menschen angesehen wurde, brachte Scharen von Büßern, die sich geißelten, auf die Straßen; sie sangen das Stabat Mater und andere Lieder und flehten Maria um Hilfe im Elend an. Der „Schwarze Tod" ließ nach einigen Jahren nach, aber das Bild Marias als der mitleidigen Helferin in tiefster Not blieb.

Der Bettelorden der Serviten, schon im 13. Jahrhundert entstanden, erklärte, daß die Jungfrau den Ordensgründern ihre

Sieben Schmerzen offenbart habe: Die Weissagung des Simeon, die Flucht nach Ägypten, das Suchen nach dem Jesusknaben im Tempel, ihre Begegnung mit Jesus auf dem Weg nach Golgota, die Kreuzigung, die Kreuzesabnahme und Jesu Begräbnis. Diese Tradition, die von Papst Paul V. (1605–1621) sanktioniert wurde, inspirierte das Bild der Muttergottes, deren Brust von sieben Schwertern durchbohrt wird. Die Serviten feierten den Tag der Schmerzensmutter während der Fastenzeit, die Kirche aber setzte ihn auf den 16. September.

Doch hatte man verschiedene Auffassungen über die Leiden der Maria. Franz von Sales (1567–1622) meinte, daß Maria stets starken Herzens gewesen sei und keinerlei Schwächen gezeigt habe; über-

dies habe sie von Jesu Auferstehung im voraus gewußt und daher weniger gelitten. Die spanische Nonne Maria de Agreda dagegen, die im 17. Jahrhundert lebte, berichtet in ihrem Buch vom Gottesstaat, daß Maria gebetet habe, sie möge alle Torturen und Schmerzen ihres Sohnes am eigenen Leibe spüren – während wiederum der Theologe der Gegenreformation Francisco Suarez Marias Rolle am Kreuz ganz anders auslegte: „Sie war nicht nur Zeugin des grausamen Schauspiels, nein, sie freute sich herzlich, daß ihr einziger Sohn für das Heil der Menschheit geopfert wurde."

Wie fest sich das Bild der Mater Dolorosa der katholischen Welt eingeprägt hat, zeigt sich durch die auch in unseren Tagen immer wiederkehrenden Wunder der *weinenden Madonna*. Ein modernes Beispiel dafür ist die Madonna delle Lágrime im sizilianischen Syrakus, ein Gipsrelief, das über dem Bett eines kommunistischen Arbeiters und seiner Frau hing und vom 29. August bis zum 1. September 1953 Tränen vergoß und dann viele Heilungswunder vollbrachte. Der

Bischof von Syrakus sagte bei dieser Gelegenheit: „Weinen ist fruchtbar. Nie hat es sterile Tränen gegeben. So wie der herabfallende Regen das Land bewässert und es vorbereitet, Frucht zu tragen, so geschieht es auch im Bereiche des Geistes. Eine weinende Frau wird dadurch zur Mutter. Und wenn Maria am Kreuze Jesu weint, dann sage ich euch, war ihr Weinen fruchtbar und machte sie zur Mutter."

Seite 178, links: Die Pietà des Jean Malouel († 1415), entstanden um 1400, verbindet das Motiv des Gnadenstuhls (Darstellung der Dreifaltigkeit in Verbindung mit dem Leiden Christi) auf ungewöhnliche Weise mit der Pietà und dem trauernden Johannes zu einer Einheit (Paris, Louvre).

Seite 178, Mitte: Die „Trauernde Muttergottes" aus dem Jahr 1858 von Ilie Poienaru I. ist ein Beispiel bäuerlicher Hinterglasmalerei (Ethnographisches Museum von Transsylvanien, Cluj-Napoca).

Seite 178, rechts: Die sog. „Acholshäuser Madonna" zeigt Maria als alte Frau (1505, Lindenholz, farbig gefaßt von Tilman Riemenschneider). Ihr zur Seite geneigter Kopf drückt die seelische Bewegung aus (Mainfränkisches Museum in Würzburg).

Links: Giovanni Bellini (1413–1516): „Pietà" (Pisaro, Pinacoteca). Der Künstler bezieht Maria Magdalena mit ins Zentrum des Geschehens der Kreuzabnahme ein.

Rechts: „Pietà" aus Steig bei Blitzenreute, Kreis Ravensburg, Mitte 14. Jahrhundert.

Rechts: Diese französische Elfenbeinplastik aus dem 13. Jahrhundert verbindet das Thema der Krönung Mariens durch Christus mit dem Motiv der Maria als Braut Christi (Paris, Louvre).

Himmelskönigin

Wenn wir uns Maria im Geiste vorstellen, so werden wir sie meist als Königin des Himmels, als *Regina Caeli*, sehen. Sehr viele der bekanntesten Mariendarstellungen zeigen sie entweder bei der Krönung oder als majestätische Herrscherfigur, oft genug mit dem Jesuskinde im Arm – was ja im Grunde anachronistisch ist: Da Maria ihren Sohn um Jahre überlebte, kann dieser kein kleines Kind gewesen sein, als

dem Forum Romanum, Santa Maria Antiqua, erscheint sie im frühen 6. Jahrhundert durchaus als Majestät auf dem Thron, mit Perlen, Juwelen und anderen Regalien reichlich ausgestattet, denn sie stellt Rom dar und die regierende Macht des Papstes dort, wo zuvor die allmächtigen römischen Kaiser geherrscht hatten. Dieses Erbe hatte wahrscheinlich auch noch eine weitergehende politische Bedeutung, übertrug sie doch die imperiale römische Hierarchie auf die Kirchenfür-

kirchenpolitisch relevante Rolle wurde noch deutlicher, als nach den Invasionen der Germanen das westliche römische Kaisertum erlosch (476) und das Papsttum die Verwaltung der Stadt Rom übernahm, was zu Konflikten mit dem nominellen Oberhaupt Roms, dem oströmischen Kaiser in Konstantinopel, führte. – Papst Sergius I. organisierte die offiziellen Feiertage der Maria, und sein Nachfolger Johannes VII. (705–707) nannte sich auf einer Marmortafel der Sancta Maria Antiqua „Diener der Mutter Gottes"; er war der erste Papst, der sich (auf einem Gemälde in Santa Maria Trastevere) fußfällig vor der Madonna porträtieren ließ.

Der Konflikt zwischen den römischen Päpsten und den byzantinischen Kaisern verschärfte sich noch, als Letztere im 8. Jahrhundert mit Leo II., dem „Isaurier", an der Spitze, den Bilderstreit entfachten. Die Verehrung von Bildern und Reliquien hatte sich im Osten im Laufe der Jahrhunderte ausgedehnt und blieb beim Volke und bei den Mönchen populär, während sich das Heer auf die Seite des bilderfeindlichen Kaisers stellte. Der Westen akzeptierte das Bilderverbot niemals, und so bereitete sich der endgültige Bruch zwischen Ost- und Westkirche vor. Die fliehenden Bilderverehrer stärkten die Verehrung der Maria im Westen, und die Päpste, die zuvor Konstantinopel als ihren natürlichen Verbündeten angesehen hatten, sahen sich nun nach westlichen Schutzherren um; als Papst Stephan III. (752–757) über die Alpen reiste und Frankenkönig Pippin den Kurzen um Hilfe bat, besiegte dieser die Langobarden und stiftete im Jahre 756 den Kirchenstaat.

seine Mutter in den Himmel aufgenommen und dort gekrönt wurde.

Indessen war – besonders bei den frühen Darstellungen – die Krone, wenn auch manchmal kaum sichtbar, von entscheidender Wichtigkeit. Denn Maria wurde ja oft mit der Kirche identifiziert, und als Herrscherin symbolisierte sie damit auch die Macht der Kirche gegenüber weltlichen Mächten. Es ist bezeichnend, daß gerade in Zeiten, wenn die Kirche sich in der Defensive befand, Maria als Himmelsherrscherin von ihr besonders betont wurde, während diese ihre Rolle an Bedeutung verlor in Perioden kirchlicher Erstarkung.

In der ältesten christlichen Kirche auf

sten; die Worte Jesu vom Anfang seiner Bergpredigt – „Selig die Armen, denn ihrer ist das Reich Gottes"(Matthäus 5,3) – waren offenbar vergessen.

Während Maria auf den Sarkophagen und an den Kirchenwänden des 3. und 4. Jahrhunderts nur eine Nebenrolle spielt, ist sie in der alten römischen Basilika Santa Maria Maggiore, von Papst Sixtus III. zur Zeit des Konzils von Ephesus erbaut, bereits sehr prominent und majestätisch dargestellt; in der etwas jüngeren Kirche S. Appolinare Nuovo, von Ostgotenkönig Theoderich um 500 in Ravenna gestiftet, ist es bereits Maria (als Symbol der Kirche), die die Gaben der heiligen drei Könige in Empfang nimmt. Marias

Das immer mehr in den Vordergrund rückende Bild der Jungfrau als triumphierender Königin betonte also nicht nur die Legitimität der Bilder, sondern zeigte zugleich die päpstliche Autorität nicht nur als geistliches Haupt der Christenheit, sondern auch als weltliche Macht. Die auf Stephan folgenden Päpste taten ihr Möglichstes, diese Entwicklung durch weitere große Mariendarstellungen zu fördern, vor allem Hadrian I. (772–796), Paschalis I. (817–824) und später Calixtus II. (1119–1124), der die alte Basilika Santa Maria in Trastevere mit neu dekorierten Fußböden und Wänden ausstattete. Calixtus konnte einen der großen Triumphe der Kirche im Mittelalter zustande bringen, nämlich das Konkordat von Worms (1122), in dem ihm Kaiser Heinrich das Recht zugestand, die Bischöfe zu ernennen. Er feierte diesen Sieg über das Kaisertum in der Nikolauskapelle der Kirche St. Johann im Lateran, in der Maria über zwei Päpsten thronend dargestellt wird.

Die Entwicklung im Osten verlief anders. Nachdem der Bildersturm endlich überwunden worden war – um 840 –, entstanden zwar ebenfalls viele neue Madonnenbilder, aber die Vermischung weltlicher und geistlicher Sphären, wie sie sich im Westen entwickelt hatte, lag den Byzantinern ganz fern. Sie gestatteten niemals die Darstellung der Jungfrau wie eine reichgeschmückte weltliche Herrscherin. Maria konnte wohl eine Krone in Händen halten, um sie auf das Haupt anderer zu setzen, aber sie trug sie nicht selbst. Wenn auch der oströmische Kaiser als Christi Stellvertreter auf Erden verstanden wurde, so versuchte er doch niemals, sich ähnlich dem göttlichen Erlöser darstellen zu lassen, wie es die Nachfolger Pippins und Karls des Großen im Westen taten. Bilder von Otto III. (983–1002) zeigen diesen manchmal auf einer Wolke thronend, umgeben von Symbolen der Evangelisten, und Roger II. von Sizilien, der 1154 starb, wird auf einem Bilde dargestellt, da Christus ihn krönt; sein Gesicht ähnelt dem des Erlösers!

Maria wurde sowohl von Otto III. wie von Roger II. als besondere Schutzherrin angesehen, was vielleicht damit zusammenhängt, daß ihre Väter gestorben waren, als sie noch unmündig waren, und daß beide von Frauen erzogen wurden. Auch finden wir in den folgenden Jahrhunderten Frauen auf den europäischen Thronen, insbesondere Blanche von Kastilien, die Mutter Ludwigs IX. des Heiligen von Frankreich (gestorben 1270); sie stattete die Kathedralen von Chartres und Paris reich mit Marienbildern aus.

Etwa seit Ludwigs IX. Zeiten zeigt sich auch im Westen ein neues Motiv in den Mariendarstellungen: das ihrer Krönung,

was offenbar den byzantinischen Bildern von der Krönung ihrer Kaiser durch Christus oder Maria nachempfunden war. Im Westen war es nun Christus, der seine Mutter krönte, und auf diesen Bildern sah der Himmel etwa so aus, wie sich der französische Kirchenbesucher seinen Königshof vorstellen mochte. Die Idee der Maria als gekrönter Königin hielt sich über die Jahrhunderte; noch in den Erscheinungen des 19. Jahrhunderts, wie in Knock und Pontmain, trug Maria eine mittelalterliche Krone. Daß die Regina Caeli in den Hymnen und Liedern des Mittelalters eine noch größere Rolle spielte als auf den Bildern dieser Epoche, haben wir bereits gesehen, wie auch, daß Pius XII. im Jahre 1954 diese Entwicklung auf ihren Höhepunkt brachte, indem er Maria offiziell zur Himmelskönigin erklärte. Eine besondere Eigenschaft der Maria mag zu dieser Entwicklung noch erheblich beigetragen haben: Ihre Eigenschaft als Trösterin und Helferin, der als Fürsprecherin der Sünder selbst Christus nichts verweigern konnte.

Die Wallfahrtskirchen um die Gnadenbilder sind geschmückt mit Votivbildern als Dank für erhaltene Hilfe. Gleiches berichten die in den Wallfahrtsorten aufbewahrten Mirakelbücher, in denen über Jahrhunderte die dort geschehenen Wunder registriert wurden.

Helferin und Fürsprecherin

Man sagte wohl nicht ganz zu Unrecht, daß in manchen katholischen Ländern, z.B. Italien, häufiger zu Maria als zu Jesus oder Gott Vater gebetet wurde. Der Grund dafür ist wohl, daß sie als Mittlerin zwischen Gott und Mensch gedacht wurde, also sich menschlicher und verständnisvoller verhalten würde als die strengen Richter. Wir haben schon gesehen, daß Maria in einigen Legenden, wie etwa jenen von Theophilus und von Beatrix, eine entscheidende Rolle gerade in dieser Eigenschaft spielt, die mit der der gekrönten Himmelskönigin nicht viel Gemeinsames zu haben scheint. Aber darüber hinaus gibt es unzählige Sagen, Anekdoten und Berichte, denen zufolge sie einen in Not oder Sünde geratenen Menschen schützt und ihm Beistand leistet. Die meisten dieser Erzählungen sind in der berühmten „Legenda Aurea" des Jacobus de Voragine aufgezeichnet. Wir können hier nur einige von ihnen erwähnen:

Maria als *Geburtshelferin*: Lucia, eine vornehme Spanierin, war in maurische Gefangenschaft geraten und lag während der Heiligen Nacht als Sklavin in Geburtsnöten in einem Stall. Maria erschien und tröstete sie. Der Heiland selbst taufte ihren Knaben. Maria half ihr dann, aus der Sklaverei zu entkommen, und sie wurde Ordensschwester des heiligen Franziskus.

Maria als *Heilerin*: Von Papst Leo wird berichtet, daß eine Matrone ihm bei der Kommunion die Hand küßte, was ihn so in Versuchung brachte, daß er sich die Hand abhieb! Nun murrte das Volk, daß der Papst nicht mehr das heilige Opfer feiere. Da betete der Papst zu Maria und überließ sich ganz ihrer Fürsorge. Mit ihren eigenen Händen stellte ihm Maria seine Hand wieder her.

Noch seltsamer ist die Geschichte von einem Bauern, der vom Blitz getroffen wurde. Ein Bein war aus seinen Gelenken gelöst; er versteckte es in der Marienkirche und bat um Heilung. Da erschien ihm Maria des Nachts und setzte ihm das Bein wieder an „wie einen Schößling an einen Baum" – aber er litt dabei solche Schmerzen, daß von seinem Schreien das ganze Haus aufgeweckt wurde. Leute, die herbeikamen, sahen, daß er völlig gesund war, und schalten ihn wegen des Lärms. Er klärte sie auf, aber das neue Bein war schwächer als das alte und vermochte seinen Körper nicht gleichmäßig zu tragen; er mußte ein volles Jahr hinken.

Maria als *Gabenspenderin*: Sie reichte dem Judenmädchen Rachel einen Stab, auf daß sie ihr Vaterhaus in Löwen verließe; Rachel wurde dann Nonne in Brabant. – Lidwigis von Schiedam (15. Jahrhundert) erhielt in einer Vision einen Blumenkranz von Maria, den sie durch ihren Beichtvater in ihre Heimatkirche sandte. – Hyazinth von Polen betete vor dem Allerheiligsten und sah ein großes Licht

Links: Votivmalerei aus Italien: „Unfall mit der Pferdekutsche"; die Dankinschrift datiert von 1888 (Privatsammlung, Schweiz).

Rechts: Votivmalerei aus Oberbayern, datiert 1797 (Germanisches Nationalmuseum, Nürnberg).

Unten: In dem Bild „Die Fürsprache Marias bei Christus", um 1400 gemalt für den Dom von Florenz, weist Maria mit den Worten „Lieber Sohn, gedenke der Milch, die ich dir gab, und habe Erbarmen mit ihnen" auf die vor ihr knienden Bittenden. Christus spricht daraufhin zu seinem Vater: „Mein Vater, rette jene, für die du mich die Passion erleiden ließest."

VIRGO CLEMENS. O.P.N.
Visitur hic gemini custos Clementia regni;
Una ubi Virgo Polum sustinet, una Solum.
28

Links: Votivbilder und Votivgaben hatten ihre eigene Symbolik. Nach einer Vision des heiligen Dominikus entstanden die sog. Pestbilder, die Christus in der Luft schwebend zeigen, wie er Pfeile mit Heimsuchungen auf die verderbte Welt schleudert. Durch den schützenden „Schild der Maria" werden diese drohenden Pfeile hilfreich abgewehrt.

Rechts: Diese Wand in der Wallfahrtskirche „Heiligwasser" in Tirol ist mit zahlreichen Votivtafeln geschmückt.

auf den Altar herniedersteigen, das aber seine Augen nicht schmerzte. Das Licht teilte sich, und Maria sagte zu ihm: „Freue dich, mein Sohn, dein Gebet hat meinem Sohne wohlgefallen. Du wirst von nun an alles erhalten, worum du in seinem Namen bittest." – Die heilige Lucia soll sich, um ihrem Bewerber zu entgehen, selbst die Augen ausgerissen und sie ihrem Verehrer übersandt haben; dafür erhielt sie von der Jungfrau Maria neue und noch schönere. – Eine Veronica von Mercatello (18. Jahrhundert) warf als Kind einer Bettlerin einen Schuh zu, der am Türbogen hängen blieb. Die Bettlerin wurde plötzlich so groß, daß sie den Schuh herunternehmen konnte; es war niemand anders als Maria.

Maria als *Beschützerin*: Die Klarissin Marianne im Angerkloster zu München sah im Jahre 1742, wie die Muttergottes ihren Mantel zwischen den Türmen der Frauenkirche über der Stadt ausbreitete. – Als Rom von der Pest heimgesucht wurde, ließ Papst Gregor der Große (um 600) ein Muttergottesbild, das vom Evangelisten Lukas gemalt sein sollte, durch die Straßen tragen, und die Krankheit verschwand. Man hörte dabei Engelsstimmen vom Himmel: „Regina caeli, laetare (freue dich)". – Aemilia Bicheria von Vercelli (gestorben 1314) empfing von Maria ein Gebet zur Vertreibung von Unwettern. – In Konstantinopel ging ein Judenknabe mit seinen christlichen Kameraden in eine Kirche und genoß mit

ihnen von Kommunionfragmenten. Als sein Vater dies erfuhr, warf er ihn in einen glühenden Ofen. Seine Mutter suchte ihn und ging nach drei Tagen an dem Ofen vorbei; da rief er sie und berichtete, eine Frau im Purpurkleid habe ihm Kühlung zugefächelt und ihn ernährt. So war er unversehrt geblieben. – Der Dominikaner Alanus de Rupe wurde im 15. Jahrhundert vom Teufel so schrecklich geschunden, daß er nach sieben Jahren gestorben wäre, wenn ihm Maria nicht geholfen hätte. Als er sich in seiner Not selbst umbringen wollte, übergoß Maria seine Wunden mit ihrer Milch.

Maria als *Seelenretterin*: Ein Mönch, der Maria verehrte, ging einst verbotene Wege, hatte aber zuvor die Jungfrau gegrüßt. Er ertrank, und Dämonen ergriffen seine Seele. Aber Engel kamen ihm zu Hilfe. Dann veranlaßte Maria eine gnädige Entscheidung des obersten Richters,

der Sünder kehrte ins Leben zurück und besserte sich. – Der Majordomus Ebroin (7. Jahrhundert) war dem Kloster entlaufen. Mönche standen am Ufer eines Flusses und sahen ein Schiff in schneller Fahrt sich nahen. Sie fragten nach dem Woher und erhielten zur Antwort: „Wir sind Dämonen, die die Seele Ebroins zur Hölle bringen." Die Mönche riefen Maria um Hilfe für Ebroin an, worauf die Geister bemerkten: „Hättet ihr das nicht getan, so hätten wir euch untergetaucht, da ihr schwatzend die Zeit vergeudetet."

Maria schlicht als *Helferin*: Der zwölfjährigen Birgida half sie, eine Näharbeit zu vollenden, da diese fürchtete, von ihrer Pflegemutter gescholten zu werden. – Rainald, ein Schüler des Bernhard von Clairvaux, war in der Handarbeit unermüdlich, und eines Tages trocknete Maria ihm die Stirn ab. – Die schwangere Mirireldis verlor den Ver-

Rechts: Die beiden Bilder zeigen, wie Maria ihre Schutzbefohlenen vor dem Zugriff des Teufels rettet. *Links* ein Bild von Niccolo Alunno aus der Galleria Colonna in Rom, *rechts* eine Darstellung vom Ende des 15. Jahrhunderts aus der Pinacoteca di Montefalco.

Unten links: Heilige Jungfrau auf dem „Christenbanner". Maria als Schutzpatronin ist auf vielen Heeresflaggen, Zunftwappen und Stadtinsignien abgebildet.

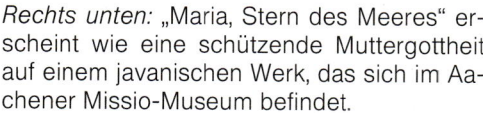

Rechts unten: „Maria, Stern des Meeres" erscheint wie eine schützende Muttergottheit auf einem javanischen Werk, das sich im Aachener Missio-Museum befindet.

184

Seite 186, links: Filippo Lippi: „La Madonna della Cintola (vom Gürtel)" (Florenz, Museo Andrea del Castagno). Der Apostel Thomas erscheint im heilsgeschichtlichen Geschehen und in den sich darum rankenden Legenden immer als Zweifler – so auch bei der Himmelfahrt Mariä. Drei Tage nach ihrem Tode verlangt er ungläubig, das leere Grab zu sehen; da erscheint ihm Maria, die ihm zum Beweis ihrer Auferweckung ihren Gürtel reicht. Nach Kreuzfahrerberichten gelangte der Gürtel nach Italien. Seit 1365 wird er im Dom von Prato als Marienreliquie verehrt. Seit dem 15. Jahrhundert ist die „Gürtelspende" ein beliebtes Thema der italienischen Kunst.

Links: Die Madonna als Schutzpatronin Brasiliens, umgeben von den Wappen der brasilianischen Bundesstaaten.

Rechts: Nerroccio di Bartolomeo di Benedetto de Landi (1447–1500): Miniatur auf dem Deckel des städtischen Sieneser Zoll- und Steuerbuches von 1480. Maria, die Schutzpatronin Sienas, übergibt die Stadt ihrem Sohn mit den Worten: „Dies ist meine Stadt."

stand, als ihr träumte, der Teufel rede ihr ein, sie trage den christlichen Glauben zwischen ihren Brüsten und sei in Gefahr, ihn zu verlieren. Darauf blieb sie am Feste von Mariae Reinigung über Nacht in einer Kirche und wurde geheilt. – Der Abt Helsinus von Ramsay geriet im Dienste Wilhelms des Eroberers auf dem Meer in höchste Gefahr. Er rief Maria an; ein würdiger Bischof erschien auf den Wellen und verkündete ihm, Maria wolle helfen, wenn er die Einführung des Festes ihrer Unbefleckten Empfängnis in England gelobe.

Maria ist auch zur *Schutzherrin* von Städten, Ländern, ja, ganzen Erdteilen erklärt worden – allerdings häufiger in den seit dem Entdeckungsjahrhundert neu hinzugekommenen Gegenden als in den alten christlichen Kulturländern. Die Maria von Guadalupe galt schon lange als Schutzheilige Mexikos, heute ist sie auch die von ganz Amerika. Maria, die „Hilfe der Christenheit" ist die Schutzheilige von Australien und Neuseeland und als „Engelskönigin" die von Costa Rica. Maria von der Unbefleckten Empfängnis ist Schutzpatronin der USA. Seit etwa 1850 ist Maria die Schutzpatronin von 18 Diözesen in England und Wales, und seit 1922 ist sie Schutzpatronin von Frankreich. Und noch in diesem Jahrhundert ist Maria zur Patronin der Piloten und der Taxifahrer von Rom erklärt worden.

DER MARIENKULT

Reliquien und Ikonen

Die älteste bekannte Anrufung Marias ist das Gebet „Unter deinen Schutz" (um 300). Das Gebet zu Maria war nicht eigentlich eine direkte Bitte um Hilfe; dazu war die Gottesmutter nicht bevollmächtigt. Es war stets nur eine Bitte um Fürsprache bei Christus oder Gottvater, bei denen allein die Entscheidung lag. Die übliche Formel im Gebet war daher: „Ora

pro nobis – bitte für uns!" Andererseits galt es als ausgemacht, daß der Sohn seiner Mutter keine Bitte verweigern konnte, so daß ein Gebet an Maria einer Bitte an Gott fast gleichkam. Ab dem 12. Jahrhundert wurde das Ave Maria ebenso häufig gebetet wie das Vaterunser. Während die Kirche streng an der Unterscheidung zwischen *Gebet zu* den Heiligen und *Anbetung* (die nur Gott zukommt) festhielt, blieben diese feinen Unterschiede der volkstümlichen Frömmigkeit stets fremd, so daß der Heiligenkult zu Zeiten fast an den antiken Polytheismus erinnern konnte.

Die katholische Kirche hat zu allen Zeiten die Anwendung äußerlicher Stimuli gefördert: Nicht nur durch Verwendung

von Gemälden, Skulpturen, religiöser Dramen, durch musikalische Untermalung der Riten, durch Weihrauch und Prozessionen, sondern auch durch Anerkennung heiliger Stätten und Reliquien. Diese sinnenhaft greifbare Ausprägung war eigentlich nur konsequent für eine Religion, deren Gott und Stifter sich ja selber auf das sinnenhafte Leben eingelassen und greifbar gemacht hatte.

Wir haben schon gesehen, daß in den ersten Jahrhunderten das Fehlen von Reliquien den Marienkult gebremst hat. Das änderte sich im 5. Jahrhundert. Eudokia, die Gemahlin des Kaisers Theodosius II., der 450 starb, entwickelte großen Eifer in der Auffindung von Reliquien und erhielt auf mysteriöse Weise Marias Schleier. Auch in der Kapelle des Blachernenpalastes in Konstantinopel befand sich um diese Zeit ein langer blauer Schleier, den Maria getragen hatte. In Saloniki baute man um 470 eine Basilika für ein wunderbares Bild der Maria Hodegetria (Wegweiserin), das von Engeln gemalt sein sollte. Viele alte Bilder und Statuen wurden auf den heiligen Lukas zurückgeführt, wie etwa das der wundertätigen Schwarzen Madonna im katalanischen

Montserrat – das tatsächlich wohl byzantinisch ist und aus dem 12. Jahrhundert stammt.

In einer Moralpredigt, die Bischof Theophilus von Alexandria zugeschrieben wird, wird von einem Juden erzählt, der christlichen Werkleuten befahl, eine Marienikone zu zerstören. Als sie sich weigerten, zerschlug er sie selbst und befahl den Leuten, die Trümmer in einen Fluß zu werfen. Aber das Bild begann zu bluten. Die Leute sammelten die Stücke in einem Korb, und das Blut tropfte heraus. Da entsetzte sich der Jude, bekehrte sich zum Christentum und baute eine Kirche für die Ikone, in der dann unzählige Heilungen und Teufelsaustreibungen stattfanden.

In mittelalterlichen Berichten werden Marienbilder und -statuen häufig lebendig. Oft weinen sie auch, wie in der schon erwähnten Episode von Syrakus im Jahre 1953. In einer sehr verbreiteten Legende bittet eine Mutter die Jungfrau, ihr sterbendes Kind zu retten, und nimmt das Jesuskind aus Marias Arm – gewissermaßen als Geisel. Nachdem Maria ihr Kind gesund gemacht hat, gibt die Mutter das Jesuskind zurück.

Dafür, daß nicht nur Christus, sondern auch Heilige Heilungswunder vollbringen, gibt es schon Beispiele in der Apostelgeschichte: Paulus heilte nicht nur durch Handauflegen, sondern sogar seine Taschentücher konnten Kranke heilen (Apg 19,12). Reliquien der Maria wurden ähnliche Eigenschaften zugesprochen. In den Schreinen der Blachernen und der Chalkoprateia in Konstantinopel wurden viele Wunder bezeugt, die Marias Reliquien zustande gebracht haben sollen. Es gab eine Tradition, der zufolge das Kleid, das Maria am Tage der Verkündigung getragen hatte, von Kaiser Karl dem Kahlen, dem Enkel Karls des Großen, nach Konstantinopel gebracht worden war; es wurde nach seinem Tode (876) nach Chartres überführt. Als ein Feuer im Jahre 1194 die dortige Kathedrale zerstörte, blieb das heilige Kleid wunderbar erhalten.

Auch die Herrscher der Zeit waren an Marienreliquien interessiert. Als auf dem Weg zum Ersten Kreuzzug Robert von Flandern und sein Vetter, Robert von der Normandie, im Jahre 1096 die Gast-

Seite 186, rechts: Rueland Frueauf d.J. (1465/70–1545) zeigt in seinem Bild „Die Auffindung des Schleiers Mariens" von 1505 das Wunder, das der Kaiserin Eudokia, Gemahlin des Kaisers Theodosius II., widerfahren ist (Stiftsmuseum Klosterneuburg).

Links: Die Muttergottes von Montserrat, Katalonien, ist eine Schwarze Madonna. Sie wird auch die „kleine Braune" genannt. Die Geschichte der Wallfahrten zu dem Gnadenbild beginnt im frühen 12. Jahrhundert mit den

Nachrichten von Wunderheilungen. Von Anfang an kamen unzählige Menschen. Der Ort blieb über Jahrhunderte ein religiöses Zentrum des Aberdlandes. Ignatius von Loyola, der spätere Gründer des Jesuitenordens, hielt hier 1522 eine mehrtägige Wache, während derer er sich entschloß, sein Leben als Offizier aufzugeben und es fortan den großen Heiligen gleichzutun. Er überlieferte seine Waffen der Madonna.

Rechts: Sveti Kliment, Ohrid, Mazedonien, Ikone Bogodorica Hodegetria, Wegbereiterin, 13. Jahrhundert.

freundschaft von Robert Rorsa, Herzog von Apulien, genossen, lehnte dieser alle kostbaren Geschenke, die ihm die beiden aus Dankbarkeit anboten, ab; nur Knochen der heiligen Matthäus und Nikolaus und einiges Haar der Maria nahm er gern an. Im 12. Jahrhundert traten die Reliquien vermehrt auf. Die Domherren von Coutances in Frankreich wunderten sich, als ihr Bischof Geoffrey de Montbray – der 1110 starb – einiges Haar der Maria, genau beschriftet, auffand; denn, so sagten sie, „man weiß von keinen Reliquien der Jungfrau hier auf Erden." Im allgemeinen fand sich in byzantinischem Besitz eher Kleidung Marias, während man im Westen ihr Haar, ihre Milch und selbst Überbleibsel ihrer Fingernägel

verehrte, welche in Poitou in einem roten Seidenetui aufbewahrt wurden. Haare der Madonna gab es in verschiedenen römischen Kirchen sowie in Padua, Venedig, Assisi, Bologna, Paris und an vielen anderen Orten. Teile ihrer Kleidung wurden in Marseilles, Toulon, Nowgorod, Assisi, Brüssel und anderswo aufbewahrt. Ihre Pantoffeln fanden sich in Soissons und waren der Grund für viele Wunder, und ihr Hochzeitsring wurde in Chiusi in der Toskana gezeigt. Kaiser Karl IV. (1346–1378) besaß eine große Sammlung von Marienreliquien.

Eine besondere Form der Verehrung fand in den Maria geweihten Stätten statt. In *Walsingham*, England, befand sich seit etwa 1130 eine Replik des heiligen Hau-

187

ses von Nazaret, zu dem über 300 Jahre lang Pilger aus ganz Europa strömten. Maria soll unter Eduard dem Bekenner, der 1066 starb, einer Witwe in Walsingham, Richeldis de Faverches, erschienen sein und ihr alle Einzelheiten über ihr Heim in Nazaret mitgeteilt haben, damit sie eine Nachbildung davon in Walsingham errichte. In diesem Schrein ereigneten sich dann viele Wunder. Aber er fiel dem Reformationseifer Heinrichs VIII. zum Opfer, der ihn im Jahre 1538 zerstörte; er ließ den gesamten Wallfahrtsort dem Erdboden gleichmachen.

Aber bereits damals hatte Walsingham in *Loreto* in der italienischen Provinz Ancona ein Pendant gefunden. Dort lebte eine Tradition, nach der nicht nur eine Nachbildung, sondern Marias Haus selbst nach der Einnahme Jerusalems durch die Ungläubigen im Jahre 1291 von Engeln durch die Lüfte getragen und an verschiedenen Orten Europas niedergesetzt, dort aber nicht mit der nötigen Ehrfurcht in Empfang genommen wurde, bis dies in Loreto im Jahre 1296 geschah. Diese Legende wurde erstmals um 1472 aufgeschrieben, woraufhin eine Deputation das Heilige Land bereiste und fand, daß das Nazarener Haus in der Tat ge-

heimnisvoll verschwunden sei und daß seine Dimensionen mit denen in Loreto übereinstimmten. Darauf erhob Papst Julius II. im Jahre 1507 das heilige Haus in Loreto offiziell zur Pilgerstätte, wobei er allerdings vorsichtigerweise bemerkte: „ut pie creditur et fama est" („wie frommerweise und der Tradition nach geglaubt wird"). Die Pilgerstätte von Loreto wurde immer populärer, und im Jahre 1920 wurde Unsere Liebe Frau von Loreto, deren Haus durch die Lüfte getragen worden war, zur Schutzheiligen der Flieger erklärt.

Die Reformation stand dieser Art von Marienverehrung feindlich gegenüber, besonders in England. Dort wurde unter Heinrich VIII. nicht nur Walsingham, sondern auch die Marienkapelle der Kathedrale von Ely, der größten im Lande, zerstört. Im lutherischen Deutschland war man im allgemeinen toleranter; nichtsdestoweniger ging die Bedeutung des Marienkultes in den nichtkatholischen Ländern seit dem 16. Jahrhundert erheblich zurück.

Die katholische Kirche beantwortete die Kritik der Reformatoren nicht mit einer grundsätzlichen Umorientierung ihrer Praxis, sondern mit einer Reini-

gung: Unter der geistigen Führung des Kardinal-Erzbischofs von Mailand, Karl Borromaeus, der 1584 starb, wurden alle zweifelhaften Reliquien und Ikonen entfernt, die übriggebliebenen, authentischen aber um so mehr in den Vordergrund gerückt. Seine leidenschaftliche Verteidigung des Marienkults auf dem Trienter Konzil war erfolgreich, und viele alte Schreine der Maria wurden neu belebt oder restauriert. In der Borghese-Kapelle von Santa Maria Maggiore zu Rom wurde eine uralte Ikone der Maria glänzend geschmückt. Diese Ikone, genannt „Salus Populi Romani – Heil des römischen Volkes", galt lange als ein byzantinisches Werk des 12. Jahrhunderts, wird aber jetzt als erheblich älter angesehen. Sie sollte von nun an nicht mehr nur Maria selbst ehren, sondern auch die Erfolge der Päpste, die der Familie Borghese entstammten. Auch in der alten Kirche Santa Maria in Trastevere wurde die Marienikone von neuem geschmückt, wiederum mit Borromaeus' Hilfe. In beiden Kirchen zeigte sich der neue, überladene Barockstil in vollem Glanz, und darin ebenso die Entschlossenheit der katholischen Kirche, an den alten Traditionen trotz aller Kritiken festzuhalten.

Seite 188, links und Mitte: Diese zwei Tafelgemälde zeigen Engel, die die Kleider Mariens und die Windeln des Christuskindes halten (Köln, zweite Hälfte des 15. Jahrhunderts).

Seite 188, rechts: Giovanni Battista Tiepolo: Entwurf für „Die Überführung der Casa Santa nach Loreto" (um 1743, Öl/Leinwand; Venedig, Gallerie dell'Accademia). Die Legende erzählt, daß Engel das Haus der Maria aus Nazaret durch die Lüfte nach Loreto trugen. Der Strom der Millionen von Loretopilgern beginnt im 14. Jahrhundert.

Links: Blick ins Innere der Loreto-Kapelle in Italien. Die Santa Casa, das Heilige Haus, der Legende nach aus dem Heiligen Land von Engeln nach Loreto getragen, ist umwölbt von einer mächtigen Basilika. Die Schwarze Madonna in Loreto gehört zu den beliebtesten und am häufigsten besuchten Gnadenbildern.

Rechts: Rosenkranzmadonna aus dem 18. Jahrhundert, Holzplastik (Erlingshofen, Kreis Eichstätt).

Rechts und unten: Das Haus an der Gnadenstätte Meryem Ana in Ephesus (heute Efes, Türkei) wurde schon früh als Haus der Maria verehrt. Von Johannes mitgenommen, verbrachte Maria wohl hier ihre letzten Lebensjahre. In Ephesus wurde 431 das Dogma der Gottesmutterschaft („Theotokos") verkündet, und hier wurde auch die erste Marienkirche errichtet. 1833 beschrieb die Seherin Anna Katharina Emmerick in einer ihrer Visionen, die Clemens von Brentano aufzeichnete, jenes Haus exakt. 1891 entdeckte man Fundamente aus dem 1. Jahrhundert, die der Schilderung aus der Vision genau entsprachen.

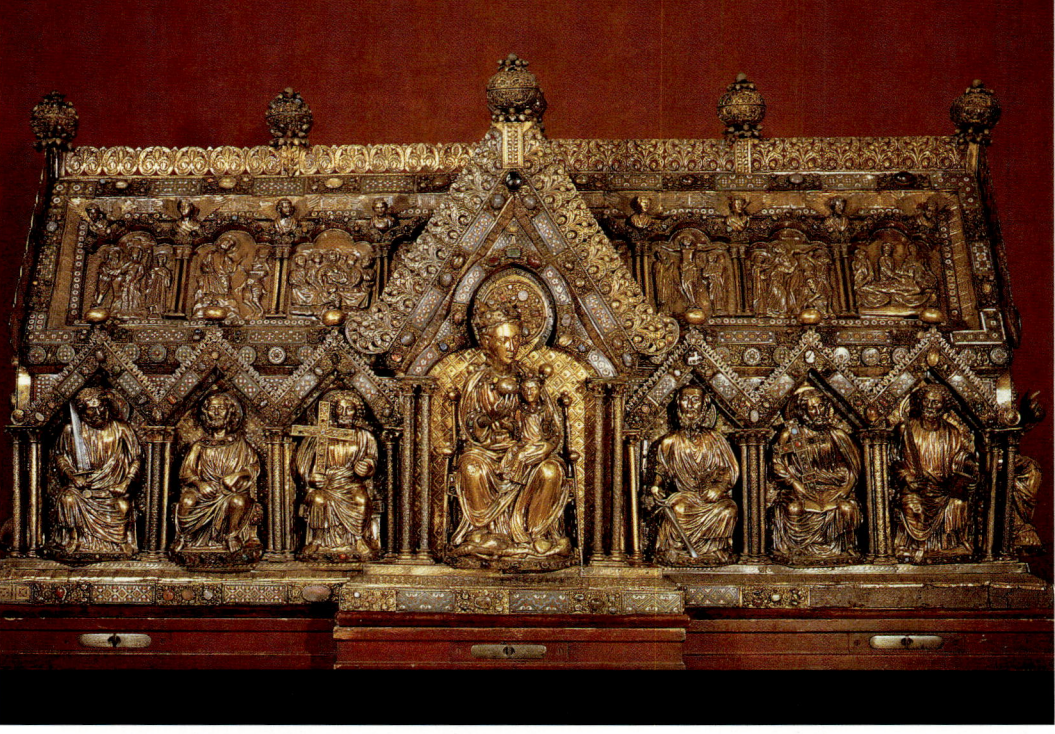

Reliquien wurden bereits seit dem 4. Jahrhundert in kostbaren Behältnissen, den Reliquiaren, aufbewahrt und auf dem Altar zur Schau gestellt. Die Formen variieren zwischen Schreinen, Büchsen, Büsten und Kopfreliquiaren. Der Reliquienschrein wurde zum wahren Wunderwerk der Goldschmiede- und Emailkunst, in der die mittelalterliche Kleinplastik ihre besten Leistungen zeigte. Folgende Werke geben Beispiel von Pracht und Reichtum alter Reliquare:

Rechts oben: Reliquienschrein, 1220–1238 im Auftrag Friedrich Barbarossas entstanden (Aachen, Domschatz).

Links Mitte: In dem Reliquiar aus S. Francesco in Assisi wird das Velum (der Schleier) der Maria aufbewahrt. Es wurde nach einem Gelübde von Tomaso Orsini 1320 gestiftet.

Links unten: Reliquiar mit dem Schleier der Maria aus der Kathedrale in Chartres.

Mitte: Reliquiar (Pariser Schule) mit Marienreliquien und dem ohne Naht gefertigten Gewand Jesu, das seine Mutter gemacht haben soll.

Links oben und rechts unten: Grab und Sarkophag der Maria in Jerusalem.

Oben: Das Apsismosaik aus dem 12. Jahrhundert zeigt links Papst Innozenz II. (1130–1132), den Stifter der Kirche S. Maria Trastevere. Dargestellt ist der „Thronende Christus mit Maria" in Anlehnung an die byzantinische Darstellung des kaiserlichen Paares. Der Grundstein zur Kirche wurde bereits in der ersten Hälfte des 3. Jahrhunderts vom heiligen Callixtus gelegt. Die Kirche, der Maria geweiht, war wohl die erste in Rom, welche die Gläubigen öffentlich besuchen konnten.

Seite 193: Marienaltar und Glasfenster aus der Kathedrale Notre Dame, Paris.

Marienkirchen

Im Lauf der Jahrhunderte sind der Maria unzählige Kirchen und Dome geweiht worden. Wir können hier nur einige der bekanntesten nennen:

In *Rom* gehören zu den ältesten Marienkirchen die schon erwähnten S. Maria Maggiore und S. Maria in Trastevere. Hinzu kommt S. Maria Antiqua, die man in einem Tempel des Augustus hinter dem Forum eingerichtet hatte und die viele römisch-byzantinische Fresken birgt, ferner S. Maria in Aracoeli auf dem Kapitol – der Sage nach an der Stelle, wo die Sibylle dem Kaiser Augustus die Geburt Jesu ankündigte – mit Fresken von Pintoricchio; ferner die einzige gotische Kirche Roms, S. Maria sopra Minerva, und auf der Piazza della Repubblica S. Maria degli Angeli, ursprünglich von Michelangelo entworfen, aber dann stark verändert. Angeblich über dem Grab von Kaiser Nero steht S. Maria del Popolo, und an der Piazza Bocca della Verità die uralte S. Maria in Cosmeddin mit dem berühmten „Mund der Wahrheit", einer Steinmaske, die angeblich einem Lügner, der die Hand in ihre Öffnung legt, diese abbeißt.

In *Italien* finden wir ferner: In Venedig die imposante S. Maria delle Salute, im 17. Jahrhundert von Longhena erbaut, und S. Maria dei Frari aus dem 15. Jahrhundert, mit zwei berühmten Gemälden Tizians und dessen Grab, ferner die gotische Madonna dell' Orto mit vielen Gemälden und dem Grabe Tintorettos. Auf Venedigs Nachbarinsel Torcello befindet sich die Kathedrale S. Maria Assunta, das älteste erhaltene Bauwerk der ganzen Lagune, mit einem großartigen Deckenmosaik der Maria aus dem 13. Jahrhundert. In Neapel steht S. Maria Donna Regina, in Florenz der berühmte Dom S. Maria del Fiore, dessen große Kuppel von Brunelleschi entworfen wurde, sowie S. Maria Novella, 1278 begonnen, mit Fresken von Masaccio, Orcagna u.a. In Pisa finden wir S. Maria della Spina, 1323 begonnen, und in Siena S. Maria dei Servi aus dem 13. Jahrhundert; in Arezzo S. Maria delle Grazie, in gotischem Stil aus dem 15. Jahrhundert. Fast jede größere Stadt Italiens hat mindestens eine der Maria geweihte Kirche.

Viele alte Marienkirchen finden sich auch in *Frankreich*, allen voran natürlich die Kathedrale Notre Dame von Paris, 1163 begonnen, die von Suger, dem Abt von St. Denis und französischen Staatsmann, mit einem Fenster ausgestattet wurde, dessen Glasgemälde den Triumph der Jungfrau zeigen. Dieses Fenster überlebte eine Zerstörung der Kirche und wurde im 13. Jahrhundert dem Bau eingefügt, der noch heute das Stadtbild von Paris beherrscht – allerdings ohne dieses Fenster, dessen Glasmalerei ein Kunsthistoriker des 18. Jahrhunderts zu primitiv fand und vernichten ließ.

In Sugers eigener Kirche St. Denis wurden Glasmalereien, die die Krönung der Maria darstellten, von einer Volksmenge während der Französischen Revolution verunstaltet. Bedeutend älter als diese Kirchen ist die von Soissons – in einem ehemaligen Isis-Tempel, der im 5. Jahr-

hundert der Maria geweiht wurde. Und da sind ferner die Kirchen Notre Dame von Laon (begonnen 1160), von Noyons (begonnen um 1164), von Rouen (aus dem 12. bis 15. Jahrhundert), von Mantes-la-Jolie und Amiens (beide um 1220) und viele andere.

Von den zahlreichen *deutschen* Marienkirchen seien hier nur erwähnt die Frauenkirche von Nürnberg (erbaut 1352–1361), die Münchner Frauenkirche (1468–1488), die Kölner Kirchen St. Maria im Kapitol und Mariae Himmelfahrt sowie die Frauenkirche in Dresden (in den 1720er Jahren gebaut, als Schwester der S. Maria delle Salute in Venedig gedacht und im Februar 1945 durch Bomben zerstört). In Norddeutschland treffen wir auf die Marienkirchen von Rostock, Lübeck, Neubrandenburg und Berlin – die dortige Marienkirche, gegen Ende des 13. Jahrhunderts gebaut und

nach einem Brand im Jahre 1380 in gotischem Backstein wieder hergerichtet, ist die einzige alte Kirche des früheren Ost-Berlin, die den Zweiten Weltkrieg überdauert hat.

Weitere berühmte Marienkirchen Europas sind St. Maria am Gestad in Wien; die Marienkirche in Danzig, eine der größten Kirchen Polens; in Bulgarien die Frauenkirche in Plowdiw, dem alten Philippopolis, und die Kirche in Weliko Tirnowo; in Athen wurde der Maria im 6. Jahrhundert das alte Parthenon geweiht, und in Saloniki eine um 470 erbaute Basilika. In Spanien haben wir Sta. Maria del Mar in Barcelona, in Toledo die Kirche Sta. Maria la Blanca aus dem 12. und 13. Jahrhundert, ursprünglich eine Synagoge, und in Zaragoza die berühmte, von elf Kuppeln beherrschte Wallfahrtskirche Nuestra Señora del Pilar (17. und 18. Jahrhundert).

Seite 194: Die Westfassade der Kathedrale von Chartres (1145/50) enthält zum ersten Mal ein Stufenportal. Im mittleren Portal erscheint Christus als Weltenrichter mit den Evangelistensymbolen, im linken Portal die Himmelfahrt Christi und im rechten die hier abgebildete thronende Muttergottes, umrankt von Engeln.

Links oben: Detail aus dem Schnitzaltar der Marienkirche in Danzig. Gezeigt ist die „Thronende Maria".

Links: Einblick in den Chor der Danziger Marienkirche mit Blick auf die Kreuzigungsgruppe mit Maria und Johannes.

Rechts: Chartres, das zu den frühen gotischen Marienkathedralen zählt, zeigt Marienthemen vor allem in den leuchtenden Kirchenfenstern. Neben der Symbolik der Architektur und den figürlichen Darstellungen der Plastik zählt das Licht zu den wichtigsten Ausdrucksmitteln der gotischen Mystik. Das hier wiedergegebene Bild vom Glasfenster an der Südseite des Chors der Kathedrale (Notre Dame de la Belle Verrière) stammt aus der Mitte des 12. Jahrhunderts und zeigt die thronende Muttergottes als Himmelskönigin. Sie trägt eine Krone mit einem Heiligenschein, der von einem weiten Sternenkranz umrandet wird.

Rechts und rechts außen: Katalanische
Gotik am Beispiel der Kirche Santa
Maria del Mar, Barcelona, begonnen
1328. Baumeister war Berenguer de
Montagut. Das Glasfenster zeigt die
Madonna mit dem Kind.

Mitte links: Dresdner Frauenkirche, erbaut 1726–1738 von Georg Bähr, hier
festgehalten in einem Kupferstich von
Gottfried Friedrich Riedel.

196

Seite 196, links unten: Spätgotische Marienkapelle in Würzburg nach einem Ölgemälde von Peter Geist aus dem 19. Jahrhundert.

Seite 196, rechts unten: Max Emanuel Einmiller schuf 1854 dieses Gemälde, das das Hauptschiff der Münchner Frauenkirche (1468–1488), einer gotischen Backsteinkirche, zeigt. Die Figurenstaffagen stammen von Moritz von Schwind.

Links: „Sankt Maria im Kapitol" zu Köln, ehemals Stiftskirche für adelige Damen, erbaut um 1060, enthält den ersten Dreikonchenchor der deutschen Romanik und eine schöne Krypta aus dem 11. Jahrhundert. Zu der reichen Ausstattung zählt auch die „Schöne Madonna" im französisch-rheinischen Stil um 1400.

Unten links: Querschiff der Kathedrale von Straßburg (um 1200). Das Glasfenster „Maria orans mit Kind" (1956) ist von Max Ingrand geschaffen. Die Apsismalereien (1877) stammen von Eduard Steinle.

Oben: Blick zum Hauptaltar der gotischen Hallenkirche Maria am Gestad in Wien.

197

Marienorden und marianisch geprägte Gemeinschaften

Schwestern- und Bruderschaften, die sich unter den besonderen Schutz der Maria gestellt hatten und dies zum Teil auch im Namen ihrer Gemeinschaft zum Ausdruck brachten, hat es schon seit dem frühen Mittelalter gegeben. Und noch heute zählen amtliche Statistiken der ka-

Von Giovanni Battista Tiepolo (1696–1770) ist das Ordensbild in der venezianischen Kirche S. Maria del Rosario. Es zeigt Maria mit dem Kind und den drei heiligen Dominikanerinnen Katharina von Siena, Rosa von Lima und Agnes von Montepulciano (1740). Der Dominikaner- oder Predigerorden wurde 1216 in Toulouse von Dominikus gestiftet.

tholischen Kirche nicht weniger als 435 religiöse Vereinigungen päpstlichen Rechts auf, die einen auf Maria bezogenen Namen tragen. Hinzu kommen Gruppen ohne kirchenrechtliche Verfassung sowie solche, die zwar der Maria gewidmet sind, aber diese in ihrer Bezeichnung nicht ausdrücklich nennen. Man schätzt die Gesamtzahl solcher heute bestehender Gruppen auf etwa 900. Sie nennen sich Schwestern, Töchter, Mägde oder Söhne Marias in vielen verschiedenen Formen und Formulierungen.

Die früheren dieser marianischen Institute gründen sich auf die Regeln des heiligen Augustinus oder des heiligen Benedikt. Die erste marianisch orientierte Bruderschaft scheint die des Naupatkos gewesen zu sein, die um 1048 in Griechenland entstand. Ihre Mitglieder ehrten Maria mit einer Ikone, die an bestimmten Tagen in einer Prozession herumgeführt wurde. In Köln soll um 1065 eine ähnliche Bruderschaft gegründet worden sein. Speziell der Maria gewidmet waren die großen Orden der *Johanniter* (seit dem 11. Jahrhundert), der *Kartäuser* (seit 1084), der *Zisterzienser*, *Prämonstratenser* und *Karmeliten* (um 1180). Auch der *Deutsche Orden*, gegründet 1190 während der Belagerung Akkons auf dem Dritten Kreuzzug, trug stark marianische Züge; seine Mitglieder wurden vom Volksmund als Marienritter bezeichnet. Peter de Honestis hatte schon am Anfang desselben Jahrhunderts die Bruderschaft der *Söhne und Töchter Marias* gegründet.

Die großen neuen Orden des 13. Jahrhunderts – *Dominikaner, Franziskaner, Serviten* und andere – waren ebenfalls stark marianisch geprägt. Berühmt war auch der *Birgittinenorden*, von der Schwedin Birgitta (1300–1373) gegründet. Sie galt als eine der größten Heiligen Skandinaviens, hatte viele Visionen von Jesus und Maria, die häufig im Bild dargestellt wurden, und setzte sich energisch für die Rückkehr der Päpste von Avignon nach Rom ein.

Im 16. Jahrhundert betraten *Theatiner* (1525), *Barnabiten* (1530), *Jesuiten* (1540), *Kamillianer* (1582), *Piaristen* (1597) und andere die Bühne. Die Jesuiten gründeten alsbald die *Marianischen Kongregationen,* mitgliederstarke Bewegungen, die

teilweise noch immer unter diesem Namen bestehen, teilweise in den Gemeinschaften christlichen Lebens ihre Nachfolger gefunden haben.

Eine Gemeinschaft für Mädchen wurde um 1600 von Peter Fourier in Mattaincourt, Frankreich, gegründet und 1864 von Abt Orestes Passeri in Rom reorganisiert. Sie war der Maria der Unbefleckten Empfängnis gewidmet. Im 17. Jahrhundert zeigte das Zisterzienserinnenkloster Port Royal stark marianische Züge; es entwickelten sich der *Orden von der Heimsuchung Mariens* des Franz von Sales und des J. Fr. Frémyot de Chantal sowie drei Neugründungen durch den Kardinal P. de Bérulle. Im 18. Jahrhundert haben wir seit 1734 die *Kongregation vom Heiligen Geist*, seit 1720 die *Passionisten* und die *Redemptoristen*. Selbst nach der Französischen Revolution entstehen in Frankreich immer neue marianische Institute – im Jahre 1822 gleich deren drei. Zugleich bilden sich in Irland die *Brüder von der Darstellung*, in Holland die *Schwestern Unserer Lieben Frau*, in Piemont die *Oblaten der seligen Jungfrau Maria*, ferner zwei von Guillaume-Joseph de Chaminade ins Leben gerufene Marienkongregationen. Die Priesterkongregation der *Maristen* wurde 1816 gegründet; sie widmet sich Aufgaben in Pastoral und Mission. Von einem Maristenpater wiederum gegründet wurden die *Maristen-Schulbrüder*, eine Gemeinschaft von Laienbrüdern besonders für den Schulunterricht. 1824 formierten sich in Deutschland die *Schwestern vom Mitleiden Marias*. Erwähnt werden soll auch die *Bruderschaft der Unbefleckten Empfängnis*, die 1853 von Pius IX., im Vorfeld des Dogmas, bestätigt wurde.

In den sechziger bis neunziger Jahren des vorigen Jahrhunderts entstanden in allen Teilen der christlichen Welt neue Kongregationen – so die *Servi della Carità* in Italien, die *Steyler Missionare* und die *Steyler Missionsschwestern*, die *Krankenbrüder* von Konstantinopel und viele weitere. Seit 1893 gibt es die Sekte der *Mariaviten*, die von 1909 bis 1924 der altkatholischen Kirche angehörte, seitdem selbständig ist und sich der besonderen Verehrung Marias widmet.

In unserem Jahrhundert bildete sich eine Reihe marianisch ausgerichteter

Vereinigungen, die keine Orden im klassischen Sinn, sondern größere Bewegungen darstellen, die den Schwerpunkt in einer Spiritualität für den Alltag und im Laienapostolat haben und denen viele Gläubige in verschieden starken Graden der Bindung angehören. Zu nennen sind hier etwa die *Schönstatt-Bewegung,* zu der unter anderem die *Marienschwestern* (1926), die *Marienbrüder* (1942) und die *Frauen von Schönstatt* gehören. Die Bewegung verehrt Maria unter dem Titel „Dreimal Wunderbare Mutter und Königin von Schönstatt". Der polnische Franziskaner Maximilian Kolbe, der spätere Märtyrer in Auschwitz, gründete 1917 die *Militia Immaculatae,* und der Ire Frank

Duff rief 1921 die *Legio Mariae* ins Leben. In Italien entstand um 1943 die Bewegung der *Fokolare,* in deren Spiritualität sich ebenfalls ausgeprägte marianische Züge finden.

Noch nach dem Zweiten Weltkrieg finden wir marianische Neugründungen, etwa die *Rosenkranz-Aktion,* die *Weißblaue Armee Mariens, der Patrona Bavariae,* die ebenfalls deutschsprachige *Arbeitsgemeinschaft der Frau aller Völker* und andere. Die *Bruderschaft der heiligen Jungfrau Maria,* die bereits 1563 von dem Jesuiten Johann Leunis gegründet wurde, ist erst 1950 wieder durch Papst Pius XII. bestätigt worden. In Darmstadt bildete sich gegen Ende des Zweiten Weltkriegs so-

gar die *Evangelische Marienschwesternschaft.*

Von den unzähligen Gemeinschaften, die (freilich in verschieden starker Ausprägung) auf Maria ausgerichtet waren oder sind, ist hier nur eine kleine Auswahl erwähnt. Sie sind völlig verschieden voneinander. Aber sie alle bringen auf ihre Weise „marianischen Geist" zum Ausdruck. Und daß man sie alle schließlich doch unter dieser gemeinsamen Rücksicht betrachten kann, liegt wohl an Marias besonderer Bedeutung als Verkörperung der drei „evangelischen Räte" Armut, Keuschheit und Gehorsam, für die sie zu allen Zeiten als leuchtendes Vorbild gedient hat.

Kultstätten und Wallfahrtsorte

In allen katholischen Ländern gibt es Orte besonderer Marienverehrung und marianischer Wallfahrten, die zum Teil nur lokale, zum Teil aber überregionale Bedeutung haben. In *Deutschland* allein hat man zwischen 400 und 700 solcher Stätten gezählt. Hier können wiederum nur die bekanntesten aufgeführt werden – wobei solche, bei denen Marienerscheinungen eine Rolle spielen, in einem späteren Kapitel eigens behandelt werden.

Ein bekannter Wallfahrtsort zur Maria ist Altötting in Oberbayern. In der dorti-

gen Gnadenkapelle befindet sich eine schwarze Muttergottes. Schwarze Madonnen gibt es auch in anderen Schreinen, etwa in Chartres, Rocamadour, Le Puy, Orleans, Tschenstochau, Loreto, in Santa Maria Maggiore in Rom und auf dem Montserrat. Warum Maria hier schwarz abgebildet wurde, ist nicht ganz geklärt. Manche haben es auf das Hohelied Salomos zurückgeführt (1,5: „Ich bin zwar dunkel, aber lieblich, ihr Töchter Jerusalems...“); andere haben die Schwärze mit dem Rauch der unzähligen Votivkerzen erklären wollen; wieder andere glauben, daß das Schwarz die Magik der Heilkraft Marias ausdrücken solle.

Ebenfalls in Bayern liegen der Wallfahrtsort Andechs am Ammersee und die Wallfahrtskirche Maria Aich bei Peissenberg. Am Bodensee liegt der Wallfahrtsort Birnau mit einem Marien-Gnadenbild in einer alten Zisterzienserkirche. Am Niederrhein befindet sich der weltbekannte Wallfahrtsort Kevelaer mit einem Marienheiligtum aus dem 17. Jahrhundert; über 600 000 Pilger suchen diesen kleinen Ort jährlich auf. Im Kreis Soest liegt Werl mit einer Wallfahrts-Basilika, in Würzburg, über der Festung Marienberg und ihrer Marienkapelle, das „Käppele“, eine Wallfahrtskirche aus dem 18. Jahrhundert.

Links: Das Gnadenbild von Birnau am Bodensee stammt von 1400. Die Birnauer Wallfahrt ist seit 1222 urkundlich belegt.

Rechts: Die „Schwarze Madonna“ von Altötting (burgundisch, 13. Jahrhundert) ist hier auf einem Wirkteppich von 1720 wiedergegeben. Seit ungefähr 1300 ist in Altötting eine Gnadenkapelle; seit 1489 sind Wunder bezeugt.

200

Links: Der Kupferstich von Antonio Lafreri (Rom, 1572) schildert Details des Aufstiegs zum heiligen Berg Montserrat in Spanien. Auf der rechten Seite wird in szenischen Darstellungen die Legende von der Auffindung des Gnadenbildes erzählt.

Auch *Österreich* ist voll von Wallfahrtsorten zu Maria. Da ist Mariazell in der Obersteiermark mit einer gotischen Wallfahrtskirche und einer Statue aus dem 12. Jahrhundert. Eine Pietà in der Wallfahrtskirche von Maria Taferl ist das Landesheiligtum Niederösterreichs. Nicht weit davon befindet sich auch der Wallfahrtsort Sonntagsberg. Die Wallfahrten nach Maria Roggendorf haben in den vergangenen Jahren eine gewisse Neubelebung erfahren. In Kärnten liegt Maria Saal, eine gotische Wallfahrtskirche mit römischen Reliefs. Bei Salzburg steht die Basilika Maria Plain mit einem gekrönten Gnadenbild; für das jährliche „Krönungsfest" schrieb Mozart 1779 seine „Krönungsmesse".

Der berühmteste Marienwallfahrtsort der *Schweiz* ist Maria Einsiedeln im Kanton Schwyz mit einem Benediktinerstift, das im Jahre 937 gegründet und dann im Barockstil neu erbaut wurde. Die in Fels geschlagene Gnadenkapelle der Benediktinerabtei Mariastein im Kanton Solothurn blickt auf eine über 600jährige Wallfahrtsgeschichte zurück.

Tschenstochau am Oberlauf der Warthe ist seit der Gründung des Paulinerklosters Jasna Góra im Jahre 1382 der bedeutendste Wallfahrtsort *Polens*, der jährlich von über einer Million Pilger

Ganz links: Gnadenbild der Franziskanerkirche von Werl, Erzbistum Paderborn. Die Madonna gehört zu den ältesten Gnadenbildern in Deutschland und ist um 1170 vermutlich in Schweden entstanden. Werl ist der größte Marienwallfahrtsort in Westfalen.

Oben: Blick ins Innere der von Johann Baptist Zimmermann gestalteten Wallfahrtskirche in Andechs.

Links: Das Zentrum der Klosterkirche von Andechs ist das Gnadenbild, eine „Thronende Muttergottes mit Kind" aus der Schule von Erasmus Grasser (um 1500).

Oben: Gottesmutter Vladimirskaja aus dem frühen 15. Jahrhundert, Moskauer Schule, dargestellt im Typus der „zärtlichen Muttergottes" (Eleousa).

Rechts: In der Wallfahrtskirche Mariazell, Steiermark, wird dieses Gnadenbild verehrt. Es ist eine spätromanische Arbeit, heute mit einem Brokatmantel und einem Schleier bekleidet. Die Wallfahrt begann mit einem Besuch des Markgrafen Heinrich von Mähren (1198–1222), dessen Frau dort Genesung erfuhr.

Seite 203, links: Das gotische Gnadenbild einer Pietà in der Wallfahrtsbasilika von Maria Taferl ist von einer barocken Aureole umgeben.

Seite 203, rechts: Eine andalusische Madonna mit Tränen (aus einer Karwochenprozession in Sevilla).

besucht wird. Die Schwarze Madonna soll vom Evangelisten Lukas gemalt worden sein, stammt allerdings aus dem 14. Jahrhundert. Im Jahre 1655, als Karl X. von Schweden in Polen eindrang, verteidigten nur die Mönche und eine Handvoll Soldaten das Kloster; als die Schweden die Belagerung nach vierzig Tagen aufgaben, galt dies bei der Bevölkerung als Wunder der heiligen Jungfrau. Das Kloster wurde im Jahre 1702 noch ein zweites Mal vor den Schweden verteidigt. Die Madonna von Tschenstochau wird seitdem als „Königin von Polen" und eine Art Nationalsymbol verehrt.

In *Frankreich* haben wir den Wallfahrtsort und Bischofssitz Le Puy, in malerischer Umgebung im Departement Haute-Loire gelegen. Der berühmteste *italie-*

nische Wallfahrtsort ist wohl das schon vorgestellte Loreto. Von dem alten *englischen* Schrein von Walsingham, den Heinrich VIII. zerstören ließ, war schon die Rede.

Eine der berühmtesten religiösen Stätten *Spaniens* ist der Montserrat, nordwestlich von Barcelona gelegen. Das alte Benediktinerkloster aus dem 11. Jahrhundert liegt in Ruinen. Ein neues Kloster aus dem 18. Jahrhundert wurde von französischen Truppen im Jahre 1812 zerstört. Die Renaissancekirche aus dem 16. Jahrhundert ist inzwischen mehrfach erneuert worden; sie enthält die bekannte Schwarze Madonna, angeblich ebenfalls von Lukas geschaffen und von Petrus nach Spanien gebracht. Während der jahrhundertelangen Zeit der arabischen

Besetzung Spaniens wurde sie in einer Höhle versteckt gehalten. Montserrat ist vielfach mit dem sagenhaften Monsalvat, der Burg des heiligen Grals, identifiziert worden.

In *Rußland* gab es vor der Revolution von 1917 über 200 in Schreinen verehrte Ikonen, von denen etwa die Hälfte der Muttergottes gewidmet war. Diese Form der Devotion war vom byzantinischen Reich nach dessen Einnahme durch die Türken im Jahre 1453 übernommen worden. (In Byzanz selbst hatte der Ikonenkult nach dem Ende der Ikonoklastenzeit, 843, bis zur Türkenherrschaft eine lange Blütezeit erlebt.) Die meisten russischen Ikonen sind nach strengen Regeln gemalt und zeigen die Muttergottes als hoheitsvolle Himmelskönigin.

1

2

3

Der Bildtypus der „Schwarzen Madonna" ist in der mittelalterlichen Kunst vor allem bei den Gnadenbildern weit verbreitet. Er wurde als besonders hochstehend verehrt. Die Schwarzen Madonnen wurden in der Tradition der schwarzen Artemis von Ephesus gesehen, aber auch andere Ursprungslegenden ranken sich um sie. Besondere Wichtigkeit kommt der Schwarzen Madonna von Breznichar in Böhmen (1) zu, die 1396 im Auftrag König Wenzels angefertigt wurde. Sie steht heute in der Nationalgalerie in Frag. In ihrem Nimbus steht der zum Verständnis der Schwarzen Madonnen so entscheidende Satz aus dem Hohenlied: „Ich bin schwarz, aber schön, ihr Töchter Jerusalems." So wie diese, waren die meisten von vornherein schwarz angelegt.

Weitere Beispiele „Schwarzer Madonnen":
2. „La Vièrge Noire" von Le Puy.
3. „La Vièrge Noire" von Clermont Ferrand.
4. „Notre Dame du Pilier" (am Pfeiler) aus Chartres, eine gotische Steinfigur aus dem 15. Jahrhundert.
5. „Thronende Madonna mit Kind" aus Rocamadour. Sie gehört zu den frühesten plastischen Mariendarstellungen (12. Jahrhundert).
6. San Sebastian, León.
7. Gnadenbild von Einsiedeln in der Schweiz, um 1440. Die ursprünglich dem Erlöser geweihte Kapelle wurde im 12. Jahrhundert in eine Marienkapelle umgewandelt.
8. Altöttinger Gnadenbild, burgundisch, wahrscheinlich spätes 13. Jahrhundert.
9. Schwarze Madonna von Tschenstochau. Die Gnadenmutter des größten polnischen Wallfahrtsortes ist die Schutzpatronin Polens.

9

205

Erscheinungen

Wie wir schon gesehen haben, wird aus dem Mittelalter von vielen Marienerscheinungen berichtet. Seit der Reformationszeit haben sich an einigen der Schauplätze bedeutende Kultstätten entwickelt, die auch heute noch jährlich von Hunderttausenden Gläubigen besucht und von denen zahllose Heilungswunder bezeugt werden. Wenn es auch vielen modernen Menschen schwerfallen mag, an diese Wunder zu glauben und diese Art von Marienverehrung nachzuvollziehen, so wird man doch einräumen müssen, daß die katholische Kirche mit der offiziellen Anerkennung solcher Erscheinungen sehr vorsichtig gewesen ist und alle entsprechenden Berichte einer äußerst strengen, oft jahrelangen Prüfung

unterworfen hat. Mit einigen dieser Phänomene wollen wir uns hier kurz beschäftigen.

Die älteste noch heute gefeierte Erscheinung ereignete sich im Jahre 1531 in *Guadalupe,* der damaligen Hauptstadt Mexikos. Ein zum Christentum bekehrter Indianer namens Juan Diego, der durch die Berge bei Tepeyac ging, hörte plötzlich einen „Gesang, als ob viele seltene Vögel zusammen sängen; ihre Stimmen tönten wie ein Echo durch die Hügel..." Dann sah er „auf der Spitze des Hügels... eine Dame...", und ihre große,

strahlende Schönheit bezauberte ihn. Ihre Kleidung leuchtete wie die Sonne, und die Steine des Hügels und die Höhlen, die ihren Glanz widerstrahlten, waren wie köstliches Gold. Auch sah er, wie der Regenbogen das Land umgab, so daß der Kaktus und andere Pflanzen, die da wuchsen, himmlische Gewächse zu sein schienen... Dann trug die Erscheinung ihm auf, eine Kirche zu ihren Ehren zu bauen. Juan ging damit zu seinem Bischof, der aber davon nichts hören wollte. Darauf erschien ihm die Dame nochmals und versprach ihm ein Zeichen: Er solle zu einem bestimmten Ort auf dem Berge klettern und ihr Rosen bringen, die er dort finden würde. Dies war im Dezember, als auf den Bergen außer Dornen nichts wuchs. Aber Juan glaubte der Erscheinung, fand die Rosen, und als er sie zu seiner Dame brachte, steckte sie sie in seinen Mantel. Nun ging Juan wiederum zu seinem Bischof, öffnete seinen Mantel und ließ die Rosen fallen; da erschien das Bild der Jungfrau, in seinen Mantel geprägt. Nun glaubte der Bischof und ließ einen Schrein in seiner Kirche errichten. – Die „Jungfrau von Guadalupe" ist heute das häufigste Wallfahrtsziel der Welt. Sie wurde 1754 von Papst Benedikt XIV. zur Schutzherrin des Landes erklärt; seit 1910 ist sie Schutzpatronin von ganz Nord- und Südamerika. Im Jahre 1976 wurde dort eine große, kreisförmige Basilika erbaut und geweiht, und Papst Johannes Paul II. besuchte sie im Jahre 1979. Ein Seligsprechungsprozeß für Juan Diego wurde 1989 eingeleitet.

In einem kleinen Ort im südöstlichen Frankreich, *Laus,* erschien Maria mehrfach einer siebzehnjährigen Schäferin, zuerst im Mai 1664. Papst Pius IX. erkannte die Erscheinung an und nannte das Mädchen im Jahre 1872 eine „verehrungswürdige Dienerin Gottes".

Im frühen 19. Jahrhundert haben wir die schon erwähnten Visionen der Klosterfrau *Anna Katharina Emmerick,* die Haus und Grab der Maria in Ephesus vor sich sah, obwohl sie niemals dort gewesen war. Ihre Visionen wurden von Clemens Brentano aufgezeichnet. Nachdem sie im Jahre 1876 veröffentlicht worden waren, besuchten Archäologen die von ihr beschriebene Stätte und fanden in der Tat Grundmauern eines Hauses,

Links: Die revolutionäre Bewegung gegen die spanische Herrschaft in Mexiko begann 1810 mit dem Hissen der Fahne der Jungfrau von Guadalupe. Auch nach dem Erlangen der Unabhängigkeit blieb die Fahne nationales Symbol.

Oben: Maria erscheint 1864 den Hirtenkindern Melanie und Maximin in La Salette, Frankreich. Das Bild, das die Szene zeigt, stammt von Luigi Peregrini. An der Stelle der Marienerscheinung entsprang wenig später eine Quelle. Die Mutter von La Salette wird heute als Versöhnerin der Sünder verehrt.

Ganz oben: „Wundertätige Medaille", Silber. In der Klosterkirche in der Rue du Bac in Paris erschien Maria 1830 einer Nonne, der sie den Auftrag gab: „Laß eine Medaille prägen. All die, die sie tragen, werden Gnaden erlangen." 1832 wurden die ersten Medaillen verbreitet.

Unten rechts: Teil einer Wand mit Votivtafeln in der Kathedrale von Guadalupe, Mexiko. 1531 erschien dem Indianer Juan Diego die Muttergottes und redete zu ihm in der Sprache seines Volkes. Bald nach dem Erscheinungswunder setzte ein reger Pilgerstrom ein, und der Gnadenort wurde – in Anlehnung an die Wallfahrtsstätte gleichen Namens in Spanien – Guadalupe genannt.

das ihrer Darstellung entsprach. Im Jahre 1896 autorisierte der Vatikan Pilgerfahrten zu dieser Stätte.

Im Jahre 1830 erschien Maria dreimal der damals 23jährigen Klosterfrau *Katharina Labouré* in der Rue du Bac in Paris und forderte sie auf, eine Medaille prägen zu lassen. Ihre Erscheinung wurde zwar von der Kirche nicht offiziell anerkannt, aber Katharina selbst wurde im Juli 1947 durch Papst Pius XII. heiliggesprochen. – In Rom erschien im Jahre 1842 die Jungfrau dem jüdischen Bankier *Alfons Ratisbone*, der ein Gegner der Katholiken war, sich nun aber taufen ließ und später Priester wurde.

Im Jahre 1846 erschien die Jungfrau dem elfjährigen Maximin Giraud und der vierzehnjährigen Melanie Calvat, zwei Schäfern, die weder lesen noch schreiben konnten, in *La Salette* bei Grenoble in einer Vision von Licht und Rosen. Ihr Bischof erkannte die Erscheinung im Jahre 1851 als glaubwürdig an, aber die beiden Kinder entwickelten sich nicht den Erwartungen der Kirche gemäß: Maximin organisierte den Vertrieb eines Likörs, den er Salettine nannte; Melanie wurde von einem Kloster zum anderen geschickt und veröffentlichte ein Buch „Das Geheimnis von La Salette", das zwar vom Ortsbischof genehmigt, von Rom aber auf den Index gesetzt wurde.

Einen besonderen Aufschwung nahmen die Erscheinungen seit 1849, d.h. mit dem Beginn des sogenannten *Marianischen Zeitalters*, proklamiert von Pius IX., der damals die Dogmatisierung der Unbefleckten Empfängnis Mariae in die Wege leitete. Seit diesem Zeitpunkt haben viele Päpste der Maria besondere Aufmerksamkeit gewidmet. Seit 1849 hat es über 500 päpstliche Dokumente über Maria gegeben! Leo XIII. (1878–1903) förderte das Rosenkranzfest zu Ehren Marias, das angeblich im 16. Jahrhundert die Häresie und im 17. die Türken abgewehrt hatte. Pius X. (1903–1914) feierte 1904 das 50jährige Jubiläum des Dogmas der Unbefleckten Empfängnis. Und besonders Pius XII. (1939–1958) wird als „Marienpapst" bezeichnet. Außer den schon behandelten Dogmen fallen die Ausrufung des „Marianischen Jahres" (Dezember 1953 bis Dezember 1954) zur Hundertjahrfeier des Dogmas der Unbe-

fleckten Empfängnis und die Feier des 100jährigen Jubiläums der Erscheinung von Lourdes in sein Pontifikat. – Auch Paul VI. (1963–1978) hat in seinem Schreiben „Cultus Marialis" vom Jahre 1974 ausführliche Instruktionen über die Marienfrömmigkeit erlassen.

Wohl die berühmteste aller Marienerscheinungen ereignete sich kurz nach dem Beginn des Marianischen Zeitalters in *Lourdes* am Fuße der französischen Pyrenäen. Dort erschien der Bernadette Soubirous, einem armen vierzehnjährigen Mädchen, das ihr Leben lang an Asthma litt, die Jungfrau in der Zeit vom 11. Februar bis zum 16. Juli 1858 nicht weniger als achtzehnmal, und zwar als ein sehr junges Mädchen, das einen Schleier und eine azurblaue Schärpe trug, mit Augen „blau wie Vergißmeinnicht". Bernadette

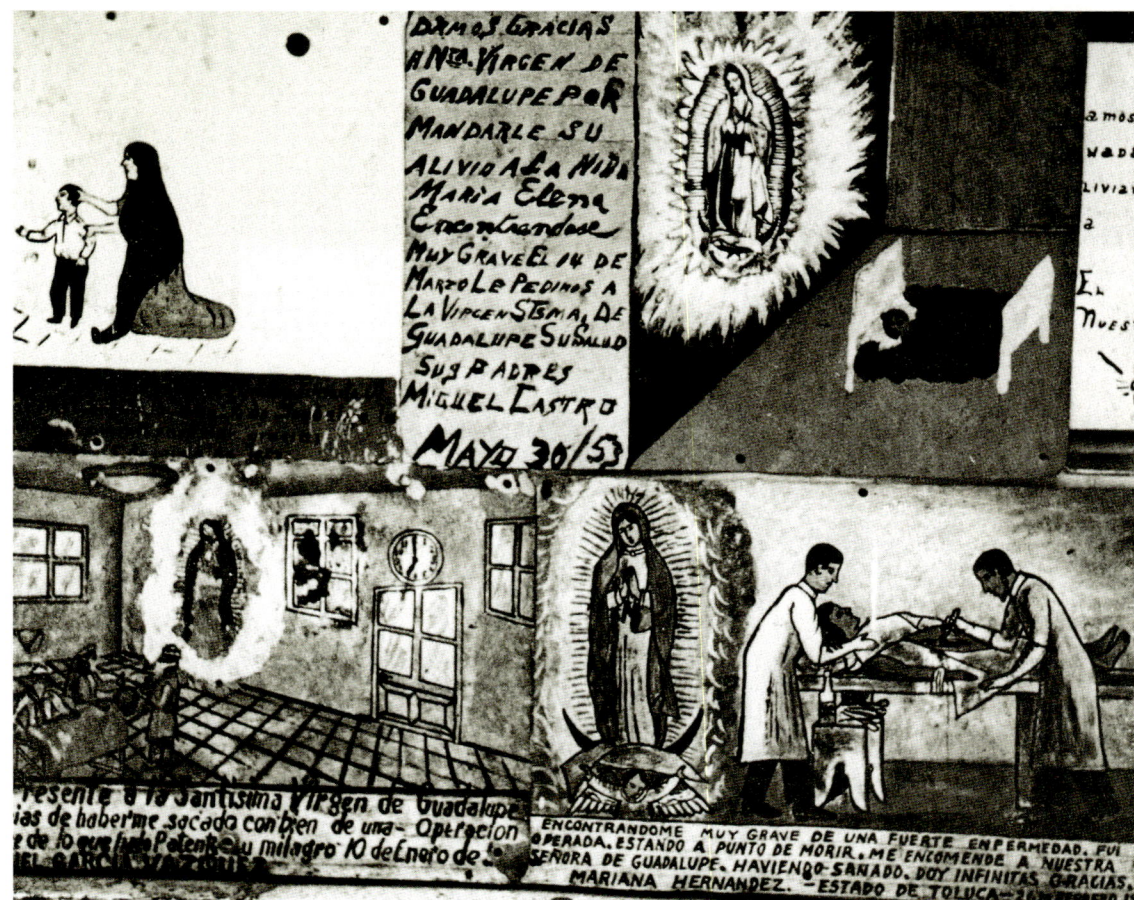

nannte sie „Aquero" („Sie" im Dialekt der Gegend). Man forderte Bernadette auf, sie nach ihrem Namen zu fragen, und bei ihrem 16. Erscheinen sagte sie endlich, sie sei die „Immaculata Conceptio" – ein Ausdruck, den Bernadette nicht verstand. Sie konnte nicht schreiben, hatte

ein schwaches Gedächtnis und benötigte drei Jahre, um ihren Bericht über die Erscheinungen zu Papier zu bringen. Man zeigte ihr Bilder der Madonna von Raffael und Botticelli, aber sie meinte, daß diese ihrer Erscheinung nicht gerecht würden. Acht Jahre später, nachdem sie eine Nonne im Konvent von Nevers geworden war, schrieb sie an Pius IX.: „Ich möchte glauben, daß Du von der Gottesmutter besonders geliebt wirst, denn nach vier Jahren (nach dem Dogma der Unbefleckten Empfängnis) erschien sie persönlich auf Erden, um zu sagen: ‚Ich bin die Unbefleckte Empfängnis.' Ich wußte nicht, was diese Worte bedeuteten." – Der Schrein von Lourdes wird jetzt jährlich von über drei Millionen Menschen besucht, darunter etwa 400 000 Kranken, die in Hospital-Eisen-

bahnzügen kommen. Viele Pilger sind überzeugt, durch das Wasser aus der Erscheinungsgrotte geheilt worden zu sein und nehmen eine Flasche Lourdeswasser mit nach Hause.

Unter Pius' IX. Pontifikat ereignete sich noch eine weitere aufsehenerregen-

Die Geschichte von Lourdes als dem heute größten Wallfahrtsort in Europa begann 1858. Bernadette, einem Mädchen aus armem Elternhaus, erschien Maria in der Nähe der Grotte Massabielle. Maria bat sie, in der Grotte eine Quelle freizulegen, was sie tat. Das hervorsprudelnde Wasser heilte schon bald viele Kranke. Wenige Tage später offenbarte ihr Maria, daß an dieser Stelle eine Kapelle errichtet werden solle, um in Prozessionen dorthin zu pilgern. Die Statue der Maria wurde vom Bildhauer Joseph Fabish aus Lyon nach Angaben der Bernadette angefertigt.

Links: Ein nächtlicher Prozessionszug.

Rechts: Das Bild der Grotte mit der Statue.

de Erscheinung Marias in *Pontmain*, Dept. Mayenne, Frankreich. Hier erschien Maria einem zwölfjährigen Kuhhirten, seinem zehnjährigen Bruder und zwei anderen Kindern, von denen eines, die damals neunjährige Jeanne-Marie, die später Nonne wurde, später bestritt, Maria gesehen zu haben. Diese war jedenfalls den anderen Kindern in langem Kleid mit Schärpe, Schleier und Krone erschienen. Nach Jeanne-Maries Ableugnung würde der Fall Pontmain nochmals von der Kirche untersucht, aber im Jahre 1920 bestätigt.

Auch in ihrer Erscheinung von *Knock Muir*, Irland, im Jahre 1879 trug Maria eine Krone. Eine Gruppe von Dorfbewohnern sah sie an der Fassade ihrer Dorfkirche. Man sah sie umgeben von

einer Gruppe von Heiligen. Knock Muir wurde zum nationalen Wallfahrtsort, und die Erscheinung wurde 1939 von der lokalen Hierarchie als echt anerkannt.

Besonders interessant ist der Fall von *Fatima*, Portugal, wo Maria an jedem 13. der Monate Mai bis Oktober 1917 insgesamt sechsmal erschien, und zwar der zehnjährigen Lucia dos Santos, ihrem neunjährigen Vetter Francisco und ihrer siebenjährigen Base Jacinta. Die beiden Letzteren starben sehr bald nach dem Ereignis und sind inzwischen seliggesprochen worden. Lucias Bericht wurde im Jahre 1924 protokolliert; sie wurde dann Nonne und schrieb ihre Erlebnisse nieder. Fatima wird im Jahr von mehr als einer Million Menschen besucht, und die Päpste Paul VI. und Johannes Paul II.

sind ebenfalls nach Fatima gereist. Dennoch bestehen starke Bedenken gegen die Authentizität der Aussagen, die Maria Lucias Zeugnis zufolge gemacht haben soll: So habe sie u.a. verkündigt, daß der Erste Weltkrieg am 13. Oktober 1917 beendet sein würde, und daß ein zweiter unter Pius XI. ausbreche, was beides ja nicht so eintraf.

In *Beauraing* im belgischen Bistum Namur nannte sich Maria wieder „die Unbefleckte Empfängnis". Sie soll sich dort zwischen November 1932 und Januar 1933 nicht weniger als dreiunddreißigmal gezeigt haben, und zwar sechs Schülerinnen eines von Schwestern geführten Pensionats. Nach langen Verhandlungen erklärte der Bischof von Namur die Erscheinungen 1949 für glaubwürdig.

Fast gleichzeitig fanden die acht Erscheinungen Marias in *Banneux*, Bistum Lüttich und damit ebenfalls in Belgien, statt. Sie erschien einer armen Arbeitertochter, Mariette Béco, die damals zwölf Jahre alt war. Bei ihrem ersten Erscheinen blieb Maria stumm, beim zweiten streckte sie den Arm der Mariette ins Wasser und sprach: „Diese Quelle ist mir vorbehalten." Beim dritten Mal verkündete sie: „Ich bin die Jungfrau der Armen; die Quelle ist für alle Nationen bestimmt, um den Kranken Erleichterung zu verschaffen." Bei ihrer letzten Erscheinung sagte sie: „Ich bin die Mutter des Erlösers, die Muttergottes. Bete viel! Adieu." Im Jahre 1949 wurden diese Erscheinungen als echt anerkannt.

1936 besuchte Antonie Rädler die „Lourdesgrotte" von *Wigratzbad* in der Diözese Augsburg. Sie vernahm ein „Rauschen, das immer mehr anschwoll... Dann hob ein Gesang an..., der schließlich so gewaltig und wuchtig wurde, als würden unzählige himmlische Heerscharen... in wundervollen Akkorden zusammenstimmen... Sie sangen alle: ‚Unbefleckt empfangene Mutter vom Sieg, bitte für uns!' Wohl fünfzigmal hörte ich die Worte... da schien es mir, als würde Maria lächeln..." Antonies Erlebnis dauerte zwei bis drei Stunden. Die von Antonie erbaute kleine Grotte wurde 1938 durch eine Kapelle ergänzt, in der 1940 die erste Messe gefeiert wurde. Die Zahl der Besucher vermehrte sich so rapide, daß 1972 der Bau einer größeren Kirche geplant wurde. Die katholische Kirche hat diese Wallfahrts-

stätte noch nicht offiziell anerkannt. Aber im Juni 1982 gestattete der Bischof von Augsburg die Verehrung der „Unbefleckten Jungfrau vom Sieg".

Von den zahlreichen Marienerscheinungen der letzte Jahre seien noch die Ereignisse in *Finca Betania*, Venezuela, erwähnt. Maria erschien zunächst einer Frau, darauf siebenmal einer Gruppe von Kindern, im ganzen etwa 150 Personen, als sie nach dem Sonntagsgottesdienst ihre Kirche verließen. Dies wiederholte sich an vielen Samstagen und Sonntagen in den Jahren 1984 bis 1987. Der zuständige Bischof erkannte im November 1987 die Erscheinungen an.

Noch nicht anerkannt sind die etwa gleichzeitigen Erscheinungen in *Kibeho*, Ruanda (Zentralafrika). Diese sollen im

November 1981 begonnen haben und sind offenbar noch nicht abgeschlossen. Empfänger waren sechs Mädchen im Alter von 16 bis 21 Jahren und ein vierzehnjähriger Schäferjunge, der noch nicht Christ war, sich aber dann taufen ließ. Der Bischof von Butare unterstützte das Beten der Gläubigen, äußerte sich aber nicht amtlich zum übernatürlichen Charakter der Visionen.

Viel bekannter wurden die Erscheinungen in *Medjugorje* im damaligen Jugoslawien, die sich seit dem 24. Juni 1981 fast täglich wiederholt haben sollen. Empfänger waren fünf Jugendliche zwischen zehn und siebzehn Jahren. Sie wurden von Ärzten und Psychologen untersucht. Die Kirche geriet in eine schwierige Situation: Der Bischof von Mostar verurteilte die Erscheinungen als unecht,

aber die franziskanischen Gemeindepriester erklärten sie für echt. Jedenfalls haben seit dieser Zeit viele Wallfahrten nach Medjugorje stattgefunden, die von der Kirche zumindest geduldet wurden. – Maria soll sich mit den Worten: „Ich bin die seligste Jungfrau Maria" und „Ich bin die Mutter Gottes und die Königin des Friedens" vorgestellt haben.

Zusammenfassend kann man sagen, daß die erstaunliche Zunahme der Berichte über Marienerscheinungen in den letzten Jahrzehnten innerhalb der katholischen Kirche eine größere Kontroverse hervorgerufen hat. Man darf nicht vergessen, daß die Kirche die Mehrzahl der berichteten Visionen *nicht* anerkannt hat. Dies gilt auch von einem bemerkenswerten Phänomen, das sich in *Ezkioga*, einer kleinen Baskenstadt am Südrande der

Pyrenäen abgespielt hat, wo im Jahre 1931 zwei Kinder die Jungfrau Maria gesehen haben wollten. Noch in demselben Jahr sind etwa eine Million Pilger nach Ezkioga gezogen, und Hunderte von Kindern und Erwachsenen berichteten dann von ähnlichen Erscheinungen. Dies geschah in der Zeit eines Konflikts zwischen Kirche und Staat in Spanien, und das Aufflammen des Marienkultes mag als eine Reaktion religiöser Kreise gegen die antikirchlichen Maßnahmen betrachtet werden, die der Staat damals getroffen hatte. Jedenfalls fiel die Bewegung in sich zusammen, nachdem die Kirche sich offiziell von diesem Kult distanziert hatte.

Im Hinblick auf die Erscheinungen finden sich viele leidenschaftliche Befürworter, die immer wieder auf Wallfahrt gehen, zumal zu Orten, wo solche Phäno-

Die Marienerscheinungen in der zweiten Hälfte des letzten und in diesem Jahrhundert sind zahlreich und von großer Wirkung. Den geistigen Unsicherheiten, Zweifeln und Umbrüchen einer modernen Gesellschaft zum Trotz ist in der Volksfrömmigkeit die marianisch geprägte Glaubensgewißheit ungebrochen. Zu den jüngsten Erscheinungsorten zählt Medjugorje in der Herzegowina. Die Maria erschien drei jungen Leuten, Ivan, Jakov und Marijä, seit dem 24. Juni 1981 fast täglich.

Unten: Die Jugendlichen während einer Erscheinung am 25. Juli 1987.

Rechts oben: Die Madonna von Medjugorje.

Links oben: Die Gnadenkapelle der Herz-Jesu- und Maria-Sühne-Kirche in Wigratzbad.

Mitte: Die Kirche von Wigratzbad.

Seite 210: Fatima in Portugal zählt zu den größten Wallfahrtsorten der Welt. Wie in Lourdes und La Salette, gehen auch die Erscheinungen in Fatima auf visionäre Erlebnisse von Kindern zurück. Zwei Mädchen und ein Junge sahen 1917 die Jungfrau jeweils am 13. der Monate Mai bis Oktober. Berühmt sind die „drei Geheimnisse", düstere Prophezeiungen, deren dritte noch nicht öffentlich bekannt gemacht ist. Tausende von Menschen waren bei den Visionen der Kinder zugegen. 1919 wurde an der Stelle der Erscheinung eine Kapelle errichtet. 1930 wurden die Ereignisse von Fatima kirchlicherseits für glaubwürdig erklärt.

Mitte links: Fatima: Vorplatz zur Wallfahrtskirche und der Baum, unter dem die Erscheinungen stattfanden.

mene sich abgespielt haben sollen; aber ebenso finden sich viele Skeptiker, Gegner und solche, denen es gleichgültig ist. Kritiker haben immer wieder betont, daß die meisten Zeugen für diese Erscheinungen Kinder oder Jugendliche waren, in deren Alter die Phantasie oft ihr freies Spiel treibt. Andererseits kann kaum bestritten werden, daß Tausende und Abertausende von Pilgern fest davon überzeugt sind, an diesen Stätten von ihren Krankheiten geheilt worden zu sein, und die Hunderte von Krücken und Stützen, die Geheilte an Stätten wie Lourdes dankbar zurückgelassen haben, legen ein eindrucksvolles Zeugnis für ihre Überzeugung ab.

Ein Name und seine Verbreitung

Wie weit der Name Maria in unsere und in jede vom Christentum geprägte Sprache eingedrungen ist, darüber macht man sich selten Gedanken.

Maria – mit allen Kombinationen und Nebenformen – ist höchstwahrscheinlich der in der christlichen – nicht etwa nur der katholischen – Welt am häufigsten getragene weibliche *Vorname.* Das war nicht immer so. Im Mittelalter wurde dieser Name aus Ehrfurcht kaum vergeben; erst mit dem Reformationszeitalter trat er einen wahren Siegeszug an. Wir haben schon gesehen, daß die Bedeutung des Namens nicht geklärt ist, außer daß er vom hebräischen Mirjam hergeleitet wird.

Bekannte Kombinationen des Namens sind Annemarie und Marianne – letztere Form wird oft scherzhaft als Symbol für das Frankreich der Revolution von 1789 benutzt –, ferner Marlene (Maria und Magdalena), Marlies (Maria und Elisabeth) und das in der Schweiz anzutreffende Maryvonne (Maria und Yvonne).

Kurz- und Nebenformen sind Marie, Mia, Mieze, Mizzi, Mimi, Marei, Mareile, Maja, Mieke, Mirl, Mari, Marieke, Ria usw. – In Frankreich heißt sie neben Marie auch Marion, Marian, Manon...; in England und den USA Mary oder Marilyn; in Irland Maire, Maura oder Maureen; in Holland Marijke, Maaike, Marieke, Maryse; in Dänemark Maren oder Mie; in Schweden Marika; in Ungarn Mari, Maris, Marika, Mariska, Marka. Italienische Nebenformen sind Mariella, Marietta und Marita, Maris, Marisa und Madrisa; spanische Varianten sind Marita, Marica und Marihuela; der Vorname Mercedes leitet sich von „Maria de los Mercedes", von der „Mutter der Gnaden", ab. Besonders reich ist die Fülle der Kurz- und Kosenamen in Rußland: Marija, Marja, Maika, Marika, Meri, Mara oder Mascha und viele andere; im slawischen Raum sind weitere Namen wie Manja, Marula, Maruschka oder Marianka verbreitet. – Dagegen ist der Vorname Marina nicht von Maria, sondern als weibliche Form des lateinischen „marinus" (Seemann) zu verstehen; vielleicht geht er auch auf den Kriegsgott Mars zurück.

Der Name Maria findet sich auch in vielen *Nachnamen,* wie etwa bei dem französischen Ägyptologen des 19. Jahrhunderts, Auguste Mariette, dem italienischen Bildhauer und Maler Marino Marini, dem französischen Philosophen Jacques Maritain, dem italienischen Schriftsteller Marinetti und vielen anderen.

Maria ist aber auch schon seit Jahrhunderten als *männlicher* Vorname verwendet worden – wohl das einzige Beispiel einer Anwendung desselben Namens für beide Geschlechter: Man denke an den Komponisten Carl Maria von Weber, den Dichter Rainer (eigentlich: René) Maria Rilke und den französischen Philosophen Voltaire, dessen bürgerlicher Name François Marie Arouet war. – Der lateinische männliche Vorname Marius (mit seiner jüngeren italienischen Form Mario) geht nicht auf Maria, sondern auf die römische Familie der Marier zurück.

Wir können nicht versuchen, alle berühmten Persönlichkeiten aufzuführen, die den Namen Maria in der einen oder anderen Form getragen haben. Nur an einige bekannte *Herrscherpersönlichkeiten* sei hier erinnert: In Frankreich: Maria von Burgund, Gemahlin des späteren deutschen Kaisers Maximilian I. (15. Jahrhundert); Maria de Medici, Regentin für Ludwig XIII. – sie starb 1612; Marie Antoinette, die unglückliche Gemahlin Ludwigs XVI.; Marie Louise, die zweite Gemahlin Napoleons I. In Österreich: Kaiserin Maria Theresia, 1717–1780. In England: Mary Tudor, genannt „Bloody Mary", 1516–1558; Mary II., Gemahlin Williams III., 17. Jahrhundert; Mary, Gemahlin König Georges V., und schließlich Mary Stuart, berühmt durch ihr tragisches Ende (16. Jahrhundert). In Spanien: Maria Christina von Bourbon, Königin im 19. Jahrhundert; Maria de Molina, Königin von Kastilien und Leon (13. bis 14. Jahrhundert); Königin Maria Luisa (des öfteren von Francisco Goya porträtiert). In Ungarn: Maria von Österreich, Königin im 16. Jahrhundert. In Polen: Maria Leszynska, Gemahlin Ludwigs XV.; Maria Kazimierza, Königin von Polen (17. bis 18. Jahrhundert). In Rußland: Maria Feodorowna, Gemahlin des Zaren Paul I. (frühes 19. Jahrhundert). In Italien: Maria Carolina, zu Napoleonischer Zeit Königin von Neapel.

Noch häufiger finden wir den Namen Marias in *geographischen,* vor allem in Ortsnamen; die meisten wohl in *Österreich:* In Kärnten: Maria Gall, Maria Rojach, Maria Elend, Maria Saal, Maria Wörth, Maria Feicht, Maria Rain, Maria Höfl, Maria Luggau und Maria am See. Die letzten drei sind Wallfahrtsorte. In der Steiermark: Der berühmte Wallfahrtsort Mariazell, ferner Maria Buch und Maria Lankowitz. In Niederösterreich: Maria Dreieichen, Maria Enzersdorf, Maria am Jauerling, Maria Lanzensdorf, Maria Taferl, Maria Anzbach und Maria Schutz, ebenfalls ein Wallfahrtsort. – Auch Maria Plain bei Salzburg ist ein Wallfahrtsort, und in der Nähe liegt Mariapfarr. In Oberösterreich befindet sich Maria Neustift, zwei Grazer Stadtteile heißen Maria Grün (von „greinen", d.h. Trauern) und Mariatrost, ein Teil von Innsbruck heißt Mariahilf. – Im Burgenland: Mariasdorf, in Tirol Mariastein und Marienberg. Auch *Deutschland* ist voll von geographischen Maria-Namen, und nicht nur das katholische Süddeutschland: Wir haben in Bayern: Maria Beinberg, Maria Birnbaum und Maria Limbach, alles Wallfahrtsorte, ferner Mariaeck, Maria Thann, Maria Vesperbild, Maria Steinbach, Mariaburghausen und Maria Gern bei Berchtesgaden. Oberhalb Würzburgs liegt die Feste Marienburg. Das Stadtzentrum Münchens bildet der Marienplatz. In Rheinland-Pfalz liegen die berühmte Benediktinerkirche Maria Laach am Laacher See, mit schöner romanischer Kirche, ferner Maria Rosenberg, das Kloster Marienstatt und Bad Marienberg im Westerwald. In Sachsen: Marienberg bei Chemnitz und Marienthal bei Dresden; in Niedersachsen: Hildesheim-Marienburg, Maria Glück und Marienried; in Nordrhein-Westfalen: Marialinden, Maria Veen, Marienfeld (jetzt Harsewinkel), Marienmünster, Marienthal, Marienheid, Marienhausen und Marienborn, ferner Marienweiler, Mariagrube und Marienwald. Ein Stadtteil Kölns heißt ebenfalls Marienburg. In Schleswig-Holstein treffen wir auf die Marienleuchte (auf Fehmarn); ein Stadtteil Rostocks in Mecklenburg heißt Marienehe. Aber auch in einem Namen wie St. Märgen im Schwarzwald verbirgt sich ein St. Marien.

Doch auch in anderen europäischen

Maria ist die Schutzpatronin des „Deutschen Ordens", der 1190 in Palästina als Hospitalorden gegründet worden war, aber bald darauf zu einem geistlichen Ritterorden wurde. Unter dem Hochmeister Hermann von Salza wurde der Grund zum Deutschordensstaat in Preu-

Ländern erinnern viele Namen an Maria: In England sind dies beispielsweise Maryport (Cumberland) und Marylebone, ein Stadtteil Londons. In Oxford gibt es seit 1379 das St. Mary College, und auch Eton College ist der Maria geweiht. In Frankreich gibt es eine Vielzahl kleinerer Orte, die Maria im Namen tragen. Wir nennen hier nur Ste. Marie de Campan (Hautes-Pyrenées), Ste. Marie du Lac (Marne), Ste. Marie du Mont (Manche), Ste. Marie-La-Blanche (Cote d'Or) und Ste. Marie-sur-Mer (Loire-Atlantique). In Schweden stoßen wir auf Mariannelund, Mariefred, Marieholm, Mariehamn und Mariestad. In Polen finden wir: Marienhöfchen, einen Teil von Breslau (Wroclaw), Marienburg (Malbork) im ehemaligen Westpreußen und Marienwerder (Kwidzyn) im ehemaligen Ostpreußen. In der Tschechischen Republik liegen Maria Kulm (Chlum) und das bekannte Marienbad (Marianske Lazne) in Westböhmen, Mariaschein bei Teplitz (Teplice) in Nordböhmen, und Marienberg (Marianske Hory) bei Mährisch Ostrau (Ostrava). In der Slowakei befindet sich Mariatoelgyes. Im ehemaligen Jugoslawien haben wir Maria Neustift (Ptujska Gora); im Banat das ehemalige Maria Theresiepol (Subotica) und Marienfeld (Teremia Mare); in Litauen Marijampole; in Ungarn Maria Kalnok (Gahling) und Marienburg (Feldiora); in Italien Mariano Comense in der Lombardei, Maria di Pietrasanta bei Pisa, Maria di Ravenna und Mariano am Albaner See.

Die Aufzählung ließe sich auch außerhalb Europas fortsetzen: In den USA entdecken wir Marion (Ohio) und Marion (Indiana), Maryknoll (New York), Maryville (Tennessee) und Santa Maria in Kalifornien. Der Staat Maryland ist benannt nach Mary, der Gemahlin Charles I. von England. Nahe an den USA, aber schon im kanadischen Ontario liegt Sault Ste. Marie. Santa Maria ist der Name einer größeren Stadt in Brasilien und einer Provinzhauptstadt in Kolumbien. Es gibt ein Maryborough in Queensland, Australien, und eine Region Maria Luisa in Argentinien, sowie Mariannhill in Natal (Südafrika), und Marijinsk in Westsibirien.

Santa Maria ist ein Vulkan in Guatemala, und der Marienkanal verbindet die

Wolga mit der Ostsee. Eine Azoreninsel heißt Santa Maria; und schließlich haben wir die pazifische Inselgruppe der Marianen, benannt nach Maria von Österreich, der Gemahlin Philipps IV. von Spanien (17. Jahrhundert). Ihr Entdecker Magellan hatte sie allerdings ursprünglich „Ladrones" (Diebesinseln) getauft.

Aber auch außerhalb der Geographie spielt der Name Marias eine bedeutende Rolle: In der *Botanik* etwa haben wir die Mariendistel, einen Korbblütler des Mittelmeergebiets; das Mariengras; eine Wucherblume namens Marienblatt; die Ma-

ßen und im Baltikum gelegt. 1309 wurde der Sitz des Hochmeisters auf die Marienburg an der Nogat in Westpreußen verlegt. Abgebildet ist die große Marienstatue aus der Marienburg.

rien-Glockenblume (eine Zierpflanze im Mittelmeergebiet, auch Mariette genannt); ferner die Marientränen, Fruchthüllen einer Grasart; den Marienbalsam, ein grünliches Harz, das zum Abdichten von Schiffsplanken benutzt wurde, und die Marienrose, mit der volkstümlich verschiedene Blumen bezeichnet werden. In der *Zoologie* haben wir den bekannten Marienkäfer, von dem es allein in Deutschland 70, in der ganzen Welt mehrere Tausend Arten gibt.

Als Marienglas bezeichnet man durchsichtige Gipsplatten, und als Münzeinheiten hat es einst den Mariengroschen und den Mariengulden gegeben. Eine durch Fäden geführte Gliederpuppe, eine Marionette also, leitet ihre Bezeichnung vom französischen Marion her und bedeutet eigentlich „Mariechen".

* * *

Was in diesem Kapitel, wenn auch nur in Auszügen und Andeutungen, gezeigt werden sollte, ist die schier unerschöpfliche Fülle marianischer Bilder und Spuren in den Kulturen aller christlich geprägten Länder. Wir haben gesehen, wie das Phänomen Maria durch Dogmen erklärt und gefestigt wurde, wie sie durch offizielle oder inoffizielle Feiern immer wieder ins Bewußtsein gebracht wurde. Wir konnten mitverfolgen, wie sie als Jungfrau, selbst unbefleckt geboren, verstanden wurde als Neue Eva, die durch ihren Gehorsam den Ungehorsam der ersten Eva wieder gutmacht, als Geliebte, als gekrönte Himmelskönigin, als Sinn- und Urbild der Kirche, als leidende Mutter, als Helferin, als Beschützerin und Trösterin. Ungezählte Male wurde sie in Gemälden und Skulpturen dargestellt, wurde und wird sie in Reliquien, Ikonen, Kapellen, Kirchen und Wallfahrtsorten verehrt. Wir haben gesehen, wie sie seit 1531 Gläubigen in allen Teilen der Erde erschienen ist. Wir versuchten einen Überblick darüber, wie viele Kirchen nach ihr benannt wurden und wie endlich ihr Name sich in Hunderten von Vor- und Nachnamen, Ortsnamen, Tier- und Pflanzennamen widerspiegelt. Maria ist in allen christlich geprägten Kulturen tief verwurzelt. Noch immer gilt, was schon im Mittelalter galt: *De Maria numquam satis – über Maria sagt man niemals genug.*

Betrachtet man den Wandel der Kunst im Laufe der Epochen, so erkennt man, daß sich auch die Beziehung des Menschen zum Sakralen immer wieder wandelt. Dies läßt sich in ganz besonderem Maße an der Darstellung Mariens aufzeigen. In ihrer Rolle als Fürbitterin und Mittlerin zwischen den Gläubigen und Gott ist sie im göttlichen wie im irdischen Bereich angesiedelt. In ihrem Bild spiegeln sich die irdischen – und das heißt:

Maria in der Kunst

Caroline H. Ebertshäuser

historisch sich verändernden – Vorstellungen des Menschen von seiner Beziehung zum Göttlichen.

Die Stationen von Marias Leben und Leiden und die zahlreichen Aspekte ihres Wesens sind stellvertretend für das menschliche Leben in einem großen Reichtum an Motiven sinnbildhaft wiedergegeben. Kein Bereich des Lebens bleibt von Maria unberührt. Die große Helfende bei Geburt und Tod breitet schützend ihren Mantel auch gegen Angst und Not.

Doch bevor wir die einzelnen Themen und Motive der Mariendarstellung in der Kunst betrachten, gilt es, den wichtigsten Aspekt der Abbilder Mariens zu beleuchten, nämlich ihre sakrale Funktion und die daraus resultierenden unterschiedlichen Haltungen der Gläubigen zu den Bildern. In diesem Bereich zeigt sich die Entwicklung von Gebets- und Andachtsformen als Ausdruck sich wandelnder Welt- und Menschenbilder am greifbarsten.

Die Madonna erscheint als heiliges, verehrtes Kultbild der frühen Kirche; später – als herausragende Figur auf den großen Altären – rückt sie nah ans Zentrum der Gottesdienste. Im Eingangspor-

tal der Kathedralen thronend, empfängt sie als Fürsprecherin und Sinnbild der Kirche die Gemeinde. Als Andachtsbild in privaten und kirchlichen Räumen tritt sie in Zwiesprache mit dem einzelnen. Votivtafeln in den großen Wallfahrtskirchen bezeugen den Dank an die wundertätigen Madonnenbilder. Das schützende Bild der Gottesmutter schmückt Stuben und Häuser. Die mächtigen Mariensäulen auf den Marktplätzen sind Zentren

Links: Die „Marienkrönung durch die Dreieinigkeit" (um 1457, Kunstmuseum Basel) verdeutlicht die Vorrangstellung Marias im Zentrum der christlichen Kosmologie.

Seite 215: „Die Jungfrau und das Jesukind", 1941, von Vaclav Bostik (geb. 1913) interpretiert Maria in der strengen Form der Theotokos. In der Übergröße der Maria ist ihre schützende Funktion angedeutet. Ihre Monumentalität ist Sinnbild ihrer Stärke.

des städtischen und ländlichen Lebens. Als Schutzpatronin von Zünften, Wissenschaften und Künsten, von Städten, Bruderschaften und Orden wird Maria zur Identifikationsfigur menschlicher Zusammengehörigkeit und Gemeinschaft.

Ihr Bild in der Kunst liegt im Schnittpunkt der göttlichen und der menschlichen Sphären. Nicht nur die Frage nach der künstlerischen Freiheit im Rahmen religiöser Kunst bildet in allen Jahrhunderten Anlaß für Auseinandersetzungen der Bilderstreiter und Bilderstürmer, sondern auch die sich wandelnde Auffassung über die Wirkung von Wort und Bild auf die Seele des Menschen. Um den Zusammenhang von Bild- und Andachtsform zu beschreiben, seien hier stellvertretend das Kultbild und das Andachtsbild als Möglichkeiten menschlicher Hinwendung zum Bereich des Göttlichen – auf dem Weg über das Bild – vorgestellt.

Kultbild und Andachtsbild

Das Kultbild geht nicht primär von individueller menschlicher Befindlichkeit aus, sondern vom Bemühen, die „himm-

Oben: Madonna della Clemenza, 705–707, in der Kirche S. Maria in Trastevere, Rom. Diese zählt zu den ältesten der Christenheit und war den Gläubigen bereits in der ersten Hälfte des 3. Jahrhunderts zugänglich. Maria als Herrscherin mit der byzantinischen Krone thront, Christus als Logosknaben vor sich haltend, in strenger Frontalität. Sie ist, vom Menschen weit entrückt, Sinnbild einer höheren Ordnung, der sich der Mensch im kultischen Geschehen unterwirft.

Seite 217, oben links: Jan van Eyck (um 1390–1441): Flügelaltar von 1437 (Gemäldegalerie Dresden). Mittelteil: „Maria mit dem Kind, in einer Kirche thronend"; linker Flügel: „Erzengel Michael mit dem Stifter"; rechter Flügel: „Die heilige Katharina". Der Altar van Eycks, der in der künstlerischen Komposition die neuen Perspektive-Studien in den Kirchenraum einbezieht, zeigt Maria hier auf dem „Thron Salomons". Er ist – als „sedes sapientiae" – Symbol der Weisheit, die in der Gestalt der Sophia (oder, wie Hildegard von Bingen schreibt, „der Mutter Weisheit") mit Maria in Verbindung gebracht wird.

lischen" Sphären in dem Werk durchscheinen zu lassen. Wir sind es gewohnt, das Religiöse mit Innerlichkeit gleichzusetzen; aber solange wir das tun, mißdeuten wir das Kultbild, denn es hat keine Innerlichkeit im menschlich-psychologischen Sinn. Es weist über das Zeitliche, momentan-Stimmungshafte hinaus.

Um dies zu verdeutlichen, sei auf die Ikonenmalerei verwiesen. Ikonen zu malen war Domäne der Klöster und galt als Andachtsform, nicht als Ausdruck freier Künstlerschaft. Der Mönch, der sich beim Malen der Darstellung des Heiligsten zuwandte, läuterte sich durch diese Übung, um sich für das durch ihn waltende Göttliche zu öffnen.

So sind die ersten Ikonen und Bilder Mariens der Legende nach auf übernatürliche Weise entstanden. Sie wurden, so hieß es, vom Evangelisten Lukas gemalt, oder von der Madonna selbst oder zumindest von ihr vollendet. Dieses Urbild, die „Vera Icona", in künstlerischer Freiheit zu verändern, hieße, sich vom göttlichen Urgrund abzuwenden. Denn die Ikone als Abbild eines göttlichen Urbildes eröffnet – in der und durch die Verehrung des Bildes – dem Menschen einen direkten Zugang zum Raum dieser Urbilder: zum Sakralen. Damit hebt das Kultbild den Menschen aus seiner irdischen Welt in eine höhere Ordnung.

Der angemessene Ort des Kultbildes kann daher nur das Heiligtum sein. Dem Kultbild nähert sich der Gläubige im Ritus und im religiösen Brauchtum, das den Menschen aus seiner Alltäglichkeit erhebt und ihn über die raum-zeitliche Bedingtheit zu einer objektiveren Ordnung hinführt. Damit gehört das Kultbild in eine öffentliche, nicht in eine private Sphäre. Man pilgert zu dem Ort, wo das Kultbild steht, in Kirchen oder eigens für das Bild errichtete Heiligtümer. Das Kultbild ist nicht persönlich. Erst das Ritual in der Gemeinschaft „erzeugt" die Gegenwart des Göttlichen, in die die Gläubigen in diesem Moment eingebunden sind. Teil dieses Geschehens ist das Kultbild als Tor zum Sakralen.

Zeiten und Epochen – wie die byzantinische oder, in der westlichen Kirche, die Frühzeit der Romanik –, in denen die Heiligen- und Madonnenbilder als Kultbilder erlebt werden, zeigen eine religiöse Haltung, die in der selbstvergessenen Frömmigkeit und Hingabe der Gläubigen aufgeht. So haftet den Werken Byzanz' und der abendländischen Frühzeit jene bezwingende Erhabenheit und majestätische Strenge des Ausdrucks an, die das Bildwerk als Kultbild charakterisiert.

„Die Geschichte scheint zu zeigen", schreibt Romano Guardini, „daß das Kultbild in besonderer Weise frühen Perioden zugeordnet ist – man denke an den Begriff des Archaischen... Die Kultbilder dominieren in der frühchristlichen, romanischen und noch in der ersten gotischen Kunst. Doch dann dringt das Andachtsbild vor."

Dem Gnadenbild kommt im Rahmen des Kultbildes eine besondere Stellung zu: Sind doch die meisten christlichen Gnadenbilder Marienbilder, denn die Rolle als Fürbitterin und Mittlerin ist im Gnadenbild am sinnenfälligsten ausgedrückt.

Im Gnadenbild begegnen sich Aspekte von Kult- und Andachtsbild. Das Charakteristische des Andachtsbildes, die direkte persönliche Bezogenheit und Zwiesprache des Menschen mit dem Göttlichen, verbindet sich mit dem erhaben-Heiligen des Kultbildes und dem ihm verbundenen heiligen Ort. Das Verständnis Marias als der großen fürbittenden, helfenden und schützenden Mittlerin zwischen Gott und dem Menschen erhält so im Gnadenbild seinen tiefsten Ausdruck.

So ist auch die Geschichte eines Wallfahrtsortes engstens mit der Geschichte des dortigen Gnadenbildes verbunden und gibt der Madonna ihren Namen – etwa die Muttergottes von Montserrat oder die Maria von Altötting. Ziel der großen Pilger- und Wallfahrten ist neben der Hoffnung auf Heilung der Pilgerweg selbst. Auferlegte Bußen, Gefahr und Beschwerlichkeit des Weges sind Übungen der Überwindung und Läuterung, die den wesentlichen Teil der Wallfahrt ausmachen. So gehört der Pilgerweg als Teil des Rituals zum heiligen Ort des Gnadenbildes.

Vielfältig sind die einzelnen Typen der Gnadenbilder, wobei die byzantinischen meist auf Lukasbilder zurückgehen. Zu den frühen byzantinischen gehören etwa „Maria Schnee" in Rom und die Maria

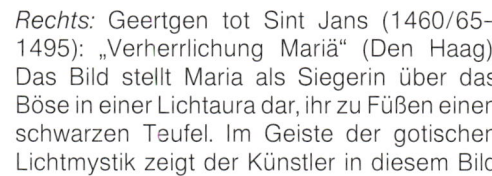

Rechts: Geertgen tot Sint Jans (1460/65–1495): „Verherrlichung Mariä" (Den Haag). Das Bild stellt Maria als Siegerin über das Böse in einer Lichtaura dar, ihr zu Füßen einen schwarzen Teufel. Im Geiste der gotischen Lichtmystik zeigt der Künstler in diesem Bild

symbolhaft die Identität von Licht und Göttlichkeit. Die Engelwesen, die Teil der Lichtwelt sind, sind ihrerseits mit Symbolen ausgestattet. Jene Engel, die sich am Rande des Kreises befinden und schon in Berührung mit dem Irdischen, dem Dunklen, stehen, spielen Musikinstrumente; die Musik wurde in diesem Verständnis als Mittlerin zwischen der himmlischen und irdischen Sphäre gesehen.

Links unten: Lucas Cranach d. Ä. (1472–1553) malte dieses Bild in Wittenberg. Eine Kopie kam 1611 in die Passauer Wallfahrtskirche Mariahilf, wo es für viele Jahrhunderte zum Zentrum der großen Marienwallfahrt wurde.

von Tschenstochau, die Patronin Polens. Doch auch mittelalterliche Gnadenbilder, sehr oft Vesperbilder (Pietà, Schutzmantelmadonna oder thronende Muttergottes), seien beispielhaft aus der Vielzahl der Typen erwähnt. Beim Gnadenbild stellt sich nicht die Frage nach dem künstlerischen Wert des Bildes; vielmehr entscheiden Ausstrahlung und

Links: Die sog. „Pietà Roettgen" (mittelrheinische Holzplastik um 1300, Landesmuseum Bonn) ist ein frühes Beispiel des expressiven Andachtsbildes, das in der Überbetonung der Darstellung des Schmerzes die Compassio (das Mitleiden) des Gläubigen erwecken soll. Hier wird die Beweinung Christi erstmals von der Kreuzabnahme getrennt und zu einer eigenständigen Szene.

Rechts: „Schöne Madonna aus Kruzlowa", um 1410/20, bemaltes Holz (Muzeum Narodowe, Krakau). Gemäß dem „weichen" Stil der Zeit werden Fülle und Eleganz des Faltenwurfes durch den S-förmigen Schwung der Körperhaltung betont und damit Sanftheit, Lieblichkeit und Vornehmheit der Figur unterstrichen.

Legende des Ursprungs des Bildes und die ihm zugeschriebenen Wunder über seine Verbreitung und Popularität.

Anders als das Kultbild, rückt das Andachtsbild die persönliche Erfahrung des Gläubigen, seine menschliche Berührtheit, sein Mitleiden in den Vordergrund. Seit der frühen Gotik kommt im Andachtsbild ein neues Selbstverständnis des Gläubigen in seinem Streben zu Gott zum Ausdruck. Es ist Zeichen persönlicher Zwiesprache des Menschen mit Gott. Und in diesem Rahmen des Andachtsbildes kommt der Maria die wichtigste Rolle zu.

Mit der Form des gotischen Andachtsbildes tritt das Kunstwerk auch aus dem Raum der Kultes, der Kirche, in den privaten Wohnraum. Vor allem in Italien, aber auch in den anderen Ländern entwickeln sich die kleinformatigen Madonnenbilder, die in jedem Haus zum Zentrum der persönlichen Andacht werden. Madonnenbilder an Häusern, Darstellungen der Schutzpatronin von Städten und Zünften, sind Teil des menschlichen Lebens geworden; vertraut und nah bewegen sie den Menschen zur Andacht und Reflexion.

Im Kultbild wird dem Menschen angesichts der göttlichen Majestät seine eigene geschöpfliche Begrenztheit bewußt. „Der Kult verbietet jedes Sich-gehen-lassen und weist den Menschen in die geschöpflich-sakrale Haltung. Das Kultbild wirkt Ordnung. Das Andachtsbild hingegen ruht auf der Beziehung der Ähnlichkeit und des Überganges. Es schlägt Brücken. In ihm kommt das Göttliche herab, und das Menschliche steigt hinauf" (Guardini). Das Andachtsbild rührt den Menschen in seinen spontanen Gefühlen. Das Verwiesensein auf die göttliche Gnade in Freud' und Leid wird in den Bildwerken, im besonderen in der Mariendarstellung, in bewegender Gestik und theatralischer Mimik ausgedrückt.

Das Mittelalter sieht die äußere Schönheit als Abglanz göttlicher Weltenharmonie, und so erhebt und befreit sie den Menschen. Auch das liebliche Lächeln der „Schönen Madonnen", ihre schönen, prächtigen Gewänder, die Milde des „Beau Dieu" (Christus als der milde und schöne Gott) sind Teil dieses Schönheits-

begriffs. Im gleichen Atemzug aber ist das Dunkle und Schmerzvolle der christlichen Passion, sinnbildhaft für das Leiden des Menschen, in die Andacht einbezogen. Schmerzverzerrt und verzweifelt ist der leidende Ausdruck, sei es bei Maria in den Pietàbildern oder in den Darstellungen Christi als Schmerzensmann. Das Bild als Sprachform der Seele soll den

Gläubigen im Miterleben des Leidens läutern, erziehen und belehren. Die Innerlichkeit des Menschen eignet sich das Andachtsbild als Teil seiner selbst an. Jedes rein gefühlsmäßige Erleben aber ist individuell geprägt. Damit ist im westlichen Andachtsbild auch erstmals der künstlerischen individuellen Freiheit des Ausdrucks ein Raum eröffnet.

Zum Wesen des Kunstwerks westlicher Prägung zählt seine von Künstlerhand geformte Eigenständigkeit und Einmaligkeit, entstanden aus der freien, individuellen Kreativität des Menschen. So liegt im Andachtsbild ein Potential an individueller Freiheit, die der Kunst als Vermittlerin religiöser Themen eine zentrale Rolle zuweist.

Der große Einfluß der Kunst auf den Menschen als dessen ureigenstes Ausdrucksmittel hat in Fragen des Bilderstreites immer wieder Anlaß zu Auseinandersetzungen gegeben. Aus der Sicht des strengen byzantinischen Formenkanons ist die schöpferische Freiheit des Künstlers Überheblichkeit und Sünde, weil sie den Menschen vom Urbild entfernt. Für den Künstler des Abendlandes jedoch ist sie der Königsweg zu sich selbst und damit Ausdruck seiner Zwiesprache mit Gott.

Wann sind Bilder Mariens nur noch künstlerische Werke, deren Pracht und Raffinement den Gläubigen zu „Weltlichkeit und Sinnenlust" verführen? Wann gerät die Verehrung heiliger Ikonen zum Götzendienst? Zwischen diesen beiden Extremen durchzieht die Frage des Bilderstreits die christliche Kunst durch die Jahrhunderte wie ein roter Faden. Das Bilderverbot der Bibel aus der jüdischen Tradition kann sich in einer bilderreichen spätantiken Welt kaum durchsetzen. Die Legenden der übernatürlichen Entstehung der ersten Ikonen sind daher notwendige Legitimation der frühen Marienbilder. Immer wieder neu erscheint die alte Bilderfrage. Es beginnt mit dem frühbyzantinischen Bilderstreit, der sich über mehrere Jahrhunderte hinzieht und erst 787 zugunsten der Bilderfreunde entschieden wird.

Im 11. Jahrhundert bekämpft Bernhard von Clairvaux den überreichen Bilderschmuck der späten romanischen Kathedralen mit ihren „heidnischen Fratzen",

wie er sie nennt, und Dämonendarstellungen. In Rückbesinnung auf christliche Gebete und mystische Andacht gründet Bernhard in den Sümpfen von Citeaux seinen Zisterzienserorden, dessen Strenge und Kargheit sich in der Klarheit seiner Bauten äußert. Für Bernhard ist Maria Wegweiserin seiner Erneuerungsbewegung. Er sieht in der Hinwendung zu

Maria den reinsten, innersten und innigsten Andachtsweg zu Gott. Maria wird die zentrale Figur der mystisch-religiösen Bewegung des Mittelalters; sie wird zum wichtigsten Bildmotiv der Gotik.

Dreihundert Jahre später bekämpft Savonarola in Italien den verführerischen Reiz der schönen Madonnen aus der Bilderwelt der Renaissance als antichristliches Teufelswerk. Unter dem Einfluß Savonarolas verbrennt Botticelli selbst viele seiner Bilder. Nur wenige Jahrzehnte darauf zerstören die Bilderstürmer aus den Kreisen um Luther und Zwingli den überreichen spätgotischen Bilderschmuck der Kirchen des Nordens. Hiervon sind in ganz besonderem Maße die Mariendarstellungen betroffen, da sie in der religiösen Malerei den größten Reichtum an erzählerischer Freiheit und Ausschmückung bieten.

Wie immer die Gründe der Bilderstürmer gelautet haben: Die Heftigkeit des Kampfes zeigt, welche Kraft man den Bildern beimaß.

War es in der byzantinischen oder frühmittelalterlichen Kunst um ein Für und Wider des Abbildes überhaupt gegangen, so stellen die Reformer des Mittelalters oder die Bilderstürmer der Re-

formation das Abbild an sich nicht mehr in Frage; sie wenden sich vielmehr gegen Dekadenz und Verweltlichung der Darstellung. Die alte christliche Fragestellung zur Wertigkeit von Wort und Bild hat Luther mit einer weitgehenden Ablehnung des Bildes und der ausschließlichen Betonung des Wortes beantwortet.

Die Gegenreformation läutet den Geist des Barock ein. Das Bild erhält wieder eine zentrale Rolle im kultischen Geschehen, und aus dem Wissen um die Wirkung auf die Seele des Menschen ist es jetzt wieder Träger bildhafter Darstellungen der kirchlichen Glaubensinhalte. Weiträumige Deckengemälde barocker Kirchen verkünden den himmlischen Kosmos.

Die in der Früh- und Hochrenaissance entwickelten italienischen Madonnentypen werden vor allem im 19. Jahrhundert von Klassizisten wie Anselm Feuerbach wieder aufgegriffen. Die Kunst als idealer Ort der Zuflucht vor Banalität und Alltag wird zum Ersatz der Religion.

Links: Lippo Memmi (nachweisbar in Siena 1317–1347): „Thronende Madonna" (entstanden um 1340; Altenburg, Staatliches Lindenau-Museum). Die zarte, weiche Linienführung der Gewänder und Bordüren ist charakteristisch für die frühe Sieneser Malerei. Der Thron Mariens ist ebenfalls mit einem Würdetuch umhangen.

Rechts: Rogier van der Weyden (1399–1464): „Maria mit Kind" (Madrid, Prado). Auch hier ist Maria mit dem Kind in einer Architekturnische zu sehen. Damit vermischen sich Schnitzaltar und Architekturbild. Im Vergleich mit der italienischen Madonna ist die für den Norden charakteristische Freude am gegenständlichen, feinen Detail deutlich sichtbar.

Das Kunstbild

Über das Andachtsbild ist die individuelle, freie künstlerische Gestaltung in das sakrale Bild eingezogen. Das Marienbild der letzten zwei Jahrhunderte orientiert sich bis zum Anfang des unseren an den Schöpfungen der italienischen Hochrenaissance, besonders an Raffael. Die Renaissance hat die Kunst aus dem festgefügten Kanon mittelalterlichen Zunftwesens und aus ihrer engen Bindung an die Kirche befreit. Die Kunst ist autonom geworden – und damit auch der Künstler, der die Kunst als Medium seiner Erforschung von Natur, Perspektive und Anatomie benutzt. Kunst als Wissenschaft, Wissenschaft als Kunst. Kunst und Religion scheinen sich gleichberechtigt gegenüberzustehen.

Idee, Wahrheit und Natur sind Begriffe idealistischer Kunstinterpretation des 18. und 19. Jahrhunderts, die die Darstellung des Sakralen tiegreifend verändern. Die „ideale" Kunst der Akademien, ja die Kultur überhaupt wird nun als die große Erzieherin des Menschen gesehen. Diese zu fördern, wird schon im 19. Jahrhundert als staatliche, königliche oder mä-zenatische Aufgabe und als Dienst am Menschen gesehen. Die Kunst scheint an die Stelle der Religion zu treten.

Künstlergruppen wie z.B. die „Nazarener" (oder „Lukasbruderschaft") in den Jahren der frühen deutschen Romantik um 1800 bemühen sich, durch die Rückbesinnung auf die Verbindung von Religion und Kunst eine in akademischen Formen erstarrte Kunst wiederzubeleben. Doch man versucht nicht, über das Abbild der Madonna die Gefühle der Andacht zu wecken, wie etwa in der Gotik; vielmehr wird nun das Andachtsgefühl selbst zum Bildthema. Damit treten Andacht und Kunstgenuß in eine Wechselbeziehung ein. Andacht vor Kunstwerken und Kunstgenuß vor sakralen Bildern verdeutlichen den Wandel in der Betrachtung des religiösen Bildes. Die Spaltung von Vernunft und Glauben, die die Neuzeit bestimmt, wirkt auch auf die Kunst der Gegenwart. Wenige Künstler des 20. Jahrhunderts schaffen noch große sakrale Kunst. Und wenn sie es tun, dann als ureigensten Ausdruck ihrer Erfahrung und ihrer eigenen Sprache, ihres eigenen Stils, frei von allen ikonographischen und formalen Traditionen.

Gleichzeitig aber blüht die Marienfrömmigkeit der volkstümlichen Gnadenbilder und der Marienerscheinungen auf. Maria ist gerade im späten 19. und im 20. Jahrhundert durch Mariendogmen, neue Wallfahrtsorte, Erscheinungen und wundertätige Bilder ein zentrales christliches Thema. Gnadenbilder und deren Vervielfältigung sind die neuen religiösen Werke, die sich nicht mehr an Kunst und Tradition orientieren, sondern ausschließlich Abbild der wundertätigen Erscheinung sind. In der Gegenwart ist der künstlerische Ausdruck religiöser Andacht und christlicher Themen dem persönlichen Empfinden des Künstlers überlassen.

Links: Andrea della Robbia (1435–1525): „Maria mit Kind und Engeln", sog. „Madonna degli Architetti"; 1475, glasierte Terracotta (Museo del Bargello, Florenz).

Mitte: Raffael (1483–1520): „Maria mit dem Kinde und dem Johannesknaben im Grünen"; (1507; Paris, Louvre).

Rechts: Anselm Feuerbach (1829–1880): „Maria mit dem Kinde zwischen musizierenden Engeln"; 1860, Öl/Leinwand (Dresden, Gemäldegalerie).

LUKAS MALT DIE MADONNA

Lukas, der Maler, ist engstens mit der Geschichte des Marienbildes verbunden. Die Bilder, die der Apostel und Evangelist Lukas von Maria gemalt haben soll, gelten als auf übernatürliche Weise entstanden, und sie sind die Urbilder der Mariendarstellungen und später vieler Gnadenbilder. Die Legende von Lukas,

bigt habe, oder aber, daß Lukas das Bild begonnen habe und es durch ein Wunder „ohne Menschenhand" vollendet worden sei.

Die Ikone der *Hodegetria*, das „Originalbild" von Lukas, soll einst in der Hodegon-Kirche in Konstantinopel verwahrt worden sein. Viele Male kopiert, ist es das

Das mystische Ereignis der Entstehung des Lukasbildes auf übernatürliche Weise, wie es die frühbyzantinische Kunst kennt, erfährt erst in den Darstellungen der Renaissance eine dem Zeitgeist entsprechende Verweltlichung.

Die sehr zahlreichen Bilder seit der späten Gotik, die Lukas die Madonna

der die Madonna malt, ist nicht nur für das byzantinische Bild bedeutend; vielmehr wird das Thema in der Spätgotik wieder aufgegriffen, und es reflektiert das Verhältnis von Künstler, Abbild und Sichtbarmachung des Transzendenten auf neue Weise.

Um die Heiligkeit des Marienbildes ranken sich Legenden, die seinen Ursprung übernatürlichen Kräften zuschreiben, um damit die Identität mit dem göttlichen Urbild zu dokumentieren. „Wir kennen das Äußere Christi so wenig wie das seiner Mutter, doch das Bedürfnis, authentische Bilder zu besitzen, ist groß", seufzt der Kirchenvater Augustinus.

Lukas habe Maria noch zu deren Lebzeiten gemalt, berichtet die eine Legende; eine andere, daß Maria sein Bild vom Himmel aus gesegnet und damit beglau-

Urbild zahlreicher Madonnenbilder und bleibt bis in die Neuzeit der Grundtypus der Gottesmutter-Darstellung.

Zu den ersten so bezeichneten „Lukasbildern" gehört die Ikone in Santa Maria Maggiore in Rom, wo sie als „Salus populi Romani" („Heil des römischen Volkes") verehrt wird. Das Gnadenbild wird auch „Maria Schnee" genannt, weil die Kirche S. Maria Maggiore, eine der vier großen Hauptkirchen Roms, der Legende zufolge gemäß dem Willen der Muttergottes an einer Stelle erbaut wurde, wo mitten im Sommer Schnee gefallen war. Dem Bild wird, wie vielen Lukasmadonnen, Wundertätigkeit nachgesagt. So soll es im Jahre 590 (so berichtet es die „Legenda Aurea"), als sie in einer feierlichen Prozession durch das verseuchte Rom getragen wurde, die Pest besiegt haben.

malend zeigen, verdeutlichen trotz aller sakralen Attribute den künstlerischen Prozeß. In wacher Wahrnehmung der Wirklichkeit konterfeit der Apostel Lukas die ihm Modell sitzende Mutter Gottes. Die beobachtende Aufmerksamkeit des Künstlers ist weit entfernt von der mystischen Schau und der übernatürlichen Bildentstehung der frühen Lukasbilder.

Bei einigen der Bilder, die den malenden Lukas zeigen, kann man die Realitätsnähe des auf der Leinwand abgebildeten Porträts mit dem Bild der Madonna vergleichen. Bei manchen späteren Bildern des Manierismus, wie dem von Jan Gossaert im Kunsthistorischen Museum in Wien, ist die Madonna zwar wieder durch Wolken der irdischen Welt enthoben, doch ist bereits diese Darstellung

Links: Der Barockmaler Jacob von Schuppen überhöht das Lukasthema in der Wiener Karlskirche erneut, diesmal aber zu einer barocken Apotheose, in der Maria, dem irdischen Atelier enthoben, in wolkig-himmlischen Sphären thront.

Mitte: „Lukas malt die Madonna", vor ihm der Stier als Attribut. Aus dem Stundenbuch der Maria von Burgund; flämisch, um 1470 (Wien, Österreichische Nationalbibliothek).

Rechts: Das Gnadenbild „Salus Populi Romani", 6. Jahrhundert, aus der Kirche S. Maria Maggiore in Rom gehört zu jenen Madonnenbildern, die der Legende nach von Lukas oder auf übernatürliche Weise gefertigt wurden und deshalb als Gnadenbilder verehrt werden. Lukas als der Maler der Madonna wird bereits im frühen Mittelalter zum Schutzpatron der Malergilde. Seine Rolle wandelt sich gemäß der Entwicklung der Kunst. Mit der Renaissance und dem erstarkenden Selbstbewußtsein des Künstlers wird auch das Motiv „Lukas malt die Madonna" aus der Sphäre der mythischen Entstehungsgeschichten in den realen Raum eines Ateliers versetzt.

Seite 222, links: Maarten van Heemskerck (1498–1574): „Lukas malt die Madonna" (Haarlem, Frans Hals-Museum). Der Künstler geht im Realismus der Szene so weit, daß die Madonna mit dem Bildbetrachter sogar Blickkontakt aufzunehmen scheint.

Seite 222, rechts: Lancelot Blondeel (1498–1561) versetzt die Szene bereits in sein eigenes Atelier. Das Bild befindet sich im Municipalmuseum in Brügge.

kein Abbild transzendenter Schau, sondern ein vordergründiges künstlerisches Stilmittel, mit dem die Nähe Mariens zum Göttlichen in der irdischen Welt des Ateliers anschaulich gemacht wird.

Das Wesentliche dieser „Lukasbilder" des 15. Jahrhunderts ist, daß die Erscheinung des göttlichen Bildes ausdrücklich in sinnliche Realität transportiert wird. Das absolut Übersinnliche der göttlichen Bildwahrheit wird in einem neuen Verhältnis von Göttlichem und Weltlichem erfaßt. Wurde das auf wunderbare Weise gemalte Urbild des Lukas den Menschen als fertiges Produkt gegeben, so ist in den Renaissance-Beispielen der Schwerpunkt auf den schöpferischen Prozeß als Ausdruck des ureigen-Menschlichen gelegt. Denn im Künstlerischen berührt der Mensch die Sphäre des göttlichen Schöp-

fungsprozesses. Lukas, der Maler der Madonna und damit Sinnbild des gottbegnadeten Künstlers, in dessen Werk Himmlisches und Irdisches zusammenfließen, ist auch Schutzpatron der Malergilde, die sich die Lukasgilde nannte und die weit bis in das 19. Jahrhundert hinein stellvertretend für den Zusammenhang von Kunst und Religion betrachtet wurde. Lukas wurde zum Sinnbild des Künstlers und schöpferischen Menschen überhaupt. Betrachtet man eine der modernen Definitionen von Kunst: „das Sichtbarmachen des Nichtsichtbaren", so ist die Legende um Lukas ein Bild für das Geheimnis des schöpferischen Prozesses, der in seiner letzten Konsequenz dem Rationalen unzugänglich ist.

DIE ENTWICKLUNG DES MARIENBILDES

Maria gehört zu den zentralen Themen der christlichen Kunst. Die Vielfalt der Darstellungsformen und Symbole, der ikonographisch so reichen Bildsprache, aber auch der Möglichkeiten zur freien künstlerischen Gestaltung hat sich an der Darstellung Mariens wie kaum bei einem anderen Thema der abendländischen Kunst entwickelt.

Die künstlerische Wiedergabe der Marienlegenden als Teil der christlichen Heilsgeschichte zeigt nicht nur die Vielschichtigkeit der marianischen Glaubenswelt und ihre Bedeutung für das Christentum; zudem entfaltet sich hier für die Kunst ein Raum freier Gestaltungsmöglichkeit über kanonische Glaubensinhalte hinaus.

Betrachtet man die Heilige Schrift im Bezug auf die Beschreibung der Gottesmutter, so findet man kaum Angaben. Nur der Evangelist Lukas beschreibt Maria in wenigen Sätzen. In den anderen Evangelien wird sie bei einigen heilsgeschichtlichen Ereignissen nur erwähnt, aber nicht als Person beschrieben. Und so wird es Lukas sein, der in den Legenden späterer Jahrhunderte als der Maler Mariens erscheint.

In der Verehrung Mariens und in der zahl der Marienthemen. Sie ist Gottesmutter, Braut Christi, Himmelskönigin, Sinnbild der Weisheit auf Salomos Thron und, in Beziehung zur Sophia, dessen Nachfolgerin in der Weisheit der Schöpfung, sie ist schlichte demütige Magd, sie breitet ihren Mantel schützend über ihre Gläubigen, sie ist Mutter und Schmerzensmutter in einem. Die Vielzahl ihrer ikonographischen Aspekte gibt jedem die Möglichkeit, sich ihr auf seine Weise zu nähern.

Die Genese des Marienbildes und die Themen des Marienlebens berühren die Bildende Kunst, Musik und Literatur gleichermaßen stark. Die Themengeschichte umfaßt jedoch nicht nur die liturgische, kirchliche Tradition, sondern vor allem auch die Volksfrömmigkeit, die sich im Alltag wie auch in den großen Wallfahrten zu wundertätigen Marienbildern oder im Brauchtum der marianischen Feste im Jahreslauf niederschlägt.

Marias Mittlerrolle als Fürsprecherin des Menschen vor Gott macht sie zur Trägerin der Hoffnung, des Schutzes und des Trostes für den Menschen. Sie ist in das Zentrum christlicher Gebetstradition gerückt. In diesem Aspekt setzt sie die Tradition antiker Göttinnen, sei es der Ceres, der Demeter, der Ischtar oder der Isis, fort.

Die Ausbreitung des Christentums im hellenistisch-ägyptischen Raum trug entscheidend zur Marienverehrung bei, denn gerade dort war das Bedürfnis nach einer weiblichen Kultfigur besonders stark, da die einheimische Tradition der Demeter (Maria im Ährenkleid), Venus, Isis und vieler anderer weiblicher Göttinnen mächtig war. Ungeachtet der Probleme, die die biblische und damit historische Dokumentation des Marienlebens liefert, legen alle alten Schriften deutlich Beweis davon ab, welche Bedürfnisse und Vorstellungen im breiteren Volksglauben berücksichtigt werden mußten. Die anfänglich jüdisch geprägte christliche Urkirche sah sich gezwungen, die Kultpraxis der großen heidnischen Muttergottheiten in die Marienverehrung zu integrieren und dort gewissermaßen aufzufangen. Damit sind Elemente antiker Frömmigkeit gerade in der Marienverehrung für das christliche Abendland tradiert worden.

Oben: Zu den frühesten Bildern der christlichen Geschichte zählt diese italienische Katakombenmalerei vom Ende des 3. Jahrhunderts (Friedhof der heiligen Petrus und Marcellinus, Rom, Lünette aus einem Wandgrab in der Krypta der Madonna). Die Tradition der römischen Wandmalerei ist deutlich sichtbar.

Wandlung ihres Bildes von der würdevollen „Theotokos", der Gottesgebärerin, über die lächelnd-liebliche gotische „Schöne Madonna" bis hin zur bürgerlichen Frau des Barock spiegeln sich die Änderungen in der religiösen Sicht der jeweiligen Zeit wider. Wie bei keiner anderen Gestalt der christlichen Ikonographie verbinden sich bei Maria Legenden, Literatur und Brauchtum aus der Volksfrömmigkeit und schaffen die große Vielfalt der Marienthemen.

*D*ie Entstehung des Marienbildes fällt in die Zeit der Auseinandersetzung des frühen Christentums mit der noch lebendigen spätantiken Kultur und ihrer reichen Bilder- und Götterwelt, von der sich die jüdische Tradition der Bildlosigkeit streng unterscheidet. Auch die christliche Forderung, „sich kein Bild und Gleichnis Gottes zu machen", steht schon in den frühchristlichen Gemeinden im Konflikt mit den ersten Ansätzen, dem neuen Glauben im vertrauten Bild Ausdruck zu verleihen und über das Bild den Gläubigen das Göttliche nahezubringen. Die Frage des Vorrangs von Wort oder Bild durchzieht alle Jahrhunderte der christlichen Glaubensfragen. Diese scheinbare Unvereinbarkeit hat die Frage des Bilderstreits in der abendländischen Kultur immer wieder aufflammen lassen.

Im 4. Jahrhundert, als sich eine christliche kultische Tradition offiziell auszuformen begann, teilte sich das Römische Reich unter Kaiser Honorius 395 n.Chr. in Ostrom und Westrom, zwei Reiche, deren Kunstentwicklungen sehr unterschiedlich verlaufen sollten. Wenige Jahre danach, im Konzil von Ephesus (431), wurde die Frage nach dem Abbild Gottes und seiner Ikonographie theologisch grundlegend bestimmt. Die späteren Jahrhunderte modifizieren und ergänzen diese Darstellungsformen nur.

Die besondere Bedeutung Mariens hatte das Konzil von Nicäa schon 325 indirekt im Rahmen der Zwei-Naturen-Lehre behandelt. Der Beschluß auf dem Konzil fiel gegen die arianische und gnostische Auffassung und für die Lehre, daß Christus wahrer Gott und wahrer Mensch zugleich war. Um zu verdeutlichen, daß Christus schon von Anfang an auch „eines Wesens" mit Gott war, wurde Maria als „Gottesgebärerin" bezeichnet. Damit wurde freilich auch die Mutter Jesu zur verehrungswürdigen, heilsgeschichtlich zentralen Gestalt erhoben. Maria ist dadurch nicht mehr länger nur Werkzeug Gottes – dienende Magd –, sondern sie wird zu einer Gestalt, die durch ihr Ja zum Erlösungsgeschehen dem Menschen die Rettung mitermöglicht hat. Als Mittlerin zwischen Gott und den Menschen ist sie nicht nur Helferin im Heilsplan Gottes, sondern Fürsprecherin aller Sünder und Bedrängten.

Als Gottesgebärerin wird Maria auch als Sinnbild des Hauses Gottes, der Kirche, gesehen. In den Konzilsbeschlüssen des 3. und 4. Jahrhunderts wird die göttliche Natur Christi durch seine Aufnahme in den Himmel beglaubigt. Umgeben von Engeln, bleibt Maria als die verkörperte Ecclesia, die „von Christus auf Erden zurückgelassenen Kirche", zurück. In dieser frühen byzantinischen Zeit werden die Grundtypen der Madonnendarstellung festgelegt. Die ersten Bilder zeigen Maria thronend als Theotokos in würdevoller, strenger frontaler Haltung, das Jesuskind als Logosknaben in der Mitte ihres Schoßes vor sich haltend. Christus erscheint ebenfalls in der Kleidung eines Herrschers, in der Linken das Buch, Symbol für den Logos, die Rechte im Segensgestus erhoben.

Schon wenige Jahre nach dem Konzil gibt es in Konstantinopel 30 Kirchen, der Maria geweiht sind, und unzählige Ikonen werden als heilbringende Bilder verehrt. Dem Vorwurf an die frühen Christen, die Bilderverehrung sei heidnische Idolatrie, werden theologische Argumente (die Heilsnatur Christi sowie die übernatürliche Entstehung der Bilder) entgegengehalten. Auch für das theolo-

Oben: Die Theotokos, von Engeln umrahmt; Mosaik aus dem ersten Viertel des 6. Jahrhunderts in San Appolinare Nuovo, Ravenna. Über Ravenna und Venedig, Kolonien Byzanz', wurde die frühitalienische Kunst von der byzantinischen Formensprache beeinflußt.

225

Links: Die Skulptur „Mutterfreude Mariens" (Rom, 4. Jahrhundert) ist in ihrer Auffassung des Körperlichen und seiner Darstellung noch eng der römischen Kunst verpflichtet.

Mitte: „Thronende Maria Eleousa" mit zwei Engeln; Elfenbeinschnitzerei, wahrscheinlich aus Alexandria, frühes 7. Jahrhundert (Baltimore, Museum of Art). Die seltenen frühen Darstellungen unterscheiden bereits die verschiedenen Madonnentypen: So hält die thronende Theotokos dem Betrachter Christus frontal entgegen, während die Eleousa, Sinnbild mütterlicher Zärtlichkeit, das Kind an die Wange drückt und dieses seinen Arm um ihren Hals legt.

Rechts: Dieser ägyptische Grabstein aus dem 5./6. Jahrhundert ist ein Dokument frühester koptischer christlicher Kunst. Zu sehen ist eine Maria lactans (die Nährende).

gisch zentrale Bildthema, die Christusdarstellung, wird das Heilsgeschehen um die Menschwerdung Gottes zum hauptsächlichen Legitimationsgrund. Ob freilich das Göttliche im Bilde adäquat dargestellt werden darf, ist immer wieder Problem der Bilderstreite.

In dieser Auseinandersetzung ist die Legende von der göttlichen, übernatürlichen Entstehung der Bilder, wie sie sich in der Legende des Lukasbildes ausdrückt, entscheidend. Wir wir gesehen haben, hieß es unter anderem, Lukas habe das Bild noch zu Lebzeiten der Muttergottes gemalt, das Bild sei ihm direkt vom Himmel gereicht worden und nicht von Menschenhand gemalt, oder Maria habe das begonnene Bild selbst vollendet oder doch zumindest selbst gesegnet.

Diese Legenden der übernatürlichen Bildentstehung übertragen letztlich antikes Traditionsgut ins christliche Denken der Ostkirche. Die platonische Vorstellung vom Urbild (Idee) in den göttlich-geistigen Sphären, von dem das irdische Bild nur ein Abbild (Abglanz, Schatten) ist, wird durch die Legende der auf übernatürliche Weise entstandenen Bilder ins Christliche transformiert und bildet die geistige Grundlage der Ikonenverehrung. Denn hier wird ein Heiligen- bzw. Marienbild für den Betrachter zum Tor, um sich dem wahren Urbild und seinem göttlichen Sein zu nähern.

Diese im platonischen Denken wurzelnde Vorstellung durchzieht bis heute die byzantinische Maltradition, die den Künstler verpflichtet, dem einmal als wahr erkannten Urbild bei allen weiteren Wiederholungen streng verhaftet zu bleiben. Jede eigenwillige Abwandlung im Sinne westlicher künstlerischer Freiheit würde einem sich-Entfernen vom göttlichen Urgrund gleichkommen. Damit hat für den byzantinischen Gläubigen das Bild als Weg zum Heiligen und Transzendenten den gleichen Stellenwert wie das biblische Wort.

Dies zu erläutern, sei auch an den Vorgang des Malens selbst erinnert. Über die künstlerische Fertigkeit hinaus wird vom Maler, meist einem Mönch, verlangt, daß er sich vor Beginn seines Werkes durch tagelanges Fasten und Beten reinigen soll, um sich der Begegnung mit der göttlichen Sphäre – dem Urbild – würdig zu erweisen. Bleibt der Maler bei den kanonisierten, vorgegebenen Bildtypen, so wird auch in diesem schöpferischen Prozeß das Wesen des Urbildes spürbar. Das Malen einer Madonna hat so den Charakter einer Andachtsübung.

Die byzantinische Malerei wurde durch zahlreiche Bilderstreite unzähliger ihrer besten Werke beraubt. Kaiser Leo III. verbot 730 mit einem Edikt den Bilderkult als heidnisch. Das Argument, Christus sei als Gott nicht abbildbar, da „Gott nur im Geiste und in der Wahrheit angebetet wird" (Joh 4,23), wurde zum Bekenntnis der bilderfeindlichen Ikonoklasten. Das Zweite Konzil von Nicäa 787 jedoch beendete den Bilderstreit, und im Jahre 843 gelang es der Kaiserin Theodora, die Bilderverehrung endgültig in die byzantinische Kirche zu integrieren: „Wenn die Bilder Christi und seiner Mut-ter, der Engel und Heiligen verehrt werden, so richtet sich die Huldigung auf das dargestellte Urbild, nicht auf den Stoff des Abbildes; die Person ist gemeint, nicht die Materie, in der die Person zum Abbild kommt. Den Ikonen gebührt deshalb Verehrung *(Proskynesis),* jedoch nicht Anbetung *(Latreia),* die Gott, dem Unabbildbaren, allein zukommt" (L. Heiser). In der Ostkirche hat sich das Marienbild damit schon früh verselbständigt und ist durch die vielen Jahrhunderte prägend geworden auch in der westlichen Kunst.

Die byzantinische Kunst zeichnet sich durch einen strengen Formenkanon aus, der sich nicht nur auf die Darstellung von Maria und Christus bezieht. Die Verherrlichung des dynastischen Prinzips, ausgedrückt auch in einem strengen Zeremoniell und einer Formalisierung des höfischen Lebens und seiner Prachtentfaltung, zeigt in strengen, hohen Gestalten, allem Irdischen entrückt, den Kaiser und seinen Hof als Stellvertreter Gottes. Der Kaiser stand noch über den kirchlichen Oberhäuptern, und so prägte das Bild des Kaisers und der Kaiserin das Bild Christi und Marias. Die von Konstantin geschaffene Staatskirche verlieh Bischöfen staatliche Macht und stattete sie mit Insignien, Titeln und Rechten aus. So erhielt auch Christus in den byzantinischen Darstellungen Attribute und Würdezeichen des kaiserlichen Hofes. Purpurne Kissen, herrscherliche Nimben gehörten ebensosehr dazu wie die Darstellung der Apostel als himmlischer Hofstaat. Der kaiserliche Palast war da-

226

Links: Dieses Mosaik aus dem Chora-Kloster (Kariye-Camii) in Konstantinopel (Istanbul) aus dem ersten Viertel des 14. Jahrhunderts zeigt die „Verkündigung an Maria". Das Thema ist hier in einem Garten mit Brunnen wiedergegeben. Maria tritt dem Engel aufrecht stehend in Adorantenhaltung entgegen.

Rechts: „Maria mit Kind"; Rundmosaik aus demselben Kloster.

Unten: „Maria mit Kind zwischen Konstantin und Justinian"; Mosaiklünette vom Ende des 10. Jahrhunderts im Südvestibül der Hagia Sophia, Konstantinopel (Istanbul). Eine der eindrucksvollsten Theotokos-Darstellungen ist die hier abgebildete Maria zwischen Konstantin, dem ersten christlichen Herrscher der Stadt, und Justinian, dem Erbauer der Hagia Sophia.

Die byzantinische Malerei bleibt über Jahrhunderte dem vorgegebenen Bildschema verpflichtet.

Betende Maria (Mosaik aus der Basilika Ursiana, Ravenna, 12. Jahrhundert). Maria wird im Mittelmeerraum mit den weiblichen Gottheiten Demeter, Isis und Aphrodite in Verbindung gebracht. Formal betrachtet, ist der Gebetsgestus mit den beiden erhobenen Händen direkt aus der antiken Tradition ins Christliche übernommen. Maria ist allein dargestellt und dadurch in ihrer eigenständigen Bedeutung hervorgehoben.

Seite 229: Gottesmutter Vladimirskaja. Vermutlich Anfang des 12. Jahrhunderts in Byzanz entstanden, kam die Ikone 1161 in die Kathedrale von Vladimir in Kiew – daher der Name Vladimirskaja. Im 14. Jahrhundert gelangte sie nach Moskau, wo sie heute in der Tretjakov-Galerie ausgestellt ist. Diese berühmte Muttergottes-Ikone entspricht dem Typus der Eleousa, auch „Glykophilousa" („Süß-Küssende") genannt, welcher die innige Mutter-Kind-Beziehung besonders betont. Diese Madonna wurde oft kopiert und zum Urtypus zahlreicher Gnadenbilder.

mit „ein schattenhaftes Abbild des himmlischen Pallazium."

Die byzantinisch-christliche Kunst wendet sich bewußt von der spätantiken, realistischen und räumlichen Darstellung, vom Hier und Jetzt ab. Nicht das Abbild der Wirklichkeit, sondern die Heilslegenden und das Sichtbarmachen der geistigen Welt sind das Bildthema. Überlange, schlanke Körper, akzentuiert nur in den Umrißlinien, zeigen nicht körperliche Wirklichkeit, sondern Ergriffenheit, die ausschließlich in der Gebärde sichtbar wird. Gebärdensprache und religiöse Symbole werden verbunden mit dem Goldgrund, Sinnbild der geistigen Welt. In diesem Rahmen ist die Madonna Theotokos, dargestellt wie eine byzantinische Kaiserin, eine imperale Herrscherin, machtvoll, aber dem Irdischen entrückt.

Die frühchristliche Kunst, geprägt im byzantinisch-oströmischen Kulturraum, zeigt sich vor allem in der marianischen Bildgestaltung, die im Zeitraum zwischen 400 und 700 ihre Haupttypen festlegt. Hierzu zählen die *Hodegetria* (die Wegführerin), *Maria orans* (die Betende), *Maria lactans* (die Nährende) und die *Eleousa* (die Zärtliche), um nur einige zu nennen. In die einzelnen Typen der Madonnen sind ikonographische Traditionen des Kulturbodens, auf dem das frühe Christentum entstanden ist, eingeflossen. Die Göttin Isis, thronend mit dem Horus-Knaben vor sich, läßt sich von der

Theotokos nicht trennen. So fiel die Verehrung der Maria also auf den vorbereiteten fruchtbaren Boden einer Tradition von Muttergottheiten. Dem ähnlich, sind in der Typologie der „Maria orans" antike Darstellungen von Oranten übernommen. Ein besonders eindrucksvolles Beispiel hierfür und eines der wenigen erhaltenen frühen Beispiele der Buchmalerei ist das Rabbula-Evangeliar aus Syrien (um 580). Hier ist Maria unter der Mandorla des auferstandenen Christus in Adoranten-Haltung dargestellt.

Gleichzeitig mit dem wachsenden Einfluß Mariens in der Kirche wurde auch die spärliche Überlieferung über Maria in der Bibel durch das Protevangelium des Jacobus mit epischen Schilderungen des Lebens der Jungfrau, ihrer Eltern, vieler wunderbarer Begebenheiten um ihre Verlobung und vieles mehr erweitert und belebt und in das christliche Volksgut aufgenommen. Um das marianische Element in die Volksfrömmigkeit zu integrieren, wurden bereits in den ersten Jahrhunderten nach Christi Geburt Marienfeste in das Brauchtum des Jahreslaufs aufgenommen, so zum Beispiel der 2. Februar, heute Mariä Lichtmeß.

Aus dieser Zeit des 5. Jahrhunderts stammen zahlreiche Mariengebete und Ikonen, die der Madonna einen wichtigen Platz in der Liturgie geben. Man nennt sie nun in uralter Tradition Himmelskönigin, und als allumfassende Gottesmutter mit Mondsichel, Sternenkleid

und Sonnenkrone ist sie zugleich Teil des Kosmos und damit auch der Natur. Hier spürt man einmal mehr die Tradition antiker und orientalischer Muttergottheiten. Maria als Gottesgebärerin wird zum heiligen Gefäß und ist von aller Sünde gereinigt. Unbefleckt in der Empfängnis und frei von der Erbsünde, wird sie in der Kunst des Abendlandes als Immaculata besonders in der Barockzeit in pathetischer Weise verherrlicht.

Der Einfluß des Byzantinischen Reiches erstreckte sich über Griechenland, den Balkan, Rußland und Italien bis weit in den Norden und hat damit in diesem Raum bis zum Beginn des 13. Jahrhunderts auch die Mariendarstellung in der Kunst geprägt. Ravenna und Venedig waren byzantinische Zentren, deren Ausstrahlung in der Ikonographie über viele Jahrhunderte wirksam war. Viele in den Bilderstreiten vertriebene Künstler aus Byzanz zogen nach Italien, und mit ihnen ihre Kunst, die „maniera graeca". Die Großartigkeit und Universalität der Kunst des 12. und 13. Jahrhunderts zeigt, daß hier zwei große Kulturströmungen, die frühgotische nordische und die byzantinische, zu einer machtvollen neuen Einheit verschmolzen sind. Das überaus reiche italienische Madonnenbild ist entstanden aus der Verschmelzung der byzantinischen mystisch-entrückten höfischen Darstellungsweise mit dem beginnenden naturalistischen Erfassen der Wirklichkeit der Frührenaissance.

Das Marienbild des Westens ist also weitgehend von Byzanz geprägt. Macht und Glanz des Byzantinischen Reiches übten eine große Anziehung auf die Kaiserhöfe des Westens und ihre gottesstaatlichen Ideen aus. Über die byzantinischen Zentren Süditalien, Ravenna und Venedig fand ein reger Austausch statt.

Während in Byzanz der zweite Bilderstreit mit dem Zweiten Konzil von Nicäa 787 zugunsten der Ikonodulen (der Bilderfreunde) beendet wird, entwickelt sich im Westen die Hofschule Karls des Großen. Die Auseinandersetzung in der Frage des Bilderstreits hat im Westen weniger große Bedeutung, da die direkte Konfrontation mit der antiken Bilderwelt nicht gegeben ist. Karl der Große sieht in der Antike ein Vorbild, dem er in seiner Baukunst nachzueifern sucht. Die karolingische Hofschule, z.B. die Ada-Schule, ist zwar dem byzantinischen Formenkanon verpflichtet, doch sind Ansätze antiker Raumdarstellung zu erkennen.

Zur gleichen Zeit entwickelt sich in Irland eine insulare, eigene Tradition der Buchmalerei, wie sie im Book of Kells einen Höhepunkt findet. Heraldische ornamentale Formensprache, wie sie auch die irischen Hochkreuze und Portale

ziert, überzieht das Bild in einem Geflecht strenger Ornamentik, in das die Gestalten eingewoben sind. Im Book of Kells, entstanden um 800, erscheint der Thron der Gottesmutter als von Engeln umrahmt.

Die ottonische wie die karolingische Buchmalerei behandeln das Thema der Maria nicht an zentraler Stelle; vielmehr ist Christus als Weltenherrscher das Hauptbild der christlichen Ikonographie. Die ottonische Kunst übernimmt diesen Typus vor allem in den Elfenbeinminiaturen und in der Buchmalerei, wobei die Epiphanieszene dominiert. Im Perikopenbuch Heinrichs II. oder im Hildesheimer Bernward-Psalter erscheint Maria, von Engeln flankiert, als Himmelskönigin. Doch fügt sich die Darstellung Mariens nur am Rande als Teil in das christologische Heilsgeschehen ein. Die frühen Evangeliare und Perikopenbücher, für den Gebrauch in der Liturgie bestimmt, illustrieren vornehmlich das Leben Christi, seine Wundertaten, die Passion und die Auferstehung.

Die erste überlieferte selbständige Madonna dieser Zeit ist die vollplastische Figur einer Hodegetria mit dem Logos-Knaben auf dem linken Arm – die Gol-

dene Madonna von Essen (980). Würdevoll thront Maria, den Blick in die Ferne gerichtet, wie die Hodegetria, die um das nahende Leid weiß. Auch in der späteren Imad-Madonna (Paderborn, 1160) tritt deutlich ein wachsendes Raumgefühl zutage. Sichtbar wird dies in der Geste, mit der Maria Christus einen Apfel reicht, der sowohl den Reichsapfel symbolisiert als auch als Sinnbild für die Neue Eva zu deuten ist.

Die Darstellungen an den reich geschmückten romanischen Kathedralen, wie etwa in Autun in Frankreich, sind geprägt von der Strenge Christi als Weltenrichter, der erhaben und machtvoll in den Eingansportalen der Kirchen thront. Christus als Weltenrichter, seine Maiestas Domini, das große Thema der romanischen Zeit, erfährt erstmals eine Umdeutung in Chartres, wo Christus, milder und menschlicher, zum barmherzigen Erlöser wird. Diese neue Auffassung der Christus-Darstellung weist auf die sich wandelnde Form der Frömmigkeit, die nun Maria nicht nur ins Zentrum der Gebetsandacht, sondern auch der darstellenden Kunst rücken wird.

Seite 230, links: „Krönung Mariens", Widmungsbild im Evangeliar des Bernward von Hildesheim (Bischof 993–1022); um 1015 (Hildesheim, Domschatz). Das Evangeliar des großen mittelalterlichen Domherrn und Baumeisters ist dem Hildesheimer Dom, einer Marienkirche, gewidmet. Die ungewöhnlich reich ausgestattete Handschrift zeigt zu jedem Kapitel ein ganzseitiges Bild.

Seite 230, Mitte: „Thronende Muttergottes" aus dem Book of Kells; Irland, um 800 (Dublin, Trinity College). Die für Irland charakteristische reiche Ornamentik erfaßt auch die heraldisch gezeigten Figuren, deren Gewandfalten in die Ornamentik miteinbezogen und rein in der Fläche konzipiert werden. Das Motiv des Knotens und der verschlungenen Linien ist in der irischen Malerei aber auch in vielen anderen kulturellen Zusammenhängen Symbol für die Lebenspfade.

Seite 230, rechts: Nikolaus von Verdun (ein bedeutender Goldschmied, der in der zweiten Hälfte des 12. Jahrhunderts tätig war): „Geburt Christi"; Tafel aus dem Verduner Altar, 1181, Email in Gruben- und Zellenschmelz auf vergoldetem Kupfer (Stiftskirche Klosterneuburg, Österreich). Der Verduner Altar ist eine der bedeutendsten und kostbarsten künstlerischen Leistungen der romanischen Kunst.

Jede der Bildreihen zeigt in 15 Bildern die Heilsgeschichte des Alten („ante legem" und „sub lege") und Neuen Testamentes („sub gratia").

Links: Die „Goldene Madonna" von Essen, entstanden um 980, ist die älteste erhaltene Freiplastik der Goldschmiedekunst des Mittelalters.

Rechts: „Anbetung der Könige" aus dem Goldenen Evangelienbuch Heinrichs III.; ottonische Buchmalerei aus Echternach, um 1050. Der streifenförmige Hintergrund ist ein typisches Stilmittel der Echternacher Schule.

231

DIE GOTIK

Mit dem Beginn des 13. Jahrhunderts vollziehen sich tiefgreifende Wandlungen in der geistigen Tradition Europas, die begleitet sind von politischen Umwälzungen, Verschiebungen der Machtzentren und dem Zusammenbruch sozialer Traditionen. Die Kultur des Rittertums erblüht und befreit sich aus der Abhängigkeit von den kaiserlichen Höfen (der Ottonen oder der Staufer). In Italien wie im Norden entstehen freie Stadtkulturen, die dem Bürger durch Zunft- und Rechtswesen neue Eigenständigkeit verleihen. Die Nachwirkungen der Kreuzzüge und aufkeimende neue Weltvorstellungen verunsichern die Menschen.

In dieser Zeit des Umbruchs wird Europa von der Schwarzen Pest getroffen, die manche Länder um zwei Drittel ihrer Bevölkerung dezimiert. Dieses erschütternde Erlebnis des allgegenwärtigen Todes erlebt der mittelalterliche Mensch als strafende Antwort des Himmels auf die eigene Sündhaftigkeit. Seiner alten Traditionen und Vorstellungen beraubt, sucht der unsichere Mensch der Gotik die Antwort in einer tiefempfundenen Heilssehnsucht und einer verinnerlichten mystischen Gottsuche, mit der er am kosmischen Heilsgeschehen zu partizipieren trachtet. Dies ist die Zeit der Hochblüte des Andachtsbildes, in dem Maria das Zentrum des kirchlichen Lebens darstellt.

Vergleicht man die majestätischen, über allem thronenden Madonnen im Kultbild der byzantinischen und später der romanischen Kunst mit dem seelentiefen Andachtsbild der Gotik, so wird der sehnsuchtsvolle Wille des Gläubigen, in eine innige Zwiesprache mit Maria zu treten, deutlich. Ihrer Fürsprache vertraut der Gläubige die Vergebung seiner Sünden an, durch ihren Trost erfährt er Erleichterung in der leidvollen, harten Lebenswirklichkeit. So ist die wichtigste Neuschöpfung der Kunst der Gotik das *Vesperbild*, das die Gottesmutter in leidgezeichnetem Ausdruck als Pietà oder Schmerzensmutter zeigt. Die Gotik rückt erstmals die realistische Darstellung des emotional-seelischen Miterlebens des religiösen Geschehens als wichtiges Anliegen ins Zentrum der Aussage. Schmerz und Ergriffenheit, Freude und Erlösung, Demut und Anteilnahme kennzeichnen

die je unterschiedlichen Madonnentypen.

Dem religiösen Bild – und im besonderen dem seelenvollen Andachtsbild – wurde eine tiefe erzieherische Wirkung auf die Seele zugeschrieben, denn im Miterleiden der Schmerzen Mariens sollte der Gläubige ergriffen, geläutert und zur Bußfertigkeit geführt werden. Das bis dahin gültige Kultbild und auch Darstellungen der biblischen Geschichte entsprachen zwar den Erfordernissen der Liturgie, konnten aber den Bedürfnissen der außerliturgischen, privaten Andacht kaum Rechnung tragen. So löste man aus den biblischen Erzählungen einzelne Themen und Figuren heraus und stellte sie meist in Beziehung zu speziellen Festen des kirchlichen Jahreskreises wie etwa Weihnachten, Ostern und die Marienfeste. Es entstand eine Vielzahl neuer Themen der Marienikonographie.

Die Marienverehrung der Gotik begnügt sich also nicht mit dem, was wir aus den Evangelien und Apokryphen über die Mutter Christi wissen. Sie schöpft darüber hinaus ihre Themen aus den dem Volke gehörenden Legenden und aus der zur gleichen Zeit erblühenden Mariendichtung. Marias Lieblichkeit wird von den Dichtern des Mittelalters in einer Flut von Marienlyrik beschrieben. Auch das Brauchtum nimmt Teil an der marianischen Bewegung. Zahlreiche Marienfesttage im Kalender werden bestimmt. Mit dem Aufkommen der marianischen Mystik und neuer Andachtsformen entstehen auch Mysterienspiele und neue Traditionen von Hymnen und Gebeten, etwa das „Salve Regina". In allen Gebeten wird Maria nun als Königin, Jungfrau des Weltalls und des Himmelreichs bezeichnet.

Zum Hauptmotiv der Bildenden Kunst wird die Krönung Marias. Weitere wichtige Themen ergeben sich aus dem Marienleben mit seinen zahlreichen Stationen: das Opfer Joachims, die Gebetserhörung Annas, die Begegnung an der Goldenen Pforte, die Geburt Marias, der Tempelgang, die Verlobung und Hochzeit Mariens, die Verkündigung, die Heimsuchung, der Tod und die Aufnahme in den Himmel.

In diesem Zusammenhang wird die marianische Ikonographie um Darstellun-

Seite 234: In der Kathedrale von Chur in der Schweiz steht das bedeutende spätgotische Schnitzwerk des „Marienaltares" von Jakob Ruß aus den Jahren 1486 bis 1492. Der dreiflügelige Altar ist bekrönt von einem mächtigen Gesprenge, das noch einmal die Marienkrönung zeigt. Die Schnitzkunst ist gerade in der Gotik zur besonderen Blüte gelangt.

Mitte: Spätgotische Madonna aus Weissenau, Kreis Ravensburg (nach 1485). Als Himmelskönigin steht sie auf dem Mond; die Nische ist ausgekleidet mit Rosen, dem Symbol Mariens.

Rechts: „Marienkrönung" vom spätgotischen Flügelaltar der Kirche Maria Gail bei Villach. Die Ästhetisierung des Lebens durch die Kunst, wie sie der Schöne Stil um 1400 ausdrückt, wird hier in der Form der bauschenden Gewänder und des reichen Geästs übersteigert.

Oben: „Krönung der Jungfrau Maria": Diese emaillierte Rundplatte, um 1340 in Limoges entstanden, hat einen Durchmesser von 23 Zentimetern (Paris, Louvre).

gen wie jene der „Schutzmantelmadonna", des „Marientodes", der „Himmelfahrt Mariä", der „Krönung Mariä", der „Rosenkranzmadonna", der „Sieben Schmerzen und Sieben Freuden Mariens" sowie der „Pietà" und der „Schmerzensreichen Muttergottes" erweitert.

Die Kathedralkunst

Die umfassendste Wirkung kommt Maria jedoch in der Kunst der Kathedrale zu. „Die materielle Kirche bedeutet die geistige Kirche (Ecclesia materialis significat ecclesiam spiritualem)", so steht es in den alten Bauhütten-Büchern der Gotik. Damit wird das Sichtbare zum Symbol und Abbild des Unsichtbaren. Jede Farbe bezieht sich auf einen höheren Gehalt; auch zeigt das Licht, das durch die hohen Fenster scheint, sinnbildhaft das göttliche Licht als kultische Macht. Jede Zahl, die in der Geometrie der Architektonik verborgen ist, ist Abbild einer höheren Harmonie der Proportionen, die wiederum Ausdruck der Weltenharmonie sind. Da die Schönheit Ausdruck göttlicher Harmonie ist, kann der göttliche Kosmos

über die irdische Schönheit für das menschliche Auge sichtbar gemacht werden. So herrscht die Vorstellung, daß über das Symbol Geistiges im Irdischen realistisch zum Ausdruck gebracht werden kann. Damit erhält das Irdische, die Natur in ihrer realistischen Darstellung, einen Platz in der religiösen Malerei, wie er vorher nicht denkbar gewesen war. Der Künstler der Gotik wendet sich hingebungsvoll dem kleinsten Detail einer Blume, eines Kleides, eines Faltenwurfes zu, denn auch das Kleinste ist Abbild der göttlichen Schöpfungsharmonie.

Die Kathedrale ist ein umfassendes Gesamtkunstwerk gotischer Vorstellung des Sakralen und des Weltlichen und gleichzeitig von der Kenntnis um die vielschichtigsten Bereiche der Symbolik bestimmt. Das tiefe Wissen, das in den gotischen Kathedralen sichtbar wird, gehört zu den Geheimnissen der Bauhütten, den Zentren mittelalterlicher „Wissenschaft". Das Bauen der Kathedralen wird von den Menschen auch als Dienen vor Gott empfunden.

Das scholastische Denken der Gotik versucht, in der Betrachtung der Natur, der Welt, die heiligen Gesetze des Schöp-

fungsplanes Gottes zu belegen. In diesem Zusammenhang ist die Kathedrale Abbild und Interpretation des Kosmos. Maria umfaßt in ihrer Mittlerrolle sowohl den spirituellen Bereich des Kosmos – der cathedrale spiritualis –, wie auch den irdischen Bereich der cathedrale materialis. Sie ist die Ecclesia. So sind die meisten Kathedralen Marienkirchen, zum Beispiel unter dem Namen Notre Dame oder Unserer Lieben Frau.

An dieser Stelle muß auf die Darstellungen der Maria als Ecclesia in der Bildenden Kunst hingewiesen werden. Zahlreiche Bilder der Gotik (man denke an die Tafelbilder von van Eyck) zeigen eine überlebensgroße Maria in einem Kircheninneren, denn in „der mystischen Betrachtungsweise des Mittelalters wird Maria unter dem Kreuz auch zum Urbild der Mutter Kirche, zur Ecclesia; da in der Theologie vom mystischen Leib der Kirche alle Christen einen Teil des geheimnisvollen Leibes Christi bilden, gelten sie zugleich als geistige Kinder der Mutter Gottes, die in universaler Mutterschaft bittend und flehend unter den blutenden Wunden ihres Sohnes für ihre Geistkinder eintritt" (J. Ströter-Bender).

Die meisten Marienportale zeigen im großen Bogenfeld über dem Eingang als Abbild der Gleichsetzung von Maria und Ecclesia die Krönung Mariens zur Himmelskönigin. Die Darstellung zeigt Christus, die jugendliche Maria krönend. Oft wird die Krone, Symbol der königlichen Würde, von Engeln gehalten oder herbeigetragen, was sie als Regina angelorum, als Königin der Engel, ausweist. Unterhalb dieser Szene sind der Marientod und Marias leibliche Auffahrt in den Himmel dargestellt. An ihrem Sterbebett sind die Apostel, ihre lieben Söhne und Brüder versammelt, während Christus die Seele Marias in Empfang nimmt. Das Portal ist durch eine Mittelsäule geteilt, an der Maria freistehend als Einzelfigur angebracht ist. Im Gewände der Portale sind Szenen aus dem Marienleben, bevorzugt die Verkündigung und die Heimsuchung, dargestellt. Durch die Überfülle der Bilder wird die Bedeutung und Wichtigkeit der großen Muttergottesfiguren an den Portalen der klassischen Kathedralen oft in den Hintergrund gedrängt. Die schönsten Beispiele sind in Chartres, Amiens, Reims und Paris.

Die thronende Maria mit dem Christuskind hat als Kultbild im Abendland ihren festen Platz gehabt. Die freistehende Mutter Gottes, zuerst noch mit der Architektur verbunden, später sich aus ihr lösend, tritt erst mit der Gotik und den großen Kathedralen ihren Siegeszug an. Mit ihr wird eine neue Wirklichkeit geschaffen, die sich in der zunehmenden Marienverehrung ausdrückt. Der Gedanke, der von der Kathedralkunst ausgegangen ist und alle Kunstbereiche umfaßt, reflektiert die Beziehung der sichtbaren Welt zur geistigen Welt neu und verbindet beide in einer weitreichenden Symbolik. Damit kann in der sakralen Kunst auch die Wiedergabe der Natur als Teil des Religiösen gedeutet werden.

Der Norden wie auch Italien wenden sich der Abbildung der Wirklichkeit zu. Doch in all der Feinheit und Naturgetreuheit des Abgebildeten kann nicht von Realismus im modernen Sinn gesprochen werden. Vielmehr wird die Schönheit der dargestellten Dinge als Wiederschein des Göttlichen betrachtet und, indem sie die Seele des Menschen rührt, als Weg zum Göttlichen.

Der Goldgrund als göttlicher Hintergrund, vor dem die Natur dargestellt wird, wie etwa bei Stefan Lochner, verbindet Irdisches und Überirdisches zu einer für die Gotik charakteristischen Einheit. Die Betrachtungen über Schönheit eines Bernhard von Clairvaux oder eines Hugo von Sankt Victor beziehen in ihre Reflexion das Licht als zentrale künstlerische Kraft mit ein. Die gotischen Kirchenfenster, der Glanz der Gegenstände wie auch der Goldgrund sind Aspekte einer Lichtmystik. In diesem Zusammenhang ist auch Maria und ihr Bild in der Schönheit mittelalterlicher Kunst *durch* ihre Schönheit ein Teil des Weges der Gläubigen. Das Ästhetische bleibt mit der religiösen Erfahrung des einzelnen verbunden. Auch das mittelalterliche Altarbild wie die spätgotischen Werke verbinden in ihrer Symbolsprache Naturwiedergabe und religiöse Thematik.

Die Lilie symbolisiert Marias Reinheit, die Rose ist Sinnbild ihres Leidens; Sonne, Mond und Sterne weisen sie als Himmelskönigin aus; der Apfel, Sinnbild des Reichsapfels der Weltherrschaft, deutet zugleich auf die Überwindung des Sündenfalls durch den Apfel Evas hin. Auf verschiedene Weise will man der Reinheit Mariens Ausdruck verleihen, so durch die Darstellung des „hortus conclusus" wie auch in der Darstellung der „Wurzel Jesse", einer Bildform, in der Maria vom 13. Jahrhundert an ebenfalls zur Zentralfigur wurde.

Der „hortus conclusus" (der umzäunte Garten), in dem Maria mit dem Jesuskind dargestellt ist, ist voller Blumen und Pflanzen und spielender Kinder. Er symbolisiert das Paradies, in das Maria als Neue Eva zurückgekehrt ist. Die Mauer, die den Garten umschließt, symbolisiert die Unberührtheit Marias.

Auf dem Bild des Rogier van der Weyden liegen wie zufällig zwei Äpfel auf dem säuberlich geputzem Fenstersims der bürgerlichen Wohnstube; sie sind Sinnbild für die alte und die neue Eva. Wie ein Gebrauchsgegenstand steht die Kerze auf dem Tisch, und doch ist sie vom Künstler als Symbol für das Ewige Licht aufgefaßt. Die Lilie der Verkündigung, vom Erzengel Gabriel überbracht, ist Symbol der Reinheit Mariens. Auf vielen gotischen Bildern der Niederlande wird

Oben: „Madonna im Ährenkleid", um 1450 vom Sterzinger Meister für die Kirche in Sterzing geschaffen. Die Interpretationen dieses Themas rühren einerseits vom antiken Demeter-Mythos her, wo die Ähre als Sinnbild der Fruchtbarkeit erscheint, andererseits von der Bedeutung des hebräischen Wortes Betlehem: „Haus des Brotes" gesehen. Konrad von Würzburg nennt sie die „edle Tugendgarbe".

Seite 236: Tilman Riemenschneider (um 1460–1531): Schrein vom Marienaltar aus der Herrgottskirche in Creglingen, Bayern, um 1505/10.

Seite 239, links: „Madonna", gotische Plastik um 1450, bemalter Stein: die Spätform einer Schönen Madonna in Originalfassung (Privatbesitz).

Rechts: Jan van Eyck (1390–1441): „Madonna in der Kirche", um 1426 (Staatliche Museen Berlin). Das Thema der Maria als Ecclesia ist in diesem Bild in besonders realistischer und schöner Weise ausgedrückt. Mit leicht S-förmiger Körperhaltung steht Maria als Schöne Madonna im Hauptschiff einer gotischen Kirche. Doch ist ihre Größe ins Übernatürliche gesteigert, denn ihre Krone reicht bis in den Lichtgaden – ein Sinnbild der Gleichsetzung von Maria und Kirche.

Links: Die Form einer Madonna im Rosenhag findet sich auch bei Luca della Robbia (ca.1400–1482) in diesem Terracotta-Werk (Florenz, Museum Bargello). Es sei hier im Hinblick auf die Frührenaissance als Beispiel einer zeitgleichen italienischen Madonna angeführt.

sie wie zufällig in einer Blumenvase neben Maria gezeigt und wird so scheinbar zum Teil des Alltags.

Marias Heiligkeit, auch wenn sie als bürgerliche Frau ohne Heiligenschein dargestellt wird, zeigt sich verbergend-andeutend in dem Tatbestand, daß sie, im Gegensatz zu allem anderen Abgebildeten, keinen Schatten wirft. Ihr Körper ist „nicht von dieser Welt", er ist rein, ohne Sünde und daher ohne Schatten.

Die gotische Kunst hat sich in liebevoller Verehrung der Schönheit der Welt als Ausdruck ihrer Göttlichkeit zugewandt, und so ist der Glanz der Seide nicht nur Abbild der Stofflichkeit, sondern gleichzeitig Ausdruck des Glanzes göttlichen Lichtes und darüber hinaus Symbol herrscherlicher Würde. Die Perlen, die in die Gewänder eingewoben sind und zwischen Rubin und Smaragd glänzen, weisen über sich selbst hinaus. Die gotische Vorstellung der Schönheit hat in der späteren Phase um 1400, im „Internationalen" oder „weichen Stil", seinen Höhepunkt erreicht. Die Verbindungen unter den blühenden Fürstenhöfen wie Paris, Prag und Wien führen zu so engen künstlerischen Verbindungen und Austausch, daß im „Internationalen Stil" die bestehenden nationalen Unterschiede erstmals überwunden werden.

Die Madonna, auch die Schöne Madonna genannt, zeichnet sich durch weich und elegant fallende Gewanddrapierungen aus. Ihr Körper ist in einer S-Kurve leicht geschwungen. Auf ihrem Antlitz liegt ein jugendliches Lächeln. Die Schöne Madonna ist wie ein Gegenbild zu den schmerzverzerrten Pietàs und den geschundenen Körpern der Christusfiguren im Schmerzensmann. Selbst die Passionsthemen gewinnen eine neue Schönheit, eine „Entspannung, empfindsam gefühlsselige Hingabe an die Süßig-

Rechts: „Die Verkündigung an Maria", Mitteltafel eines Triptychons, um 1435, von Rogier van der Weyden (1399/1400–1464); Paris, Louvre. Der Künstler gibt den Raum mit den damals modernen Mittel der Perspektive wieder und verbindet dies mit der niederländischen Freude am Detail. Gleichzeitig verbergen sich in den scheinbar alltäglichen Gegenständen die Symbole der christlichen Heilserwartung. Auf dem Kaminsims deuten die beiden Äpfel auf die alte und neue Eva. Die Blume in der Vase ist die Verkündigungslilie, das Medaillon über Mariens Bett zeigt bereits die Kreuzigung.

239

Links: Jan Mostaert (ca. 1472–1555): „Die Heilige Familie beim Mahle", um 1495/1500 (Köln, Walraf-Richartz-Museum). Die Welt der gotischen Bürgerlichkeit, wie sie sich in den freien Reichsstädten darstellt, wird selbstbewußt in die Darstellung der Heiligen Familie miteinbezogen.

Rechts: „Maria auf der Mondsichel" vom Meister des Marienlebens, der in Köln 1463–1480 tätig war). Hier ist Maria wieder dem Alltäglichen entrückt. Die Attribute Mondsichel, Strahlenkranz und Heiligenschein symbolisieren sie ebenso als Himmelskönigin wie auch die Farben: Gold als Ausdruck der sakralen Welt, Rot als Farbe der Liebe und der Passion.

keit des Leidens und damit ein neues Schönheitsideal, zugleich eine persönlichere, intimere Einstellung, in der man mit dem Göttlichen vertraute Zwiesprache hält" (Dagobert Frey).

Man muß hier auf die Tradition der Kirchenväter verweisen, die in besonderem Maße die Gotik, aber auch das Barock beeinflußte. „Die Kirchenväter sahen beinahe einmütig in dem sonnenhaft strahlenden, doch vom Drachen bedrohten apokalyptischen Weib das himmlische Urbild des Volkes Gottes auf Erden, d.h. die vom Satan verfolgte und von Gott gerettete und erhaltene Kirche, von der – durch die Taufe – immer wieder neue Kinder geboren werden. Erst im 12. Jh. beginnt man in der Himmelserscheinung nicht mehr nur die Ecclesia, sondern auch – stellvertretend für sie – Maria zu sehen, die Christus, den Weltenherrscher, geboren hat" (H. und M. Schmidt).

In der Offenbarung des Johannes erscheint eine Himmelskönigin, mit der Sonne bekleidet, unter ihren Füßen der Mond, das Haupt bekränzt mit einer Krone von zwölf Sternen. Für die Interpreten des Hohenliedes Salomos ist sie nicht nur die Weisheit, die Sophia Maria, die auf dem Löwenthron sitzt, sondern gleichzeitig die Himmelskönigin, „herrlicher als die Sonne und alle Sterne". Gerade der Mond als Symbol des Weiblichen ist als Attribut der Maria schon in der frühen Gotik zu sehen, erfährt aber in den barocken Darstellungen der Immaculata eine besondere Betonung. Der Mond ist Attribut antiker weiblicher Gottheiten, und so steht auch Maria als „Gestirnte Mutter, Fürstin der Zeiten, des Weltalls Beherrscherin" unter seinem Zeichen.

In der Spätgotik ist das Motiv der Strahlenkranzmadonna besonders eindrucksvoll von Tilman Riemenschneider

in seiner Volkacher Rosenkranzmadonna gestaltet worden. Maria im Strahlenkranz auf der Mondsichel ist umgeben von musizierenden Engeln; zwei halten die Krone über ihr Haupt, und sie erscheint als „apokalyptisches Weib", mit der Sonne bekleidet.

Man beschreibt die Zeit der Spätgotik oft als „Entdeckung der Wirklichkeit". Doch was im einzelnen von der Wirklichkeit der uns umgebenden Natur in der Kunst aufgenommen wird, unterscheidet sich von Land zu Land. In Italien ist die Erforschung und wirklichkeitstreue Darstellung des *Raumes* durch eine perspektivische Konstruktion von Standpunkt und Fluchtpunkt ausgedrückt. Verkündigungsdarstellungen in Säulengängen, die sich weit in die Tiefe erstrecken, sind ein bevorzugtes Thema der florentinischen Kunst. Der Norden übernimmt die Perspektive des Raumes nur zaghaft. Dafür

wird die Wiedergabe des *Stofflichen* treuestens vorgenommen. Die Bilder van Eycks, Bouts', Schongauers und Memlings schwelgen im Glanz der Perlen und Diamanten, im schweren Fall des Samtes und im feuchten Glanz des Taus auf den Blumen. Die feinsten Fältchen und Unebenheiten werden getreulich gezeigt. Unvergeßlich sind die zerfurchten Hände der betenden „Drei Könige" auf dem Christi Geburt-Bild von Hugo van der Goes in den Uffizien.

Sei es die italienische Erforschung der Welt in der mathematischen Konstruktion der Perspektive oder sei es die detailfreudige Darstellung der Gegenstände, wie sie der Norden kennt – in beiden Fällen verbirgt sich hinter dem vordergründig „Natürlichen" die Verherrlichung der göttlichen Welt. Mit der Renaissance bleibt die Darstellung der Natur weiterhin Hauptthema der Kunst,

doch ist sie nun Objekt der persönlichen Studien der Künstler, die sich mit dem Interesse des Wissenschaftlers den Gesetzen der Natur zu nähern suchen.

Oben: Joachim Patinir (um 1475/80–1524): „Ruhe auf der Flucht nach Ägypten" (Madrid, Prado). Patinir gilt als erster großer Vertreter der niederländischen Landschaftsmalerei, die über Jahrhunderte die niederländische Malerei bestimmen wird. Das Thema der „Ruhe auf der Flucht nach Ägypten" ist eine beliebte Möglichkeit, Landschaftsmalerei und religiöse Thematik zu verknüpfen.

Seite 243: Giotto (1267–1337): „Maestà", auch Ognisanti-Madonna genannt (Florenz, Uffizien). Noch spürt man bei dem Frühwerk Giottos die Verbindung zu seinem byzantinisch inspirierten Lehrer, doch entsteht hier erstmals ein Raumgefühl. Sogar die räumlich angeordneten Heiligenscheine der Engel verdecken die hinter ihnen stehenden. Der Körper der Thronenden Madonna ist stärker ausmodelliert und zeichnet sich in ihrem Gewand ab. Dies ist ein Schritt zu jener Darstellung und Erforschung des wirklichen Raumes, wie sie für die Renaissance charakteristisch sein wird.

Cimabue (nachweisbar zwischen 1272 und 1302): „Maestà" (Thronende Madonna mit Kind), 1272/74 (Florenz, Uffizien). Cimabue, der Lehrer Giottos, noch ganz der byzantinischen Tradition verpflichtet, zeigt die Mutter Gottes von Engeln umgeben, streng in der Fläche geordnet vor Goldgrund.

Der Beginn der Neuzeit ist geistesgeschichtlich in der Frührenaissance Italiens zu sehen. Die mittelalterlichen Ordnungen der Zünfte und Städte, die die Basis für die kulturelle Hochblüte der Gotik gewesen waren und die dem Künstler seine feste Rolle als Handwerker zugewiesen hatten, wurden mit der aufkommenden Renaissance gewandelt. Die Beschäftigung mit der Antike wies dem Menschen eine neue Rolle zu, und im Geiste des Humanismus reflektierte dieser seine eigene geistige Autonomie. So befreite man sich aus der nun als eng empfundenen Welt der Zünfte hin zu einem autonomen Künstlertum. Der Künstler sah sich nicht mehr als Handwerker, sondern als Erforscher der Gesetzlichkeit von Kunst und Natur. Der Künstler formte auch in der christlichen Kunst neue Interpretationen religiöser Themen, die nun durchsetzt waren mit antiken Vorstellungen von Kunst und Schönheit.

Das Idealbild der Renaissance ist der freie, selbstbewußte Mensch, der in der Lebensform des „uomo universale" seinen hervorragendsten Ausdruck findet. An den erblühenden Höfen italienischer Stadtstaatenfürsten, wie denen der Medici in Florenz oder der Sforza in Mailand, wird dieses Menschenideal des „il cortigiano", d.h. des uomo universale gelebt. Nicht mehr die Kirche allein ist, wie im Mittelalter, Auftraggeber, sondern nun auch der freie Kunstkenner und Mäzen. Künstlerisches Selbstverständnis und Innovation sind engstens miteinander verbunden.

Den ersten Schritt aus der viele Jahrhunderte während Abhängigkeit der italienischen Kunst von Byzanz vollzieht Giotto bereits im 13./14. Jahrhundert. Sein Lehrer Cimabue, der Flächenkunst der byzantinischen Malerei verpflichtet, malt eine thronende Hodegetria, deren Thron zur Seite je von übereinander angeordneten Engeln gesäumt wird. Noch ganz dem byzantinischen Formenkanon treu, ist Cimabues Madonna (Maestà) in ornamentalen Linien in der Fläche gebannt. Auch Giottos Madonna übernimmt noch die Form der thronenden, strengen Muttergottes, doch zeichnet sich in der Körperhaltung, im Faltenwurf und im Volumen des Körpers eine beginn-

nende dreidimensionale Raumauffassung ab, die die Madonna ins Irdische – Menschliche – Eigenständige transformiert. Darüber hinaus wird die Diesseitigkeit und Menschlichkeit der Figuren erstmals durch eine persönliche, expressive Gebärdensprache ausgedrückt, wie sie die byzantinische Kunst nicht kennt. In Giottos „Beweinung Christi" in der Arenakapelle in Padua beugt sich Maria dramatisch bewegt über den toten Christus. Auch die Engel, die dieses Geschehen wahrnehmen, winden sich vor Schmerz. Nie zuvor sind himmlische Wesen in so intensiver menschlicher Trauer dargestellt worden.

Die frühen Sieneser Madonnen, wie die eines Simone Martini, bleiben vor glänzendem Goldgrund zwar dem Byzantinischen nahe, doch auch in diesen Kunstwerken wird der menschliche Ausdruck durch eine bewegte Gebärdensprache und eine lebhafte Gestaltung der Gewänder gezeigt.

„Entdeckung der Wirklichkeit" ist das Thema auch der Renaissance, doch führt sie die in der Gotik begonnene Nachahmung der Natur in einem neuen Geist weiter. Die Erforschung des Raumes mit den Mitteln der Perspektive bedeutet einen Schritt in die Realität des menschlichen Raumes. Durch die Konstruktion der Perspektive wird der Betrachter erstmals in den Aufbau des Bildes mit einbezogen. Der „Standpunkt" des Betrachters bestimmt den Fluchtpunkt der Perspektive.

Die Studien der Perspektive sind ein wichtiger Teil in den kunsttheoretischen Schriften der Renaissance, die die Malerei zu einer Wissenschaft machen. Alberti beschreibt in seinem theoretischen Werk „Della pittura" nicht nur die Gesetze von Schönheit, Proportionen, Lichtführung, Farbgebung und Perspektive, sondern kategorisiert auch die Ausdrucksformen der religiösen Bilder. In Albertis Buch finden die „prediche vulghare" des Wanderpredigers Fra Roberto Caracciolo Aufnahme. Hier werden die verschiedenen Bedeutungsstufen und Stimmungslagen bekannter Ereignisse aus dem Marienleben aufgezeigt: „So werden zum Beispiel die fünf löblichen Verhaltensstufen der Jungfrau bei der Verkündigung aufgezählt und auch der Nachweis ihrer

Seite 245 ganz oben: Michelangelo Buonarroti (1475–1564): „Die Heilige Familie" (Tondo Doni), 1504 (Florenz, Uffizien). Michelangelo greift hier die Tondoform des italienischen Andachtsbildes auf. Doch sind in dem Bild mehrere Ebenen verbunden: im Vordergrund die Szene, in der sich Maria in einer ungewöhnlichen Drehung nach hinten dem Kind zuwendet, im Hintergrund antikisierende Figuren, die den Rahmen des Geschehens bilden.

Umsetzung in die Bildkunst erbracht – Unruhe, Einkehr, fragend, Unterwerfung und von der Würde der Empfängnis geprägt. Gebärde und Gesichtsausdruck sind demnach in den jeweiligen Verhaltenstypen abgestimmt" (Pochert).

Die stimmungsvolle, liebevoll dem Kind zugewandte Madonna wird in der italienischen Bildenden Kunst zu einer Hochblüte geführt. Besonders der Typus des privaten Andachtsbildes oder Hausaltares entwickelt in Italien spezielle Formen. Hierzu zählen das Rundbild, kleinformatige Klappaltärchen und die Terrakottenreliefs, die die für die italienische

Malerei so wichtigen Architekturelemente einbeziehen. Schöne Beispiele gibt es aus den Künstlerwerkstätten della Robbias.

Die Madonnen im Italien dieser Zeit – man denke an Masaccio, Fra Angelico und, ein paar Jahre später, an Gozzoli und Lippi – erstrahlen in lieblicher Jugendlichkeit, und trotz des reichen Schmuckes bleiben die Formen in einer maßvollen Zurückhaltung, vergleicht man sie mit dem „Schönen Stil" der Vesperbilder des Nordens. Doch in aller Schmuckfreude der Goldborden, der intarsierten Wände und der rührenden Ge-

Links: Simone Martini (um 1280/85–1344): „Verkündigung an Maria und die heiligen Ansanus und Julietta", Altartafel auf Holz, 1330 (Florenz, Uffizien). Das Bild hat Martini gemeinsam mit Lippo Memmi gemalt. Die Beziehung zwischen Maria und dem Engel hat ihre Entsprechung in der aufeinander bezogenen bewegten Linienführung ihrer Gewänder. Der Goldgrund steht noch ganz in der frühsienesischen Tradition der flächenhaften Darstellung.

Rechts: Il Parmeggianino (1503–1540): „Madonna mit dem langen Hals", 1535 (Florenz, Uffizien). Der Künstler betont die fließenden Umrißlinien und Körperformen in manieristisch übersteigerter Weise und entfernt sich damit von dem Renaissance-Ideal der harmonischen Proportionen.

Oben: Fra Filippo Lippi (um 1406–1469): „Madonna mit Kind und zwei Engeln" (Florenz, Uffizien). Die zarte Madonna vor einer Landschaft atmet jene Frische und Klarheit, die für die Frührenaissance so charakteristisch ist.

Rechts: Domenico Veneziano (um 1400/10–1461): „Maria mit Kind und den Heiligen Franz von Assisi, Johannes dem Täufer, Zanobius und Lucia", um 1442/48 (Florenz, Uffizien). Der perspektivische Raum, zentrales Thema der Renaissance, ist hier durch Architekturbögen und Nischen betont zum Ausdruck gebracht.

sten von Mutter und Kind, der Maria Eleousa, dem bevorzugten Bildmotiv dieser Zeit, bleiben sie einer gewissen Majestät verbunden.

In der Mariendarstellung ist für Italien die „Sacra Conversazione" besonders typisch. Die Sacra Conversazione, die heilige Unterredung zwischen Maria und Heiligen, stellt nicht mehr nur die thronende Muttergottes und das Jesuskind dar, sondern zusätzlich noch eine Gruppe von Heiligen, die sich als Repräsentanten der irdischen Welt Maria ehrerbietig nähern. Die Madonna als Verkörperung des Überirdischen ist nicht länger eine entrückte Himmelskönigin. Sie wird majestätisch thronend in die Welt der Menschen einbezogen. So lebt das antike Ideal des edlen, gelassenen, in sich ruhenden Menschen auch noch in den erhabenen, würdevollen Madonnen weiter.

So wie die byzantinische Kunst erstmals die wichtigsten Madonnentypen für das Abendland festgelegt hat, so erweitert die Gotik die Mariendarstellung um eine Vielzahl einzelner Marienthemen. Danach entstehen kaum neue Themen, doch werden die vorhandenen neu interpretiert und dargestellt. Gewisse Zeiten bevorzugen einzelne Typen, doch bleiben die meisten anderen parallel dazu bis ins 19. Jahrhundert erhalten. Das Göttliche wird weniger in der Verherrlichung des Übernatürlichen erlebt als in der harmonischen Gesetzlichkeit, die Mensch und Kosmos umschließt. Die Erforschung der objektiven Gesetze der Natur in Verbindung mit der christlichen Heilslehre und der Wiederbelebung der antiken Mythologie schafft ein neues Menschenideal. Der selbstbewußte, schöpferische Mensch der Renaissance hat auch in der Madonnendarstellung die innig gefühlsbetonte Andachtsform der Mystik, in der das Leiden Christi und der Madonna zentrales Thema war, abgelöst. Die Madonna der Renaissance überwindet in würdevoller Strenge den Schmerz. Sie wird zur selbstbewußten, in sich ruhenden Gestalt. Geiler von Kaysersberg beschreibt in seiner „Passion des Herrn Jesu" (um 1500), daß Maria unter dem Kreuz nicht in Ohnmacht gefallen, sondern kraftvoll gestanden sei; und der Fraterherr Gabriel Biel (um 1418-1495), der an der Tübinger Universität lehrte, sagt in

einer seiner Sonntagspredigten: „Während die Jünger flohen, stand Maria aufrecht dabei. Sie stand unerschütterlich und ließ die Würde ihrer Gebärden nicht außer acht."

Die Natur, das heißt die Landschaft, wird auf den frühgotischen Bildern wie symbolhaft in einzelnen Bäumen, Tieren, Bergen als Hintergrundkulisse für die biblischen Szenen dargestellt. In der Spätgotik bereits studierte man die Natur und bildete sie realistisch – „naturgetreu" – ab. Doch sie war auch hier nur als Hintergrund und Symbolträger gedacht: für das Sichtbare als Boten des Unsichtba-

ren. Besonders beliebt war bei Mariendarstellungen der Blick aus dem Fenster auf eine weite Landschaft. Erst die Renaissance, und dies erstmals in Italien, macht die Natur in vielfältiger Weise zum Studienobjekt und auch zum begehbaren, erforschbaren Lebensraum des Menschen. Die Schönheit der Natur meditiert bereits Petrarca als sinnenhaft wahrgenommene Natürlichkeit, in der sich die eigene Befindlichkeit spiegelt. War der Goldgrund die spirituelle Ebene des Mittelalters, vor der sich alles Geschehen abspielte, so durchbricht der freie Blick der Moderne diese Ebene und öffnet gleichsam die Welt. Es sind die Künstler, die als Erste Naturstudien der Botanik und der Anatomie betreiben, die aber auch die Schönheit der Natur mit der Schönheit der Kunst in Verbindung setzen. Natur ist nicht mehr Symbol, son-

Links: Tizian (um 1476–1576): „Ruhe auf der Flucht nach Ägypten", um 1508/09, Warminster (Wiltshire), Earl of Bath, Longleat House. Die Darstellung wird von Tizian in einen warmen Goldton getaucht.

Rechts: Raffael (1483–1520): „Die Sixtinische Madonna", um 1513, zeigt links den heiligen Papst Sixtus, rechts die heilige Barbara (Dresden, Gemäldegalerie). Die „Sixtinische Madonna", über die Jahrhunderte vielfach nachgeahmt, erhält ihre Besonderheit durch die hoheitsvolle Erscheinung Mariens, die in völliger Harmonie und Ausgewogenheit mit den anderen Figuren steht.

dern wird zur Landschaft, die aber mit dem Menschen und dem Göttlichen in Harmonie verbunden ist.

Die Maria in der Tradition der kosmischen Gottheiten ist der Natur vor allem in der Darstellung des „hortus conclusus" oder der Maria im Rosenhag zugeordnet. Auch die Renaissance bezieht Maria in besonderer Weise in die Natur ein. Besonders die venezianische Malerei, man denke an Bellini und Tizian, bevorzugt

einen. Die milde Gelassenheit des Ausdrucks einer in sich ruhenden, majestätisch-würdevollen Madonna verbindet sich mit den harmonischen Proportionen der Architektur oder, bei anderen Bildern, mit einer milden durchlichteten Landschaft. Die Raffaelmadonnen werden zum idealen Vorbild für die folgenden Jahrhunderte bis hin zum späten 19. Jahrhundert.

Die Kunst und die Möglichkeiten tech-

weite arkadische Landschaften ohne jegliches Beiwerk, um Maria mit dem Kinde darzustellen. Auch die „Felsgrottenmadonna" des Leonardo da Vinci verbindet Maria in ganz besonderer Weise mit dem geheimnisvoll dunklen Aspekt der Natur.

Die Wissenschaftlichkeit, mit der die Natur ergründet wird, sollte den Blick des modernen Betrachters nicht darüber hinwegtäuschen, daß die Natur als Teil des Göttlichen begriffen wird und daß ihre Schönheit, ihr Licht und Dunkel metaphysische Kategorien sind. Das Göttliche liegt im harmonischen Maß, das den Menschen zum Mittelpunkt hat. Raffael hat Madonnen geschaffen, so zum Beispiel die „Sixtinische", die alle Ziele der Renaissance harmonisch in sich ver-

nischer Art durch das Wissen um Perspektive und Abbildungsgesetze, aber auch neue Möglichkeiten der Farben gaben dem Künstler jede Möglichkeit des Sich-Ausdrückens in die Hand. Allerdings veranlaßte der Bilderreichtum in den öffentlichen Gebäuden und auch in den privaten Räumen viele Kritiker, die Bilderfrage erneut zu einem Streitpunkt werden zu lassen. Die Argumente etwa eines Gottschalk Hollen (gestorben nach 1484) stehen gegen die Bilderfeinde seiner Zeit. Gerade den Bildern von der Jungfrau Maria weist er besondere Bedeutung zu, weil sie sich um die Errettung des Menschengeschlechts verdient gemacht habe, und da sie als Mensch ohne Erbsünde bester Ausdruck der gött-

lichen Gnade gewesen sei. In seinem Werk „Über die Bilder Christi und der Heiligen" beschreibt er die Wirkung der Marienbilder, die nicht nur „den Menschen zum Nachahmen führen sollen", sondern in denen man, indem man Maria ehre, auch ihren Sohn Jesus Christus ehre. Außerdem verweist er noch einmal auf die göttliche Abstammung vieler Marienbilder, denn die meisten seien Lukasbilder. Er erwähnt ausdrücklich das Marienbild in Santa Maria Maggiore. Papst Sixtus IV. bestätigte die Authentizität des Lukasbildes. Wie groß der Einfluß dieser Marienikone war, zeigt sich unter anderem auch darin, daß der päpstliche General Alexander Sphorza, Herr von Pesaro, sie um 1470 von Melozzo da Forli kopie-

Links: Leonardo da Vinci (1451–1519): „Felsgrottenmadonna", um 1483 (Paris, Louvre). Der Reichtum Leonardos künstlerischer Ausdrucksmittel tritt hier am reinsten in Erscheinung. Die Wirkung seines „Sfumato" läßt den Betrachter das Bild wie eine innere Vision vor seinem geistigen Auge erleben.

Rechts: „Madonna della Vittoria" von Andrea Mantegna (1431–1506), 1496 (Paris, Louvre). Mantegna hat die „Thronende Madonna" in der italienischen Art der „Sacra Conversazione" in eine Nische aus geflochtenen Girlanden gestellt. Die Natur hier ist der Architektur und Bildkomposition untergeordnet. Der Sockel des Thrones zeigt ein Relief mit dem Motiv „Adam und Eva unter dem Sündenbaum". Das Bild greift so das traditionsreiche Thema der „Neuen Eva" wieder auf.

ren und mit folgender Unterschrift versehen ließ. „Diese Ikone hat der hl. Lukas nach dem Leben gemalt. Die Tafel ist das authentische Portrait. Alexander Sphorza gab sie in Auftrag. Melozzo hat sie gemalt. Lukas würde sagen, es wäre sein eigenes Werk" (zit. n. Schreiber).

Die Bildprogramme der Hochrenaissance und ihre künstlerische Darstellung im Bild formuliert Simonidis in dem Ausspruch, daß „die Malerei eine schweigende Dichtung, die Dichtung eine sprechende Malerei" sei. Um die Gewichtung

chung der Heiligendarstellung. In seinem „Lob der Torheit" schrieb Erasmus von Rotterdam: „Wie viele sieht man der jungfräulichen Mutter Gottes ein Kerzchen aufstecken und zwar am hellen Tag, wo es aber keinen Zweck hat; wenige aber sieht man bestrebt, in Keuschheit, Demut und Freude an den himmlischen Gütern ihr nachzuleben."

Der Streit um das Bild durchzog nicht nur die Jahrhunderte des byzantinischen Bilderstreits oder die Zeit der Bilderstürmer in der Renaissance. Auch innerkirch-

ria und Johannes den Täufer zu zeigen. Im Norden bleibt noch lange die Gotik lebendig. Auch wenn renaissancehafte Formen übernommen werden, so doch nur im Bereich des Dekorativen. Wenige Künstler setzen sich so direkt mit dem Gedankengut der italienischen Renaissance auseinander wie Albrecht Dürer. Auch er hat ein umfassendes kunsttheoretisches Werk und zahlreiche Naturstudien verfaßt, die zu den ersten autonomen Landschaftsdarstellungen des Nordens zählen. Das Verhältnis zur Natur,

von Wort und Bild wurde in der Entwicklung der abendländischen Kunst immer wieder neu gerungen. Die Reformatoren wollten den Gottesdienst neu gestalten und ihn von den spätmittelalterlichen Überladungen und Verselbständigungen der Bilder reinigen. Man denke in diesem Zusammenhang an den Prediger Savonarola, der Botticelli so ergriffen hatte, daß dieser seine späten Bilder eigenhändig verbrannte. Zum Bildersturm als solchen hat Savonarola nicht aufgerufen, doch sollten 1497 bei einer „Verbrennung der Eitelkeiten" alle anstößigen Bilder, die die Gedanken vom Religiösen abwenden, verbrannt werden. Im Geiste der Reformation wurde allerorts Kritik geübt – und zwar nicht nur am Ablaßhandel, sondern auch an der Verweltli-

lich wurde die Kritik am Bilderreichtum häufig sogar auf Konzilien behandelt.

Das Vertrauen in die erzieherische Macht und wundertätige Kraft von Marienbildern war im Mittelalter grenzenlos. Der Bilderschmuck der großen Klöster entsprach nicht dem Geist ihrer Regeln. Die Cluniazenser im besonderen hatten ihre Ordenskirchen mit reichem, oft exotischem Tierschmuck verziert. Bernhard von Clairvaux gehörte zu den ersten und schärfsten Kritikern dieser überbordenden Bilderfreudigkeit. Bernhard sah sie im Widerspruch zum Armutsideal des Mönchsordens und bewirkte eine Reduzierung. Auch die Franziskaner beschränkten die Motive in ihren Kirchen auf wenige zentrale. Im Chorraum war es nur noch erlaubt, den Gekreuzigten, Ma-

zur Darstellung zur Landschaft findet nördlich der Alpen, vor allem in der Donauschule, einen charakteristischen Ausdruck; und auch die Madonna, wie wir sie von Altdorfers Bildern kennen, ist eingebettet in wucherndes, lebendiges Grün der Bäume. Die Reformation des Nordens hat entscheidenden Einfluß auf die Kunst. Die geistige Haltung der Reformation beeinflußt nicht nur Dürer, sondern auch Holbein d. J. und Lukas Cranach. Doch bedeutet dies nicht, daß sich die Künstler von der christlichen Thematik, vor allem den Marienbildern, abgewandt hätten. Eines der größten Gnadenbilder, die Regensburger Madonna, stammt von Cranach, und die Madonnen Dürers zählen zu den bedeutendsten Werken der deutschen Kunst.

Links oben: Die graphische Kunst der Renaissance ermöglichte im Verbund mit der Erfindung des Buchdrucks die Vervielfältigung von Blattfolgen, was der Verbreitung thematischer Neuerungen sehr zugute kam. Albrecht Dürer hat mehrere Folgen des Marienlebens als Holzschnitt oder Kupferstich gefertigt. Die beiden abgebildeten Blätter (*links* die Heimsuchung, *rechts* die Geburt Christi) entstammen der Folge von 1511.

Links unten: Ebenfalls von Dürer ist die mit Wasserfarben getuschte Federzeichnung „Maria mit den vielen Tieren" (Wien, Graphische Sammlung Albertina). Dürer transformiert hier den „hortus conclusus", wo Maria von unzähligen Pflanzen und Tieren umgeben dargestellt wird, in eine freie ländliche Landschaft, so daß Symbolik und Wiedergabe der Wirklichkeit ineinanderfließen.

Rechts: „Stuppacher Madonna", um 1518, von Matthias Grünewald (um 1470/75–1528), Pfarrkirche Mariä Himmelfahrt in Stuppach bei Würzburg. Grünewald greift hier noch einmal das Motiv der Maria im Rosenhag auf.

Seite 248, links: Hans Holbein d. Ä.: Muttergottesbild in der Kirche von Bad Oberdorf im Oberallgäu, 1493.

Seite 248, Mitte: Albrecht Altdorfers (1480–1538) „schöne Maria von Regensburg" ist die Wiedergabe einer byzantinischen Ikone des 13. Jahrhunderts (Regensburg, Diözesanmuseum).

Seite 248, rechts: Giovanni Bellini (um 1430–1516): „Maria mit Kind" (sog. Madonna Lochis), um 1470/80 (Bergamo, Gallerie dell'Accademia Carrara).

Links: El Greco (1541–1604): „Die Heilige Familie", um 1594/1604 (Madrid, Prado). Die ungewöhnliche Darstellung der Heiligen Familie zeigt Elisabet mit dem Knaben Johannes bei Maria.

Rechts: Lucas Cranach d. Ä. (1472–1553): „Ruhe auf der Flucht nach Ägypten", 1504 (Berlin Gemäldegalerie). Die Landschaft, in der Maria von Engeln und Putten umgeben ruht, ist geprägt von unruhigen großen Bäumen, der rauhen Vegetation des Nordens.

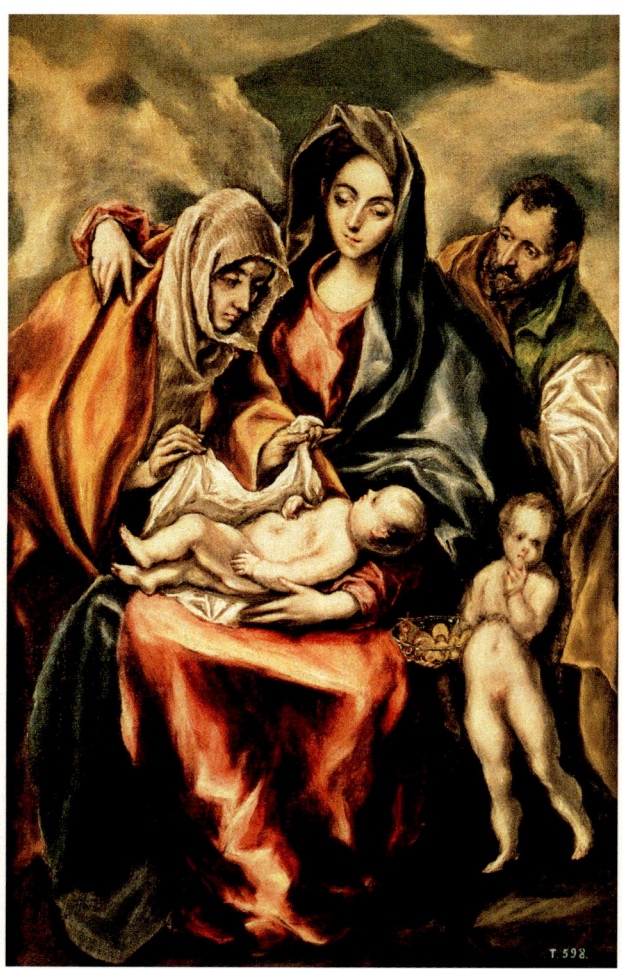

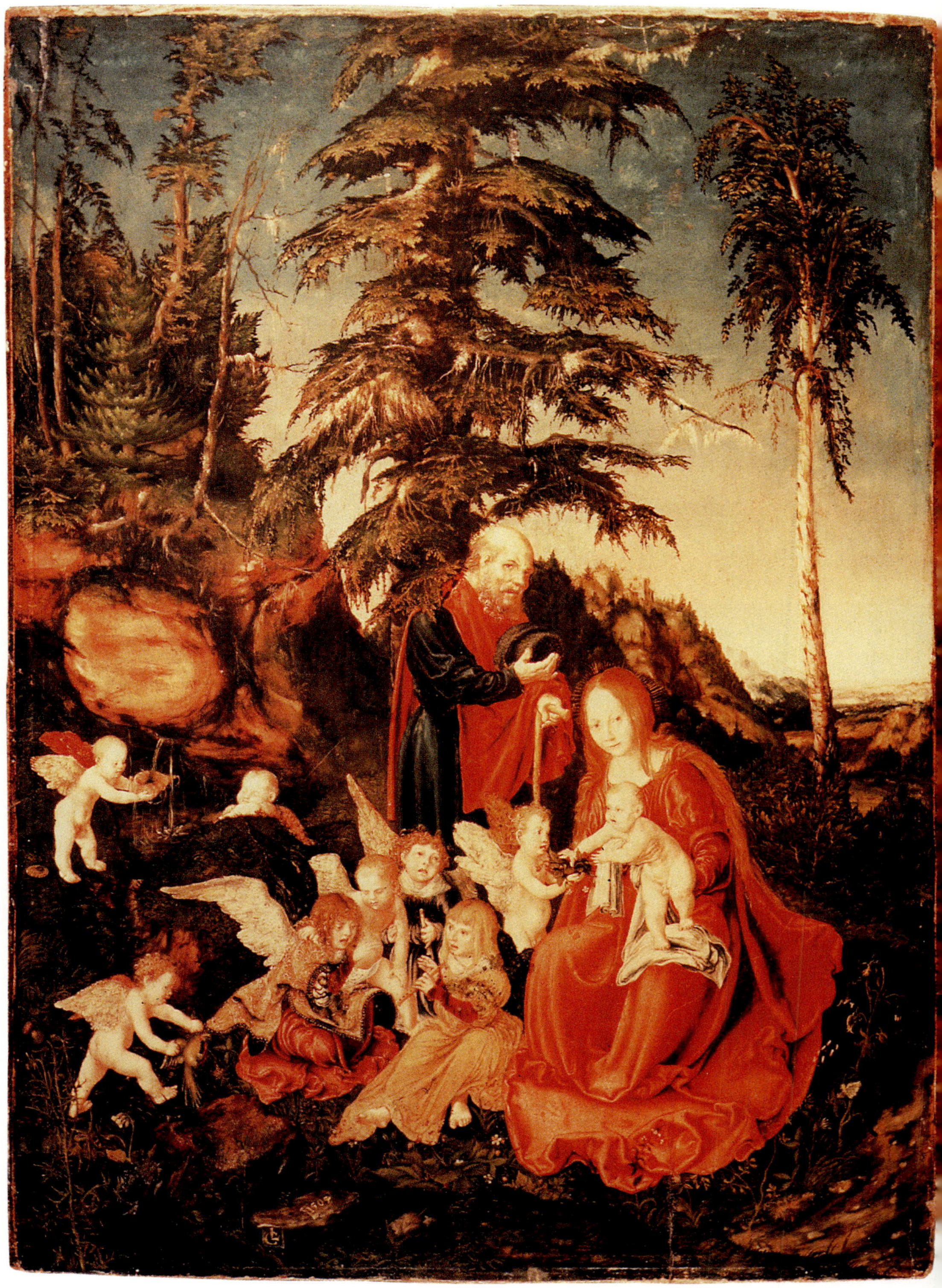

In dieser Zeit erblühen auch der Holzschnitt und der Kupferstich. Beide werden zum wichtigsten Medium der Verbreitung von Bildern, die einerseits der reformatorischen Propaganda dienen, andererseites Grundlage für eine große Tradition graphischer Kunst sind. Aus diesem Bereich seien hier die beiden großen Passionszyklen Dürers angeführt, die das Marienleben thematisieren.

Durch die lutherische Reformation entsteht eine Konzentration auf die Betonung des Wortes der Bibel und damit eine bedingte Ablehnung des kirchlichen Bildes. Den Ausschreitungen der Bilderstürmer zu Beginn des 16. Jahrhunderts tritt Luther jedoch entgegen. Er sieht den eigentlichen Mißbrauch nicht in der Bilderverehrung, deren Gefahr er gering einschätzt, sondern in der Vorstellung, allein durch die Stiftung von Bildern ein gutes Werk getan zu haben. Der Verbannung jeglichen Bildes aus dem Kirchenraum, wie dies die Bilderstürmer fordern, tritt Luther mit seiner Schrift „Wider die himml. Propheten" 1424/25 entgegen. Luthers Kritik an den Marienbildern (in der Auslegung des Magnificat von 1521) zielt darauf ab, daß der Maler die erhabene Gottesmutter darstelle und nicht den armen verachteten Menschen, dem Gott seine Gnade schenke. Das evangelische Marienbild müsse also sichtbar machen, daß Gott sich dem niedrigen und unwürdigen Menschen zuwendet. Die Bilder sollten nicht erschrecken, so wie etwa die alten Darstellungen des Weltenrichters, sondern trösten. So kann zum Bildverständnis Luthers gesagt werden, daß Bilder nicht das Transzendente vergegenwärtigen, sondern Gottes konkretes Handeln in der Geschichte sichtbar machen sollen. Da für Luther Phantasie und bildhaftes Vorstellen zur menschlichen Natur gehören, hat das Bild als Metapher der Sprache seine Bedeutung. Darüber hinaus kann es nicht-anschauliche Dinge – wie die Hölle, den Tod, sogar Gott –

gleichnishaft zeigen. Luthers Mitstreiter Zwingli und Calvin nehmen gegenüber den Bildern einen radikaleren Standpunkt ein. Der Bilderstreit um Luther betrifft nicht nur die Zerstörung religiöser Kunstwerke. Indem die Kunst aus dem rein sakralen Raum der evangelischen Kirche verbannt wird, schafft sie sich einen eigenen, autonomen Raum, der die Voraussetzung für neue Kunstgattungen von Landschaftsbild und Genrebild bedeutet.

Die Hochrenaissance hat die Kunst zur Wissenschaft und die Wissenschaft zur Kunst gemacht. Humanistische freiheitliche Tendenzen scheinen ebenso die Macht der Kirche in Frage zu stellen wie die kämpferischen Schriften und Aktionen der Reformation. Die Erfindung des Buchdrucks hilft nicht nur, unzählige Bilder von Madonnen und wundertätigen Ikonen, sondern auch, manches Flugblatt der Reformation im Volk zu verbreiten. Die Nüchternheit des protestantischen Glaubens rückt das ursprüngliche Wort der Bibel ins Zentrum des kirchlichen Geschehens. Damit reduziert sich die Mariendarstellung auf die wenigen ursprünglichen Szenen, die in der Bibel beschrieben sind. Maria ist bei den Protestanten Urbild des Menschen, dem von Gott Gnade widerfährt. Sie gibt sich der von Gabriel angekündigten Gnade völlig hin. Als Magd Gottes dient sie, und in der Passion teilt sie das Schicksal der Nachfolge. Sie steht auf der Seite des Menschen; doch die Verehrung, die ihr in der katholischen Kirche zuteil wird, teilt die evangelische Kirche nicht. Die Endphase der Reformation, aber auch der Renaissance in Italien mündet in einen Manierismus, der durch Übersteigerung die Regelhaftigkeit der Renaissance zu einem Extrem der Formensprache führt. Räume, Blickrichtungen, Gebärden und Gesten scheinen in ihrer Übersteigerung die Aussagekraft zu verlieren und im Formalismus zu erstarren.

DAS BAROCK

Die Antwort auf die Reformation wird von Seiten der katholischen Kirche auf dem Konzil von Trient (1545-1563) formuliert. Es geht um die klare Positionierung gegenüber dem evangelischen Glauben. Glaubensdekrete – beispielsweise über die Sakramente, die Rechtfertigung, das Priestertum und die Erbsünde – und Reformdekrete, etwa über das

Die „Patrona Bavariae" auf dem Marienplatz in München. Hubert Gerhard (1550–1620) schuf die Figur 1594. Bevor sie im Jahre 1638 auf die Mariensäule gestellt wurde, stand sie auf dem Hochaltar der Frauenkirche. Die Mariensäule ist eine für das Barock besonders typische Form der Marienverherrlichung.

Zölibat des Klerus, werden erlassen. Die grundlegende theologisch-kirchliche Reorganisation prägt die gesamte weitere Entwicklung des Katholizismus.

Die zahlreichen Schriften, die im Zuge des Trienter Konzils zur Bilderfrage entstehen, betreffen vor allem die Mariologie. Den religiösen Darstellungen soll ihre einstige Bedeutung wiedergegeben werden. Es geht nicht um eine Reglementierung des künstlerischen Schaffens; vielmehr ist die durch die Reformation ins Zentrum gerückte Bild-Wort-Kontroverse in ihrer religionsphilosophischen Relevanz neu gewürdigt worden. Im Laufe des 17. Jahrhunderts wurden die dogmatischen und apologetischen Schriften vor allem durch den Jesuitenorden propagiert. Der Orden hatte sich mit einem besonderen Sendungs- und Gehorsamsgelübde dem Papst bedingungslos unterstellt und sich die Mission, die geistliche Erneuerung mittels der „Exerzitien" und die Arbeit in Schulen und Hochschulen zur Aufgabe gemacht. In der Gegenreformation erstarkte die Herrschaft des Papsttums und verband sich mit den absolutistischen Höfen Europas erneut zu einem bedeutenden christlich-abendländischen Machtgefüge. Das Papsttum und die Höfe wurden zu den großen Kunst-Auftraggebern.

Als absolutistisch-höfische Stilepoche repräsentiert das Barock das Lebensgefühl der Gegenreformation und des Absolutismus und setzt die Errungenschaften der Renaissance in seiner eigenen Weise fort. Wie die Renaissance geht auch die Strömung des Barock von Italien aus und verbreitet sich in den katholischen Ländern, aber auch in den Niederlanden, und entwickelt sich zum ersten „Weltstil". Die absolutistischen Staatsgefüge Europas der damaligen Zeit prägen zwar ihre nationale Autonomie und ihren eigenständigen Stil aus – etwa Frankreich unter Ludwig XIV. und Spanien unter Phillip II. –, doch sind alle in der gemeinsamen, mächtigen Sprache der Gegenreformation – des Barock – vereint.

Die geistigen Auseinandersetzungen der Reformationszeit eskalierten im großen Glaubenskrieg des Barock, dem Dreißigjährigen Krieg (1618–1648), der Deutschland und Teile der Nachbarlän-

der in Schutt und Asche legt. So kann in dieser Region die Kunst an der großen Hochblüte Italiens, Frankreichs und Spaniens nicht teilhaben. Erst nach vielen Jahrzehnten gliedern sich Deutschland und Österreich wieder in die internationale Entwicklung ein. Die monumentalen Kirchenbauten eines Fischer von Erlach in Österreich oder die der bayerischen Baumeisterfamilie Dientzenhofer in Deutschland seien hier stellvertretend erwähnt.

In der barocken Bilderwelt verschmelzen Vorstellungen des Humanismus und seine Betonung der Antike mit einer didaktischen Gelehrsamkeit der Emblematik und einer neuerlichen Betonung des Bildhaften. Die Mariologie erfährt in dieser Zeit eine neue Hochblüte. Die alten apokryphen Schriften und die mittelalterlichen Legenden der Marienverehrung, die sich in den Marienbildern niederschlagen, werden in ihrem Einfluß auf die Ikonographie zum Teil abgelöst von den dogmatischen und apologetischen Schriften der Gegenreformation.

Dies sehen wir etwa bei Petrus Canisius (gestorben 1597) in „De Maria Virgine incomparabili" oder auch bei Martin von Cochem in seinem Text über Maria in dem Werk „Das große Leben Christi" von 1696 – Werke, in die Vorstellungen neuer dogmatischer Schriften eingeflossen sind. Zu den Wegbereitern einer neuen, theozentristischen Mariologie, die vor allem die Volksfrömmigkeit und die Marienwallfahrten beleben, zählt auch Francisco Suarez mit seinem Werk „Mysteria vitae Christi". Katholische Reform und Gegenreformation als kraftvolle Antworten auf Luthers Thesen begründen auch die Wiederbelebung der Bilder und des Vertrauens in die Wirkung der bildhaften Darstellung der Heiligen und ihrer Martyrien.

Das Wesensmerkmal der barocken religiösen Kunst läßt sich in den Begriffen barocker Rhetorik erklären. Die *Persuasio* – die „begeisternde Überzeugungskraft" – soll zum rechten Glauben führen, die *Compassio* den Menschen zum Mitgefühl bewegen. Die didaktische Funktion der gegenreformatorischen Bilder und ihrer Bildprogramme kann mit der vorherrschenden Kontemplationstechnik der Zeit in Verbindung gebracht werden, die von Ignatius von Loyola in seinen „Geistlichen Übungen", den „Exercitia spiritualia", dargelegt worden war und von den Jesuiten verbreitet wurde: Der Gläubige soll seine ganze Kraft auf den ausgewählten Gegenstand der Betrachtung lenken. Vor seinem inneren Auge soll sich das Geschehen bildhaft abspielen. Vom Gesichtssinn schreitet

Links: „Immaculata von Aranjuez" von Bartolomé Esteban Murillo (1618–1682), um 1656/60 (Madrid, Prado). Maria, als Unbefleckte Empfängnis in den Himmel emporschwebend, zählt zu den Lieblingsthemen der barocken Mariendarstellung. Murillo, Maler der Madonnen, der mystischen Geheimnisse und visionärer Vorgänge, schuf mit dieser Immaculata den eigenständigen barocken Typus der mädchenhaft-unschuldigen Madonna, die sich mit der Atmosphäre der sie umgebenden Wolken verbindet.

Rechts: Pietro da Cortona: „Mariä Himmelfahrt" (Rom, Kirche S. Maria in Valicella). Die Baukunst des Barock, also der Gegenreformation, umfaßt vor allem die großen Deckengemälde, die die christliche Heilsbotschaft in einem illusionistischen, künstlerischen Raum als sichtbare Wahrheit darstellen. Als Teil des „Theatrum sacrum" erscheinen die einzelnen Figuren – so auch Maria, welcher der Himmel entgegenwartet.

Peter Paul Rubens (1577–1640): „Maria erscheint dem heiligen Ildefonso", Mitteltafel des Ildefonso-Altares von 1630/32 (Wien, Kunsthistorisches Museum). Der heilige Ildefonso, Bischof von Toledo und Verfechter der Lehre von der Unbefleckten Empfängnis, hat durch seine Marienvisionen die spanische Frömmigkeit mitgeprägt. Rubens zeigt ihn, vor der Maria kniend, während einer seiner Visionen. Die Gruppe ist überstrahlt von Licht und kleinen Engeln. Die machtvollen Körper und bewegten Gesten sind ein äußeres Zeichen für die innere Größe und Ergriffenheit.

die Meditation zum Gehörten und Gefühlten fort. Durch die meditative Versenkung erfolgt schließlich die mystische Vereinigung des Betrachters mit dem Gegenstand seiner Betrachtung. Als Anregung zu solch einer meditativen Praxis konnten nach Ansicht des Konzils von Trient Bilder dienlich sein.

So wird das Kircheninnere der Barockzeit zu einem „theatrum sacrum" der Heilsgeschichte, zu einem prachtvollen Gesamtkunstwerk. Dieses Gesamtkunstwerk besteht aus den großen Altären, deren Rahmung in pathetisch bewegte Figuren übergeht, die zur Architektur überleiten, und diese wiederum wird in das Deckengemälde als Teil desselben einbezogen. Das Jahrhundert des Barock schafft noch einmal – nach dem Prinzip der „Ordo", der großen Ordnung des Mittelalters – einen einheitlichen Kosmos der himmlischen und der irdischen Welt. Im Deckengemälde eröffnet die Illusion einer Perspektive des unendlichen Raums dem Gläubigen einen Horizont, in dem Vision, Visualisierung und Jubel über das Heilsgeschehen sich zu einer Einheit des Glaubens fügen.

Maria ist das zentrale Thema der barokken Kunst. Ihre mächtigen Altartafeln, die Deckengemälde wie auch die Kunst der Plastik sind Dokumente der neuen marianischen Frömmigkeit. In dieser Zeit gewinnen auch die Volksfrömmigkeit und die damit verbundenen großen Wallfahrten zu den Gnadenbildern an Bedeutung. Zu den großen Themen der Mariendarstellung zählen die der Himmelskönigin, der großen Siegerin und der Immaculata. Sie werden, im Barock neu interpretiert, zu den ikonographisch wichtigsten Marientypen.

Eine Vorrangstellung genießt die Immaculata, die Unbefleckte Empfängnis. Hier hat das Barock eine eigene, ihm gemäße Ikonographie der Maria geschaffen, welche um 1650 vom spanischen Maler Bartholomé Esteban Murillo in einer ersten überzeugenden Darstellung für die Kathedrale von Sevilla geschaffen wurde. Überhaupt blieb die Immaculata ein bevorzugtes Thema der spanischen religiösen Malerei. Die Darstellung zeigt die schwebende Gestalt Mariens ohne Christuskind auf der Mondsichel, als kosmische Jungfrau, von Engeln umrahmt.

Attribute aus der Lauretanischen Litanei, wie die Rose ohne Dornen, die Lilie, der Öl- und der Palmzweig sind als Hinweis auf die Unbefleckte Empfängnis zu deuten. Die dem Barock eigene Dynamik und pathetische Haltung läßt Maria nun als strahlende, kraftvolle Himmelskönigin erscheinen.

In der kirchlichen Lehrmeinung des 14. und 15. Jahrhunderts heißt es, Maria sei von jeder Erbsünde befreit geboren. (1661 erklärte Papst Leo VII. die Immaculata-Lehre zur katholischen Überzeugung, und 1854 erhob Papst Pius IX. sie zum Dogma.) In die Gestalt der Immaculata, zentrales Thema der gewaltigen Altäre der Barockzeit, fließen aber auch Vorstellungen der Reinheit Mariens als Ausdruck der mystischen Erscheinung der Sophia, der Weisheit Gottes, ein.

Neuzeitliche evangelische Mystiker wie Jakob Böhme (1575-1637) lassen Aspekte der westlichen Sophiologie in neuem Licht erscheinen. „Zur Zeit, als die Immaculatadarstellungen in katholischen Kirchen Einzug hielten, schrieb Böhme über die Inkarnation der heiligen Weisheit in der Jungfrau Maria: ‚Ehe Himmel und Erde geschaffen wurden, war sie eine Jungfrau, und dazu ganz rein ohn einigen Makel und dieselbe reine züchtige Jungfrau Gottes hat sich in Maria eingelassen, in ihrer Menschwerdung und ist ihr neuer Mensch im heiligen Element Gottes gewesen. Darum ist sie die Gebenedeyte unter allen Weibern und der Herr ist mit ihr gewesen wie der Engel sagt.‘" (Ströter-Bender).

Nach der Einführung des Immaculata-Festes für die Gesamtkirche im Jahre 1708 wird die Darstellung der Maria als die siegreiche Himmelskönigin zu einem bevorzugten Thema der Barockmalerei. Die Form der Maria mit dem Christuskind als die „Siegreiche", die Victoria, zeigt sie in barocker Dramatik auf der Weltkugel stehend, wie sie mit einem Stab das Böse in Form eines ihr zu Füßen kauernden Drachens überwindet. In der Plastik ist der Typus der Maria Victoria in zahlreichen Mariensäulen in den Zentren der Städte und Dörfer zu finden. Man errichtete sie als Votivsäulen aus Dank für den Schutz Mariens bei Seuchen und Krieg. Die Säule als Symbol der

Adam Elsheimer (1578–1610): „Die Heilige Familie mit dem Johannesknaben" (Berlin, Staatliche Museen). Elsheimer verbindet in dieser Malerei auf Kupfer das nordische Landschaftsgefühl mit den klassischen Mythologien der Antike zu einer einzigartigen Gefühlstiefe. Hoch geschätzt von seinen gelehrten Freunden und den Malern der Lukas-Akademie in Rom, zeigt Elsheimer eine monumentale Komposition, die sich doch noch in kleinstem Bildformat ausdrückt. Maria und der Knabe Johannes sind dargestellt neben einem Engel, der anteilnehmend auf die beiden schaut – in einer Landschaft, die sich wie eine Grotte um die Gruppe schließt. Nur an wenigen Punkten öffnet sich der Himmel, von dem Licht und zahlreiche Engel zu Maria herabsteigen.

Links: Simon Vouet (1590–1649): „Die heilige Familie mit Elisabet und dem Johannesknaben" (Paris, Louvre). Vouet bereitet den französischen Klassizismus vor, indem er das barocke Körperideal übernimmt und es mit französischer Strenge und Feinheit verbindet.

Rechts: Rembrandt Harmensz van Rijn (1606–1669): „Die Heilige Familie" 1645, St. Petersburg, Eremitage. Beeinflußt von der Helldunkelmalerei Caravaggios und Elsheimers, transponiert Rembrandt das religiöse Geschehen in das stille Dasein des bürgerlichen Alltags. Maria als einfache Frau schaut auf das Kind in der Wiege. Die Lichtführung und die ungekünstelte Wiedergabe vermitteln eine stille Andacht im Gewöhnlichen.

Unten rechts: Charles Lebrun (1619–1690): „Heilige Familie", Öl/Leinwand (Dresden, Gemäldegalerie). Lebrun war Schüler von Vouet und Leiter der Gobelin-Manufaktur in Paris. Er führte die strenge, klassische Formensprache der französischen Haute Époque zur Meisterschaft.

Würde und Macht, vergleichbar dem Zepter und häufig gebrauchtes Motiv auch auf den Porträts der Barockmalerei, unterstreicht im Falle der Maria noch einmal ihre königliche Würde. Die zwei großen Siege, nämlich der siegreiche Ausgang der Seeschlacht von Lepanto 1571 gegen die türkische Flotte sowie der Sieg der Katholischen Liga in der Schlacht am Weißen Berge, wurden der Hilfe Mariens zugeschrieben. Damit begann für das Ma-

rienbild, d.h. die Marienverehrung, eine neue Epoche. Eingebunden in die barocke Vorstellung von Geschichte und Gottes Gnadentum tritt von da an das Marienbild in Beziehung zu historischen Ereignissen. Hiermit verbunden, erfährt die Frömmigkeit um die großen Gnadenbilder eine besondere Belebung.

Murillo malt die Madonna bei der Übergabe der Kasel an den hl. Ildefonso (Madrid, Prado). Dieses Thema greift Rubens im Ildefonso-Altar (Kunsthistorisches Museum Wien) auf. In das theatrum sacrum der Kirchenmalerei fügen sich die Darstellungen der großen Stiftermadonnen, welche in der Tradition der Sacra Conversazione stehen, ein.

Die barocke raumgreifende Bewegung der dargestellten Personen und Heiligenfiguren zeigt in deren Gestik den ausdrucksstärksten Moment der Bewegung, um die Stärke des Ergriffenseins, der Ekstase auszudrücken. Auch die Stifter auf den Madonnenbildern knien nicht mehr unbewegt zu den Füßen der Madonna. Vielmehr nehmen sie in Gestik und Körperhaltung Beziehung zu Maria und dem Kinde auf, die meist in ihrer Haltung auf die ihr entgegengebrachte Gestik antwortet. Erwähnt sei Federico Barocchi, der seine Madonna del Popolo (Uffizien) in diesem Rahmen darstellt.

Rubens ist es, der mit seiner Erneuerung des Altarbildes ein neues Kapitel in der Geschichte des Altarbaus und der monumentalen Dekoration des Kirchenbaus aufschlägt. Der gotische Flügelaltar hatte isoliert im Kirchenraum gestanden und war auch nach Einführung eines einzelnen großen Altarblattes, v.a. in Italien, selten von monumentalem Ausmaß gewesen. Rubens steigert das Altarblatt zu einer raumbeherrschenden Größe und fügt es durch architektonische Elemente, die das Altarblatt dekorativ umgeben, zu einer geistigen und formalen Einheit des gesamten Kirchenraumes.

Um die Illusion der Präsenz sakraler Wirklichkeit auf den barocken Altären noch bewegender und überzeugender zu gestalten, sind plastische Figuren wie auf einer Bühne szenisch im dreidimensionalen Raum angeordnet. Durch gezielte Lichtführung im Altarraum wird die „irdisch-räumliche Gegenwart" der heiligen Szene noch unterstrichen. Man denke an die großen Altarwerke Berninis und Cortonas in Rom. Lebensnah bewegt und gleichzeitig ekstatisch entrückt wird der gläubige Betrachter in die erhebende Wirkung des theatrum sacrum einbezogen.

DAS 18. JAHRHUNDERT

Die Sprache der barocken Kunst hat trotz aller nationalen Unterschiede die europäischen Länder im pathetisch-emphatischen Gestus des „grand siècle" vereint. Die italienische Kunst ist seit der Frührenaissance, von Florenz ausgehend, die führende Kraft. Im Barock ist Rom das Zentrum des künstlerischen Lebens in Europa, geprägt von Prachtbauten und Kunstwerken, entstanden im Auftrag mächtiger kunstsinniger Päpste und der großen römischen Akademie von St. Lukas.

Mit dem allmählichen Machtverfall von Kirche und Absolutismus, d.h. mit dem 18. Jahrhundert, beginnt der Einfluß Frankreichs – und seiner verfeinerten Geschmackskultur, welche Eleganz, Macht und rationalistische Aufklärung zu verbinden weiß – auf die europäische

Franz Anton Maulpertsch (1724–1796): „Die heilige Sippe", um 1750 (Wien, Österreichisches Barockmuseum, Belvedere). Die massigen, pathetischen barocken Formen lösen sich im Rokoko in eine leichte höfische Haltung auf. Die kräftigen dunkleren Farben verwandeln sich in strahlendes Pastell.

Kunst und Kultur. Diese Vorrangstellung Frankreichs wird bis weit ins 20. Jahrhundert hinein nicht nur in der Malerei bestimmend sein.

Die antike Mythologie, im Barock noch mit der christlichen Vorstellungswelt verschmolzen, wird durch das Nachlassen der religiösen Gestaltungskräfte im 18. Jahrhundert zu einem eigenständigen Bildgegenstand. Nicht Religion, sondern klassische Bildung zeichnet den aufgeklärten Bürger des 18. Jahrhunderts aus, dessen Lebenskultur vom „guten Geschmack" (bon goût) und dem Ideal des wachen, kritischen Esprit bestimmt wird. Die fraglose Darstellung von Glauben und Macht des Barock weicht im rationalen 18. Jahrhundert einer Selbstreflexion auf allen Gebieten des wissenschaftlichen und sozialen Lebens.

Das idealisierte Bild der Antike, ihrer Philosophie und Kunst wird zum Maßstab der Betrachtung von Ethik und Kunst, von Würde und Freiheit. Antike Themen beschäftigen ebenso die späte höfische Kunst Louis' XVI. wie auch die Kunst des Klassizismus. So stellt Winkelmanns strenger Formenkanon des Klassizismus die Künstler unter ein Stildiktat, das zur ständigen Reflexion der eigenen Aussage drängt. Wie die Wissenschaften sich auf einzelne Gebiete spezialisieren, so differenziert sich auch die Kunst in einzelne Gattungen der Malerei aus, etwa Landschaft, Genre, Stilleben, Porträt usw. Hier bereits wird die Voraussetzung für ein „L'art pour l'art" der Kunst geschaffen, die das folgende 19. Jahrhundert prägen und die Beziehung von Kunst und Religion gänzlich neu definieren wird. Die religiösen Themen sind damit auch an den Akademien des 18. Jahrhunderts nur noch ein Thema unter anderen und nicht mehr der gemeinsame Urgrund aller Kunst, wie es von den ersten Ikonen durch alle Epochen hindurch noch bis ins späte Barock selbstverständlich war.

Eine von religiösen Aufgaben getragene Bildende Kunst wendet sich durch alle Stände an jeden Menschen. Im 18. Jahrhundert jedoch beginnt die Kunst sich nicht nur in einzelne Themenkreise aufzuspalten, sondern sie wendet sich mit den unterschiedlichen Bildgattungen auch an die unterschiedlichsten Personenkreise. Die Kunst wird säkularisiert.

Wie stark auch die religiösen französischen Altarwerke des 17. Jahrhunderts gewesen waren – man denke an Vouet oder Le Sueur –, sowenig konnte das 18. Jahrhundert mit seinen galanten Bildern eines Boucher oder Watteau religiöse Themen überzeugend vermitteln.

Diese Entwicklung ist auch in der spanischen Malerei zu sehen, die mit ihren großen barocken Künstlern wie Velasquez, Murillo oder Zurbaran die religiöse Malerei Europas beeinflußte und wichtige Themen und Motive wie die Immaculata neu formulierte. Auch sie findet im 18. Jahrhundert nicht zu ihrer alten künstlerischen Größe, der religiösen Malerei.

Säkularisierung, Aufklärung und die sozialen Umbrüche der Französischen Revolution haben im 18. Jahrhundert die Moderne vorbereitet. Doch noch einmal erlebt die Tradition der religiösen Kunst eine letzte große Blüte im Rokoko. In jenen Ländern, die durch den Dreißigjährigen Krieg zerstört worden waren, wird erst nach einer Phase des Wiederaufbaus, um mehr als ein halbes Jahrhundert verspätet, jene spätbarocke Reife erreicht, die im eher konservativen Deutschland und Österreich zu den großen Gesamtkunstwerken der mächtigen Stiftskirchen und Klosteranlagen eines Fischer von Erlach, eines Hildebrandt und, im süddeutschen Raum, der Gebrüder Asam geführt haben.

Im Rahmen der kirchlichen Gesamtkunstwerke kommt der Plastik als Mittlerin zwischen Malerei, Scheinarchitektur, Stuckornament und Architektur eine bedeutende Rolle zu. Die großen Schnitzer wie Ignaz Günther, die Gebrüder Asam oder Maulpertsch schufen Madonnenplastiken im Sinne des Rokoko, die in höfischer Leichtigkeit des 18. Jahrhunderts den Ausdruck bis zum Ekstatischen steigern. Das Sinnliche soll Ausdruck des Übersinnlichen sein und die Grenzen zwischen Realem und Irrealem verwischen, um beim Betrachter einen Zustand rauschhafter religiöser Begeisterung auszulösen. So erscheinen die reichgeschmückten Innenräume der Barock- und Rokoko-Kirchen als ein Fest für die Sinne. Zum letzten Mal in der abendländischen Kunst scheint sich die höfische Kunst des Rokoko mit der Volkskunst und dem religiösen Brauchtum, vor allem der Wallfahrten, zu einem marianischen Glaubensbekenntnis zu vereinen, an dem alle Bevölkerungsschichten teilhaben.

Die italienische Kunst erlebt in der späten venezianischen Malerei eine Hochblüte, die, neben der berühmten Vedutenmalerei, auch die religiöse Tafelmalerei in spätbarockem Glanz erstrahlen läßt. In den Deckengemälden des Giovanni Battista Tiepolo wie in seinen Marienbildern (man denke an die Anbetung Mariens in der Münchner Pinakothek) erfährt Maria noch einmal eine Verherrlichung in einer religiösen Glut und einem Verständnis ihrer Mittlerschaft, die für die späteren Generationen von Malern in dieser Form nicht mehr darstellbar ist.

Links: „Mariä Himmelfahrt": Altar von Egid Quirin Asam (1692–1750) in der Klosterkirche von Rohr, Niederbayern (nach 1717). Asam steigert die Himmelfahrt Mariens zu einem großangelegten „Theatrum sacrum", das alle Erdenschwere in einem aufwärtsstrebenden Jubel überwindet. Architektur, Plastik, Ornamentik und Malerei wirken hier als Gesamtkunstwerk, das durch die Lichtführung verbunden wird.

Rechts: Cosmas Damian Asam (1686–1739): „Anbetung der Hirten", 1724–27. Ein weiteres Beispiel für die oben angeführte Einheit von Architektur, Plastik und Malerei ist dieses Deckenfresko in der Klosterkirche von Einsiedeln in der Schweiz.

259

Das 18. Jahrhundert (das mit der späten Apotheose des Rokoko beginnt), das Jahrhundert der Französischen Revolution, hat die alte Ordnung zerstört und auch in der religiösen Kunst einen tiefen Wandel herbeigeführt. Der Geist der Göttin der Vernunft, von der Revolution ausgerufen, hat auch in der Kunst zu einer Säkularisierung und Aufspaltung, aber auch zur gänzlich individuellen künstlerischen Freiheit geführt. Vor allem die Künstler der Romantik kritisieren diese Entwicklung als Verflachung, Beliebigkeit und Dekadenz.

Dieser Situation will die Romantik im beginnenden 19. Jahrhundert in einer

die Kräfte von „Herz, Seele und Empfindung" wiederfinden. Overbeck bekennt, seine Phantasie sei ganz und gar ausgefüllt gewesen mit „Madonnen und Christusbilder[n]. Ich trug sie mit mir herum und hegte und pflegte sie."

Doch diese von Empfindsamkeit geprägte Epoche der Kunst schafft kein eigenes neues Marienbild mehr, sondern greift auf die gotische Formensprache zurück oder ahmt die von der Zeit so verehrten Madonnen Raffaels nach. Die Madonnen der Romantik bleiben damit dem Historismus verhaftet; ihre Transzendenz ist eher Spiegel der eigenen Ideale und Empfindsamkeit denn Abbild religiöser

Rückgriff auf historische Formen und Typen.

Im Drang, die Welt zu erforschen, ist der Mensch des 19. Jahrhunderts auf der Suche nach einem „irdischen Paradies", in dem Natur und Transzendenz seinem Wissen und Empfinden zur Verfügung stehen. In den unterschiedlichen Schulen und Richtungen des Jahrhunderts entdecken die Künstler die Natur, sei es als romantische Projektion der eigenen Gottsuche oder – in den späteren Jahrzehnten des Jahrhunderts – als Abbild der impressionistischen flüchtigen Spiele von Licht und Schatten.

Historienbilder, Genre, Tiermalerei,

Rückbesinnung auf die religiösen Traditionen begegnen. In Erinnerung an den Evangelisten Lukas, den mythischen Maler des ersten und „wahren" Marienbildes und Schutzpatron der Maler, gründen deutsche Künstler um Friedrich Overbeck 1808 den „Lukas-Bund" (schon damals, anfangs aus Spott, auch „Nazarener" genannt). Ihr Ziel ist es, die Kunst wieder mit der Religion zu vereinen, um damit zu ihrer wahren Quelle und ursprünglichen Kraft zurückfinden zu können.

Die neue Religiosität der romantischen Künstler will sich von der Kälte der kunst-akademisch überfrachteten Formensprache befreien und die Einheit von Kunst, Geist und Religion allein durch

zeitloser Wirklichkeit. Zahlreich sind die religiösen Bilderzyklen der Romantik, in welchen Maria als Ausdruck weiblicher Empfindsamkeit eine zentrale Rolle spielt. So beschreibt Joseph von Führich sein Werk „Mariens Weg über das Gebirge" in der Wiener Staatsgalerie als Huldigung der Natur an Maria. Die Natur, d.h. die Landschaft, die Gräser, Bäume und Tiere, huldigen Maria. Das Verhältnis zwischen Maria und der Natur ist ein anderes als im Mittelalter. Hier spiegelt sich in Maria die romantische Erfahrung des Naturerlebnisses als Ausdruck der eigenen Stimmung.

Sowohl die Nazarener als auch die Präraffeliten suchen die Erneuerung im

ländliche Idylle, elegante Salonmalerei oder kirchliche Auftragskunst – in all den Bildgattungen und Bildthemen gibt es einzelne Madonnen, die als Kunstwerke herausragen, so J. A. D. Ingres' „Gelöbnis Ludwigs XII." von 1824 oder Eugène Delacroix' „Vièrge du Sacre-Cœur"; doch findet der Ausdruck religiösen Bekenntnisses in der Kunst des 19. Jahrhunderts eine gänzlich andere Sprache als die der Fortführung traditionell-religiöser Ikonographie.

Gleichzeitig mit dieser Entwicklung in der Kunst hat in der Volksfrömmigkeit die Marienverehrung stark zugenommen. Zu den Marienerscheinungen von Lourdes und zur „Wundertätigen Medaille",

Das 19. Jahrhundert eröffnet die Möglichkeit zu jeglicher künstlerischer Interpretation religiöser Themen.

Seite 260, links: Paul Gauguin (1848–1903): „La Orana Maria", 1891 (New York, Metropolitan Museum). Gauguin transponiert die Madonna in die Welt der Südsee. Maria ist hier Sinnbild jeglicher Frau; nur der Heiligenschein kennzeichnet sie.

Seite 260, Mitte: Fritz von Uhde (1848–1911): „Heilige Familie in der Werkstatt" (Dresden, Gemäldegalerie). Von Uhde interpretiert das Thema außerhalb der traditionellen Ikonographie. Die junge Maria spielt mit einem Kind, das dem Betrachter den Rücken zukehrt; nur der Titel erinnert an die Legende.

Seite 260, rechts: „Geburt Jesu" von Gustave Doré (1832–1883); kolorierter Holzstich aus der Folge der 230 Bilder zur Bibel (deutsche Ausgabe Stuttgart 1865).

die von Paris ihren Ausgang nahm, kommen zahlreiche neue Wallfahrtsorte mit wundertätigen Gnadenbildern.

Konnte sich das 19. Jahrhundert in seinen historischen Bemühungen, die religiöse Kunst wiederzuerwecken, noch immer in einer realistischen Darstellung der Wirklichkeit ausdrücken, so ist mit dem Beginn des frühen Kubismus und der abstrakten Malerei eine gänzlich neue Situation gegeben. Das Zerbrechen alter Bildtraditionen fordert eine neue Sprache der Kunst und konfrontiert den Betrachter mit einer anderen Form der Wahrnehmung sowohl der realen Wirklichkeit als auch geistiger Gehalte.

Wenn religiöse Themen dargestellt

werden, dann, so zeigen die wenigen Beispiele (wie etwa Heckels Madonna, Max Ernst, Rouault oder Matisse), sind es ganz persönliche, spontane Aussagen des Künstlers, die durch ihre Unmittelbarkeit überzeugen und die das religiöse Thema aus dem Blickwinkel des jeweiligen Künstlers zeigen. Die einzelnen, schnell aufeinander folgenden Kunstströmungen und -richtungen geben sich in Manifesten und Künstler-Aussagen ihr eigenes Programm, ihre eigene Weltanschauung, ihre eigene Wahrnehmung der Wirklichkeit. Künstler wie van Gogh und Picasso engagieren sich, entdecken neue außereuropäische Welten. Doch den Konsens für eine gemeinsame religiöse

Links: Dante Gabriele Rosetti (1828–1882): „Verkündigung an Maria", 1849–53 (London, Tate Gallery). Rosetti, Dichter und Maler, versetzt das Geschehen in einen sentimental-poetischen Rahmen; nur die Lilie weist es als Verkündigung aus.

Rechts: Zu den frühen Werken von Marc Chagall (1887–1985), noch unter kubistischem Einfluß entstanden, zählt die „Heilige Familie" aus dem Jahre 1909. Später greift Chagall das Madonnenthema immer wieder auf, zum Beispiel in der „Dorfmadonna" von 1938–42 (Lugano, Sammlung Thyssen).

Bildsprache, wenn man sie in der traditionellen Form sucht, kann es unter diesen Voraussetzungen nicht mehr geben. Und doch haben sich gerade die Künstler des 20. Jahrhunderts, ihren eigenen Schriften zufolge, in besonderer Weise um „Das Geistige in der Kunst" (wie Kandinsky seine theoretische Schrift nennt) bemüht. Für Kandinsky und Mondrian sind Geist und Materie keine Gegensätze, sondern nur Teile einer spirituellen Energie: „Die Welt klingt. Sie ist ein Kosmos geistig

wirkender Wesen. So ist die tote Materie lebender Geist", verkündet etwa Kandinsky – Aussagen, die an mystische Schriften des Mittelalters erinnern und die bei vielen heutigen Künstlern noch Gültigkeit haben. So ist die aktuelle Frage nach einer religiösen Kunst heute nicht mehr mit einem Diskurs über die Vorrangstellung von Wort oder Bild oder mit der Suche nach neuen Stilformen für tradierte ikonographische Themen zu beantworten, sondern mit Akzeptanz der gewandelten Wahrnehmung des Menschen durch ein gewandeltes Bewußtsein. Die hieraus entstehende „religiöse" Kunst wird ihre eigene Formensprache für die gewandelte Wahrnehmung des Betrachters zu suchen haben.

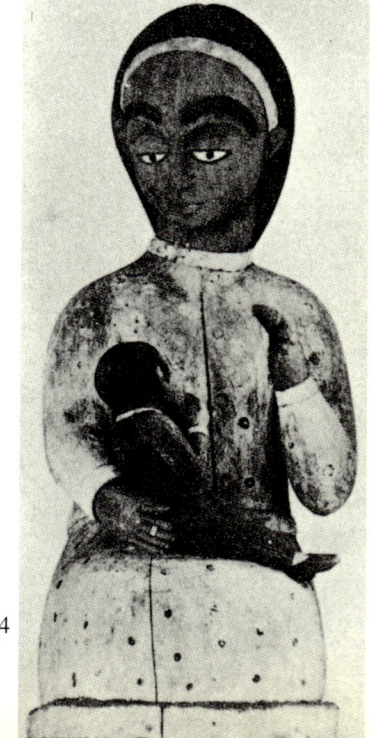

6

7

8

9

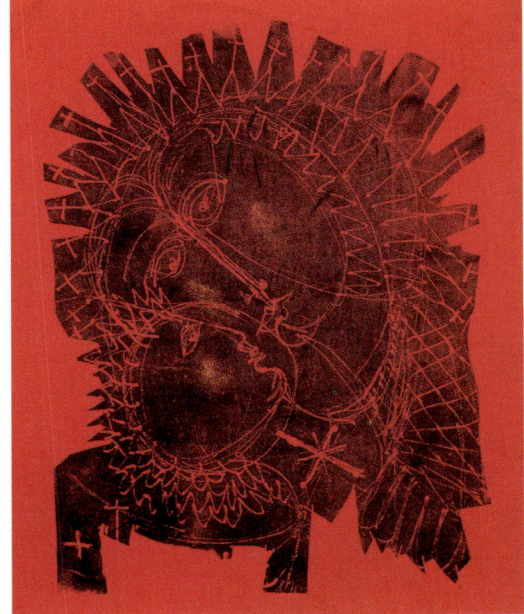

11

12

13

14

1. Korea, 20. Jahrhundert (New York, Maryknoll Museum).
2. Haiti, zeitgenössisch.
3. Holzstatue, Zaire, zeitgenössisch.
4. Westafrikanische Holzfigur, 19. Jahrhundert (Hamburg, Museum für Völkerkunde).
5. Salvador Dalí (1904–1989): „Jour de la Vièrge", 1947, Aquarell auf Papier (Privatbesitz).
6. Elfenbeinplastik aus China, zeitgenössisch (New York, Maryknoll Museum).
7. Zeitgenössische Holzarbeit aus Afrika.
8. Bemalte Holzfigur aus Melanesien.
9. Henry Moore (1898–1900): „Madonna und Kind", 1943/44 (Northampton, St. Matthew's Church).
10. „Mutter der göttlichen Gnade"; zeitgenössische Textilarbeit, Japan.
11. „Mutter und Kind", Seidenmalerei auf Leinwand, Amerika, 20. Jahrhundert.

12. Äthiopien, 20. Jahrhundert.
13. China, 17. Jahrhundert (London, British Museum).
14. S. F. Overbeck, 1853 (Lübeck, Museum für Kunst- und Kulturgeschichte).

MARIAS LEBEN

Bibeltexte
aus: *Die Bibel. Die Heilige Schrift des Alten und Neuen Bundes,* herausgegeben von Diego Arenhoevel, Alfons Deissler und Anton Vögtle. © Verlag Herder – Freiburg – Basel – Wien 1968.
(Die Schreibweisen der biblischen Eigennamen wurden den in der „Einheitsübersetzung" gebräuchlichen angepaßt.)

Apokryphe Schriften
Protevangelium Jacobi:
aus: *Neutestamentliche Apokryphen,* herausgegeben von Wilhelm Schneemelcher. © J.C.B. Mohr (Paul Siebeck), Tübingen.
Heimgang der seligen Maria (Pseudo-Meliton), sowie armenische, syrische und arabische Texte:
aus: *Die Apokryphen Evangelien des Neuen Testaments,* herausgegeben von Henri Daniel-Rops. Deutsche Ausgabe © Verlags AG Die Arche, Zürich 1956.

MARIA IN DER LITERATUR

Frau Ava (Seite 83); Arnsteiner Mariengebet (Seite 83); Marienlied von Melk (Seite 83); Mariensequenz von Muri (Seite 84); Rheinisches Marienlob (Seite 87); Reinmar von Zweter (Seite 88); Konrad von Würzburg: Die Goldene Schmiede und Maria, Mutter und Jungfrau (Seite 89); Ave Maria von Meister Boppe (Seite 89); Liechtenthaler Marienklage (Seite 91); Heinrich von Meissen: Marienleich (Seite 91); Hugo von Reutlingen: Marienbitte (Seite 93); Johannes Tauler (Seite 94); Heinrich von Laufenberg (Seite 94); Aus dem Gebetbuch Georgs II. von Waldburg (Seite 95); Kontrafaktur aus einer Handschrift aus dem Kloster Neuburg (Seite 96); Münchner Kontrafaktur (Seite 96); Kontrafaktur aus Nürnberg (Seite 97); Angelus Silesius (Seite 99); Lied aus dem Augsburger Gesangbuch (Seite 100); Pilgerlied aus Fulda (Seite 100); Volkslied (Seite 100); Bittgedicht an Maria aus einem Innsbrucker Druck (Seite 101); August Wilhelm Schlegel: Sonett (Seite 104) und Die Himmelfahrt der Jungfrau (Seite 105); Meerstern wir dich grüßen (Seite 107); Joseph

Freiherr von Eichendorff: Marias Sehnsucht (Seite 109):
aus: *Deutsche Mariendichtung aus neun Jahrhunderten,* herausgegeben und erläutert von Eberhard Haufe. © Buchverlag Union, München/Berlin 1960.
Auszug aus dem Äthiopischen Manuskript „Weddase Maryam" (Seite 63); Lateinische Anrufung Marias von Hrabanus Maurus (Seite 83); Englisches Weihnachtslied „He came all so stille" (Seite 95); William Wordsworth (Seite 105); Gilbert Keith Chesterton (Seite 113):
aus: Sir James Marchant, *The Madonna. An Anthology.* London 1928. © Addison Wesley Longman, Harlow, GB-Essex.
„Die Mutter Gottes von Stalingrad" (Seite 119):
aus: Arno Pötzsch, *Sein Wort geht durch die Zeiten.* © Verlag Junge Gemeinde, Leinfelden-Echterdingen, [3]1982.
„Klagelied der Muttergottes" und „Trutznachtigall" (Seite 104):
aus: *Friedrich Schlegel, Kritische Ausgabe, Band V.* © Verlag Ferdinand Schöningh, Paderborn 1962.
„Maria und die Frauen" (Seite 117):
aus: *Franz Werfel. Das Lyrische Werk,* herausgegeben von Adolf D. Klarmann. © S. Fischer Verlag, Frankfurt am Main 1967.

Die Quellen einiger Texte konnten nicht ausfindig gemacht werden. Inhaber, die Rechtebesitz geltend machen können, bitten wir, zu schreiben an: EMB-Service, Museggstraße 7, CH-6004 Luzern. Gerne sind wir bereit, berechtigte Ansprüche nachträglich abzugelten.

Apokryphen zum Alten und Neuen Testament, hrsg. v. A. Schindler, Zürich [5]1993.
Beenken, Hermann: Das 19. Jahrhundert in der deutschen Kunst, München 1944.
Behling, L.: Die Pflanze in der mittelalterlichen Tafelmalerei, Weimar 1957.
Belting, H.: Bild und Kult, München 1991.
Bouquet, A. C.: Everyday Life in the New Testament, London 1954.
Bridges, Matthew: B. V. M. in Purgatorio, London 1888.
Bruder Philipps des Carthäusers Marienleben, hrsg. v. Dr. Heinrich Rückert, Amsterdam 1966.
Burckhardt, Titus: Vom Wesen heiliger Kunst in den Weltreligionen, Zürich 1955 / Braunschweig 1990.
Byron, George Gordon Noël: Complete Poetical Works. Cambridge Edition, Boston – New York 1905.
Calvocoressi, Peter: Who's who in der Bibel. Aus dem Englischen v. A. Hausner, München 1990.
Claudel, Paul: Oeuvre Poétique, Paris 1957.
Daniel-Rops, Henri: The Book of Mary, translated by Al Guinan, New York 1960.
Dante Alighieri: Die Göttliche Komödie, übertragen v. Wilhelm Hertz, Frankfurt 1955.
Das deutsche Gedicht vom Mittelalter bis zum 20. Jahrhundert, hrsg. v. Edgar Hederer, Frankfurt 1959.
Delius, W.: Geschichte der Marienverehrung, München 1963.
Drews, A. C. H.: Die Marienmythen, Jena 1928.
Dryden, John: The Primer, London 1706.
Des heiligen Ephraim des Syrers Hymnen De Virginitate, hrsg. v. E. Beck, Löwen 1962.
Frenzel, Elisabeth: Stoffe der Weltliteratur, Stuttgart 1983.
Frey, Karl: Marienlegenden, Zürich 1926.
Gebara, Ivonne / Lucchetti Bingemer, Maria: Maria, Mutter Gottes und Mutter der Armen, Düsseldorf 1988 (orig. Petropolis 1987).
George, Stefan: Werke in 2 Bänden, München 1958.
d'Ghéon, Henri: Marie. Mère de Dieu, Paris 1939.
Goedeke, Karl: Grundriß zur Geschichte der deutschen Dichtung. Bd. I, Dresden 1884.
Goethe, Johann Wolfgang von: Faust, Leipzig o. J.
Griechisch-deutsches Neues Testa-

ment. Nach der deutschen Übersetzung Dr. Martin Luthers, Berlin – Frankfurt – Köln 1888.

Guardini, Romano: Kultbild und Andachtsbild, Würzburg 1939.

Handbuch der Marienkunde, hrsg. v. Wolfgang Beinert und Wolfgang Petri, Regensburg 1984.

Harnack, Adolf v.: Chronologie der altchristlichen Literatur, Bd. II., Leipzig 1904.

Haufe, Eberhard: Deutsche Mariendichtung aus neun Jahrhunderten, Hanau 1961.

Heine, Heinrich: Werke in 2 Bänden, hrsg. v. Dr. Gunter Karpeles, Berlin o. J.

Herder, Johann Gottfried: Sämtliche Werke, Bd. XVII, Hildesheim – Zürich – New York 1994.

Heussi, Karl: Kompendium der Kirchengeschichte, Tübingen 1909.

Hoerni-Jung, Helene: Maria – Bild des Weiblichen, München 1991.

Housman, Laurence: Spikenard, London 1898.

Hunzinger, Johan: Herbst des Mittelalters, Stuttgart 1987.

Jantzen, Hans: Kunst der Gotik, München 1966.
Ders., Ottonische Kunst, München 1959.

Keller, Gottfried: Gesammelte Werke in 7 Bänden, Berlin 1900.

Klein, D.: St. Lukas als Maler der Madonna, Berlin 1933.

Des Knaben Wunderhorn, hrsg. v. A. von Arnim und Cl. Brentano, Halle 1891.

Kolb, Karl: Marien-Gnadenbilder. Marienverehrung heute, Würzburg 1976.

König, Robert: Deutsche Literaturgeschichte, Bielefeld 1879.

Kopp-Schmidt, Gabriele: Maria. Das Bild der Gottesmutter in der Buchmalerei, Freiburg – Basel – Wien 1992.

Der Koran, übertragen v. Lazarus Goldschmidt, Berlin 1916.

Kraut, Gisela: Lukas malt die Madonna, Worms 1986.

Krisz, R.: Die Volkskunde der altbayerischen Gnadenstätten, München 1955.

Küng, Hans: Das Christentum. Wesen und Geschichte, München 1954.

Die Kunst und die Kirchen, hrsg. v. R.

Beck / R. Volp / G. Schmirber, München 1984.

Lyrik des Barock, hrsg. v. M. Szyrocki, Reinbek 1971.

Mancinelli, Fabrizio: La vita della Madonna nell' arte.

Maria – für alle Frauen oder über allen Frauen? Hrsg. v. Elisabeth Gössmann und Dieter R. Bauer, Freiburg – Basel – Wien 1989.

Marienlexikon, 6 Bände, hrsg. v. Institutum Marianum Regensburg e. V., Remigius Bäumer, Leo Scheffczyk, St. Ottilien 1988–1994.

Marmy, Emile: Kleiner Wegweiser zu den Marienerscheinungen, übersetzt v. E. Nordmann, Freiburg i. Ue. 1990.

Mays, Cynthia Pearl: The World's Great Madonnas, New York 1947.

Medieval Age. Laurel Masterpieces of World Literature, hrsg. v. Angel Flores, New York 1963.

Mesters, Carlos: Maria, Mutter Jesu, Düsseldorf 1985 (orig. Petropolis 1977).

Miller, Elliot: The Cult of the Virgin, Grand Rapids 1992.

Mommsen, Theodor: Judaea und die Juden, in: Römische Geschichte, Bd. V, Berlin 1936.

Mulack, Christa: Maria, die geheime Göttin im Christentum, Stuttgart ⁴1991.

Mystische Zeugnisse aller Zeiten und Völker, hrsg. v. Martin Buber, Jena.

Neumann, Alfred: Alt- und neufranzösische Lyrik, München 1922.

Neumann, Erich: Die große Mutter, Darmstadt 1957.

Newman, John Henry (Kardinal): Oratory, London 1849.

Novalis: Werke in einem Band, hrsg. v. Uwe Lassen, Hamburg o. J.

Pelikan, Jaroslav: Mary through the Centuries, London – New Haven 1996.

Petrarca, Francesco: Die Gedichte, übersetzt v. Wilhelm Krigar, Hannover 1866.

Pochat, Götz: Geschichte der Ästhetik und Kunsttheorie. Von der Antike bis zum 19. Jahrhundert, Köln 1986.

Pope, Alexander: Poetical Works, London 1966.

Des Priesters Wernher drei Lieder von der Magd (driu liet von der Maget),

metrisch übersetzt v. Hermann Degering, Berlin 1925.

Prudentius Clemens: The Poems, Vol. II, Washington 1962.

Reallexikon der deutschen Literaturgeschichte, Bd. II, „Mariendichtung", hrsg. v. Werner Kohlschmidt und Wolfgang Mohr, Berlin 1965.

Renaissance, Humanismus, Reformation, hrsg. v. Josef Schmidt, Stuttgart 1977.

Rilke, Rainer Maria: Ausgewählte Gedichte. Werke, Bd. I, Frankfurt 1955.

Schiller, Friedrich von: Sämtliche Werke in 14 Bänden, Bd. VI, Berlin – Leipzig o. J.

Schipflinger, Th.: Maria – Sophia. Eine ganzheitliche Vision der Schöpfung, München / Zürich 1988.

Schmidt, Heinrich und Margarethe: Die vergessene Bildsprache christlicher Kunst, München 1995.

Schreiner, Klaus: Maria – Jungfrau, Mutter, Herrscherin, München 1994.

Schreyer, L.: Das Bildnis der Mutter Gottes, Freiburg 1951.

Seine Mutter, unsere Schwester, hsrg. v. Wolfgang Bader, München – Zürich – Wien 1989.

Spee, Friedrich: Sämtliche Schriften, Bd. 2, hrsg. v. G. M. van Oorscht, München 1968.

Sperber, H.: Unsere Liebe Frau. 800 Jahre Madonnenbild und Marienverehrung zwischen Lech und Salzach, Regensburg o. J.

Stammler, W.: Wort und Bild. Wechselbeziehungen zwischen den Schriften und der Bildkunst des Mittelalters, Berlin 1962.

Ströter-Bender, Jutta: Die Muttergottes. Das Marienbild in der christlichen Kunst. Symbolik und Spiritualität, Köln 1992.

Stubbe, A.: La Madonne dans l'art, Brüssel 1958.

Und Maria trat aus ihren Bildern, hrsg. v. Karl-Josef Kuschel, Freiburg – Basel – Wien 1990.

Warner, Marina: Alone of all her Sex, New York 1983.

Weinreb, F.: GottMutter. Die weibliche Seite Gottes, Weiler im Allgäu 1990.

Akademische Druck-und Verlagsanstalt, Graz: 15 r, 22 or, 33 o, 41 ur, 47 o, 165, 169, 170 l.

Archiv für Kunst und Geschichte, Berlin: 26 ur, 32 l, 36 ur, 40 r, 53 r, 99, 126, 130, 135, 139 r, 143, 146 l, 147 (4/5/7/9/10/11/12/14/15/16) 171, 172, 175 l, 196 ml, 198 l, 214, 216, 217o, r, 219, 220 l, r, 221 l, m, r, 227 ol, u, 230 r, 231 r, 232/233 o, 233 ur, 235 l, 236, 237, 239 l, r, 240 l, 241, 242, 244 l, r, 245 ul, r, 246 l, r, 247 l, r, 248 m, r, 249 u, r, 250 l, r, 251, 253 l, 254, 256 or, 256 u, 257, 258, 260 m, r, 262 r.

Alinari Fratelli, Florenz: 223 r.

Arborio Mella, Federico, Mailand: 181 r.

Art Resource, New York: 10, 27 r, 174 r.

Badische Landesbibliothek, Karlsruhe: 76 o, u.

Baumli, Othmar, Meggen: 56, 97, 138 l, 190 o, u, 193, 195 ol, ul, 196 om, or, 203 r, 205 (9), 210.

Bayerisches Hauptstaatsarchiv, München: 43 ol.

Bayerisches Nationalmuseum, München: 103 l, 124 u, 145.

Bayerische Staatsbibliothek, München: 19 l, 54 u, 73 r, 96, 150 ol, or, 174 l.

Bayerische Staatsgemäldesammlung, München
Foto: Artothek, Peissenberg: 11, 22 l, 26 l, 37 r, 39, 137, 175 r.

Benediktinerkollegium Sarnen: 85 r.

Biblioteca Apostolica Vaticana: 63 r, 71 o, 148 u.

Biblioteca Medicea Laurenziana, Florenz: 87, 90, 92 u, 148 l.

Biblioteca Veneranda Ambrosiana, Mailand: 34 l.

Biblioteka Jagiellonska, Krakau: 73 ol.

Bibliotheca Bodmeriana, Cologny/Genf: 20 l, r, 104.

Bibliothèque Nationale de France, Paris: 28 or, 64, 77, 80 r, 95, 159 l, 184 l.

Bibliothèque Royale Albert Ier, Brüssel: 152 l, 153.

Bildarchiv Foto Marburg: 112, 213.

Birmingham Museums & Art Gallery: 139 o.

Bischöfliche Administration der Heiligen Kapelle, Altötting: 205 (8).

Bodleian Library, Oxford: 86 r.

Böhm, Erwin, Mainz: 25 ul, 192 u.

Böhm, Osvaldo, Venedig: 188 r.

Boltin Picture Library, New York: 29 r, 136 r, 262 (1), 263 (6 / 7 / 8 / 10 / 11 / 12).

British Library, London: 18 l, 28 m, 263 (13).

Bührer, Lisbeth, Luzern: 47 r.

Bundesdenkmalamt, Wien
Foto: Eduard Beranek, Wien: 223 l.

Caisse Nationale des Monuments Historiques, Paris: 38 or.

Calouste Gulbenkian Foundation, Lissabon: 138 r.

Casa Ricordi, Mailand: 158 or, ur.

Cermak Fotoverlag, Mariazell: 202 r.

Chartres, Cathédrale Notre Dame: 191 u.

Chorherrenstift Klosterneuburg: 186 r.

Christiana Verlag, Stein am Rhein: 206 ur.

Cleveland Museum of Art: 44/45, 163.

Diözesan- und Dombibliothek, Köln: 71 r.

Domkapitel, Aachen
Foto: Ann Münchow: 188 l, m, 191 or.

Domschatzkammer Essen: 231 l.

Dumbarton Oaks, Washington DC: 63 m.

EMB-Service für Verleger, Luzern: 14 l, r, 15 l, 18 r, 19 r, 22 ur, 25 r, 26 or, 28 ur, 30 l, r, 35 ol, or, 40 l, 41 o, 43 u, 48 l, 49, 50 l, o, 52 or, 58, 61, 62 r, 63 o, 66, 67, 108, 125 l, r, 128 l, r, 131, 134 l, 140 r, 141, 142 u, 147 (8/ 13/ 17), 164 l, r, 166 l, 168 l, u, 170 m, 178 m, 181 u, 183 l, 185 l, 186 l, 191 mr, 194, 195 r, 199 m, 202 l, 204 (3), 205 (4/ 6), 206 l, 207, 222 r, 226, 229, 230 l, 249 ol, or, 262 (2/ 3/ 4), 263 (9)
Foto: J. Perret, Luzern: 206 or.
Foto: Tipo dec, Bukarest: 52 mr.

Faksimile Verlag, Luzern: 38 l, 48 or, 230 m.

Frans Hals Museum – De Hallen, Haarlem: 222 l.

Franziskanerkloster, Werl
Foto: Helmuth Euler, Werl: 201 u.

Freies Deutsches Hochstift, Goethe-Museum, Frankfurt: 106 r.

Gebetsaktion Medjugorje, Hasle: 211 or, u.

Geiger Fotohaus, Flims-Waldhaus: 42 l.

Germanisches Nationalmuseum, Nürnberg: 127, 144.

Hansmann, Claus & Liselotte, München: 182 ol, or, 183 r.

Held, Ursula, Ecublens: 68 l, 167, 224.

Hessisches Hauptstaatsarchiv, Wiesbaden: 83 m.

Honegger, Pascale, Pully: 147 (6).

Holy, Viktor & Sohn, Innsbruck: 217 l.

Ikonenmuseum Recklinghausen: 23 r.

Istituto Poligrafico e Zecca dello Stato, Rom: 253 r.

Kantons- und Universitätsbibliothek, Fribourg: 98.

Katholische Filialkirchenstiftung Herz Jesu und Mariä, Wigratzbad: 211 mr
Foto: Fotostudio Bulmer,Wangen: 211 ol.

Kloster Andechs: 201 mr, ur.

König, Edm., Kunstverlag, Dielheim: 200 l.

Königliche Bibliothek, Den Haag: 79.

Königliche Bibliothek, Kopenhagen: 75 l.

Königliches Museum für Schöne Künste, Antwerpen: 32 ru.

Konrad Verlag, Weissenhorn: 85 l.

Kranich Foto, Berlin: 157 (3), 158 l.

Kröller-Müller-Museum, Otterlo: 140 l.

Kunsthistorisches Museum, Wien: 42 r, 55.

„La Goélette", Prim'dias, Saint Ouen: 196 ur.

Landesmuseum, Zürich: 21 l.

Lensini, Fabio, Siena: 51, 149 or, 180 l, 185 r.

Leonard von Matt, Gemeinnützige Stiftung, Buochs: 31 r, 32 o, 35 u, 225.

Loose, Helmuth, Autun: 23 l, 37 l, 189 l, 192 o, 218 l, r.

Ludwig Maximilians-Universität, München: 176.

Lutherisches Verlagshaus GmbH, Hannover: 119.

Maagd der Armen, Banneux: 209 l, r.

Mainfränkisches Museum, Würzburg: 178 r, 196 ul.

Martin von Wagner-Museum, Würzburg: 69 r.

MAS, Barcelona: 50 r, 187 l.

Metropolitan Museum of Art, New York: 48 ur, 182 u, 260 l.

Missio Bildarchiv, Aachen: 184 ur.

Monumenti Musei e Gallerie Pontificie, Vatikan: 179 l.

Musée National d'Art moderne, Paris: 261 r.

Museo Castelvecchio, Verona: 125 m.

Museu de Montserrat: 201 o.

Museo del Duomo di Monza, Monza: 62 l.

Museum für Kunst- und Kulturgeschichte der Hansestadt Lübeck: 263 (14).

Nationalmuseet, Kopenhagen: 181 ol.

Nationalgalerie (Narodni Galerie), Prag: 204 (1), 215.

National Gallery, London: 166 r.

National Gallery of Art, Washington: 29 l.

National Museums & Galleries of Merseyside, Liverpool: 41 l.

Norfolk Museum (Castle Museum), Norwich: 36 l.

NTV, Tokyo: 35 r.

Österreichische Galerie Belvedere, Wien
Foto Otto, Wien: 114.

Österreichische Nationalbibliothek, Wien: 38 u, 71 ul, 73 or, u, 74 r, 80 l, 159 m, r, 161, 223 m, 233 ul.

Pedicini, Luciano, Neapel: 28 l.

Pinacoteca di Brera, Mailand: 173 l.

Pinacoteca Nazionale, Siena: 17.
Pinacoteca Nazionale, Bologna
    Foto: Mario Berardi, Bologna: 199 l
Piskiewicz, Pascal, Toulouse: 205 (5).
Powell, Josephine, Rom: 24 o.
Preußischer Kulturbesitz (Bildarchiv),
    Berlin: 21 r, 31 m, 69 l, 101, 154,
    238 r, 255.
Privatbesitz
    Foto: Fotostudio Heinz Gleixner, Mün-
    chen: 2.
ProLitteris, Zürich 9.97 / Munch Muse-
    um, Oslo
    Foto: Svein Andersen / Sidsel de
    Jong: 123.
Prugger, Max, München: 252.
Radovan, Zev, Jerusalem: 12, 13,
    191 ol, 227 or.
Real Academia, Madrid: 75 r, 81, 152 ur.
Rennhofer, Gottfried, Korneuburg: 203 l.
Réunion des Musées Nationaux, Paris:
    16, 53 l, 139 ul, 178 l, 180 r, 256 ol.
Riedler, Yvette, Emmen: 211 ml, 259 r.
Ruf, Pater Gerhard, Sacro Convento, As-
    sisi: 86 l, 92 or, 191 ml, 191 m.
St. Hildegard, Abtei, Rüdesheim-Eibin-
    gen: 84 r.
St. Peter Verlag, Salzburg: 197 r.
Sammlung E.W.K., Bern
    Foto: Peter Lauri, Bern: 9.
Scala Istituto Fotografico, Antella: 24 ul,
    46, 111, 124 l, 134 r, 142 or, 168 or,
    173 r, 228, 238 l, 243, 245 ol.
Scala Teatro, Mailand: 156.

Schiller-Nationalmuseum, Deutsches Li-
    teraturarchiv, Marbach am Neckar:
    115, 116.
Schneiders, Toni, Lindau: 6, 24 r, 25 ol,
    33 ml, 36 o, 54 o, 84 l, 129, 142 l,
    179 r, 187 r, 189 r, 235 m, r, 240 r,
    248 l, 259 l.
Schnell & Steiner Verlag, Regensburg:
    105, 234.
Shop-Foto, Le Puy: 204 (2).
Staatsarchiv Zürich: 82 r.
Staats- und Stadtbibliothek Augsburg:
    152 or.
Staats- und Universitätsbibliothek Ham-
    burg: 103 r.
Städelsches Kunstinstitut, Frankfurt a.M.
    Foto: Artothek, Peissenberg: 124 om.
    Foto: Ursula Edelmann, Frankfurt a.M.:
    136 l.
Stadler, Wolf, Britzingen: 118, 132,
    208 l, r.
Stadtmuseum München
    Foto: Wolfgang Pulfer, München: 196
    ru.
Stiftsbibliothek Einsiedeln
    Foto: Franz Kälin, Einsiedeln: 149 ol,
    150 l, ur, 205 (7).
Stiftsbibliothek Engelberg
    Foto: J. Perret, Luzern: 92 l.
Stiftsbibliothek Melk: 83 r.
Stiftsbibliothek St. Gallen
    Foto: Carsten Seltrecht, St. Gallen: 57,
    82 l, 83 u, 148 o, 149 u, 151 r, l, 155.
Stiftung Weimarer Klassik, Goethe- und

Schillerarchiv, Weimar: 102 l, r.
Tate Gallery, London: 27 l, 261 l.
Thyssen-Bornemisza Fondacion, Collec-
    cion, Madrid: 170 r.
Universitätsbibliothek Heidelberg: 88.
Universitätsbibliothek München: 176.
Van Gogh-Museum, Amsterdam: 4, 177.
Veste Coburg, Kunstsammlungen: 68 r.
Victoria and Albert Museum, London:
    70, 133.
Von der Ropp, Arved, Vachendorf: 197 o.
Wagner-Museum, Luzern
    Foto: Theres Bütler, Luzern: 146 (2),
    147 (3).
Wallraf-Richartz-Museum, Köln
    Foto: Rheinisches Bildarchiv, Köln:
    34 r.
Weltbild Verlag, Augsburg: 199 r.
Wittelsbacher Ausgleichsfonds, Mün-
    chen: 200 r.
Württembergische Landesbibliothek,
    Stuttgart: 74 l, 94, 106 l.
Zbinden Druck und Verlag AG, Basel:
    107.
Zentralbibliothek Luzern
    Foto Perret, Luzern: 31 l, 33 r, 43 r,
    47 l, 52 l, 117, 184 ol, or.
Zentralbibliothek, Zürich: 110.

Besonderer Dank gilt der Zentralbibliothek Luzern, die bei der Bildrecherche
sehr behilflich war und ihr umfangreiches Archiv in großzügiger Weise zur
Verfügung stellte.

INDEX DER EIGENNAMEN